진실

새로운 시작을
위하여

# 진실

사 랑 의 교 회 '진 통', 그 3 년 의 현 장 기 록

주연종 지음

RHK
알에이치코리아

# 나는 왜 이 책을 쓰게 되었는가

지난 3년여간
사랑의교회 현안을 지켜보면서
기록으로 남겨 놓고 싶었다.
반드시 남겨야 한다고 생각했다.
그래서 상황이 발생할 때마다 이미 마음속으로는 글을 쓰고 있었다.
어떤 단어가 좋을까, 어떤 문장이면 호소력이 있을까,
논리적이면 좋을까, 감성적이면 좋을까…
뭐 이런 생각들을 해 왔었다.

이런 어려움을 겪는 교회는
사랑의교회로 족하여야 한다고 생각했다.

또 다른 교회가 이와 같은 어려움을 겪는다면
너무 억울할 것 같았다.
주님의 몸된 교회 하나를 세우려면 눈물과 땀과
피와 헌신이 필요하다.
그러나 허무는 데는 힘이 많이 들어가지 않는다.
시간도 오래 걸리지 않는다.
승자도 없고 웃는 자도 없이 끝나는 무모한 전쟁인데도 그렇다.
분명 영적인 작동이 있다.

이 책은 지난 3년간의 영적 전쟁 일지와 같다.
피만 보이지 않았지 우리는 많이 힘들었다.
앞으로 다른 교회는 이런 어려움이 없었으면 한다.
실패와 고통 속에서 건져낸 경험과 지혜를 나누고자 하는 이유이다.

우리는 처절히 깨달았다.
이 세상에 쓰러져도 되고 허물어져도 되는 교회는
단 하나도 없다는 사실을.
그리고 공격받고 비난받으면 다 아프다는 사실도.

이 책으로 누구에게도 상처 주고 싶지 않고
또다시 문제가 시작되는 것도 원치 않는다.
그러나 목격자로서 사실대로 기록해야 한다는 책임감은 컸다.
그렇다고 이 책에 사랑의교회 전부를 담지는 못했다.
나는 그럴 수 있을 만큼 사랑의교회를 기록할 위치에 있지 않다.

지난 3년 동안의 진통 전부를 담은 것도 아니다.
극히 일부만 담았다.

무거운 짐이지만 내 한 사람이 지고 나면
많은 교회들이 더 의미 있고 생산적인 짐을 지는 데에 힘을 쓸 수
있을 것이라고 생각하니 짊어질 만했다.

이 책으로 인하여 또 다른 짐이 지워질지도 모른다.
그러나 그 짐도 져야 할 것이라고 생각한다.
십자가로 알면 능히 감당할 수 있을 것이다.

주님의 몸된 교회의 영광이 훼손되지 않고
이 책으로 인해 이 땅에 있는 교회가 단 하나라도 지켜질 수 있다면
당연히 져야 할 십자가라고 생각한다.

교회보다 위대한 공동체는 없다.
교회를 위한 희생보다 아름다운 것도 없다.
'교회를 지키기 위한 책'이기에 사명으로 이 책을 쓰게 되었다.
그게 전부이다.

## 프롤로그

#1.

2013년 1월 31일 목요일, 봄 사역을 앞두고 매년 갖게 되는 전 교역자 수양회가 강원도 모 지역에서 열렸다. 수양회의 첫 도착지는 동해안 최전방 사단의 GOP(General Out Post, 일반전초) 선상에 위치한 전망대였다. 이곳에서 교역자와 주요 직원을 포함한 약 150여 명의 교회사역자들이 북한지역의 현황과 당시의 안보상황에 대해 사단장으로부터 소개를 받고 함께 기도하는 시간을 가졌다.

이곳은 나의 고향지역이자 내가 20여 년 전에 군복무를 했던 지역이라 지형과 지물을 소상히 알고 있어서 오정현 목사를 안내하는 역할을 자임했었다. 전망대로 들어서기 위해 차에서 내리는 오정현 목사를 안내하면서 "이곳은 제 고향입니다. 이 부대는 제가 복무했던 부대이고, 제가 직접 제 발로 안 다녀 본 데가 없는 곳입니다"라고 소개하자 오정현 목사는 "아, 그래요!"라며 반색을 했다.

그날 전방지역 방문을 마치고 숙소로 돌아와 저녁식사를 하려는데 몇몇 교역자들이 모여 "F장로가 담임목사님의 논문 문제를 제기하려고 하는데 이에 대한 대책을 논의하자"고 했다. 식사도중에 다시 "그 장로가 오정현 목사의 논문 문제에 대해 벌써 메일로 전 당회원에게 발송하였고, 현재 그 소문이 급속도로 번지고 있다"며, "오늘 모임은 취소한다"고 전해 왔다.

나는 순간, 조금 전 전방고지에서 하산하는 도중에 동행했던 직원으로부터 "목사님이 속이 좀 불편하셔서… 된장찌개 잘하는 데 있으면 알려 달라고 하신다"는 연락을 받고 알려 주었던 사실이 떠올랐다. 오정현 목사가 왜 식사를 잘 못하게 되었는지 이해가 되기 시작했다.

그리고 저녁집회가 시작되었다. 외부 강사의 설교와 강의에 이어 오정현 목사가 담임목사로서 사역의 원리와 봄 사역에 대한 강의와 기도회를 인도했고, 교역자들 간의 친교와 찬양의 시간이 이어졌다. 그렇게 해서 그날, 2013년 1월 31일의 일정은 마무리되었다.

그러나 언제 끝날지 모를 '길고 긴 전쟁'은 그날부터 본격적으로 시작되었고, 아직도 그 전쟁의 잔상(殘傷)으로 인해 사랑의교회는 물론 한국교회가 적잖은 진통을 겪고 있다.

**#2.**

2012년 9월 17일, 대구에 있는 S교회에서는 제97회 대한예수교장로회총회가 열렸다. 이 총회는 후에 "가스총 총회"로 회자되었던 역사에 남을 일들이 많이 발생한 총회였다. 당시 총회장으로 선출될 예정이었던 분이 '노래방 도우미 사건'으로 언론에 거론되는 바람에 총회 전부터 소요와 논란이 예고되어 있었다. 그러나 나는 CBS가 보도한 '노래방 도우미 사건'이 실체가 없는 허위일 가능성이 높아 보이는 자료를 총회 현장에서 입수, 이를 밤새 분석하여 오정현 목사와 몇몇 총대들에게 보고하였다. 당시 현장에 있던 CBS기자들에게 신중한 보도를 요청하기도 했었다.

몇 개월 후 이 '노래방 도우미 사건'은 결국 실체가 없는 사건으로 결론이 났고, 방송내용 또한 허위사실에 가까운 것으로 드러났다. 이 사건을 주도하여 언론에 유포하고 기자회견을 한 자들도 당시 '노래방 도우미 사건'의 핵심 인물로 지적했던 분들을 찾아가 공개적으로 사과함으로써 이 사건은 해프닝으로 일단락되었다.

그러나 이 사건으로 총회는 거의 1년간 업무가 마비되다시피 했다. 권위도 실추되었을 뿐 아니라 한두 사람의 허위제보와 거짓 설정만으로도 쉽게 한 대형 교단이 흔들리고, 온 업무가 마비될 수 있다는 사실에 모두 경악하고 통탄해 하지 않을 수 없었다.

그러나 바로 그 총회장(場)에서 한국교회를 뒤흔들 '사랑의교회 진통의 서막'이 시작되고 있었다. 당시 총회장 후보였던 분의 소위 '노래방 도우미 사건'으로 총회장은 회의가 시작되기 전부터 분위기가 뒤숭숭했다. 특히 총회장 후보에 대한 재검증과 낙마에 대한 이야기가 오가던 상황에서 개혁세력의 핵심에 서 있었던 '교회갱신협의회'*가 어떤 입장으로 나올지가 초미의 관심사였다. 그리고 교회갱신협의회의 핵심 인사 중에는 안산동산교회 김인중 목사, 서현교회 김경원 목사, 사랑의교회 오정현 목사, 새로남교회 오정호 목사 등이 있었다.

아마도 '노래방 도우미 사건'으로 코너에 몰린 세력은 개혁세력의 선두에 서 있는 인사들에 대해 맞불용 대응카드를 준비하여 자신들의 위기를 돌파하려 했던 것 같다. 당시 서초 새예배당을 건축 중이던 사랑의교회 오정현 목사가 이들 개혁세력과 함께하는 것으로 보여졌기에 그들은 "오정현 목사의 논문 표절과 사랑의교회 건축의 불법성"이라는 카드를 들고 맞서기 시작했다. 그들은 이 카드를 정교하게 다듬어 긴급동의안**이라는 형식으로 총회 현장에서 안건으로 상정시키고, 조사위원회를 꾸려 오정현 목사와 사랑의교회를 곤경에 빠뜨리면서 자신들의 문제점들을 희석해 가며 타협점을 찾으려 하는 것으로 여겨졌다.

총회가 개회되자마자 몇몇 총대들이 "오정현 목사의 논문 표절과 불법 건축에 대한 조사위 구성"이라는 전대미문의 긴급동의안을

---

* 교회갱신협의회는 1996년 3월 7일 사랑의교회에서 150여 명의 교역자가 모여 고 옥한흠 목사의 주도로 교단과 한국교회를 갱신하고 일치와 연합을 이루자는 취지에서 조직된 단체로서 교단장인 총회장 선거를 제비뽑기로 변경하는 등의 제도개혁을 통해 개혁세력으로 자리를 잡고 있었다.
** 보통 총회에서 다루어질 안건들은 헌의부(獻議部)를 통해 총회 전에 이미 확정되어 공지가 되는데 긴급한 사안은 총회 개회 후 현장에서 총대 100명 이상의 서명을 받으면 안건으로 상정할 수 있도록 제도가 마련되어 있다. 그러나 이마저도 개인적인 사안은 당회나 노회를 거쳐 헌의되는 것을 원칙으로 하고 있다.

만들어 서명동의를 받기 시작했다. 총회장의 거취로 화제를 모았던 총회는 개회하자마자 장외로 불이 번졌다. 오정현 목사의 개인 신상과 교회건축 문제가 더 큰 화젯거리가 된 것이다.

이럴 때면 언제나 그렇듯이 반교회적 성향을 가진 언론들과 교회개혁을 빌미로 교회의 치부를 드러내어 확대 재생산하는 일부 언론들이 달려들기 마련이었다. 이때도 예외가 아니었다. 총회장에서 거론되면서 긴급동의안으로 상정되는 것이 구체화되어 가던 "오정현 목사의 논문 표절과 불법 건축에 대한 조사위 구성" 건이 삽시간에 인터넷 언론에 노출되기 시작했다.

그러나 이 긴급동의안은 총회에 상정되지 못했고, 총회는 파행만 거듭하다 폐회되었다.

오정현 목사의 논문 문제와 건축 문제는 마치 '노래방 도우미 사건'처럼 해프닝으로 끝나는 듯했다. 그러나 이 문제는 향후 사랑의교회 진통의 정점에 설 아젠다로 부각된다.

당시 총회장에서 어떻게 일부 총대들이 무슨 근거로 오정현 목사의 논문 문제와 건축 문제를 긴급동의안으로 제시하게 되었는지는 아직도 미스터리이다. 누군가 의도적으로 그 문제를 전달하고 총회에서 문제시하도록 치밀하게 계획하지 않았다면 도저히 일어날 수 없는 일이었다.

2013년 1월 31일, F장로가 당회원에게 발송한 이메일과 그 4개월여 전인 97회 총회에서의 긴급동의안은 향후 사랑의교회 진통의 기폭제 역할을 했다.

그리고 크고 작은 선전과 선동들과 실체도 없는 거짓풍설들은 도화선이 되어 지루하고도 소모적인 싸움을 이어가도록 했다.

# 차 례

1부
___

# 설계

# 1
# 무모한 시도

## 무기를 확보하다

2013년 1월 27일, 주일 오후 3시가 조금 넘은 시간, 오정현 목사가 6부 예배 설교를 앞둔 시점에 F장로가 G모 권사와 함께 목양실로 찾아 왔다. 이유는 '논문에 관하여 드릴 말씀이 있다'는 것이었다. F장로와 오정현 목사의 논문과는 무슨 상관이 있는 걸까?

7개월 전으로 거슬러 올라가 보자. 2012년 6월경이었다. 현직 대학교수인 B씨가 자신의 페이스북에 "어느 원로 목사의 한탄"*이라는

---

* 이 글은 후에 "한국교회의 도덕성 회복을 위하여 : 표절과 대필의 문제"로 제목이 수정되었다.

내용으로 글을 실었는데 그 내용이 '대형교회 목사가 박사논문을 대필했다'는 요지였다. 그런데 그 글을 읽은 D씨가 당회에 정식 조사를 요청했다.* D씨의 요청은 '그 대형교회의 목사가 오정현 목사가 아닌지 조사해 달라'는 것이었다. 당회는 즉시 조사팀을 만들어 이름을 '학위관련 TF'라 하고 F장로를 포함한 4명의 교수직에 있는 당회원을 팀원으로 선정했다. 이들은 그해 7월 1일, 오정현 목사를 만나 환담을 하면서 논문의 대필 여부에 대한 의견을 나누었다. 며칠 뒤인 8일에는 자신의 페이스북에 문제의 글을 올린 B교수가 직접 사랑의교회를 방문하여 조사를 받았다. 그 자리에서 그는 "내가 페이스북에 쓴 글은 특정인을 대상으로 쓴 글이 아니고, 오정현 목사의 논문 대필 여부는 나도 모르는 일"이라고 답했다. 자신은 오정현 목사의 논문을 본 적도 없다고 했다. 자신의 글로 인해 "오정현 목사에게 폐가 되어 사과한다"는 내용의 문서도 전해 왔다. 그리고 '학위관련 TF'는 이 사실을 7월 8일 당회에 보고했다. 게다가 오정현 목사가 학위를 받은 남아공의 포체프스트룸대학으로부터도 "오정현 목사의 논문이 그의 작품이 아니라는 어떤 법적 증거도 없다. 대필 주장은 사실이 아니며, 대필에 관한 주장의 반대가 진실이다(Hence we have no legal ground or any other reason to doubt that the study is his own work and that he has rightfully been promoted as a doctor. Just the opposite is true)"**라는 내용의 답신이 왔다. 논

---

\* 이 사실은 2015년 4월 28일, F장로가 서울중앙지법 민사 법정에 나와 PD수첩 관련 증언을 하면서 밝힌 내용에도 포함되어 있다.

\*\* 이 서신은 포체프스트룸대학의 벤터(Venter) 교수로부터 왔다.

문 지도 교수 중 한 분이 보낸 것이었다. 이 문제는 그렇게 일단락되는 듯했다.

그러나 문제는 그렇게 쉽게 끝나지 않았다. B교수는 이후 온라인에 올린 글을 통해 당시 '학위관련 TF'의 조사에 응하면서 "이 문제로 인하여 법적인 조치(명예훼손죄)를 취할 수 있음을 암시받았다"고 했다. B교수는 자신이 사법처리의 대상이 될 것 같아 두려운 나머지 오정현 목사의 논문을 구해 표절이나 대필 여부를 본격적으로 조사하기 시작했다는 것이다. 그는 또한 "오정현 목사님의 논문을 읽게 된 것은 그의 표절·대필을 찾기 위해서가 아니라, 내가 명예훼손죄로 고소당할 경우를 대비하기 위해서 읽고 해당 당사자들에게 보낸 것이다"라고 주장했다. 그는 글의 마지막 부분에서 "F장로님께 자료를 드린 이유는 그가 조사위원장으로서의 책임을 맡았기 때문에 도의적인 책임하에 드린 것"이며 "하나님의 영광스런 이름이 추락되는 것이 두려워 F장로님께는 이 문제를 덮어 달라고 부탁했다"고도 했다. 그는 "이 모든 문제가 밖으로 드러나지 않고 교회 내부적으로 해결되기를 간절히 바랐다"며 글을 맺었다.

그의 글을 종합해 보면, B교수는 사랑의교회 '학위관련 TF'로부터 조사를 받으면서 법적인 조치를 취할 것임을 암시받았고, 이에 마음이 다급해져서 오정현 목사의 논문에서 무슨 문제를 발견해야만 할 필요를 절감하게 되었다는 것이다. 즉 학위관련 TF, 혹은 또 다른 제3자로부터 오히려 논문에 문제가 있다는 것을 밝혀내라는 압박을 받았다는 것으로 해석될 수 있는 대목이다. 그리고 B교수는 몇 달 뒤인 9월 2일 오정현 목사의 논문을 조사한 결과를 과거 '학위관련 TF' 팀장이었던 F장로와 오정현 목사에게 메일로 발송했다.

메일을 전달받은 오정현 목사는 B교수와 9월 3일, 별도의 만남을 갖고 대화를 하며 서로 이해를 구하였지만, 이미 때는 늦고 말았다. F장로에게 전달되어진 메일은 전달자의 의도와는 반대로 한 목회자를 공격하고 교회를 어지럽히고 한국교회를 혼란에 빠뜨리는 도구로 활용될 날만을 기다리고 있었다.

## F장로, 그는 누구인가?

F장로는 1991년도에 타 교회에서 사랑의교회로 전입해 온 집사였다. 그가 남아공화국의 포체프스트룸대학에 보낸 자기소개에 의하면 미국 모 대학에서 경영학을 전공하여 박사학위를 받았다고 되어 있다. 그는 2010년 6월에 있었던 공직 선거에 출마하여 낙선하였고, 이 과정에서 사랑의교회 특정 사역 사무실을 선거 사무실로 사용하고 관계자들을 통하여 선거지원을 받으면서 선거법 위반 논란을 불러일으키기도 했었다. 당시 사랑의교회에서 자신의 공직 출마를 널리 알려 주기를 내심 바랐지만 뜻대로 되지 않았다는 얘기도 있었다. 사랑의교회는 정치권에 있는 분들의 활동은 존중하지만 교회가 그들을 드러내어 광고하는 일은 하지 않는다는 원칙을 가지고 있다.

그런데 F장로는 다른 대형교회 예배에 참석하여 예배 중에 교인들에게 자신을 소개해 줄 것을 요청한 것이 받아들여져 인사를 하였는데, 이 일로 인해 또다시 교회와 예배를 공직자 선거에 이용한다는 비난을 받기도 했다. 그러나 그는 그런 노력에도 불구하고 6명의 후보 중에서도 아주 저조한 득표율로 공직 진출의 꿈을 완전히 접어야 했고, 그로 인한 낙심과 좌절감이 컸던 것으로 알려져 있다.

그는 2008년도에 사랑의교회 장로로 임직되었고, 건축과 관련하여 홍보대사역을 자임하며 외형적으로는 담임목사의 측근처럼 보일 정도로 건축과 담임목사의 사역을 지근거리에서 협력하는 모양새를 보였다. 2013년 1월 27일, 목양실로 들어가 오정현 목사와 대화를 나눌 때 그 자신이 건축을 얼마나 지지하고 홍보하고 다녔는지에 대해 말한 것만 보아도 당시 교회 건축에 대한 그의 태도를 잘 알 수 있다.

그러던 F장로의 태도는 2010년 공직 선거 낙마로 인해 서서히 바뀌기 시작하였다는 것이 주변의 평이다.

2012년 4월경, 나는 오정현 목사가 준비위원장으로 섬기게 된 대한예수교장로회 총회가 주관한 '총회설립 100주년 기념 전국목사장로기도회'와 관련하여 실무자로서 당회에 보고를 할 기회가 있었는데, 이때 F장로가 오정현 담임목사를 비난하고 명예를 훼손하는 말을 동료 장로와 농담처럼 주고받는 것을 보고 적잖은 충격을 받았었다. 어떻게 주일예배를 마친 직후에 장로가 아무런 스스럼없이 담임목사를 폄하하며 비난하는 말을 할 수 있는 것인지…, 나는 지금도 그때의 장면을 잊을 수가 없다.

그해 12월에는 이런 일도 있었다. 내가 법조선교부를 담당하게 되어 소속 법조인들과 상견례를 하게 되었는데 그 자리에 법조인도 아닌 F장로가 참석했기에 좀은 의아해하며 인사를 건넸다. 그랬더니 그는 "담임목사님이 주 목사님을 꽤 신뢰하시는 것 같습니다. 법조선교부를 맡기신 것 보니…"라며 의미심장한 눈빛과 미소를 보였다. 그는 그날 법조인 성도들과 환담하는 자리에서 유난히 정치 얘기를 많이 했다. 그 당시 며칠 후가 대통령 선거일이기도 했지만 그는 문재인 후보와 박근혜 후보가 접전을 벌이고 있다는 등의 말로 화제를 삼았다. 나는 그 자리에서 그 장로에 대해 두 가지 의문을 가지게 되었다. 첫째는 '법조인도 아닌 자가 왜 법조인 모임에 참석을 했는가?'이며, 두 번째는 다른 분들과 달리 정치 사회적인 부분에 집착하며 대화를 하고 있는 듯해서 '법조선교부 모임에 저런 사람이 계속 참석하도록 두어야 하는가?' 하는 것이었다.

그러나 불과 한 달 남짓 후 그 장로가 건넸던 말과 표현, 눈빛과 미소에 어떤 의미가 담겨 있을 것이라던 애초의 내 짐작은 불행하게도 맞아 떨어졌다. 내가 그를 만났을 때 이미 그는 B교수로부터 오정현 목사의 논문에 관한 모든 자료를 넘겨받은 후였고, D씨와 온라인 매체의 대표인 J모, 외부 인사인 H목사, L목사 등과 사전에 만나 '기본 설계'를 거의 마무리하고 있었던 것 같았다. 그 설계의 종착점은 오정현 목사의 사임을 받아낸 후 자신들이 원하는 3대 목사를 세움으로써 사랑의교회를 결국 자신들의 영향력하에 두려는 것으로 추정되었다.

## 치밀한 사전 설계

그 설계는 치밀했다.

2012년 9월 2일, B교수로부터 오정현 목사의 논문에 대한 조사 자료를 메일로 건네받은 F장로는 2013년 1월 27일, 목양실로 찾아와 논문 표절 문제를 꺼내며 오정현 목사에게 사임을 압박한다. 나는 그 소식을 듣고 '97회 대한예수교장로회총회에서 오정현 목사의 논문 문제와 건축 문제를 조사하기 위한 긴급동의안이 회자되기 시작한 근거와 소스를 제공한 자가 누구였을까'를 다시 한 번 생각해 보았다. 총회는 2012년 9월 17일에 개회되었고, 이미 오정현 목사의 논문 조사 자료는 그보다 2주 전에 F장로의 손에 들어가 있었으며 그는 무려 약 5개월 동안 '습득한 무기'를 갈고 닦았던 것 같다. 이것을 어떻게 활용하여 목적하는 바를 이룰 것인가에 대해 철저히 준비했던 것이다.

F장로가 1월 27일, 오정현 목사에게 "논문에 표절이 있으니 사임하라"고 말할 때에도 분명히 언급한 바가 있지만, 그는 일단 D씨와 긴히 상의한 것은 분명하다. D씨는 오정현 목사의 논문에 인용된 저자 중의 한 분인 미국의 탈봇신학대학원의 월킨스 교수와 메일을 주고받으며 오정현 목사의 논문 조사에 이미 깊이 관여했음이 드러났다. 2012년 9월 말 즈음에 사랑의교회를 지속적으로 비난해 오던 온라인 매체 뉴스×××대표 J를 내가 찾아갔을 때 그 대표가 "오정현 목사의 논문도 문제가 많지 않은가요?"라며 말을 꺼내다가 급히 주워 담으며 화제를 돌렸던 것으로 보아, 그리고 그 매체가 2013년 1월 27일 이후 가장 신속하고도 지속적으로, 그리고 방대하고 끈질기게 오정현 목사와 사랑의교회를 비판하고 비난하는 보도에 앞장서고 있는 것으로 보아서 J대표도 이미 알고 있었을 것으로 추측된다.

그렇다면 적어도 F장로와 G모 권사, 그리고 D씨, 고××, J대표 등은 사전에 이 모든 것을 알고 함께 모의하며, 습득한 이 무기의 활용법을 논의하고 언제 어떻게 그것을 투하할 것인가에 대해서도 치밀히 논의했을 것으로 보인다. 그리고 실제로 이 무기를 활용하는 과정에 이들은 합종연횡(合從連橫)하며 행동을 통일하고 동일한 목적을 향해 달려갔다.


## 분업과 협업, 그리고 연대(連帶)

오정현 목사를 넘어뜨리고 사랑의교회를 혼란에 빠뜨리기 위해 저들의 분업과 협업, 그리고 연대는 집요했다. D씨는 2013년 1월 중순, 온라인을 통해 '아버지의 수첩을 돌려달라'는 내용의 글을 퍼뜨리면서 "사랑의교회 건축은 불법이고, 옥 목사는 이를 찬성하지 않

D씨는 "한창 건축 중인 서초예배당 건축은 중단된 채 방치되어 후대의 교훈으로 삼아야 한다"고 주장했다. 그리고 옥한흠 목사는 건축을 찬성하지 않았다고 했다. 반대파는 건축을 찬성하는 사람들은 사탄의 세력이라고도 했다.

왔다"고 주장했다. 그리고 "옥한흠 목사가 건축에 관하여 독려하는 영상을 촬영한 것은 오정현 목사가 압력을 넣어서 억지로 한 것이지 옥 목사가 자발적으로 한 것은 아니다"고 했다. 그러면서 교회가 보관 중이던 옥한흠 목사의 유품인 수첩을 유족들에게 돌려주라고 했다. 사실, 그 글은 저들의 전체 설계도상 길잡이 역할을 하였다.

일단 D씨의 글은 연초부터 많은 사람들로 하여금 교회건축과 오 목사에 대한 부정적인 관심을 유도하고, 건축과 오정현 목사의 진로에 암초가 드리워질 거라는 암시를 하는 것 같았다. 즉 전조(前兆)였다. 교회의 주요 관계자들이 모여 이 글을 분석하고 이유를 파악하기 시작했다. 그리고 옥한흠 목사의 유품인 수첩을 D씨에게 돌려주는 것으로 일단락되는 듯했다.

그러나 보름 후 F장로의 논문보고서 폭로 파문이 있었다. 또 그 보름 뒤인 2월 13일에는 옥한흠 목사가 오정현 목사에게 보냈다는 이른바 '옥한흠 목사의 편지'가 공개되었다. D씨는 이 편지가 "옥한흠 목사가 사용하던 컴퓨터에서 찾아내어 공개하는 것"이라면서 "옥 목사가 오정현 목사에게 이메일로 보냈던 것"이라고 주장했다. 그러나 오정현 목사는 그런 편지를 받은 적이 없다고 했다. 오 목사의 이메일 계정을 다 뒤져 봐도 그런 편지를 받은 적이 없는 사실이 확인되자 D씨는 "옥 목사가 이 이메일로 비서에게 보내어 이를 수정한 후 프린트하여 전달하도록 했다"고 말을 바꾸었다. 그러나 전달했다는 비서는 언론 인터뷰와 법정 증언*을 통해 자신은 "그 편지

---

\* 당시 비서는 D씨가 고소한 고소 건에 증인으로 출석하여 자신은 그런 편지를 전달한 적이 없다고 했다. 비서의 편지 관련 인터뷰는 〈카이로스타임즈〉에 소개되어 있다.
www.kairostimes.co.kr

를 본 적도, 수정한 적도, 전달하라는 부탁을 받은 적도, 전한 적도 없다"고 했다. 그리고 "옥 목사님은 하실 말씀이 있으시면 속에 담아 두지 않고 바로 말씀하시는 스타일이지 메일로 보내는 성격이 아니었다"고 말했다.

오정현 목사의 비서실 관계자도 기억을 하지 못했다. 당시 그 편지를 전해 주었다고 하는 그날 그 시간, 오 목사의 일정표에 의하면 오정현 목사는 어느 개척교회 개척감사예배에 참석하러 출타하느라 교회에 부재중이었다.

오정현 목사도 받은 적이 없다고 했다. 받은 자도 전해 준 자도 없는데, 오직 한 사람만 편지를 보냈다고 주장하고 있었다. 오직 D씨만이 처음에는 이메일로 보냈다고 했다가 "그런 메일을 받은 적이 없다"고 하자 "출력하여 인편으로 보냈다"고 말을 바꾸면서까지 "편지를 보냈다"고 주장했다.

그러나 교회의 이메일 서버까지 검색해 본 결과 옥한흠 목사와 비서 간에도 그런 메일을 주고받은 흔적이 명확하지 않았고, 그런 메일의 존재를 입증할 만한 객관적인 증거도 발견되지 않았던 것으로 알려졌다.

따라서 이 편지와 관련한 소송에서 오히려 D씨로부터 고소를 당한 피고측이 재판부에 "교회 메일 서버를 조사해 달라"는 요청까지 하게 되었다. 늦게나마 재판부가 이 요청을 받아 들여 2016년 5월, 국과수에서 메일 서버를 조사하고 편지의 존재 여부를 확인 중에 있고, 7월 안에 다시 한 번 정밀 검사를 할 계획인 것으로 알고 있다.

2012년 9월 2일      B교수 '논문조사보고서'를 이메일로 발송

| 2012년 9월 17일 | 97회 총회에서 긴급동의안 추진 |
| 2013년 1월 | 수첩관련 D씨의 편지 |
| 2013년 1월 31일 | 논문관련 이메일 공개 |
| 2013년 2월 13일 | D씨, 옥한흠 목사 편지 공개 |

옥한흠 목사가 오정현 목사에게 보냈다는 편지의 진위 여부는 현재 법정 공방을 벌이고 있다. 디지털 분석과 포렌식(forensic), 관계자의 증언 등 모든 방법이 동원되어 조사하고 있으니 진실은 곧 밝혀질 것이다.

아무튼 D씨의 글이 2013년 1월 중순, F장로의 논문 폭로가 그해 1월 말, 다시 D씨의 소위 '옥한흠 목사 편지' 공개가 그해 2월 중순이었으니 교회 안에서는 보름 간격으로 성도들의 마음을 흔들고 화제와 이슈가 될 만한 가십들이 연이어 쏟아져 나오고 있었다. 그리고 이러한 글과 그로 인한 파장과 정황은 속속 '뉴스×××'를 통해 연발로 인터넷상에 올려졌다.

이들은 때로는 역할을 나눈 분업으로, 때로는 서로의 역할이 한 방향으로 집결되어 효과를 내도록 협업을, 그리고 넓은 차원에서는 서로 연대(連帶)하면서 오정현 목사와 사랑의교회에 치명타를 입히고자 했던 것으로 보인다.

## '학위관련 TF'의 역할

당회가 구성한 '학위관련 TF'는 2012년 6월 24일에 1차로 모여 "표절이 아닌 대필을 주장하고 있기 때문에 갖고 있는 한계와 어려움을 논의한 것"으로 당회에 보고되었다. 그리고 7월에 접어들어 담임목사와 B교수를 여러 차례 조사한 이후 7월 8일에 "대필은 없었음"을 당회에 보고하며 활동이 종료되었다. 그리고 B교수의 보고서와 관련하여 2012년 12월 22일, 오정현 목사는 F장로와 만난 자리에서 "표절주장은 사실이 아니다"라는 요지의 설명을 했다. 그러나 이는 F장로가 B교수가 건네준 보고서를 가지고 있었고, 그가 전 TF팀장이었기 때문이었지 '학위관련 TF'나 어떤 형태의 조사위원회가 존재했었기 때문은 아니었다. 장로가 담임목사와 현안을 놓고 사실 확인을 하는 것이었기에 특별할 것이 없었다.

F장로는 2013년 2월 3일, 포체프스트룸대학에 보낸 이른바 '오정현 목사의 논문에 대한 표절 조사의뢰서'에서 자신을 '조사위원장(I am working as a chairman)'이라고 소개했다. 그는 같은 해 2월 12일, 빌 헐 교수에게 오정현 목사의 논문에 관해 질문하면서도 똑같은 표현을 사용하기도 했다. 그러나 이는 사실과 전혀 다른 주장이다. 만약 F장로가 정말로 '조사위원장'이었다면 다음의 의문점들이 해소되어야 한다.

첫째는 B교수로부터 논문 조사결과를 건네받은 날로부터 이를 오정현 목사에게 제시하며 사임을 요구했던 날까지 무려 5개월간 전 '학위관련 TF'의 정식 멤버들은 이 사실을 아무도 몰랐다는 사실이다. 다만 2013년 1월 27일, F장로가 문자로 긴급히 '학위관련 TF'회의를 개최한다고 했으나 갑작스런 통보에 대부분 멤버들의 참여가 불가능해 정식 회의는 열리지도 않았다. 'TF'멤버였던 두 장로와 잠시 대화를 나누었지만 소위 '조사보고서'를 확인하고 표절 여부에 대한 개인적인 의견을 피력한 것이 전부였다. 후에 당회의 7인 대책위원회* 보고서에도 이날의 모임은 정식 'TF'모임이 아니었다고 당사자들이 인정했고, 결국 F장로가 독자적으로 자행한 것으로 결론을 냈다.

두 번째는 설사 '학위관련 TF'가 살아 있고, 그 위원장이 F장로라면, 왜 이 논문의 조사와 조사결과에 대한 확인과정에 '학위관련 TF'위원은 한 명도 참여를 안 하고 D씨, G모 권사, 그리고 외부의 원로 목사들만이 관여하였는가 하는 점이다. 즉 조사과정과 조사결과를 결정하는 과정 모두를 F장로 독자적으로, 혹은 외부인이나 비선조직이 했었다는 것에 대해 납득할 만한 해명이 나오지 않았다.

결론적으로 '학위관련 TF'는 B교수의 대필 의혹에 대한 조사와 보고서 작성만이 임무였고, 2012년 7월 8일 당회에 정식으로 보고서를 제출함으로써 그 활동이 종료된 것이다. 그러므로 2013년 2월 3일에 포체프스트룸대학에 보낸 메일에서 자신을 조사위원장이라고 표기한 것은 사실과 다른 표기였다. 게다가 2013년 2월 20일, 당회는 포체프스트룸대학에 문서를 발송하면서 F장로는 조사위원장이 아님을 통보했다. 그리고 이 통보 이후 F장로는 더 이상 자신을 조사위원장이라고 표기하기를 중단했다. 따라서 F장로는 전직 '학위관련 TF' 팀장의 직위를 이용하여 '학위관련 TF'의 팀원이나 기능과는 전혀 별개로 자신과 몇몇 사람들이 설계한 목적을 이루기 위해 '학위관련 TF'를 이용하고 자격을 사칭했을 뿐이었다.

* 당회에서 2013년 2월에 자체적으로 결성한 조사대책위원회로 7인의 장로가 위원으로 편성되어 후에는 '7인 대책위'로 불리게 되었다.

## F장로, 목양실로 들어가다

2013년 1월 27일, F장로와 G모 권사는 5개월 전에 습득한 '무기'를 갈고 닦았을 뿐만 아니라 막강한 지원군을 확보한 후 형식적인 절차조차 무시한 채 목양실로 들어갔다. 그리고 장시간, F장로는 거의 혼자 말하듯이 일방적으로 대화 아닌 대화를 풀어나갔다. 그는 그 며칠 후 이 날 "대화의 내용을 기억을 더듬어 풀어쓰는 것"이라고 하면서 당회원에게 이메일로 배포했다.

그러나 그것은 거짓말이었다. F장로는 오정현 목사 몰래 대화의 모든 내용을 녹음했고, 그 녹음 파일을 1년 뒤인 2014년 5월에 MBC 〈PD수첩〉 제작진에게 넘겨 주어 그 육성이 결국 방송을 타도록 했다. F장로의 거듭되는 거짓말 중 하나였다. 그는 당회원에게 보낸 메일에 당시의 상황을 상세히 기록한 대화록을 첨부문서로 발송하면서 "두서없이 말씀 드리면 안 될 것 같아서 제가 미리 메모를 작성해서 갖고 간 자료를 중심으로 읽으면서 말씀드렸기 때문에 당시의 대화 내용을 이렇게 상세히 작성하는 게 그다지 어렵지 않았습니다"라고 언급했지만 실제로는 녹음기를 준비하여 치밀하게 녹음한 후 그것을 녹취하여 유포한 것이었다. F장로는 대화록을 공개하면서 자신을 "나"라고 기록하지 않고 "F장로"라고 기록하고 있다. 게다가 대화 내용이 아닌 지문 같은 것이 등장하는데 괄호 속의 지문에도 '나'가 아닌 'F장로'라고 표기되어 있다. 이는 제3자가 녹음 파일을 들으며 녹취한 것이라는 증거이다.

도대체 왜 그는 오정현 목사의 표절 문제를 들추어내면서 정작 자신은 거짓말을 계속하고 있는지도 의문이다. 뿐만 아니라 이날 대화의 서두에 1개월 쯤 전인, 2012년 12월 22일에 오정현 목사와 나눈 대화를 다시 상세히 언급하고 있는 것으로 보아 그 대화 내용 역시 녹음해 두었을 가능성이 높은 것으로 여겨진다. 이는 반대파 장로들이 당회가 시작되면 이를 녹음하여 외부에 유출함으로써 온라인에 퍼진 사례가 빈번해서 당회 때마다 곤혹을 치르곤 했는데, 사진 촬영이나 녹음을 통해 이를 외부에 유출하는 일은 그 이후에도 반복되었다.

당시 F장로와 G모 권사가 오정현 목사를 만나 건넨 대화는 다음의 몇 가지로 요약할 수 있다.

1. D씨를 통해 윌킨스 교수에게 오정현 목사의 표절 사실을 확인하도록 했다.
2. (타 교회 원로목사인) H목사와 L목사와도 상의했는데 사임하는 것이 좋다고 하시더라.
3. 사임의 명분은 건축이 너무 시끄러우니 건축을 명분으로 사임하라.
4. 건축이 이대로 가면, 담임목사가 민·형사상 책임을 면할 수 없을 것이다. 건축 관련 비리에 대한 제보가 있다.
5. 만약 사임을 하지 않으면 이 보고서를 전 당회원에게 알리겠다.
6. D씨가 이미 알고 있으므로 가만히 있지 않을 것이다.
7. 사임하고 나가면 재정적으로나 인격적으로 혼신을 다해 돕겠다.
8. 수석 부목사에게 사표를 제출하고 24시간 내에 나(F장로)에게 통보해 달라.

이 대화록을 검토한 한 법조인은 "한마디로 협박, 공갈, 회유가

다 들어가 있다"고 평했다. 그리고 "담임목사와 대화를 하면서 양해도 구하지 않고 몰래 녹음을 하는 것은 장로의 인격과 신앙을 가진 자라면 할 수 없는 일이고, 고소나 고발 등을 업으로 하는 자들이나 하는 행위"라고도 지적했다.

F장로의 1차 목표는 분명했다. 그 목표는 거의 눈앞에 다다른 듯했다. 어쩌면 F장로는 오정현 목사가 사직서를 제출하지 않기를 바랐는지도 모른다. 그는 "만약 사직하면 재정적으로 도와줄 뿐만 아니라 서기장로와 상의해서 충분한 지원을 받아 사랑의교회를 떠날 수 있도록 필요한 모든 조치를 취하도록 돕겠다"고 했기 때문이다.

과연 그럴 수 있을까? 그것보다는 차라리 오정현 목사가 사직을 하지 않고, 논문 문제를 외부에 공개함으로써 더 깊은 상처를 주어 사임하도록 하는 것이 그가 진심으로 바랐던 것일지도 모르는 일이었다.

그런데 F장로의 1차 목표의 길목에는 결코 도달할 수 없는 함정들이 있었다. 그리고 아이러니하게도 그 함정들은 F장로 스스로가 파 놓은 것이었다. 그는 스스로 무기를 갈고 닦고 내외부의 지원세력까지 등에 업어 '이제 목표가 손에 거의 들어 왔다'고 생각했는지 모르지만, 하나님의 계획은 언제나 볼품없고 미련하게 보이는 사람들을 통해서, 혹은 별로 정교한 것처럼 보이지 않는 방법으로 오히려 더 선명하게 드러나는 법이다. 하나님은 가룟 유다처럼 영민하고 민첩한 자들보다는 베드로나 요한처럼 다져지지 않았고 부족한 자들을 통해서 일하시는 것을 우리는 알고 있다. 성경은 이렇게 단호하게 말씀하고 계신다.

그러나 하나님께서 세상의 미련한 것들을 택하사 지혜 있는 자들을 부끄럽게 하려 하시고 세상의 약한 것들을 택하사 강한 것들을 부끄럽게 하려 하시며 하나님께서 세상의 천한 것들과 멸시받는 것들과 없는 것들을 택하사 있는 것들을 폐하려 하시나니 이는 아무 육체도 하나님 앞에서 자랑하지 못하게 하려 하심이라 (고전 1:27-29)

F장로가 스스로 파 놓은 첫 번째 함정은 D씨였다. D씨는 사사건건 오정현 목사와 대립각을 세우며 진정한 세대계승을 저해하던 인물이었다. 그는 자신이 건축을 반대했지만 옥한흠 목사도 반대했다고 주장했다. 그리고 "옥한흠 목사가 건축을 지지하고 건축헌금에 대해 말씀하셨던 동영상도 강요에 의해 촬영한 것이므로 옥 목사의 뜻과 상반된다"고도 했다. 그는 서초예배당 건축이 한참 진행될 때에도 "저 공사는 중단되고 방치되어 후손들에게 교훈으로 삼도록 해야 한다"고 말했다. 그러면서 2013년 2월, 트위터에 올린 글에서 "고 옥한흠 목사의 기념관에 대해 기대도 희망도 버리겠다"고 했다. 옥한흠 목사 기념관에 대해 여러 차례 요구했지만 오정현 목사가 적극적인 답을 주지 않자 이제 뜻을 접었다는 의미였다.

이런저런 이유로 D씨는 오정현 목사와 부교역자들에 대해 대립각을 세웠다. 부교역자들을 "오갈 것 없는 허수아비들"이라고 폄훼했다. 또는 "충견(忠犬)"이라고도 했고 "담임목사의 발바닥을 핥는 자"라고도 했다. 2013년 말에는 《서초교회 잔혹사》라는 소설을 발행하여 부교역자들을 잔인하도록 폄하했다. 그 소설에서 나는 '주충성' 목사로 묘사되는데 '수준 낮고 물불 안 가리는, 축구선수로 말하면 동네축구 하부 리그 후보 선수쯤 되는 목사'로 그려졌다. 나중에 알려진 당회 대책위의 보고서에 따르면 B교수에게 오정현 목사의 논문을 전달하여 조사하도록 한 당사자도 D씨였다. 이런 D씨를 등장시켜 오정현 목사의 논문을 조사하게 한 것은 F장로 스스로 파 놓은 함정이 되었다.

심판자의 역할을 하려면 좌우 모두에게 객관적인 인물이어야 하지만 D씨는 이미 한쪽으로 기울어도 심하게 기운 사람이었다. 그러나 교회 내에서 이런 일을 도모할 사람으로서는 D씨가 적격이었다. 그는 이미 2012년 6월에 오정현 목사의 논문이 대필일 것이라는 전제하에 이를 조사해 달라고 당회에 요청했던 인물이고, 오정현 목사를 흠집 내게 하는 일에는 그만한 브랜드와 그만한 열정을 가진 자가 없었기 때문이었다. 그러나 그의 사생활과 행동거지가 하나하나 밝혀지면서 서서히 반대파에 속한 자들도 그와의 관련성을 기피했고, 불편해하는 상황이 되었다. D씨 카드를 잡은 것은 F장로의 패착이었다.

두 번째로 F장로가 파 놓은 함정은 '학위관련 TF'를 이용하고 팀장의 직위를 사칭했다는 것이다. 이미 죽은 조직을 살아 있는 것처럼 위장했고, 존재하지도 않는 '조사위원장' 직을 내세웠다는 것이다. 이른바 모든 조사활동의 정당성을 스스로가 소멸시킨 것이다.

세 번째는 월권이다. 설령 '학위관련 TF'가 유효한 조직이고, 아무리 팀장이라는 자리가 존재했다 할지라도 'TF'와 팀장은 조사한 내용을 당회에 보고함으로써 그 임무를 다하는 것이다. 나머지는 당회가 처리를 결정하여 주관할 것이었다. 그러나 F장로는 이런 기본적인 절차를 완전히 무시했다. 그해 2월 3일, 당회가 F장로의 소위

"논문 조사보고서는 교회가 인정한 공식적인 것이 아니다"라고 명확하게 선을 그은 것만을 보아서도 알 수 있다.

사랑의교회 정관에 의하면, 담임목사 사임의 조건은 1차적으로는 당회 재적당회원의 2/3 이상이 모여 당회를 개회한 후 그중 2/3 이상이 찬성하여 공동의회로 상정하고, 이후 공동의회에서 투표자의 2/3 이상 찬성과 전체 입교교인의 1/2 이상이 찬성해야 노회에 사임에 관한 청원을 할 수 있도록 되어 있다. 장로교 헌법과 행정은 목사를 노회 소속으로 하고 있다. 그러므로 지교회(支敎會)는 목사에 대한 청빙청원과 사임청원을 노회에 상정하면 노회에서 이를 심사하여 승인하는 것을 기본으로 하고 있다.

그런데 F장로는 이 모든 법과 절차를 무시하고 1인 플레이를 자행하며 한 대형교회의 영적 리더십을 자기 손으로 좌지우지하려 했던 것이다. 이것은 불법이었다. 당회에서 2013년 2월 13일에 조직을 결의하고 3월 13일까지 한 달간 활동한 '7인 대책위'에서는 F장로의 이러한 행보에 대해 분명히 "월권이었다"고 지적하였다.

네 번째 함정은, 그가 이 모든 일을 설계하면서 교회 내부인이 아닌 외부 인사와 접촉하고, 그들의 결정을 공식화하여 담임목사의 사임을 압박하였다는 것이었다. 그는 외부 인사인 H목사, L목사와 수차례 접촉하여 오정현 목사의 사임의견을 정리하였고, 그들의 의견을 근거로 사임을 요구하였다. 이는 장로교의 기본 질서를 파괴하는 행위이다. 장로교인 사랑의교회는 대한예수교장로회에 속해 있고 동서울노회에 속해 있지만 어디까지나 지교회로서의 자기결정권을 가지고 있다. 이는 장로교 헌법에도 "장로회 정치는 지교회 교인들이 장로를 선택하여 당회를 조직하고 그 당회로 치리권을 행사하게 하는 주권이 교인들에게 있는 민주적 정치이다"라고 명시되어 있다.*
교회 내의 자결권과 자치권이 헌법질서 내에서 존중되어야 함에도
불구하고 외부인의 시각을 절대적으로 차용(借用)하여 교회 내부로
가져옴으로써 사랑의교회 교인들의 주권을 무력화시킨 것이었다.

그는 포체프스트룸대학에 보낸 문서에서 사랑의교회를 장로교
회(Presbyterian Church)로 소개하지 않고 'Our Congregation'이
라고 소개하고 있는데, 이를 직역하면 '회중교회'라는 의미이다. 그
러나 회중교회와 장로교회는 헌법과 정치와 행정이 매우 다른 조직
체계를 가지고 있다. 장로교인 사랑의교회 장로가 장로교의 정체성
을 잘 알지 못한 것은 아닌가 하는 의구심이 드는 대목이다.

F장로의 치밀한 계획과 잘 다듬어진 무기는 그가 스스로 파 놓은
함정, 즉 태생적 한계로 인하여 이제 당회로, 그리고 전 교인에게로
넘겨지지 않으면 안 되게 되었다.


## 일파만파, 사과

F장로의 함정이 함정으로 드러나기 전까지 사랑의교회와 오정현 목
사는 교회 안팎에서 곤혹스런 상황에 직면하지 않을 수 없었다. 반
교회적 매체와 인터넷 언론들은 앞다투어 이 사실을 보도하며 가혹
한 논조로 비난하기 시작했다. 그리고 2013년 2월 3일, 당회원들은
긴급히 모여 현 상황에 대한 난상토론을 벌였고 결론을 세 가지로

---

* 　　장로회 헌법, Ⅳ. 정치, 총론 5.

발표했다.

1. 사랑의교회 오정현 담임목사의 논문 표절과 관련하여 사랑의교회 F장로가 조사위원회 위원장 명의로 배포한 보고서는 현재 교회가 인정한 공식적인 것은 아니다.
2. 사랑의교회 당회는 담임목사에게 제기된 사안과 관련하여 깊은 유감을 표시하며 향후 철저한 진상규명과 사후 처리 방안을 마련하기로 하였다.
3. 오정현 담임목사는 모든 것이 자신의 부덕의 소치로 유감을 표명하였고, 그와 관련된 모든 사안에 대한 처리를 당회에 일임하였다.

주후 2013년 2월 사랑의교회 당회원 일동.

위의 결의를 '사랑의교회 당회'로 발표하지 못하고 '사랑의교회 당회원 일동'으로 한 이유는 당시 임시당회가 정관 8조 3항의 조건에 충족하지 못했다는 주장 때문이었다. 정관 8조 3항은 '당회 소집은 일주일 전에 그 회의의 목적과 시간과 장소를 통지하여야 한다'고 되어 있다. 즉 일주일 전에 통지하지 않고 모였기에 정식 당회가 되지 못한다는 주장이 제기되었고, 이와 같이 정관의 조문에 메이는 일들은 이후에도 수없이 발생하게 된다. 정관을 근거로 교회 사역의 발목을 잡는 반대파의 시도는 계속되었고, 정관의 존재조차도 의식하지 않았던 교인들까지 정관의 조문을 살펴봐야 하는 상황이 되었다. 이렇게 되자 급기야 "성경과 일치시키고 장로교 정신과 일치시키는 새로운 정관으로의 개정이 필요하다"는 목소리도 나오게 되었다.

일주일이 지난 후인 2월 10일, 설 연휴 기간이었지만 사랑의교회는 그 어느 때보다 긴장되고, 그 어느 때보다 예민한 주일을 맞이하고 있었다. 이날 오정현 목사는 교인들에게 공식적으로 자신의 심경을 피력하였다. 예배시간에 교인들의 양해를 얻어 발표한 내용의 요지는 다음과 같다.

"사랑하는 성도 여러분, 지난 주간 한 인터넷 사이트에 올라간 저에 관한 글을 보시고 많은 성도가 큰 충격을 받았습니다. 사건의 진위와 상관없이 교회 성도들과 한국교회에 심려를 끼쳐 드려 참으로 죄송합니다.
제 논문은 18년 전 남가주 사랑의교회에서 목회하던 시절 남아공에 가서 안식년을 보내면서 그동안의 목회적 경험을 바탕으로 쓴 것입니다. 참고문헌을 쓰는 과정에서 일부 미흡했던 것은 인정합니다. 저의 불찰로 뜻하지 않게 누를 끼쳐 죄송합니다.
저는 미물 같은 존재입니다. 그동안 저로 인해 마음에 아픔이 있는 사람들에게 용서를 구합니다.
저에게 이 문제를 직접 제기한 분이 "건축으로 사회 문제 일으킨 것에 책임을 지고 사임하면 이 문제를 덮겠다. 48시간 내에 사임하지 않으면 이 사실을 언론에 공개하겠다"고 했습니다. 당회가 이 문제에 대해 대책위원회를 꾸렸습니다. 저는 당회에 모든 문제를 위임하였습니다.
거듭 죄송합니다.

2부에서 6부까지 계속된 예배에서 오정현 목사는 때로는 흐느끼며 때로는 담담하게 준비한 원고를 읽어 내려갔다. 당시 오정현 목사가 손을 가리며 흐느끼는 장면은 반대파에 의해 '거짓 눈물'이라는 프레임으로 덧 씌워져서 퍼 날라졌다. 심지어는 오정현 목사가 꺼낸 손수건을 두고도 "평소에는 잘 가지고 다니지도 않는 손수건도 미리 준비해서 쇼를 했다"고 방송에서 버젓이 주장하기도 했다. 울음까지도 희화해서 공격의 소재로 삼았다.

세상에 거짓으로 흘리는 눈물이라는 것이 있을 수 있을까? 배우들조차도 배역의 입장에서 감정을 잡고 몰입하지 않으면 흘릴 수 없는 것이 눈물 아닌가? 그러나 이러한 눈물마저도 악의적으로 매도하며 공격을 일삼던 이날, 이들의 모습은 그 이후 쓰나미처럼 밀어닥친, 잔인하고도 어이없는 공격의 신호탄에 불과했고, 예고편에 지나지 않았다. 상상도 예측도 하지 못했던 공격은 아직 시작도 되지 않았던 것이다.

2월 10일, 오정현 목사의 발표를 들은 회중들은 대부분 박수를 보내며 격려했다. 큰 문제는 없어 보였다. 2부 예배 때 유일하게 한 60대 중반의 교인(지금 이 교인은 반대파에서 활동하고 있다)이 큰 소리로 불만을 표시하긴 했지만, 대부분의 교인들은 오히려 그 교인에게 그러지 말라고 제지할 정도로 호의적이었다.

그러나 나는 그 발표를 듣는 순간 "아!" 하는 느낌을 받았다. 오정현 목사가 마지막 부분에서 언급한 "저에게 이 문제를 직접 제기한 분이 건축으로 사회 문제를 일으킨 것에 책임을 지고 사임하면 이 문제를 덮겠다. 48시간 내에 사임하지 않으면 이 사실을 언론에 공개하겠다고 했습니다"라는 표현이 영 마음에 걸렸다. 이로 인해 새로운 싸움을 초래할 수도 있지 않을까 하는 의구심이 생겼다. 큰 틀에서 "염려 끼쳐 대단히 죄송하고, 유감이며 향후의 모든 처리는 당회에 일임하겠다"라고 마무리했으면 더 좋았을 거라는 생각이 들었다. 발표문을 듣고 나서도 한동안 마음이 개운치 않았다.

물론 당시로서는 어떤 선택이 옳은 것인지, 어떤 선택이 후유증을 낳을 것인지를 다 알 수 없었기에 항상 최선을 다한다는 각오로 임할 수밖에 없었지만, 사랑의교회 문제를 현장에서 지켜보면서 가장 큰 실수 중의 하나로 느껴지는 것이 바로 그날의 그 표현이 아닌가 싶다. 이 문제는 나중에 다시 한 번 정리해 볼 필요가 있다고 본다.

아무튼 오정현 목사의 사과로 교인들은 일단 "떠돌던 소문에 대한 해명을 잘 들었다"는 분위기였다. 그리고 공식적인 결론을 당회가 잘 내어 줄 것을 바라는 마음을 동시에 가지고 있었다. 그러나 이를 계기로 F장로가 발표한 내용을 근거로 부정적인 시각을 가지고 이를 증폭시키려는 자들이 생겨나기 시작한 것도 사실이다. 이때 가장 먼저 등장한 자가 C라는 안수집사이다. 그는 찬양대 총무도 했고 20년 이상 사랑의교회에 다녔지만, 그 당시에는 교회 출석을 잘하지 않고 있었고 순장직도 쉬고 있었다. 그는 오정현 목사의 사과 소식을 접하고는 간단하고도 분명한 논리를 폈다. "잘못했으니 사임하라"였다. 참 선명했다. 그런데 이 단순하고도 선명한 구호는 3년이 지난 지금도 반대파의 깃발 역할을 하고 있다. "대필이 아니다"는 논문에 대한 대학의 조사보고서가 공개되어도 그 깃발은 내려지지 않았다. 행정법원이 "교회 건축과정에 불법이 없었다"라고 결정해도 여전이 그렇게 걸려 있는 구호였다.

오정현 목사를 1,000억 배임, 20억 횡령으로 몰아가며 검찰에 고발하여 2년 3개월 이상을 철저히 조사받게 하고, 사법당국인 검찰과 법원, 심지어는 대법원에서조차도 혐의가 없다고 판정한 이후에도 그 구호는 신기하게도 계속 펄럭였다. 조건이 있는 구호가 아니라 구호 자체가 목적이었다. 그것은 사랑의교회와 오정현 목사를 좌절시키는 것이 목적인 자들이 만든 표면적 구호에 불과했던 것이다.

그러나 이 구호가 적힌 깃발 아래로 사람들이 모이기 시작했고, 이런저런 단체들이 기웃거리기 시작했다.


## F장로, 경고받다

2013년 2월 13일, 수요일에 다시 모인 당회에서는 다음 사항을 결정했다.

1. 담임목사의 논문과 관련하여 제기된 문제를 처리하기 위해 장로 7인으로 대책위원회를 구성하여 활동하기로 하고 그 기간은 한 달간인 3월 13일까지로 한다.
2. 대책위원회의 활동 범위는 철저한 진상규명과 사후처리 대책의 강구이다.
3. 사랑의교회는 제자훈련 목회 철학을 통해 세상에서 빛과 소금의 역할을 온전히 감당하는 성숙한 주님의 제자로서 이 같은 과정이 공동체를 새롭게 하고 주님이 기뻐하시는 교회가 되도록 기도하기로 한다.

주후 2013년 2월 13일 사랑의교회 당회.

이제 오정현 목사의 논문을 중심으로 제기된 현안에 대해 당회가 전면에 나서는 것처럼 보였다. 이른바 '7인 대책위'가 그간 제기된 모든 문제들에 대해 조사하여 당회에 보고하면 보고 내용을 토대로 최종 결정을 하도록 한 것이다. 이는 오정현 목사가 한 주 전에 "모든 것을 당회에 위임한다"고 한 의견 표명과도 일치된 것이었다. 뿐만 아니라 장로교는 대의정치, 민주정치제를 채택하고 있기 때문에 모든 성도의 대의를 모으는 역할을 하는 당회가 일차적인 주관을 하는 것은 당연한 것이었다.

이 대책위는 한 달 뒤 27쪽의 보고서를 작성하여 당회에 보고하게 되는데 당회는 이 보고서에도 문제가 있다고 보아 정식 보고서로 채택은 하지 않고 현안 판단의 참고자료로 삼는 것으로 처리하고 대책위 활동은 종료되었다. 한 달간 7인 대책위가 조사하여 내린 결론을 일단 요약하면 다음과 같다.

1. 의도적이던 비의도적이던, 양이 많건 적건, 오정현 목사의 논문에 표절이 있는 것은 사실로 확인됨.
2. 오정현 목사가 논문 표절을 은폐하거나 축소하려한 의혹이 있음.
3. 오정현 목사는 자발적으로 12개월간 교회를 떠나 자숙과 반성의 시간을 가질 것을 권면해 줄 것.
4. F장로가 '학위관련 TF'를 한 번도 소집하지 않고 독자적으로 조사했음.
5. 소위 '조사보고서'의 내용을 당회나 관계자가 아닌 제3자와 상의하고 일방적으로 이메일로 알림으로 SNS를 통해 확산시킨 것은 운영장로회나 당회를 무시한 처사임.
6. 당회를 통하지 않고 외부인이나 비 당회원과 상의하여 담임목사 사임을 권유한 것은 권한을 벗어난 행위임.

7. 이 모든 책임을 지고 F장로는 당회에서 공개 사과하고 자숙할 것을 권면한다.

그러나 7인 대책위의 보고서는 여러 가지 논란을 불러일으켰다. 과연 당회가 담임목사의 논문을 심사할 권한과 자격이 있는가 하는 것이 가장 큰 쟁점이었다. 교육부 연구윤리 지침에 따르면, 연구부정을 조사하기 위해서는 조사위원 중에 해당 분야의 전문가가 50% 이상이 참여해야 한다.* 그러나 대책위원 7인 중 신학을 전공한 위원은 한 명도 없었다. 실제로 7인 대책위는 논문을 조사하지 못했다. F장로의 자료를 기초로 오정현 목사의 소명서 등을 참고하여 결론을 내렸다. 그리고 오정현 목사에게 학위를 수여했고, 표절 등 연구윤리에 관한 최종 판정 권한을 가진 대학에서 어떤 결정이 오기 전에 오직 그 대학만이 할 수 있는 판정을 다 해 버렸던 것이다. 게다가 오정현 목사가 축소 은폐하려 했다는 식의 보고는 사실관계를 정확히 분석했다면 나올 수 없는 결론이었다.

따라서 당회는 이 보고서를 공식보고서로 채택하기보다는 참고로 하기로 하고 본격적인 해결 방안을 찾아야만 하는 숙제를 떠안게 되었다. 그렇게 해서 시작된 당회가 3월 13일부터 열리기 시작된 당회, 이른바 콘클라베였다.

---

* 교육부 연구윤리에 관한 지침 제18조 2항에는 "1. 해당 연구 분야 전문가 50% 이상, 2. 해당 기관 소속이 아닌 외부인 30% 이상"으로 조사위원을 구성하도록 되어 있다.

## '콘클라베'

콘클라베(Conclave)는 '열쇠가 있어야 들어가는 방'이라는 뜻인데 실제로는 교황을 선출하기 위한 투표 방식을 의미하고 있다. 교황청 내 시스티나 성당에서는 교황을 선출할 때마다 추기경들이 모여 교황선출이 완료될 때까지 그 안에서 몇 날 며칠이고 투표를 거듭하며 결론을 낸다.

3월 13일 밤에 열린 사랑의교회 임시당회는 당일에 결론을 못 내리고 14일, 15일에 이어 16일 새벽까지 계속되었다. 당회는 오정현 목사가 당회장으로서 개회만 하고 나머지는 당 서기인 김주수 장로가 진행했다. 4일간 20시간 이상 지속되었다. 현장에서는 이 당회를 가리켜 "콘클라베 같다"는 말이 나오기도 했다. 4일간 계속된 당회에서는 당회원 전체가 자기 의견을 준비해서 발표하도록 하고 마지막에 담임목사의 거취에 대한 입장을 표명하는 것으로 진행되었다. 밤 12시를 지나 새벽 1시를 넘겨 진행하기도 했지만 다음날에 다시 속개하는 방식으로 진행하여 토요일 새벽까지 이르게 되었다.

3월 13일, 첫날에는 7인 대책위의 보고를 받았다. 그러나 앞서 언급했던 것처럼 여러 가지 논란을 일으킬 수 있는 사항들로 인해 7인 대책위 보고서는 정식으로 채택되지 않았다. 그리고 현안에 대한 장로 개개인의 의견을 청취하고 담임목사의 신임을 묻는 투표도 했는데 이는 부결되었다.* 그러나 당회에서는 당회장의 신임을 묻는 투표를 할 수도 없고, 한다 해도 효력이 발생하지 않는다. 어쨌든 신임을 묻는 투표에서는 여전히 담임목사로서의 권위를 인정하는 쪽이 압도적이어서 당회원 대부분은 이 상황이 하나님께서 교회를 새롭

당회를 마치고 나오는 당회원들. 4일간 연속된 당회를 '콘클라베'라고 부르기도 했다.

게 하시려는 계획 속에서 발생한 것으로 받아들이는 것으로 해석되었다.

3월 15일 밤과 16일 새벽에는 긴급한 상황이 연이어 전개되었다. 나는 그 당시 교단 총회업무를 맡고 있었고, 만일을 대비해 장로교 헌법과 사랑의교회 정관 등을 항상 지니고 다니며 상황에 대비하고 있었다. 장로들이 회의 중간중간에 회의장을 오가며 건네는 말과 전하는 분위기에도 신경을 곤두세워야 했다. 오정현 목사는 목양실에서 담담한 심정으로 기도하며 기다리고 있었고, 교역자들은 외부세력이나 이제 막 형성되기 시작한 반대파로부터 불미스러운 일이 발생하지 않을까 하여 당회실 주변에서 대기하고 있었다.

*    장로교 헌법에 의하면 담임목사, 즉 위임목사는 해(該) 교회에서 치리를 못하도록 되어 있다. 단, 치리를 위한 청원안을 만들어 노회에 상신하면 노회에서 치리를 결정하도록 되어 있다. 사랑의교회 당회는 권한 밖의 행위를 한 것이었고 이마저도 부결됨으로써 더 이상의 논의는 하지 못하게 되었다.

15일 밤 12시를 전후하여 임시당회에서는 어떤 결론을 내릴 듯한 분위기가 감지되었다. 장로들은 각자 자신들의 의견을 발표한 다음, 어떤 교역자에 대해 어떤 징계를 내려야 하는지를 피력했고, 담임목사에 대해서는 3개월부터 1년까지 다양하게 자숙기간을 제시하는 의견들을 내놓은 것으로 전해졌다. 회의가 정회된 다음에는 7인 대책위가 임시로 행정목사실에서 열렸고, 대책위원들이 나를 안으로 들어오라고 했다. 그리고는 자신들이 원하는 담임목사에 대한 자숙 및 그 기간에 관한 법적 정당성에 관해 의견을 물었다. 물론 대책위원과 그 자리에 함께한 당회원들 중에는 법조인도 있었고 대학교수도 있었지만, 교회법에 대해서는 자문이 필요했던 것으로 생각했던 것이다. 나는 조사하고 연구하고 문의하여 나름대로 숙지하고 있던 의견을 제시하며 자문에 응했다.

　　회의장으로 들어갔더니 먼저 어떤 장로가 "담임목사님께 1년 동안 자숙하시도록 건의 드리는 것은 어떤 문제가 있는가요?"라고 물어왔다. 나는 단호하게 "그건 안 됩니다"라고 했다. "이유가 뭐죠?"라고 하길래 "헌법, 정치 17장 5조에 의하면 '담임목사가 1년간 시무를 하지 않으면 자동적으로 그 교회의 위임이 해지'가 됩니다. 그렇게 되면 1년간 자숙을 건의하는 것은 사실상 사임에 해당하는 요구를 지금부터 하는 것이나 마찬가지인데 그것은 당회의 권한이 아니므로 노회나 총회가 이를 문제 삼을 수 있으므로 안 됩니다"라고 말씀드렸다. 그랬더니 "그럼 11개월은 괜찮지 않나요?"라고 물었다. 나는 "법적으로는 문제 없습니다" 하고 대답했다. 내가 답할 수 있는 수준은 그 정도가 전부였다. 대책위원 중에는 '어떻게 해서라도 자숙기간을 늘리고 담임목사에게 무거운 짐을 지우는 기회로 삼으려는' 분이 있었는가 하면 정반대의 입장인 분도 있었다. 이들은 서로의 의견을 조용히 듣고, 잘 합의하여 합리적인 결론을 얻기 위해 노력했지만, 난생처음 해야 하는 결정 앞에서 몹시 부담스러워 했고 속내를 잘 드러내려 하지 않았다.

이런 질문도 있었다. "사례비를 30% 삭감하는 것은 어떤가요?" 나는 "삭감이라는 것 자체가 징계의 결과이기 때문에 징계권 없는 당회가 이런 결정을 하는 것 자체가 문제입니다. 굳이 하려면 자진 삭감, 자진 자숙으로 해야 하고 당회는 단지 건의만 할 수 있을 뿐입니다. 이 문제를 제대로 처리하지 않으면 노회와 총회에서 이를 문제 삼을지도 모릅니다"라고 했다. 대체로 내 의견에 수긍하는 눈치였다. 대책위원들은 노회나 총회의 개입을 무척이나 부담스러워 하는 것 같았다. 가급적 그 길을 우회하고 싶어 하는 모습이 역력했다. 결국 당회는 담임목사에게 건의할 내용을 작성하여 건의했고, 담임목사는 이를 수용하는 것으로 정리되어 갔다.

이처럼 4일간의 장고 끝에 나온 묘책은 무엇이었을까? 사랑의교회 당회의 입장이라는 제목으로 당회가 담임목사에게 건의하여 담임목사가 수용한 결의사항은 다음 세 가지가 핵심이었다.

1. 담임목사는 자발적으로 6개월간 진정한 회개 및 자숙과 반성의 기회를 갖기로 하였습니다.
2. 동 기간 중 사례비의 30%를 자발적으로 받지 않기로 하였습니다.
3. 사역을 함에 있어서 당회가 제시하는 사역의 가이드라인을 준수하기로 하였습니다.

이렇게 해서 교회의 회의체인 당회가 결정한 해결방안이 발표되었으나 사태는 새로운 국면으로 전개되기 시작했다. 그것은 담임목사의 부재와 반대파의 형성이라는 새로운 양상이었다.


## '조사보고서'를 조사하다

F장로가 소위 논문조사보고서를 폭로한 지 며칠이 되지 않아서 당시 김은수 행정목사로부터 급한 연락이 왔다. 몇몇 교역자와 함께 소위 '조사보고서'라는 것을 검토해 보고 싶다는 것이었다. 나는 안 그래도 논문과 소위 '조사보고서'라는 것을 꼭 보고 싶었는데 잘되었다 싶어 한걸음에 교회로 달려가 자료를 받아 왔다. 폭로된 소위 '보고서'라는 것을 보자 하니 처음부터 말문이 막히고 답답해 오기 시작했다. 논문작성자를 죽이기로 작정하고 그렇게 프레임을 짜놓고 써내려간 보고서가 분명했다. 우선 F장로의 설명부터 인위적으로 논리를 만들어간 느낌이 들었다. 대학에서 신학을 전공한 아내와 논문을 반반씩 나누어 보기 시작했다. 아내는 한숨을 내쉬며 "이런 걸 표절로 뒤집어씌우다니…" 하고 당혹해 했다. 그날부터 며칠간 논문을 살피며 내 나름대로 보고서를 작성해 보았다.

F장로의 소위 '보고서'에는 거짓주장들이 여기저기에 숨겨져 있었다. 의도적으로 보이는 오역들도 있었다. F장로는 윌킨스가 보내온 메일을 공개하면서 영문을 의도적으로 오역함으로써 오정현 목사를 거짓말쟁이로 만들었다. 그러나 실상 거짓말을 한 쪽은 F장로였다. F장로는 윌킨스가 보내온 답변을 심각하고 의도적으로 오역

했다. 실제로 그 이메일을 누가 작성했는지는 알 길이 없다. F장로가 썼는지 D씨가 썼는지도 알 수 없다. 다만, D씨의 메일 주소로 윌킨스에게 송부했고, 윌킨스는 D씨의 메일 주소로 답신을 준 것은 확인되었다. 이러한 정황의 일체는 반대파가 소송에서 법정에 제출한 문서를 통하여 확인되었다. 이 번역은 F장로가 아니라 D씨가 한 것으로 되어 있지만, 그렇다 할지라도 D씨의 번역을 F장로도 그대로 사용하였기에 둘은 같은 수준의 거짓말을 한 것이나 다름없다.

윌킨스가 보내온 메일 번역 중 가장 심각한 오역은 "나는 그(오정현 목사)를 전혀 모른다"라고 번역된 부분이었다. 영어 원문은 "I don't believe that I know him"이라고 되어 있다. 그렇다면 "나는 그를 잘 모르겠다"고 번역해야 맞다. 만약, "나는 그를 전혀 모른다"라고 번역되려면 영어 원문이 "I never know him"이 되어야 한다. F장로는 영어 원문과 한글 번역을 병기하는 대담함을 보였다. 틀린 번역을 원문과 함께 버젓이 퍼뜨린 것이다. 그런데 윌킨스의 이 편지는 D씨가 윌킨스에게 "오정현 목사의 논문에 대해 조사를 한다"고 하면서 보낸 편지의 답장으로 온 것이었다.

그렇다면 D씨는 윌킨스에게 어떤 내용의 편지를 보냈으며, 오정현 목사에 대해 무엇을 어떤 식으로 물어 봤을까? 나는 그야말로 그것이 궁금했는데 후에 D씨가 윌킨스 교수에게 보낸 메일을 입수하면서 예상대로 D씨의 의도를 잘 파악할 수 있었다. D씨는 마치 자신이 원하는 답을 유도하듯 질문했음을 한눈에도 알 수 있었다. 예를 들어 이런 식이다.

D씨    "오정현 목사에 대해 아느냐?"

윌킨스 "나는 오정현 목사를 잘 모르겠다."

그렇다면 과연 영어로는 어떻게 질문을 한 것일까? D씨는 오정현 목사를 이렇게 표기했다. "Jung Hyun-Oh." 월킨스는 오정현 목사를 가르친 은사였고, 최근까지도 탈봇신학대학원 교수로 재직 중인 분이며, 한국의 사랑의교회와 옥한흠, 오정현 두 목사를 잘 아는 분이다. 그런데 월킨스가 알고 있는 오정현 목사의 이름은 'Jung Hyun-Oh'가 아닌 "John Oh"*였다. 당시의 수강신청서에도 그렇게 적혀 있었다. 'John Oh'로 알고 있는 사람에게 'Jung Hyun-Oh'에 대해 알고 있느냐고 물으면 "잘 모르겠다"(I don't believe that I know him)라고 대답하는 것은 당연한 것이다. D씨는 미국에서 석사과정을 공부했고 수년 동안 살았기에, 미국에서는 이름에서 스펠링 한자만 틀려도 전혀 다른 사람이 된다는 사실을 누구보다 잘 알고 있었다. 그래서 그는 같은 편지에서 고 옥한흠 목사를 소개할 때는 "Hanhum-Oak"으로 쓰지 않고 옥 목사의 영어 이름인 'John Hanhum-Oak'이라 표기했다. 옥한흠 목사를 'John Hanhum-Oak'으로 표기할 것이면 오정현 목사는 'John Junghyun-Oh'로라도 표기했어야 맞다. 오정현 목사를 "전혀 모르는 사람"으로 만들기 위해 영어 이름을 제대로 표기하지 않았다고 의심할 수밖에 없는 부분이다.

설령, 별 의도 없이 오정현 목사를 "Junghyun-Oh"로 잘못 표기했었다 할지라도 적어도 "I don't believe that I know him"을 "나

---

*   1991년 여름학기 탈봇신학대학원 월킨스 교수과목 "Discipleship in the Local Church" 수강 신청자 명단에는 오정현 목사의 영어 이름이 "John Oh"라고 기록되어 있다.

는 그를 전혀 모른다"로 번역하지는 말았어야 했다.

　F장로는 소위 '보고서'에서 오정현 목사의 논문 중 모두 68군데 정도를 표절한 부분으로 표시하여 폭로하였는데 적어도 거의 절반 가량은 표절로 볼 수 없는 부분이었다. 예컨대, 윌킨스가 그의 저서에서 '제자'라는 용어 'Mathetes'에 대해 설명한 것을 오정현 목사가 거의 그대로 인용하고 인용표시를 안 했다고 해서 표절로 몰아갔는데, 그 부분은 'Mathetes'라는 단어에 대한 사전적 용어의 정의이며, 성경을 인용한 부분이기 때문에 표절로 볼 수가 없다. 표절(剽竊, Plasirim)*은 남의 '독창적인 아이디어'를 도용하는 것이지 그의 아이디어가 아닌 일반적인 사실을 유사하게 기술한 것은 표절이 아니다. 이것을 전문용어로 '공유적 영역'이라고 한다. 이를테면 '점심을 먹고 나면 나른해진다'라는 표현을 누군가가 쓰면 다른 사람은 그 표현을 쓸 때 모두 인용부호를 표기하고 각주를 달아야 하는가? 그렇지 않다. 그것은 보편적인 사실이고 누가 써도 특정 개인의 독특한 아이디어에 해당하지 않기에 표절로 인정하지 않는 것이다. F장로는 그와 같은 '공유적 영역'의 것들도 모두 표절로 몰아붙였다.

　심지어는 저자를 분명히 표시한 부분까지도 표절로 몰아갔다. 두 차례 인용하였지만 출처 표시는 한번만 했다고 해서 표절로 집어냈다. 그리고 원저자와 유사한 단어들을 쓰고 있지만 전혀 다른 논리를 전개하고 있는 것까지도 표절로 보았다. 사전적 의미이거나 성경

---

*　우리나라 교육부가 2012년에 제정하고 2014년에 개정한 〈연구윤리확보를 위한 지침〉에 따르면 "표절"은 타인의 아이디어, 연구내용, 결과 등을 적절한 인용 없이 사용하는 행위라고 명시하고 있다.

의 내용은 아무리 남의 글을 그대로 인용했다 하더라도 그것을 표절로 보는 것은 상식 이하다. 오정현 목사는 윌킨스가 표절한 부분도 찾아내어 원저자의 저서를 각주로 처리하기도 했다. 보고서의 주장처럼 베꼈거나 짜깁기를 했다면 그럴 수 없는 것이었다.

내가 조사한 바에 의하면 68개 항목 중에서 약 40개 항목은 표절로 볼 수 없다. 논란은 있을 수 있지만 F장로가 폭로한 것처럼 "베껴 쓰듯, 짜깁기 하듯"한 표절이라고 선동하는 것은 어불성설에 불과하다. 남아공에서 오정현 목사와 함께 공부를 했던 어떤 목회자가 페이스북에 올린 글을 보면 "오정현 목사가 가족과 함께 거주하며 열심히 논문을 쓰는 것을 보았는데 너무 힘들어 다 못 끝내고 미국으로 돌아가야 한다는 말을 들었다. 그럼에도 이후 졸업식에서 총장으로부터 훌륭한 연구를 했다는 칭찬을 받는 것을 보았다"고 되어 있었다.

신학자들 몇몇이 오정현 목사의 논문을 조사하여 제시한 자료에 의하면 F장로의 표절 주장은 더 어이가 없다. 그들은 F장로가 주장한 68군데 중 18군데만이 표절로 볼 수 있는 부분이고, 나머지는 아니라는 결과를 내놓았다. 그나마 18년 전에 쓴 200페이지가 넘는 영어 논문에서 나타날 수도 있는 수치라는 것이다. 물론 표절을 했다면 비난을 피할 길은 없다. 그러나 과도하게 뒤집어 씌워 이 문제를 가지고 한 개인의 모든 삶을 파괴하려는 시도는 분명 잘못된 것이었다. 그것도 자격을 사칭해 가면서, 거짓말을 보태어 가면서 그런 시도를 했다는 것은 뭔가 순수하지 못한 의도가 엿보인다. 어떤 그릇된 목표를 성취하기 위한 수단으로 이용하려 한 느낌이다. 한국 사회에서 어떤 사람의 논문을 문제 삼을 때에는 순수한 학문적 이

유보다는 정치적인 이유가 99%나 된다고 한다. 누군가를 매장하고 수치를 주고자 할 때 거론되는 것이 논문 표절이라는 것이다.

우리나라에서 연구윤리에 관한 기준이 세워진 것은 불과 10년도 안 된다. 대학에서 이것을 제정한 것은 2007년, 고려대학교가 처음이다. 한국학술단체총연합회에서 연구윤리지침을 마련한 것이 2010년이고, 교육부도 2007년에 만든 관련 지침을 2012년에 와서야 제대로 개정을 하였고, 2014년과 2015년에 연이어 개정했다. 그 이전에 쓴 논문들을 지금의 이 기준으로 스크린한다면 표절 논란으로부터 자유로울 사람이 몇이나 될까? 심지어 남아공의 포체프스트룸대학교도 오정현 목사가 1998년도에 발표한 논문의 표절 여부를 조사하면서 2004년의 기준을 적용했다고 밝힌 바 있다. 1998년 당시에는 그런 기준조차 없었다는 의미이다.

2014년 봄, MBC TV의 한 PD와 인터뷰를 할 때이다. PD가 "논문에 표절이 없어야 하는 것 아닌가요?"라고 묻기에 나는 그 PD의 눈을 똑바로 쳐다보면서 이렇게 말했다. "표절은 없어야 하지만 그런 논문은 거의 없을 것이다. 완벽하고 실수가 없는 논문을 쓴다는 것이 쉬운 일이 아니다. 단, 돈 주고 산 논문은 아마 표절이 없을 것이다. 돈 받고 작성해 주는 논문은 표절이 있으면 돈을 못 받기 때문에 표절이 없을 것이다. 표절은 없지만 그건 이미 논문이 아니다. 아이디어도 없고 내용도 없을 것이다. 그러므로 논문의 본질은 표절 여부가 아니다"라고. 그리고 "오정현 목사의 논문에 적용한 기준을 적용하면 아마도 자유로울 자는 없을 것이라고 확신한다"고 하자 PD는 더 이상 아무 말도 못했다. 왜냐면 이미 MBC관계자 혹은 방송계 안에도 석박사 논문 표절로 유명 앵커나 배우, 방송진행자 등이 곤혹을 치르고 있었고, 그 문제 논문들은 몇 개의 논문을 짜깁기한, 문자 그대로 표절 논문이기 때문이었다.

더군다나 오정현 목사의 논문을 조사했다고 하는 7인 대책위의 어느 장로의 박사논문은 다른 학교에서 다른 사람이 제출한 박사논문과 거의 흡사했다. 저자 혹은 공동저자의 이름을 바꾸어 가며 이곳저곳에 중복 게재하였을 뿐만 아니라 박사논문이라고 하는 것이 그 분량이 10페이지 남짓한 정도였다. "어찌 이런 논문으로 학위를 받은 사람이 담임목사에 대해 심판관 역할을 할 수 있느냐?"라고 평신도들이 항의하자 그는 "당시의 관행이었다"라고 짧게 대답했다고 한다. 그가 말한 '당시'라고 하는 것이 1998년이었고, 1998년은 오정현 목사가 포체프스트룸대학에서 학위를 받은 바로 그해였다. "내가 하면 로맨스고 남이 하면 스캔들"이라고 했던가? 그 장로는 지금 교회갱신을 외치며 반대파의 중심에 서 있다. 이것을 어떻게 이해할 수 있을까? 실제로 오정현 목사의 논문을 조사한 B교수조차도 교회 내에서 조용히 해결함으로써 한국교회가 에너지를 낭비하지 않기를 바랐다고 하는데 F장로는 그 의도를 무시했다.

나 역시 박사논문을 써 보았고, 많은 논문을 발표했지만 "나는 지금 표절을 하고 있다"라고 자각하면서 쓰는 경우는 전혀 없다. 쓰다 보면 실수가 있을 수 있고 부족함이 있을 수 있는 것이다. 그래서 박사를 가리켜 '이제 학문할 준비가 되어 있는 사람'으로 보고 '뭘 모르는지를 아는 사람(I know What I don't know)'이라 하지 않던가. 이 일이 발생한 후에 내가 아는 박사학위 소지자들한테 "당신 논문은 표절이 없을 것이라고 장담할 수 있는가?"라고 물었을 때 단 한 사람도 "자신 있다"고 말하지 않았다. "그런 말은 할 수 없다. 나도 모르는 실수가 있을 수 있다"라고들 말했다. 이제까지 단 한 사람만이 예외였는데, 석사논문을 쓴 사람이 하도 자신 있어 하기에 그의 논문을 구해 읽고 그 분야의 전문가에게 의뢰해 보았더니 표절은 그만두고라도 읽을 가치조차도 없는 수준 낮은 논문이라는 평을 해 주었다.

논문의 핵심은 읽을 가치가 있는 독창적 아이디어를 얼마나 체계적으로 논증했는가이지 표절이 있고 없고는 논문의 본질이 아니다. 결코 표절을 정당화하려는 논리가 아니다. 다른 차원의 이야기다.

나는 F장로의 논문을 보고 싶었다. 내가 F장로의 박사논문을 보고 싶었던 이유는 2013년 1월 27일 목양실로 들어가 말한 내용 중에서 자신은 오정현 목사보다 훨씬 오래전에 논문을 썼지만 당시가 잘 기억이 나고 자신은 문제가 없다고 주장했기 때문이었다. 아마 그의 녹취록을 본 사람이라면 다 나와 같은 생각을 했을 것이다. 내가 그의 논문을 읽고 샅샅이 뒤져서 표절을 찾아내어 문제가 있다고 밝힌들 그와 다를 바가 뭐가 있겠는가? 하지만 호기심에 1986년에 제출한 그의 미국의 모 대학교 박사학위 논문을 구해서 살펴보았다. 나는 그의 논문을 이해하기 어려웠다. 영국 캠브리지대학교 경제학 교수인 장하준이 그의 최근 저서에서 밝힌 대로 "경제학의 95%는 상식에 불과한데, 단지 전문용어와 수학을 동원해서 어렵게 보이도록 한 것 뿐"*이라고 말한 것이 생각났다. 어쨌든, 내가 신학 분야도 아닌 경제학 분야의 논문을 살피려고 하는 것 자체가 무리라는 생각은 들었다. 그러나 그의 논문을 살펴보니 A4용지로 분량

* 　장하준,《장하준의 경제학 강의》, (서울: 2015, 부키), 13.

을 계산해 보았을 때 60여 페이지 정도로 적은 분량이었고, 인용한 참고문헌이 겨우 11권이었다. 그리고 논문 자체가 연구과제 형식으로 되어 있어서 오정현 목사의 논문과는 확연히 구별되었다. 오정현 목사의 논문은 페이지수가 200페이지가 넘고 참고문헌도 모두 200권이 넘는다. 여기서 F장로의 논문에 대해 더 이상 말하고 싶지도 않고 말하는 것 자체가 적절하지 않다고 본다. 그러나 내가 그의 논문을 들여다본 것은 사실이고 그의 논문에 대하여 어떤 생각을 갖게 된 것도 사실이다.

오정현 목사의 논문에 대해서는 대책위원회이건, 당회건, B교수이건, F장로이건, 신학자들이건, 심지어는 나 자신도 판정권한이 없다. 오직 판정권한은 그 논문을 심사하고 학위를 수여한 남아공에 있는 포체프스트룸대학교이다.

서울대 법대의 모 교수가 표절 시비에 휘말린 적이 있었다. 서울대는 즉시 조사위원회를 꾸렸다. 그리고 조사위원회가 한 일은 그 교수에게 학위를 수여한 미국의 버클리대 로스쿨에 표절에 관한 판정을 의뢰한 것이 전부였다. 몇 달 뒤 버클리대로부터 다소 논란이 되는 부분이 있지만 전반적으로 문제없다는 답을 받았고, 서울대 조사위원회는 그 결과를 접수하는 것으로 모든 활동을 종료하고 그 교수의 논문에 대한 논란은 종지부를 찍었다.

모 국회의원이자 IOC위원이며 대학교수를 역임한 분의 논문이 표절 논란에 휩싸였을 때, IOC 관계자는 "대학의 판정결과를 기다리고 있다"고만 언급했을 뿐 IOC가 그 위원의 논문을 조사하기 위해 '조사 TF'를 만들어 조사를 벌이지 않았다. IOC는 절대 그렇게 할 조직이 아니다.

그렇다. 이게 정상이고 상식이고 글로벌 스탠더드이다. 만인이 만인의 논문을 판정할 수는 없다. 우리나라 교육부가 마련한 〈연구윤리확보를 위한 지침〉에도 "연구자의 연구윤리에 관한 판정은 해당대학에서만이 할 수 있다"고 했다(13, 14조). 게다가 "조사기관은 검증과정에서 피조사자의 명예나 권리를 침해하지 않도록 주의해야 하며, 판정 전까지 외부에 공개되어서는 안 된다"(12조)고 명백히 선언하고 있다. 세계적인 학술지 편집인이며 수천 건의 논문을 읽거나 심사한 경험이 있는 한 전문가도 오정현 목사의 논문을 이렇게 표절로 몰아가는 것을 이해할 수 없다고 하였다. 그의 글은 지금도 다음 카페 '무교병'에 올려져 있고, 가장 많은 조회 수인 1만 5,000회 이상을 기록하고 있다.

> 이 세상 지혜는 하나님께 어리석은 것이니 기록된 바 하나님은 지혜 있는 자들로 하여금 자기 꾀에 빠지게 하시는 이라 하였고 또 주께서 지혜 있는 자들의 생각을 헛것으로 아신다 하셨느니라 (고전 3:19-20)

F장로는 너무 많은 짐을 홀로 지고 너무 멀리 가 버렸다. 가서 보니 짐도 잘못되었고 길도 잘못되었고 방향도 틀려 버린 그런 길을 갔던 것이다. 자신의 '지혜'를 따라갔던 것이다. 이제 오정현 목사의 논문에 관한 모든 판정권한을 가진 포체프스트룸대학의 판정을 기다리는 수밖에는 없었다.

## 콘클라베, 그 이후

4일간의 '콘클라베' 이후 당회가 건의한 안을 오정현 목사는 그대로 수용하기로 했다. 당회가 건의한 안의 핵심은 6개월간의 자숙과 사례비의 30% 자진 삭감이었다. 자숙할 곳은 제천기도동산으로 정해졌다. 누가 정했다기보다는 오정현 목사가 그렇게 결정했고, 모두들 교회 부속 기도원이므로 그곳이 가장 안전하고 자연스러운 것으로 받아들여졌다. 주일인 3월 17일 설교를 마친 후 3월 18일 월요일부터 9월 17일까지 6개월간의 자숙이었다. 오정현 목사가 자숙을 앞두고 마지막 설교를 하던 주일의 교회는 온통 착잡한 분위기였다.

그러나 반대파는 서서히 온라인에서 오프라인으로 그 지경을 넓혀 가며 대형을 갖추어 가고 있었다. 반대파의 온라인 카페 '사회넷'이 그 한 달 전인 2월 15일에 개설되었고, 이미 2009년 12월 18일부터 사랑의교회 건축과 오정현 목사에 대한 공격, 그리고 이제 막 이슈가 되기 시작한 논문 문제에 이르기까지 집요하게 비난하고 공격하던 온라인 카페인 '하우사랑'과 함께 사랑의교회 공격에 앞장서기 시작했다.

이 두 카페의 필진 중에는 D씨도 있었다. 이 카페들은 사랑의교회를 공격하는 모든 세력들의 숙주 역할을 톡톡히 했다. 재미있는 것은 오정현 목사의 논문 문제를 처음으로 실어 나른 것이 바로 '하우사랑'이었다. '하우사랑'의 글을 인터넷매체 뉴스×××가 받아 기사화하면서 일파만파 번지게 되었는데 이 루트는 반대파가 애용하는 루트였다. D씨가 '하우사랑'에 글을 올리면 뉴스×××가 기사화하면서 확산시키는 구조였다. 논문 문제 초기에는 '하우사랑'의 회원 수가 하루에도 수백 명씩 급증하기 시작했다. 1,000명도 안 되는 회원이 2,000명, 3,000명으로 증가하면서 온갖 거친 비난과 협박의 글들이 올려지기 시작했다. 그런데 반대파의 온라인 카페 '사회넷'이 개설되자 그 증가세가 주춤하더니 지금은 아예 카페 자체가 잠자듯 조용한 상태이다. 이것은 무엇을 의미하는가? 2009년부터 '하우사랑'을 통해 사랑의교회 건축을 반대하던 자들이 사실상 지금의 사랑의교회 반대파와 상당부분 겹친다는 것을 말해 준다. 실제로 '하우사랑'의 주요 필진들이 '사회넷'으로 옮겨 왔고 주요 필진은 아니더라도 '하우사랑'에 둥지를 틀고 암중모색하던 반대파들이 새롭게 집결하게 된 곳이 바로 '사회넷'이라는 것이다.

그러니까 엄격히 말하면 사랑의교회의 분쟁은 이미 2009년, 건축시초부터 내연하고 있었고, 2013년 논문 문제가 불거질 무렵 발화되어 확산의 시점을 기다리고 있었다고 보아야 할 것이다. 확산의 도화선 역할을 할 '꺼리를 찾다가 찾은 무기'가 바로 소위 '논문 표절에 관한 시비'였고, 이 '시비'를 획득하여 그럴듯한 '무기'로 가공하고 거짓의 프레임을 씌워 도화선을 삼아 이용하려 했던 것이다.


## 오정현 목사를 지켜야 했던 이유

2012년 1월 1일부로 나는 사랑의교회 부교역자로 부임하여 목양사역과 함께 '총회설립 100주년 전국목사장로대회'의 기획 실무를 맡아 섬기게 되었다. 오정현 목사가 어려움을 겪게 되었던 2013년은 내가 사랑의교회에 부임한 지 1년이 조금 넘었을 때였다. 그러므로

'전국목사장로대회'를 준비하는 과정에 비교적 자주 뵐 기회는 있었다고 치더라도 인간적으로 오정현 목사를 깊이 안다고 말하기에는 시간이 부족했다. 그러나 논문 문제로 어이없이 당하고만 있는 지도자에 대한 안타까움과 막상 어려움에 처하자 주변이 냉정해져 가는 분위기를 보았을 때 이대로 물러서면 안 될 것 같다는 생각이 들었다.

그러나 더 확실하게 내 가슴을 파고든 것이 있었다.

나는 대학생시절에 반독재 집회를 하고 민주화와 관련한 문서를 생산하여 수배를 당하고 이 학교 저 학교를 전전하며 단식투쟁을 한 적이 있었다. 1987년 4월 13일, 당시 전두환 대통령이 개헌을 하지 않겠다고 선언하자 직선제로의 개헌을 촉구하는 시위가 대학가와 서울시내 곳곳에서 날마다 열리던 때였다. 정국은 요동치고 학원은 몸살을 앓았었다. 우리의 구호는 "민주화, 4·13호헌철폐, 직선제개헌, 교단개혁" 등이었다.

그런데 밤중에 단식 투쟁장에서 운동권 학생들과 토론하게 되면 왠지 모를 이질감으로 무거운 마음이 들었다. 아니 괴롭고 힘들었다. 같은 신학생이라 할지라도, 겉으로는 똑같은 구호를 외쳤지만 신학사상의 간극도 생각보다 넓었고 스펙트럼이 다양했다. 그때 이미 대학생 운동권에는 자생적 공산주의가 형성되었고 NL(National Liberty, 민족 해방)과 PD(People's Democratic, 민중 민주)로 양분되어 계파 싸움과 이념 싸움이 있었다. NL진영은 주체사상을, PD진영은 마르크시즘을 기반으로 형성되어 있었는데, 어느 대학의 총학생회이던 이 두 계열 중 한 계열이 장악하거나 영향력을 행사하는 상황이었다.

핸드 마이크를 잡고 있는 학생이 나. 1987년 5월, 교단 각성과 4·13호헌철폐를 구호로 교단총회본부를 점거하고 단식투쟁을 선언하였다(중앙일보 DB).

　그러나 NL, PD 모두 기독교와는 거리가 있어 보였다. 후에 NL은 통진당의 중심 세력을 이루었는데 80년대 당시에도 무장투쟁론이 거론되기도 했었다. "우리 사회의 모순은 자본주의를 타파하지 않으면 해결할 수 없다"는 도식으로 사회를 분석하고 해결책을 제시하는 것은 학생운동의 전유물처럼 여겨지던 때였다.

　그러나 내가 속한 총신대학교는 NL도 PD도 아니었다. 우선 내가 어느 쪽도 아니었다. 나는 당시 총신대학교 총학생회장이었고, 전국신학대학총학생회연합(전신련) 의장이었다. 겉으로 보기에 꽤 거물처럼 보여서인지 치안본부 수배를 받고 여기저기 도피 중에 있었다. 강자의 철학(강철), 노동자의 철학(노철), 변증법, 헤겔, 마르크스를 읽고 토론해 봐도 내 마음은 열리지 않았고 힘이 실리지 않았다. 조세희의 《난장이가 쏘아올린 작은 공》은 사회모순을 계급 투쟁론으로 해석하도록 유도하는 지침서로 활용됐고, 최인훈의 《광장》은 소위 레드 콤플렉스(Red Complex)로 불리던 이념의 경계선을 허무는 데 적용했다. 그런 책들을 읽으면서 운동권 서클에도 기웃거려 보았지만 "네가 가진 신앙을 버릴 수 있느냐?"는 한 선배의 말에 뛰쳐나오고 말았다. 나를 그 서클로 포섭하려던 다른 한 선배는 나 때문에 유학을 한 학기 늦추어야 했지만 나는 그 서클로 돌아가지 않았다.

나는 다시 기숙사로 돌아왔다. 가슴이 뚫리고 머리가 하얗게 되어 버린 것처럼 사상의 공백을 맞으며 그 기숙사에서 성경을 읽다가 많은 답을 얻었다. 사실 답은 성경에 다 있었다. 단지 현재적 언어로 해석하고 적용하는 능력의 부족을 절감할 뿐이었다. 그리고 훌륭하신 선배들의 상담과 조언, 그리고 격의 없는 토론 덕분에 나는 나름대로의 갈 길을 잡아갈 수 있었다.

그런데 타 대학의 학생들과 어울려 전국단위의 운동을 하다 보니 다시 갈등이 생기기 시작했다. 괴로웠다. 같은 신학생이라 해도 신학과 신앙의 차이가 생각보다 컸다. 그 차이는 존재의 기반의 차이였다. 그것은 지금도 마찬가지이다. 깃발은 같은데 깃발 아래 모인 사람들은 전혀 다른 얘기를 하고 있는 것이 느껴졌다. 이후 나는 "성경적인 학생운동, 기독교적인 사회운동은 불가능한 것인가?" 뭐 대충 이런 고민들을 하다가 우여곡절 끝에 대학과 신대원을 졸업하고 군목으로 임관을 하게 되었던 것이다.

군은 나에게 사상의 도피처요, 이념의 전망대였다. 나는 20년간 군에서 우리 사회가 극심한 양극화로 몸살을 앓는 것을 지켜보았다. 한국교회도 마찬가지였다. 구호는 "민생, 경제민주화, 자유, 개혁, 윤리"이지만 실상 그 깃발 아래에서는 전혀 다른 모드로 말하고 행동하는 부류들이 점점 많아진다는 것도 관찰되었다. '이런 깃발을 들고 저런 행동을 하는 양상, 오른쪽 깜빡이를 켜고 좌회전을 하는 모습'이었다.

2013년 1월 31일 이후 번지기 시작한 오정현 목사의 논문 문제와 건축 문제로 모인 사람들이 올린 깃발은 '윤리, 정직, 갱신, 본질'이라는 것이었다. 그러나 그 깃발 아래 모인 자들의 모드는 달랐다. 아니 달라질 것을 나는 알았다. 변증법에 '양질전화(良質轉化)의 법칙'이라는 것이 있다. 양이 질을 변화시킨다는 것이다. 일단 '윤리, 정직, 갱신, 본질' 등의 깃발로 사람들을 모아 놓으면 그 다음에는 그 질이 변한다는 것이다. 이미 우리 사회는 이 같은 변신에 능한 사회였다. 광우병 사태나 한미 FTA 등의 경우를 보면 '보건, 건강, 외교 주권' 등등의 구호로 사람을 모은 다음에는 꼭 정권퇴진으로 변했다. 2002년에 경기도 파주군 효촌리에서 있었던 효선·미선 두 여중생이 미군 장갑차에 치여 숨진 사건에서도 정작 당사자도 빠진 범대위 등의 조직이 이 문제를 어디까지 끌고 갔는지는 알 사람은 다 안다. 진실 규명이라는 깃발을 꽂아 촛불을 켜면 사람들은 모이기 시작한다. 그 후에는 구호가 다른 쪽으로 바뀐다. 당시 서울의 모 대학에서는 "다시 태어난다면 태어나고 싶은 나라 1위"가 미국이었다. 한국보다 높았다. 그러나 당시 우리나라 대학가에 난무하던 구호는 '반미(反美)'였다.

한둘 모이기 시작한 반대파의 모습에서 저들의 구호와 얼굴이 어떻게 변하게 될 것인가가 보였다. 그리고 저들을 모이게 하고 저들을 변하게 하는 세력이 있다는 것이 느껴졌다. 물론 당시 반대파로 모였던 자들 중에는 순수한 자들도 있었다고 보인다. 이제 그들은 대부분 이탈하여 제자리를 찾았거나 아니면 아예 제3의 교회로 떠남으로 그 자리를 벗어났다. 나는 반대파의 핵심 인사들을 만나거나 전화를 통해 "사람이 모이면 성질이 변한다. 당신들도 목소리를 못 낼 때가 올 것이다. 사람을 모으게 하는 것은 쉽지만 흩어지게 하는 것은 어렵다. 모이는 자와 이용하는 자는 따로 있다. 아름다운 추억이 되도록 지금부터 분명한 선을 그어 놓고 하라"고 당부했다. 그러나 그들은 열심히 사람을 모으는 데만 급급했다. 결국 얼마 못 가서 그들이 모아 놓은 사람들에게 초기의 핵심 인물 중 절반 이상은 쫓겨났거나 재정비리 등에 연루되어 제거되었다.

나는 오정현 목사를 개인적으로 잘 안다고 할 만한 사역적 경험이 없었다. 그러나 저들이 내세운 구호와 올린 깃발, 그들의 주장들은 한 대형교회 목사와 대형교회가 목표가 아니라 한국기독교 전체를 겨냥한 것이라는 정도는 알 수 있었다. 그런 냄새가 났다. 오정현 목사와 사랑의교회는 그 발판에 지나지 않았지만, 그들은 그 발판을 확실히 짓밟아야 했다.

이미 분당의 모 교회, 서울 강북지역의 모 교회, 여의도의 모 교회를 통해 번지기 시작한 이 영적인 싸움이 의외로 빨리 사랑의교회로 도래한 것에 지나지 않았다. 많은 사람들은 언젠가, 어느 이슈를 앞세울지는 몰라도, 결국 사랑의교회로 전선이 옮겨 올 것이라고 예상하고 있었던 것은 사실이다. 사랑의교회로 번져 온 이 전쟁에서 지면 한국교회의 큰 교두보가 하나 무너지게 되는 것이고, 견디고 승리하면 한국교회는 새로운 국면으로 도약할 것이라고 생각했다. 따라서 담임목사가 누구이건 사랑의교회 담임목사를 공격함으로써 그 전선을 한국교회 전체로 확산하려는 시도를 파악한 이상 이 싸움을 외면할 수도 피할 수도 없었다.

어떤 사람들은 오정현 목사가 윤리적으로 문제가 있으니 그 싸움이 사랑의교회로 번진 것이라고 말하기도 한다. 나는 그런 분들에게 묻는다. "세상에 문제가 없는 분이 있으면 나와 보라"고. 누구든 문제를 삼으려 하면 그냥 찾아내서 프레임을 씌워 "문제다!"라고 선언하면 되는 것 아닌가?

그런데 그것을 빌미로 사람들을 모으고, 그 군중심리를 이용하여 본질을 변질시키고 전혀 새로운 이슈를 들고 나와 비약시키면서 파국을 만드는 것이 더 문제인 것이다.

나는 싸움의 초기부터 "오정현 목사가 아닌, 사랑의교회도 아닌 한국교회를 지킨다, 한국교회를 위해 싸운다"는 심정으로 현안에 임했다. 이것을 뒤집어서 "한국교회를 지키기 위해서는 사랑의교회를 지켜야 하고 사랑의교회를 지키기 위해서는 오정현 목사를 지켜야 한다"라는 결론을 내렸다. 이 결론은 바뀌지 않을 결론이었고 바뀔 수 없는 결론이었다.


## 제천기도원으로

나는 오정현 목사가 자숙을 위해 교회를 떠나던 2013년 3월 17일을 잊을 수 없다. 아니 영원히 잊지 않을 것이다. 3월 16일, 오정현 목사는 주일 6부 설교를 끝으로 다음날부터 자숙에 들어가기로 했다. 일시적이지만 사랑의교회 담임목사로 부임한 지 만 10년 만에, 미국에서의 개척을 포함해서 내수동 교회 시절 대학부를 한국교회의 전설처럼 만든 장본인이 그 사역을 시작한 지 35년 만에 처음으로 맞이하는 좌절과 혼돈의 터널로 들어가는 것이었다. 이 싸움의 초기부터 지켜봤던 나는 부교역자로서, 그리고 한국교회의 목사의 한 사람으로 아픔을 맛보았다. 마치 강한 급류에 한 사람이 떠내려가는데 어

제천기도동산. 이곳에서 오정현 목사는 6개월간 자숙의 기간을 보내며 단장지애의 심정으로 견디었다.

떻게 하지 못하고 쳐다만 보아야 하는 심정으로 자괴감과 무력감에 힘들었다. 나는 하루 종일 마음이 흔들렸다. "이게 뭔가?"

나는 교회 주변의 한 대형서점에 가서 전에 봐 두었던 책을 찾았다. 그 책은 고 노무현 대통령의 사진집이었다. 노무현 대통령의 사후에 나온 이 사진집은 인간 노무현을 담은 400여 장의 사진으로 구성되어 있었다. 젊었을 때의 노무현, 남매의 아버지, 남편, 그리고 정치인, 변호사, 투쟁가, 청문회 스타 등등의 면모가 골고루 담겨 있었다. 지도자의 이면을 보여 주는 사진이었고 노무현의 인간적인 면모가 많은 사람들의 공감을 샀던 사진집이었다. 이 사진집을 어느 서점에서 훑어보면서 오정현 목사에게 드렸으면 좋겠다는 생각을 했던 적이 있었다. 노무현 사진집을 대하는 순간 유학시절 미국의 서점에서 보았던 레이건 사진집도 생각이 났다.

공부를 위해 미국에서 지낼 때인 2004년 6월 5일이었다. 토요일로 기억되는 그날 알츠하이머병을 앓던 레이건 전 대통령이 서거했다. 주일인 6월 6일부터 그의 죽음이 회자되며 방송과 신문에서 그 소식을 다루기 시작했다. 수정교회에서 주일예배를 드리는데 로버트 슐러 목사가 레이건의 서거 소식을 전하며 생전에 레이건이 수정교회 성도들과 자신에게 보낸 영상 메시지를 틀어 주면서 애도의 마음을 함께 나누었다.

나는 오후에 집 근처의 서점에 들러 레이건에 관한 책을 찾다가 그의 화보집을 여러 권 발견하게 되었다. 서점 바닥에 앉아 화보집을 보는데 냉전을 종식시키며 재선에 성공한 미국의 대통령이 이웃집 아저씨와 할아버지로 느껴졌다. 나는 지도자의 인간미에 대해 생각해 보았다. 그 훗날 베를린에 몇 번 방문한 적이 있었는데 그곳의 한 박물관에는 케네디와 레이건이 과거 베를린에서 한 연설이 모니터에서 상영되고 있었다. 레이건이 장벽 앞에서 "고르바초프 대통령! 이 장벽을 헐고 이 문을 여시오(tear down this wall and open this door)"라고 연설하는 장면이 반복해서 나왔다. 그의 말대로 몇 년 뒤 장벽은 무너졌고 그가 말했던, 동서베를린을 막고 있었던 브란덴부르크 문도 열렸다.

레이건 사진집과 노무현 사진집을 보며 느꼈던 공통점이 있다. "아, 지도자들은 외적으로 보이는 것과 그 이면의 인간적인 면모는 그 깊이가 남다르구나"라는 것이었다. 그래서 더욱 노무현 사진집을 오정현 목사에게 꼭 드리고 싶었다. 나는 그 책을 찾았다.

마침 책이 딱 한 권 남아 있었다. 나는 그 책에 그날의 내 심경을 적었다. "오정현 목사님. 힘내십시오. 다시는 이렇게 보내 드리지 않겠습니다. 교회 잘 지키겠습니다." 직원에게 주어 전해 드리도록 부탁했다. 오정현 목사가 교회를 빠져나와 사택으로 떠난 후 몇몇 교역자와 착잡한 마음을 달래며 칼국수 집에서 식사를 하고 있을 때 오정현 목사로부터 전화가 왔다. "주 목사, 책 잘 받았다. 주 목사 글을 보니 마음이 짠하네. 고맙다"라고 했다. 특유의 경상도 스타일의 인사였다. 군더더기 없고 마음만 전하는…. 나중에 나는 오정현 목사의 인간적인 면모를 더 자주, 그리고 더 깊이 목격할 수 있었다.

2015년 12월 어느 주일에 오정현 목사와 몇몇 교역자가 함께 오찬을 하게 되었다. 보통 3부 예배 후에 하게 되는 오찬은 4부 예배 전에는 마쳐야 하기에 오후 1시 30분에서 30~40분 정도 소요되었다. 그날 식사를 하는데 미역국이 다 식고 밥도 그다지 따뜻하지 않아 나는 혼자 말처럼 "목사님, 국이 다 식어서… 식은 국을 드시는 것을 보니 마음이 좀 그렇습니다"라고 하자 오정현 목사는 "괜찮아, 이거라도 먹을 수 있다는 게 감사하지…" 했다.

밖에서는 어떻게 보일지 몰라도 콩나물 국밥과 된장찌개를 좋아하는 오정현 목사의 인간적인 면모는 생각보다 잘 알려져 있지 않은 것이 사실이다.

아무튼 그렇게 사랑의교회 담임 오정현 목사는 '자숙'의 길을 떠났다. 오정현 목사가 떠난 주일날 저녁 교회 앞 도로는 생기를 놓친 듯 보였다. 철지난 바닷가 같았다. 그 길은 알고 있었을까? 앞으로 그 도로에서 펼쳐질 잔인하고도 끈질긴 인신공격과 거짓의 향연, 거칠고 숨 가쁜 영적 육적 싸움들을….

## 모여들기 시작하다

반대파는 온라인 모임을 오프라인으로 확대하고 대면하면서 서로의 의지를 확인하고 세 확장에 나섰다. 교회개혁실천연대, 기독교윤리실천협의회, 성서한국 등에서 비난 성명이 나왔다. D씨는 계속해서 '하우사랑'을 통해 고성삼 목사가 논문을 바꿔치기 했다고 주장했다. 물론 0.1%도 사실이 아닌 억측이며 소설이지만 아무도 속 시원히 답해 줄 수 없었다. 3월 17일에는 '참나리길 되찾기 시민행동의 날' 기자회견을 새 교회 건축 현장 참나리길 입구에서 가졌다. 누가 빼앗아 간 적도 없는 참나리길을 왜 되찾자고 하는 건지, 시민이 없는 시민행동의 날은 또 뭔지, 도무지 납득이 되지 않았지만 어떤 거대한 세력이 설정해 놓은 내비게이션대로 가야 할 것처럼 저들은 공세를 늦추지 않았다.

CBS에서는 김××가 진행하는 긴급좌담이 사랑의교회를 주제로 열렸는데 고××와 뉴스××× 대표 J가 반대쪽 패널로 참석했고, 한국교회언론회의 총무 이병대 목사와 이성구 목사가 교회측의 입장을 대변하는 패널로 참석했다. 이 문제를 처음으로 세상에 퍼뜨린 매체의 대표를 패널로 참석시키는 것은 이미 공정성을 잃은 것이지만 그들은 그런 균형과 공정을 염두에 둘 마음이 없어 보였다. 곧 넘어갈 사랑의교회에 총공격을 다 하자는 분위기가 느껴졌다.

뉴스×××는 3월 31일, 주일 오후에 긴급포럼 "오정현 목사 논문 표절 사건과 목회윤리"를 교회 주변의 한 공간에서 열기도 했다. 뉴스×××는 끈질기고 비장했다. 뉴스×××는 오정현 목사의 논문 관련 내용을 2013년 2월 2일에 처음 보도한 후 일주일 동안만 해도

15개의 기사를 올렸다. 하루에 2개 이상의 기사를 계속 일방적으로 올렸다. 3월 17일 자숙에 들어가기까지 약 50개의 기사를 올렸다. 거의 스토커 수준이었다. 물론 방향은 일방적이었다. 더 놀라운 것은 뉴스×××가 반대파의 재정지원을 받고 있다는 의혹이 있었다. 뉴스××× 인터넷판에는 항상 '사회넷' 광고와 D씨의 책 광고가 걸려 있었다. 광고비를 빙자한 금전 지원을 받고 사랑의교회 허물기에 나섰다는 것이 만약 사실이라면 이건 매우 실망스러운 일이 아닐 수 없을 뿐 아니라, 자기모순의 극치라 하지 않을 수 없을 것이다. 기사가 사실과 달라 항의하면 고치겠다고 한 후 고치지 않고 그대로 올려 버리기가 일쑤였다.

　뉴스×××는 오정현 목사를 사임시키는 것이 사명인 것처럼 보였다. 2013년 2월부터 2014년 2월까지 1년간 무려 120건의 기사를 올렸는데 99%가 사랑의교회와 오정현 목사를 비난하는, 한쪽으로 쏠린 기사였다. 반론이나 전문가의 공정한 의견 같은 것들은 찾아볼 수 없었다. 하루에 5개의 기사를 올린 적도 있었다. 율법사 가말리엘의 말대로 그들의 주장과 기사의 내용이 사실이었으면 드다의 난(亂)이나 유다의 반란과 같이 중도에 끝나지 않고(사도행전 5:33-39) 지금쯤 오정현 목사는 사임했어야 하고 사랑의교회는 건축을 마무리도 못한 채 산산이 흩어졌어야 했을 텐데 그게 그렇게 되지 않았다.

　오정현 목사와 사랑의교회를 비난하는 언론에는 일간 신문들도 있었다. 그러나 더 가슴이 아팠던 것은 천지일보 같은 신천지와 관련되어 있다고 거론되는 언론과 법보신문과 같은 불교가 운영하는 신문에서 사랑의교회를 다루면서 비난하고 공격하는 것이었다. 교회개혁을 한다고 하면서 사실상 이단과 타종교에게 먹잇감으로 교회를 내던진 꼴이 되었다. 그러나 그들의 목표는 갱신과 개혁이 아니었기에 교회가 받을 상처와 가려지는 교회의 영광 등은 관심사항이 아니었다. 벌써 예견하고 예상했던 범주의 일이기는 했지만 아픔은 컸다.

## 더욱 집요해진 선동

반대파는 심지어 교회 주변에 영상 차량 여러 대를 임대하여 주일에 교회 주변을 돌면서 선거 유세하듯이 오정현 목사를 비난하는 영상과 음향을 틀어댔다. 거액을 들여 차량을 임대할 정도로 돈이 모이기 시작했다는 증거이기도 했다. 각 가정마다 '골방에서 기도하는 자들의 모임'이라는 발신인의 이름으로 발신자 주소도 없이 각 교인들에게 선동을 위한 괴편지를 보내기도 했다. 내용은 '골방에서 기도하는 자'들이라면 절대로 보낼 수 없는 수준이었다. 그리고 결국 '골방에서 기도하는 자'들이라고 자신들을 소개한 그들은 골방이 아닌 마당으로, 사거리로, 길거리로 모이기 시작했다. 기도 대신 조선, 동아, 중앙, 한겨레 등의 중앙일간지에 교회와 담임목사를 비방하는 광고를 수없이 게재했다. 심지어는 영자지인 「코리아타임즈」에도 기사를 싣도록 제보한 후 그것이 기사화되면 그 신문을 대량으로 구매해 주일날 교회 주변에서 뿌리기도 했다.

4월 24일부터는 사회넷 소식지를 발행해서 주일에 뿌리다가 6월 9일부터는 안수집사회가 주관해서 만든 '안수집사회보'라는 유인물을 거의 매주 발행했다. 6월 30일부터 2014년 12월 14일까지 무려 1년 반 동안 46차례에 거쳐 하이에나 같은 글과 사진과 선정적인 만평을 실어 배포하여 교회와 교인들을 현혹하고 괴롭혔다. 대부분이 일방적인 주장이거나 왜곡 과장된 거짓이었다. 이들이 살포한 안수집사회보만 줄잡아 80만 부 정도로 추산된다. 2013년 6월 17일에는 반대파 홈페이지를 구축하여 오픈하였는데 서버를 외국에 두는 치밀함도 보였다.

반대파는 모든 가용한 자산을 총동원했다. 의도는 오정현 목사의 복귀를 무산시키고 목표를 이루자는 것이었다. 성도들은 아프고 힘들었지만 "하나님의 섭리가 어디에 있을까?"라는 질문을 던지면서 참고 기도하며 기다렸다. 교역자는 그런 힘든 성도들을 심방하고 상담하면서 위로하기도 하고 치유를 경험하기도 했지만, 결국 돌아올

차량 선동.

수 없는 단계에까지 이른 성도를 축복하며 보내고 무거운 발걸음으로 돌아서야 하는 일도 있었다. 모두가 아팠고 모두가 피해자였으며 모두가 책임자였고, 모두가 어떤 죄책감을 느끼며 보내는 시간들이었다. 이 기간에 몇 가지 기억해야 할 일들이 발생했다.

안수집사회 회보.

갱신위 이름으로
발송된 괴편지.

안수집사회 이름으로
발송된 괴편지.

# 2
## 마당파의 등장

### 마당으로 모여들다

마당파, 즉 사랑의교회 반대이탈파가 교회의 공식예배를 서서히 이탈하여 스스로가 마당에 나앉음으로 얻은 별칭이다. 그들 스스로도 자신들이 발행한 소식지를 '마당'으로 칭했다. 그들이 처음 모인 날은 2013년 2월 13일이다. 이 날은 D씨가 소위 '옥한흠 목사의 편지'를 공개한 날이며 당회가 열렸던 날이기도 하다. 당회를 압박하기 위해 6명의 평신도가 "하나님은 살아계십니다"라고 적힌 현수막을 들고 마당에 등장한 것이 그 시작이었다.

이날 마당에 나온 6명 중 주동격이었던 W씨는 그날 낮에 나와 통화하면서 마당을 좀 쓸 수 있도록 해 달라고 했다. 그는 프리랜서

PD라고 자신을 소개했다. 당시 나는 성도들을 외부인이나 안전사고로부터 보호하는 역할을 하는 안전대응팀의 팀장이었기에 교구교역자로부터 소개를 받아 나에게 전화를 한 것이었다.

나는 "평신도들이 마당에 모여 다른 사람 방해하지 않고 삼삼오오 모여서 기도하는 것은 막을 수 없지만, 현재 교회 상황이 이러니 다른 방법은 없겠느냐?" 하고 물었다. 그랬더니 "마당 한켠에서 조용히 기도하고 마치겠다"고 했다. 교역자 없이 기도회를 갖는 것에 부담을 느꼈지만 허락했다. 단, 현수막이나 피켓 등은 절대 허용이 안 된다고 말했고 본인도 안 하겠다고 했다.

그러나 그와 함께한 5명은 마스크를 착용하고 현수막을 들고 마당에 서 있었다. 물론 기도하는 모습은 보이지 않았다. 말 그대로 기도회를 열겠다고 허락받은 곳에서 하지 않겠다고 약속한 것을 뒤집

반대파는 기도회라는 명분으로 마당에 모이기 시작했다. 모인 후에는 기도회를 빙자한 교회와 지도자에 대한 비방집회로 변질되었다.

으며 시작한 시위였다. 이 시위의 틈을 열어 준 그날의 결정에 대해 나는 지금도 후회하고 있고, 그 책임에 대해 통감한다. 조금의 틈만 있어도 벌리고 들어와 둑을 무너뜨리려는 그들의 의도를 너무 순진하고 안이하게 대처했던 것이다.

이날, 이 시위가 마당 모임의 시작이었고, 주동자 W씨는 온갖 거짓과 왜곡과 풍설로 성도들의 마음을 힘들게 하는 일에 앞장서며 미국과 한국을 오가면서, 여러 번의 기자회견(?) 형식을 빌려 지금까지도 오정현 목사와 교회를 공격하고 있다. 그의 행적에 대해서는 뒷부분에서 몇 번 더 언급될 것이다.


## 반대파, '마당'을 유린하다

사랑의교회는 본당이 지하에 있기 때문에 지상은 너른 마당만 보인다. 많이 들어가면 300명 정도가 앉을 수 있다. 마당에 모이기 시작한 반대파 속에는 계속되는 선전 선동, 그리고 집집마다 보내오는 괴편지들을 사실로 믿고 모이기 시작한 순수한 성도들도 있었지만 '하우사랑' 등에 잠복해 있다가 판이 벌어지자 본격적으로 뛰쳐나온 자들이 많았다. 그리고 교회와 담임목사에 대한 서운한 감정을 가졌던 성도들, 옥한흠 목사 시절에 중직을 맡았으나 오정현 목사 부임 후 교인이 2배 이상 부흥하면서 이른바 교회의 체질이 바뀌고 사역의 구성원이 바뀌는 와중에 소외감을 느낀 일부 성도들도 포함되어 있었다. 그리고 외부세력에 의해 훈련되어 재 파송된 형식으로 사랑의교회 내부에 숨어 있던 자들도 서서히 수면 위로 올라오기 시작했다. 이단으로 의심되는 자들도 있었다. 심지어 어떤 장로는 4년 이상 교회 출석을 하지 않다가 교회가 어려워지자 마당에 합류하여 오정현 목사와 교회를 공격하며 당회에 참석하여 발언을 하다 제지를 당하고, 결국 투표 끝에 자격 없음을 확인 받고 쫓겨나기도 했다. 그는 결국 제명 출교되었지만 지금도 반대파의 가운데 서서 활동하고 있다.

마당파의 준동에 분노를 느끼는 교인들도 늘어 갔다. "담임목사님을 제천으로 가시게 했으면 이제 좀 자중해야지, 목사님이 안 계신 틈을 타서 너무한 것 아니냐!"라는 생각이었다. 이윽고 오정현 목사가 자숙에 들어간 지 한 달 열흘쯤 지난 4월 28일 당회는 간담회를 열고 다음과 같은 내용을 발표했다.

사랑하는 성도들께 말씀 드립니다.

화평의 왕으로 오신 주님께서 우리 모두에게 평강을 주시기를 기도합니다. 지금 우리는 어려운 시기를 기도와 말씀으로 견디며 하나님께서 정결케 해 주실 것을 간구하고 있습니다.

금번 문제에 대해서 당회에서도 여러 가지 의견들이 있었지만 나흘간에 걸친 오랜 시간의 토론을 통해서 이견을 해소하고 지난 3월 17일 공식 입장을 표명하였으며 담임목사는 지금 제천기도동산에서 자숙과 회복의 시간을 가지고 있고 당회는 갱신위원회*를 구성하여 성도 여러분의 지혜와 힘을 모아 개혁과 쇄신을 위해 노력하고 있습니다.

---

* 이 갱신위원회는 반대파가 후에 결성하는 갱신위원회와는 다른 것으로서 당회 내에 정식 구성된 위원회 중의 하나였다.

그러나 최근 이러한 교회의 결정과 노력을 무시하고 교회의 혼란을 계속 부추기는 교회 내·외부 세력들의 적절치 못한 활동과 교회의 공식적인 사역을 방해하는 행동이 계속되고 있어 우리는 깊은 유감을 표시합니다.

이제 당회의 결정에 반하는 일체의 비난과 행동을 멈추고 교회의 안정과 회복을 위해 함께 기도해 주실 것을 당부 드립니다.

지상의 교회는 완전할 수 없습니다. 지도자도 완전할 수 없습니다.

그러나 우리는 최선을 다하여 하나님 보시기에 부끄럽지 않은 교회로 거듭나기 위한 노력을 다할 것입니다.

이제는 악의적인 비판과 원망 대신 함께 짐을 지고 은혜와 사랑이 넘치는 교회 만들기에 동참해 주실 것을 간구 드립니다.

2013년 4월 28일, 사랑의교회 당회원 일동.


이날의 당회 성명은 현안과 관련하여 당회가 발표한 것 가운데 가장 강력한 표현을 사용하여 마당파의 정체성을 지적하고 있다는 평을 받았다.


## 반대파의 정체성

반대파가 누구인가에 대해선 내 의견을 말하기보다는 저들이 한 말과 행동들을 평이하게 나열하는 것만으로도 충분하다고 본다. 다만, 저들이 올린 깃발에 쓰여져 있는 '윤리, 정직, 갱신, 본질'이 곧 저들의 정체성이라고 할 수 없는 이유들은 수없이 많이 있었다.

우선, 저들에게는 성령의 사람이라면 할 수 없는 행동과 말이 너무 많았다. 저들은 윤리와 성결을 얘기하면서 더럽고 부정직한 방법을 사용했다. 깨끗하기를 원한다면서 많은 사람들을 공격하고 인격을 산산조각 냈다. 그리고 아무 죄 없는 성도들의 마음을 훔치기 위해 거룩한 교회의 하나됨을 집요하게 공격했다. 성령의 사람은 치유하고 회복하며 하나 되게 해야 하는 것이 성경의 가르침이다. 성경은 성령의 하나 되게 하심을 힘써 지키라고(에베소서 4:3) 하셨지 의를 위해 찢고 나누고 상처 주라고 하지 않으셨다. 예수님도 "나는 의인을 부르러 온 것이 아니고 죄인을 부르러 왔다"고(마태복음 9:3) 하시지 않았는가?

그러나 막상 알아보니 반대파에 서 있는 자들의 주동자들만 봐도 개인과 가정은 물론 교회생활에서도 덕이 안 되고 많은 이들에게 상처를 주었던 이력을 가진 자들이 상당했다. 돈 문제로 물의를 일으켜 온 자도 몇몇 있었다. 설령 답답하고 화나는 상황이 있었다 할지라도 말씀을 보고 기도하며 성령의 인도하심을 받는다면 도저히 할 수 없는 언행이 너무 많았다.

나는 저들의 그런 모습을 보면서 "더 이상 이 싸움은 윤리, 성결, 정직을 내세워서도 안 되고 거기에 휩쓸려서도 안 된다"고 생각했다. 그리고 이런 싸움에서는 질 수도 없고 져서도 안 된다고 생각했다. 다만, 주님이 승리를 주실 때까지 견디는 것은 쉽지 않으니 잘 견디도록 믿음을 달라고 간구했다.

구 소련에서는 빵을 배급할 때 몰래 한두 개 더 지급한 후 그 빵을 배급받은 사람을 숙청하고 싶을 때에는 그날의 기록을 들이밀며

"당신은 모년 모월 모시에 정량 외에 착오로 보급된 빵 몇 개를 더 받았음에도 불구하고 정직하게 신고하지 않았다. 부정직한 당신을 당의 윤리위원회에 제소하여 처리하도록 하겠다"라며 숙청했다고 한다. 정직, 윤리는 하나님의 마음, 목자의 심정을 가지지 않으면 남을 죽이는 무기로 변질된다는 사실을 역사는 잘 보여 주고 있다.

이미 저들은 '거짓 의'라는 무기를 마당에서 마구 휘둘렀다. 마당에 모였을 때 반대파의 한 권사가 기도한 내용이 한동안 우리의 마음을 짓눌렀다. 기도의 내용은 이렇다.

> "하나님, 부교역자들이 도모하는 것마다 실패하게 하시고 손으로 잡는 것들은 다 손가락 사이로 빠져나가게 하시며 그 자녀들은 유리걸식하게 하옵소서"

사탄은 '거짓 의'로 사람의 마음을 훔쳐 교리적으로는 예수님을 믿지만 삶의 원리는 사탄을 따르도록 한다는 말이 적중하는 것 같았다.* 저 기도에 마당에 모인 반대파는 큰 소리로 "아멘, 아멘" 하며 화답했다. 저들의 마음은 어떤 방향을 향해 하나가 되었던 것이다.

> 내가 증언하노니 그들이 하나님께 열심히 있으나 올바른 지식을 따른 것이 아니니라
> 하나님의 의를 모르고 자기 의를 세우려고 힘써 하나님의 의에 복종하지 아니하였느니라 (롬 10:2-3)

---

* 워치만 니, 《영적 권위》, 권혁봉 역, (서울: 생명의말씀사, 2012), 13.

저들의 대표격인 자는 "오정현 목사의 목을 따겠다"고 했다. 성도들이 "어떻게 그런 말을 할 수 있느냐, 정말 그런 말을 한 적이 있느냐"고 물었더니 "했다. 따줄 테니 데려와! 내가 따줘!"라며 대로변에서 큰소리를 치기도 했다. 2015년 2월에 그는 한 법정에서 "오정현 목사의 목을 따겠다는 말을 했느냐?"는 변호사의 질문에 "안 했다"고 했다가 법정에 있던 한 성도가 "내가 들었다"고 하자, "직접 오 목사한테 한 건 아니고, 그런 말을 한 적은 있다"고 말을 바꿨다. 만약 그가 "그런 말 한 적 없다"고 했으면 위증죄로 처벌받았을 것이다. 더 나아가 그는 성도들을 향해서는 "오정현의 개들은 가라"고 외치기도 했다. 그는 자신의 트위터에도 온갖 저주와 욕설로 도배를 하다가 적발되어 결국 명예훼손죄로 약식기소되어 벌금처분을 받았으나 교회는 그의 처벌을 원하지 않는다는 의견서를 재판부에 제출하여 처벌을 면하기도 했다. 주님의 몸된 교회의 갱신을 그들 식으로 해야 한다면 갱신은 하지 말아야 할 것 중의 첫 번째라고 생각했다.

사랑의교회 건축이 한참일 때, 불교계의 종자연(종교자유연구원)*의 지원을 받는 당시 서초구의원이 서울행정법원에 제소한 '지하도로 점용 허가취소'의 재판에 반대파 600여 명이 서명하여 지지를 했다. 사랑의교회 건축을 막아 달라는 취지로 불교단체가 지원하는 자가 제기한 소송에 힘을 보탠 것이다. 이 재판이 열릴 때면 불교관련 언론들이 취재해서 보도하기도 했다. 반대파는 서울시에 사랑의교회 건축허가를 취소해 달라는 청원을 내기도 했다. 서초구청에는

---

* 조계종이 지원하는 불교 단체이다.

임시사용승인을 내주지 말라는 탄원서를 제출하기도 했다. 여기에는 현역 장로도 포함되어 있었는데 그는 지금 반대파에 가담해 있다. 반대파는 4년 동안 엄청난 헌신과 중보의 기도로 지어져 가고 있는 교회당을, 온 성도들의 숙원인 이 교회당의 건축과 입당을 저지하려고 마지막까지 안간힘을 썼다.

그들은 5월 10일에는 소위 '교회개혁 95'라는 책자를 만들어서 뿌리며 전 교역자와 주요 평신도 리더들의 가정에 발송했다. 이 '교회개혁 95'라는 책자에 담긴 94개(94개의 질문을 95조에 맞추기 위해 95라고 함)의 주장들은 99%가 거짓 혹은 왜곡 과장이었다는 것만 여기서 밝혀 두고 자세한 내용은 후에 다시 언급하겠다.

반대파에 속한 사람들의 논리와 기준은 춤을 추었다. 기준도 여러 가지였다. 예컨대 "교회가 너무 화려하게 건축되었다", "교회가 검소하고 가난한 자들을 돌아보아야 하지 않나"라며 비난했다. 그리고 자기 자녀 결혼식은 특급 호텔에서 그야말로 초호화판으로 치렀다. 이런저런 논란이 있은 후에는 교양 있는 말투로 마무리하며 품위를 과시하려 했다. "누가 오정현 목사님의 사임을 요구하나요? 우리 중의 누구도 오정현 목사님의 사임을 주장하지 않습니다"라면서. 그렇게 말한 권사는 6개월 뒤, 서초새예배당 앞에 피켓을 들고 나타났다. 그녀가 들고 있는 피켓에는 이렇게 써져 있었다. '사임'.

2013년부터 교인들 사이에서는 "반대파가 강남예배당을 달라고 할 것이다. 결국 재산에 탐이 난 것이다"라는 말이 나돌았다. 반대파는 매주 금요일마다 마당에 모여 거짓을 유포하고 그것을 실어 나르는 역할을 하였는데 그때 반대파 몇 사람이 교회를 지키는 교역자와 성도들을 향해 "누가, 우리가 강남예배당을 달라고 한다고 하

반대파는 강남예배당 도로 곳곳에서 현수막과 피켓 등을 동원한 시위와 구호를 외침으로 주일 예배를 드리러 오가는 성도들을 괴롭히며 예배를 방해했다. 경찰이 출동하여 제지하는 경우도 많았지만 저들의 행위는 지속되었다.

는가? 우리는 욕심 없다"고 했다. 반대파의 지도부 중의 한 사람은 광고시간에 이것을 엄숙히 선언했다. "우리는 강남예배당에 욕심 없다. 그런 소문을 퍼뜨리는 자는 법적으로 문제를 삼겠다"고도 했다. 바로 그 자를 포함한 반대파가 2013년 12월 20일을 전후해서 강남예배당을 뜯고 들어가 차지하면서 지금은 자기들의 것이라고 주장하고 있다.

반대파 50여 명이 마당에 모이던 초기에 현직 장로 5명 정도가 그곳에 자주 나타났다. 한 성도가 주일에 그들에게 물었다. "장로님. 당회가 금지한 불법적인 집회에 참석하시면 되겠습니까?"라고. 그랬더니 그 장로는 "평신도들의 의견을 수렴하기 위해서 참석한 것"

이라고 변명했다. 그러면서 교회를 지키는 평신도들의 기도 모임이며 당회가 공식으로 인정한 집회인 '미스바기도회'에는 단 한 번도 나타나지 않았으며 예배에도 거의 나타나지 않았다. 그들 중의 한 명은 본당에서 집회 중에 부목사의 멱살을 잡고 욕설을 하기도 했고 서초예배당으로 이사 온 후에는 정탐꾼처럼 당회를 오갔다. 결국 그 5명 모두 지금은 반대파로 가 버렸다.

한때 소위 갱신그룹의 대표가 되었던 어떤 은퇴 장로는 공직 재직 시에 땅 투기가 문제 되어 임명 5개월 만에 옷을 벗었던 경력이 있는 자였다. 해당 직위에서는 최단명(最短命)이었다. 그가 서초예배당 앞 도로변에 와서 마이크를 잡고 교회의 갱신을 외치는 것을 어떻게 받아들여야 할까? 또 어떤 은퇴 장로는 보안사 부사관 출신으로서 군사독재정권하에서는 공직과 국회의원을 지내며 각종 악법 제정에 거수기 역할을 했던 자였다. 그의 입에서도 '개혁, 윤리, 정의'가 나왔다.

또 다른 은퇴 장로는 "투사는 지분을 요구하지 않는다"는 글을 '사회넷'에 올려 지분을 요구하거나 돈에 욕심을 내면 안 된다는 식으로 주장하기도 했지만 그 말을 액면 그대로 믿는 이는 아무도 없다. 정직, 정의를 말하던 어떤 장로는 법조선교부 간사에게 전화를 해서 회원 중에 서울중앙지검에 재직 중인 검사의 전화번호를 달라고 요청했다. 간사가 그 사실을 나에게 문의해 왔다. 나는 그 의도를 알았다. 이런저런 관계망을 통해 오정현 목사와 교회에 대한 수사에 영향을 주려는 것이 분명했다. 나는 그 간사에게 "절대로 주지 마라"고 했다.

나는 그 당시 서울중앙지검 신우회 지도목사로 있었다. 월 1회 신우회 예배를 인도하는 정도였고 전국검사신우회 기도회가 매월 1

회 사랑의교회에서 열렸는데 반대파가 이를 문제 삼았다. 왜? 무슨 이유로 기도회를 못하게 하고 신우회 예배인도를 못하게 하는 것인가? 결국 검찰 쪽에서 나에게 양해를 구해 왔다. "반대파가 하도 문제를 삼으려 하니 조금 쉬시면 어떻겠느냐"는 거였다. 나는 신우회 예배를 위해 검찰을 드나들면서 교회 현안을 놓고 그들과 상의를 하거나 불만을 토로하거나 한 적이 한 번도 없다. 오히려 그런 대화를 서로 피했다. 적어도 그것은 나에게는 상식이었다. 그리고 예배에 나오는 분들도 그 정도의 원칙과 교양과 상식은 있었다. 그러나 반대파는 모든 것을 문제 삼았다. 오직 하나만을 생각하는 한국판 원리주의자들 같았다.

반대파 카페에 글을 쓰는 자들의 글과 그들의 SNS상의 이력(履歷)은 그야말로 화려했다. 그중에 어떤 이는 자신이 마당파의 핵심이라고 자처하면서 고약한 글들을 반대파 카페에 올렸는데 알고 보니 그가 운영하는 블로그는 음란한 사진과 글들로 도배가 되어 있었고 젊을 때부터 그런 사진과 행위를 즐겨 했던 것을 자랑삼고 있었다. 성도들이 만든 온라인 카페 '무교병'에서 그의 행적을 문제 삼자 "어린 것들이 뭘 안다고"라는 식이어서 그의 글을 보는 사람들을 아연실색케 했다. 그의 행적이 드러나자 곧 온라인과 오프라인에서 사라져 버렸다.

그들은 그 말이 진실이건 거짓이건 논리이건 비약이건 법이건 비법이건 모순이건 순리이건 상관하지 않았다. 애초에 그런 거에는 관심도 없었다. 그저 오로지 그 상황에서 오정현 목사에게 타격을 주고 교인들의 마음을 흔들 수만 있다면 일단 시도했다. 무차별적으로 시도했다. 그 원탄(原彈)과 유탄(流彈)에 맞아 상처를 입고 신앙의

냉담기를 가지고 실족하여 교회를 떠나는 자들이 나오건 말건 상관하지 않았다. 오히려 좋아했다. 압살롬이 '정의'를 행한다고 하면서 이스라엘 백성들의 마음을 훔친 것처럼(사무엘하 15:1-6) 저들은 사랑의교회 성도들의 마음과 한국교회의 마음을 훔칠 수만 있다면 뭐든지 다할 기세였다.

## 거짓의 장전(章典), '교회개혁 95'

2013년 5월 10일에 살포하기 시작한 소위 '교회개혁 95'는 단순히 마틴 루터의 종교개혁을 패러디한 것이 아니라 마틴 루터와 그의 개혁의 역사(役事)를 모욕한 것이다. 마틴 루터는 천주교 신부로서 구원과 하나님의 사랑, 죄 등의 근원적인 문제들을 가지고 고민하고 말씀을 보고 연구하던 중 로마서 1:17의 "의인은 오직 믿음으로 말미암아 살리라"라는 말씀에 붙들려 성경 전체를 다시 보면서 '이신칭의(以信稱義)'의 교리를 체계화하였다. 그러나 그가 속한 로마가톨릭의 교리와 직제는 이 모든 도전을 용납하지 않았다. 루터는 하루에 3시간 이상씩 기도하며 비장한 각오로 천년을 이어온, 영원할 것 같았던 아성, 로마교황청과 신성로마제국과 싸웠다. 산 같은 바위와 싸우며 목숨의 위험을 무릅쓰고 죽을 각오로 종교개혁을 이루어 낸 사람이다. 우리에게 1517년 당시로 돌아가라고 한다면 감히 도전할 수 없는 일을 루터는 성령에 이끌리어 해냈다.

그때 루터가 자신이 속한 비텐베르크대학의 교회 정문에 붙여 놓은 것이 '95개조의 논제'였다. 내용은 면죄부 판매의 비성경적 요소와 가톨릭의 부패를 지적하는 것으로 되어 있었다. 반대파가 발간한 '교회개혁 95'는 루터의 것과는 방향도 목적도 내용도 완전히 달랐다. 방향은 세속적이었고 목적은 사람들의 마음을 훔치는 것이었으며, 내용은 99%가 날조 거짓이었다. 교묘하게 질문하는 형식으로 기술되어 있었다. "~가 사실인가요?"라는 식이다. 만약 사실이 아닌 것으로 밝혀져도 법적 책임을 면하는 대신에 그냥 그런 질문만 퍼뜨려도 기정사실화되는 언어전술을 이용하였다. 기가 막힐 노릇이었다.

그런데 이 '교회개혁 95'를 작성한 곳으로 추정되는 곳이 교회 부속 훈련기관이라는 말이 나돌기도 했다. 이것 또한 기가 막힐 일이었다.

'교회개혁 95'의 대표적인 내용을 몇 가지만 추려 보면 다음과 같다.

### 목회자료실 관련

> '목회자료실에서 설교를 작성하여 특별한 랜선을 사용하여 오정현 목사에게 전달하고 있다는 내용과 더불어 오정현 목사님의 아들이 영어설교를 잘한다면서 세습이 성경적이라고 오정일 실장이 말했다고 하는데 이 같은 내용이 사실인가요?'

설교를 작성하여 오정현 목사에게 전달하고 오정현 목사는 그 설교를 그냥 읽는다고 하는, 이른바 설교 대필을 기정사실화하기 위한 질문이다. 그리고 오정일 실장이 "오정현 목사가 세습을 할 것"이라고 주장하고 있다고 선동하고 있다. 이는 완전히 거짓이다. 오정일 실장은 목회자료실장으로서 옥한흠 목사 때부터 28년째 근무하는 직원이다. 그는 목회 전반의 자료 수집과 분류, 보관 업무를 맡고 있고 최근에는 역사자료까지 챙기고 있는 부서의 장이다. 그가 설교를 작성하여 특수한 랜선으로 오정현 목사에게 전송한다는 황당한 주장은 꽤 많은 사람들에게 회자되면서 사실로 믿어 버린 경우도 적지 않다. 반대파 중 행동대원격인 어떤 성도가 이런 주장을 직접 내 면전에서 하기에 "저는 오 목사님이 외부에 나가실 때 설교 본문과 자료를 챙겨가지고 틈틈이 보시며 설교를 준비하는 것을 보았습니다. 좀 말이 되는 것을 퍼뜨리세요"라고 했더니, "어, 그래요? 그럼 아닌가요? 아니면 말고요" 했다. 저들은 자신들의 거짓말이 밝혀질 때마다 늘 "아니면 말고"라고 했다.

그런데 오정일 실장이 목회 세습을 두둔하는 발언을 했다고 주장하는 것을 보면서 나는 섬뜩한 생각이 들었다. 왜냐면 2012년 4월쯤, 당회에서 전국목사장로대회 업무를 보고할 때 F장로가 옆의 장로들과 오정현 목사를 비하하며 농담을 주고받는 모습을 앞에서 언급한 바 있듯 그때 F장로가 주고받은 농담의 내용이 바로 "목회 세습"에 관한 내용이었다. 정상적인 사랑의교회 교인이라면 오정현 목사가 아들에게 목회 세습을 할 것이라고는 상상도 못할 것이다. 그런데 반대파가 만든 '교회개혁 95'의 앞 부분에 목회 세습이 언급되고 있다는 것은 결국 이 '교회개혁 95'가 F장로의 작품이거나 그의 생각이 상당히 반영이 된 것이라는 생각이 들었기 때문이다. 그게 사실이라면 적어도 2012년 4월 이전부터 이 모든 일들이 계획되고 준비되고 있었다는 것을 추정할 수 있다. 정말 등골이 오싹할 일이다. 그리고 보니 F장로는 2012년부터 교회 헌금도 거의 안 하고 있었던 것으로 알려졌다. 교회분란을 획책하는 자들의 공통점 중의 하나가 헌금을 안 하기 시작한다는 것인데 딱 맞아떨어졌다. 이 모든 정황은 일련의 세력들이 '거사'를 위해 특정 장소에서 암중모색하며 결정적 시점을 노리고 있다가 그날이 도래했다고 생각하고 융단 폭격을 하기 시작했다고 볼 수 있기에 충분했다.

## 교회사역 관련

'2011년 말경 교회 서류를 대대적으로 폐기했다고 하는데 사실인가요? 고 이재선 장로가 헌금한 6억 500만 원을 교회 재정에 넣지 않고 있다가 당회, 제직회 승인도 없이 불법적으로 유출했다고 하는데 사실인가요? 외모가 괜찮은 여순장들을 중심으로 '웰컴 미니스트리'라는 사역팀을 만들어 봉사하게 하였고 심지어 오 목사님의 속옷(팬티)까지 준비하게 하였다는데 이게 사실인가요?'

반대파는 형태는 의문형이지만 의도를 강하게 주장함으로 보는 자들로 하여금 그렇게 믿게 하는 교묘함을 계속해서 보여 주고 있다.

위의 내용은 단 0.1%도 사실이 아닌 것은 물론이다. 연말에 불필요한 서류를 폐기하는 것은 모든 조직의 일상화된 업무인 것을 착각했거나 트집을 잡으려 하는 것일 뿐이다. 반대파가 집중하고 있는 것은 재정장부인데, 재정장부에 대해서는 반대파도 놀랄 만큼 정교하게 관리되고 보관되고 있었다. 그들은 이재선 장로가 헌금한 6억 500만 원은 다시 횡령으로 건을 키워서 몇 개월 뒤 오정현 목사를 서울중앙지검에 고발하는 것으로 활용한다. '웰컴 미니스트리'는 탐방 오는 외부 교인들이나 칼세미나 등이 있을 때 사역 안내 및 봉사하는 팀을 말하는데, 민망한 표현까지 써 가면서 선정적으로 선동하려 했지만 그 사역부의 권사 한 분이 정면으로 반박하는 글을 '무교병'에 올림으로써 웃음거리만 되었을 뿐이다.

웰컴 미니스트리 사역을 하셨던 분이 카페 '무교병'에 올린 글을 그대로 옮겨본다.

저는 웰컴 미니스트리를 섬기는 권○○ 권사예요~. 어떤 권사님께서 95개 항목을 보내주시면서 제가 웰컴인 줄 아시고 39번을 보라고 그러셔서 보니 정말 기가 막혀 할 말을 모를 정도예요~.

저(58세)는 제게 맞는 사역이라 생각되어 제가 지원하여 웰컴에 들어갔어요~.

웰컴 미니스트리는 사랑의교회의 사역들을 한국교회와 세계 교회들과 나누어 다 같이 건강하고 튼튼한 주님의 몸을 세워나가기 위해 시작된 사역입니다.

탐방은 주로 저희 교회 홈피에 들어오셔서 신청하시면 그 교회에서 알고 싶어 하는 사역들을 소개하고 사역현장을 탐방하고 담당교역자를 만나 질의응답 시간을 마련해 주고 있어요~.

한국 뿐 아니라 전 세계에서 탐방오십니다.

오정현 목사님을 섬기는 일은 웰컴 미니스트리의 사역이 전혀 아닙니다. 저들이 쓴 가당치도 않은 사역은 아마 오정현 목사님 사모님이 하시고 계실 겁니다.

탐방오신 분들의 간식은 저희가 준비합니다. 혹 그들의 부탁이 있으면 식사를 주선해드립니다.

탐방 오시는 분들 외에 '새생명축제' 때 예배부와 함께 오시는 강사님들과 간증, 찬양 사역자님들과 그 일행을 불편 없이 사역하실 수 있도록 저희가 섬깁니다. 이때 강사님들의 식사를 저희가 손수 만들어 제공하기도 합니다. 그것은 저희 교회를 섬겨 주시러 오시는 강사님들의 예우 차원에서입니다. 이때 강사님과 오 목사님이 함께 식사하실 수도 있습니다.

웰컴 미니스트리는 사랑의교회 내부를 섬기는 부서가 아니라 찾아오시는 손님들을 섬기는 부서입니다. 대부분 개척교회에서 새 가정 모임에 많은 관심을 갖고 찾아오시고 또 중견 교회에서도 성경대학, 예향회, 중보기도학교, 포에버 사역 등 관심을 갖고 탐방오십니다.

일본, 중국, 미국 등 다른 나라에서도 많이 오십니다. 그들과 사랑의교회의 사역들과 제자훈련의 노하우를 함께 공유하기 위해 최선을 다해 섬기고 있습니다. 혹 웰컴 사역에 대해 질문 있으시면 언제든지 자세히 알려드리겠습니다. 감사합니다!

## 건축 관련

건축과 관련한 '교회개혁 95'는 '황당무계(荒唐無稽) 95' 그 자체였다.

> "건축 관련해서 오고간 커미션이 얼마입니까? '종교시설'이 아닌 '문화시설'로 허가를 받아 세금이 엄청 나온다는데 이게 사실입니까? 토지를 500억이나 더 주고 사서 배임의 혐의가 있다는데 사실입니까? 이상한 뒷거래가 있었다는 의혹이 있는데 이건 뭔가요? 담임목사 전용층이 있고 담임목사 전용 엘리베이터가 있다고 하는데 이게 사실인가요?"

완전 날조이고 문자 그대로 거짓 그 자체였다. 커미션, 뒷돈은 상상도 할 수 없는 것이었다. 아마 자기들의 수준과 자기들의 경험이

나 문화를 반영하지 않았나 싶었다. 새 예배당을 '종교시설'이 아닌 '문화시설'로 허가를 받아 놓고 성전 운운했다며 선동했는데 서초구청은 명백히 종교시설로 허가를 내 주었고, 이는 공사허가증과 사용 승인서 등 공문서에 명확히 찍혀 있는 사실이다.

반대파는 마당에서 프리젠테이션까지 하면서 8층 전 층이 아방궁이며 담임목사 전용 초호화판이라고 선동했었다. 나도 그 자리에서 그들의 선동을 지켜보았다. 선동을 맡은 자는 자칭 건축 전문가였다. 설계도면이나 공사현장을 확인해 보면 그 모든 주장이 날조임이 즉시 드러남에도 불구하고 정말 사악한 행위들을 하고 있었다.

교회 마당에서 거짓을 퍼 나르는 행동을 보면서 장사꾼들의 상을 둘러엎으시고 성전을 정화하시며 "내 집은 기도하는 집이 되리라 하였거늘 너희는 강도의 소굴을 만들었도다"(눅 19:46)라고 꾸짖으신 예수님의 모습이 생각났다. 저들은 교회 마당을 거짓을 담아 놓고 퍼 나르는 숙주로 사용하고 있었다. 결국 건축에 관하여 거짓을 퍼뜨렸던 그 집사 부부는 얼마 후 자취를 감추었다.

그 모습을 지켜보는 온 교인들은 참고참고 또 참았다. 참다못해 큰 소리로 "당신들 뭐하는 거야! 당신들부터 회개하고 돌아오라"고 절규하는 분도 있었지만 대체로 가슴을 누르고 흐르는 눈물을 참으며 본당의 기도자리로 나가야만 했다.

"우리 주님이 다 해결해 주시겠지…"라고 되내이며.

반대파가 "8층 전체가 담임목사 전용층"이라고 선동한 미션타워 (북) 8층은 담임목사실, 대회의실, 행정목사실, 비서실, 탕비실, 접견실, 현관 안내실 등이 복합적으로 구성된 곳이었고, 서초예배당의 남 8개 층, 북 14개 층 등 각 층별 공간 중에서 가장 협소한 층이었

전 교인들의 기도와 헌신과 눈물의 현장인 건축현장은 성도들이 즐겨 찾는 장소였다. 2014년 2월, 나와 함께 제자훈련을 하게 된 훈련생 집사들이 훈련을 앞두고 모두 건축현장을 찾아 기도함으로써 훈련을 시작했다.

다. 그리고 담임목사 목양실은 10평 정도여서 소파 놓을 공간조차 없다. 그래서 지금도 목양실에 들어가면 담임목사 책상 앞에 의자 두 개를 놓고 그 의자에 앉아 대화를 하도록 되어 있다. 그런데 '아방궁, 초호화판, 전용엘리베이터'라니, 완전 거짓말이었다. 오정현 목사는 주일에 설교 후에 지하 4층에 위치한 본당에서 잠시 목양실에 올라오고 싶어도 엘리베이터가 너무 혼잡해서 그냥 지하에 있는 강사대기실에서 하루 종일 머물 수밖에 없다. 한번 엘리베이터로 목양실까지 다녀오려면 적잖은 시간이 소요된다. 이렇게 되자 장로들 사이에서는 "차라리 전용엘리베이터를 만들 걸 그랬다"고 하는 자조 섞인 말이 나오기도 했다. 입당 후에 어느 날 순장반을 마치고 오정현 목사는 "제 목양실이 아방궁이라고 하는 주장이 있다는데 순

구 강남예배당의 본당은 2,000석 규모로서 지은 지가 30년이 지났을 뿐만 아니라 교인수의 증가로 주일 예배자의 1/3도 수용할 수 없을 정도로 포화상태였다.

장님들께 공개하니 누구든지 오셔서 보세요"라고 하면서 전 순장들에게 공개한 적도 있다.

새 교회 건축은 옥한흠 목사 때부터는 물론이고, 오정현 목사 부임 이후 더욱더 성도수가 늘어나 기존 시설로는 도저히 감당할 수 없는 포화상태를 훌쩍 넘어 버려 모든 교인의 숙원이기도 했다. 1980년, 옥한흠 목사가 건축을 결정할 당시에는 교인이 400여 명이었다.* 400명의 교인이었을 때 2,000명을 수용하는 본당을 짓기로 결의했었고, 그 건축이 끝난 후 입당예배 당시의 출석교인이 1,250명이

---

\* 사랑의교회, 〈개척 10년-사랑의교회, 나누고 싶은 이야기들〉, (서울: 국제제자훈련원, 1994), 179, 256.

었다.

건축이 완공된 후에도 본당의 절반 정도만이 채워질 정도였다. 그러나 지금의 사랑의교회는 등록교인이 9만 명을 넘나들 때 건축을 결의했고, 본당의 규모는 6,500석이었다. 건축을 결정할 당시의 사랑의교회는 포화상태여서 편의는 물론 안전에 있어서도 심각한 문제를 안고 있었다. 이미 본당을 제외한 10여 군데에서 영상으로 예배를 드려야 했고 봄·가을로 있는 특별새벽기도회에 모이는 8,000여 명 가운데 20% 정도만이 본당에 입당할 수 있어서 "본당사수"라는 말이 나올 정도였고 본당을 '사수'하려고 아예 교회에서 철야를 하는 인원도 수백 명이었다.

당시 교인의 95% 이상의 찬성으로 건축이 결정되고 전 성도들이 자발적으로 헌신하였다. 옥한흠 목사도 영상으로 국제사역의 터전이 되려면 인프라가 필요하다며 당위성을 강조하고 새 교회 건축에 정성을 다해 헌신해 줄 것을 당부했다. 후에 이 영상을 두고 D씨

강남예배당의 곳곳은 낡고 안전상의 위험도가 높아져 새 교회당을 짓게 된 것이다.

는 "옥한흠 목사가 협박에 의해 영상을 찍었고 건축은 옥한흠 목사의 뜻과는 배치된다"고 했지만 당시 녹화된 영상 전체를 본 나로서는 D씨의 그 말이 전혀 사실이 아님을 확인할 수 있었다.

새 교회당 건축을 발표한 직후부터 뉴스×××, ×××뉴스 등이 선두에 서서 건축을 비판하는 기사와 포럼 등을 앞 다투어 열며 비난했다.* 그들의 비난의 내용이 지금에 와서는 오정현 목사 검찰 고발 목록에 올라가 있게 된 것이니 이들의 집요한 연대는 이미 오래 전부터 견고한 진처럼 구축되어 있었던 것이었다.

## 오정현 목사 개인에 관한 선동

> "오정현 목사가 박사수당을 한 달에 50만 원씩 받았는데 학위가 두 개 있다고 하여 월 100만 원을 받아 갔다고 하는데 이것은 횡령 아닌가요? 골프는 치시나요? 항공기는 1등석을 타고 줄기세포 주사를 맞으며 고급호텔 회원권을 가지고 있으면서 호화생활을 하고 있다는데 사실인가요?"

모두가 사실이 아니다.

사랑의교회는 '박사수당'이라는 자체가 없다. 골프는 거의 안 치는데 한 번만 쳐도 친 것이니 '골프 치는 목사'로 몰아간 것이다. 오정현 목사는 미국에서 20년을 살면서도 골프를 치지 않았다. 엄격히 말하면 골프를 쳐본 목사인 것은 맞지만, 더 엄격히 말하면 골프는 치지 않는다. 예컨대, 오정현 목사가 어떤 좋은 일을 몇 번 했다

---

* 박용규, 《옥한흠에서 오정현까지, 사랑의교회 이야기》, (서울: 생명의말씀사, 2012), 582.

고 하면 반대파는 "몇 번 한 것 가지고도 했다라고 할 수 있는 거냐. 그건 안 한 거나 마찬가지다"라고 주장했을 것이다. 그런데 오정현 목사를 흠집낼 때는 논리구조가 180도 바뀐다. "단 한 번을 해도 한 것이다"라고. 골프라는 환상적인 거짓 선동은 이후에도 여러 번 등장할 정도로 매력적인 메뉴였다. 1등석 탑승권을 구입했다거나 고급호텔 회원권, 줄기세포 주사 등에 관한 주장들도 모두 사실이 아니었음은 물론이다.

후에 ××뉴스라는 인터넷 언론에서 강××이라는 자가 오정현 목사의 골프, 1등석 탑승, 연봉 등에 대해 반대파의 주장을 인용하여 글을 올렸다가 2015년 6월에 허위사실에 의한 명예훼손으로 검찰로부터 300만 원의 벌금으로 약식기소되었을 정도로 저들의 주장은 모두가 처벌감이었다.

심지어는 학력 문제도 들고 나왔다.

오정현 목사가 부산고등학교를 졸업했다고 사칭했다는 것이다. "호적은 바꾸어도 학적은 못 바꾼다"는 말이 있다. 이게 도대체 가능한 얘긴가? 오정현 목사의 공식 약력과 교회 홈피, 그리고 그가 쓴 모든 책의 프로필 어디에도 그가 부산고등학교를 나왔다고 표시된 곳이 없다. 반대파의 거센 주장에 혹시나 해서 몇몇 교역자가 전 순장반 강의 내용을 다시 들어보고, 오정현 목사의 모든 저서와 언론 인터뷰 등을 샅샅이 점검해 보았는데 어디에도 부산고를 졸업했다고 말하거나 쓴 것이 없었다. 오래전, 내가 아는 지인이 부산고등학교를 졸업했는데 "오정현 목사는 내 후배"라고 했다. 그래서 나는 당연히 오정현 목사도 부산고등학교를 졸업한 것으로 알고 있었다. 그러나 나중에 알고 보니 부산중학교 후배라고 말했다는 것이다. 그

지인은 부산중도 졸업했고 부산고도 졸업했던 사람이지만 당시는 부산중고등학교가 같이 있었고 동창회는 지금도 통합 운영하고 있다는 것이었다. 부산중학교나 부산고등학교 어느 한 곳만 졸업해도 서로 동문으로 부른다고 했다. 이런 말들이 와전되어 본인의 의사와 상관없이 반대파의 먹잇감이 되었을 수 있다고 생각은 한다.

그러나 오정현 목사는 옥한흠 목사한테도 분명히 "부산중학교를 졸업하고 생활이 어려워 바로 부산고 진학을 포기하고 검정고시로 대학에 입학했다"고 설명한 것으로 당회에서 이야기한 바 있었다. 이 같은 사실은 2013년 가을에 오정현 목사가 직접 교회신문인 '우리'지에 그의 이력과 함께 고교 과정을 검정고시로 마쳤다는 것을 설명하는 것으로 일단락되었다. 교인들 그 누구도 오정현 목사의 검정고시 이력을 탓하거나 문제 삼는 이가 없었다. 오히려 너무 완벽해 보였던 오정현 목사가 검정고시를 통해 고교 과정을 마쳤다는 데 대해서 연민과 함께 이해의 마음을 가지는 계기가 되었다.

한 기자가 반대파 총무와 대표들과 주고받은 다음과 같은 이야기를 나에게 전해 준 적이 있었다. "오정현 목사가 부산고 나왔다고 말한 적이 있느냐? 부산고 나왔다고 쓴 적이 있느냐? 그런 글과 말에 대한 증거를 가지고 있느냐?"라는 질문에 반대파의 대답은 모두 "아니다"였다고 한다. 그래서 기자가 또 물었다고 한다. "그럼 도대체 무슨 근거로 그런 주장을 하는 거냐?"라고 묻자. "그냥 그런 얘기가 있어서…"라고 대답했다고 한다. 이게 다였다. 교회 문제로 법정을 찾았던 날, 반대파 권사가 법정로비에서 나에게 "오정현 목사가 하도 거짓말을 많이 해서 반대파에 섰다"고 하였다. 그래서 내가 물었다.

반대파는 검찰에 고발한 사실을 적시하면서 죄인 취급하며 오정현 목사를 공격했다. 현수막을 들고 있는 자는 반대파의 대표격으로 활동하던 자인데 1,000만 원대의 공금을 횡령하다 적발되어 반대파에서도 퇴출되었다.


"권사님, 오 목사님 거짓말 하신 것 있으면 하나만, 단 하나만이라도 말씀해 보셔요."

그랬더니 이분이 단번에 하는 말이 "부산고 나왔다고 거짓말 했잖아요!"라고 하기에 "권사님. 제가 권사님 말씀 녹음 좀 하겠습니다. 만약 권사님 말씀이 사실이 아니면 이 법정에 서실 각오하셔야 합니다"라고 말했더니 곧바로 말꼬리를 내리면서 "아 그런 얘기가 있길래… 아, 그, 그럼 아니에요? 아니면 됐고…" 저들의 말꼬리는 언제나 동일했다.

만약 저들의 말이 진실이었다면 오정현 목사가 사랑의교회 담임목사 자리를 지킬 수 있었을까? 그리고 그간의 사역의 열매가 가능했을까? 근거 없는 말들로 징검다리를 놓아 자기들의 목표를 이루려는 저들의 말들을 보고 나는 다음의 말씀이 생각났다.

> 너희는 너희 아비 마귀에게서 났으며 너희 아비의 욕심대로 너희도 행하고자 하느니라 그는 처음부터 살인한 자요 진리가 그 속에 없으므로 진리에 서지 못하고 거짓을 말할 때마다 제 것으로 말하나니 이는 그가 거짓말쟁이요 거짓의 아비가 되었음이라 (요 8:44)

이 어이없는 '교회개혁 95'에서 저들은 오정현 목사가 즐겨 부르는 찬송도 문제를 삼았고 남가주교회에서의 사역도 문제를 삼았다. 오정현 목사와 관련이 있건 없건, 그가 아는 일이건, 알 수조차도 없는 일이건 상관하지 않았다. 논문과 관련하여서도 여러 항목을 질문하였는데 모두 기존의 주장들을 다시 되풀이하는 낡은 레코드판을 틀어 놓은 것에 지나지 않았다.

그 외에도 시시콜콜하고 사소한 것들도 마틴 루터의 '95개조 논제'와 숫자를 맞추기 위해 줄여 쓰고 늘여 쓰고 한 흔적이 역력했다. 루터의 종교개혁을 사적으로 도용하기 위해 애를 쓰고 있었다. 나는 교회사를 전공한 학도로서 어이없고 불쾌했다.

루터가 1년 가까이 은신하며 성경을 번역했던 바르트부르크성(城)과 '95개조 논제'를 비롯하여 지금은 루터와 그의 신실한 동역자 멜랑 히톤이 함께 묻힌 비텐베르크의 성안교회, 비텐베르크 대학의 기숙사와 강의실, 그리고 1521년에 "나는 여기에 서 있습니다. 달리 될 수 없습니다. 하나님 저를 도우소서. 아멘(Hier stehe ich, ich kann nicht anders. Gott Helfe mir. Amen)"이라고 기도하며 제국의

마틴 루터가 '95개 논제'의 논제를 부착했던 독일의 비텐베르크 성안교회와 '95개 논제'를 부착했던 문. 그 문에는 아예 주물로 95개조를 주조하여 설치했다(왼쪽). 반대파의 '교회개혁 95'는 루터의 '95개 논제'를 흉내 낸 것이라고 하기에는 너무 조악하고 어설펐다(오른쪽).

회와 맞섰던 보름스의 의회 터 등을 여러 번 오가며 루터의 개혁정신을 기렸던 사람들에게는 역사에 대한 도발과도 같았다. 내 책상에는 성경책을 펼쳐 들고 서 있는 루터의 작은 동상이 항시 놓여 있는데 루터에게 부끄러웠고 창피했다.

그런 사람들은 거짓 사도요 속이는 일꾼이니 자기를 그리스도의 사도로 가장하는 자들이니라 이것은 이상한 일이 아니니라 사탄도 자기를 광명의 천사로 가장 하나니 (고후 11:13-14)

'교회개혁 95'의 맨 마지막에는 사회넷 총무단 일동으로 다음의 인사말이 기록되어 있었다. 이 인사말이 나중에는 삭제되었는데 인사말의 내용 자체가 반대파의 의식과 영적 상태를 그대로 보여 주고 있었다.

> "지금 사랑의교회 건축과 같이 사회의 논란을 일으키는 교회건축을 적극적으로 찬성하는 사람이야말로 사탄의 세력이라고 해야 마땅하지 않을까요?"
>
> - 사랑넷 총무단 일동 -

반대파의 주장에 의하면 사랑의교회 건축에 찬성한 95%의 성도와 그 입당을 간절히 소망하며 헌신하고 중보기도로 건축을 함께한 모든 성도들은 사탄이었다.

그런데 반대파는 여기서 그치지 않았다. 두 달쯤 후인 7월 4일에 소위 '교회개혁 95'에서 제기된 내용을 중심으로 오정현 목사와 김창록 장로(건축위원장)를 서울중앙지검에 특별경제가중처벌법 위반으로 고발하였다. 모두 11건의 혐의 내용을 적시한 고발장에서 반대파는 오정현 목사를 횡령, 배임의 죄가 있음으로 처벌해 달라고 강력히 주장하였다. 이 사건에 대해서는 그 후 고등검찰청 항고를 포함하여 고등법원, 대법원까지 장장 26개월이라는 장기간의 조사가 진행된다.

## 도둑맞은 이메일

오정현 목사가 제천으로 간 후 처음으로 맞이하는 2013년 봄, 고난 주간 특별새벽기도회(특새)는 사랑의교회 역사상 처음이자 마지막일 특새였다. '담임목사 부재중에 실시하는 특새'였기에 그렇다. 모두 아픈 마음, 가슴 한곳이 뻥 뚫린 것 같은 상태에서도 특새는 진행되었다. 그러나 기운이 나지는 않았다. 한 교회에서 담임목사라는 존재는 그냥 있어도 되고 없어도 되는 그런 것이 아니었다. 사랑의교회도 마찬가지였다. 게다가 특새는 오정현 목사가 한국교회에 확산시킨 것이기도 했기에 더욱 그랬다. '특새'하면 오정현 목사가 떠올려질 정도였는데 본인이 없는 상황에서 특새를 맞이해야 했던 것이다.

나는 2004년 여름, 미국에 있을 때 바이올라대학교 총장을 만나 오찬을 함께한 적이 있었다. 한국에서 오신 은사님의 부탁으로 그 은사님을 안내해서 총장을 만나게 되었던 것이다. 그 총장과 함께 대화하던 중 바이올라대학교에 있는 탈봇신학대학원을 졸업한 오정현 목사가 화제에 올랐는데 그 주제가 바로 "특별새벽기도회"였다. 한국에서도 중앙일간지와 공중파 9시 뉴스를 통해 널리 알려졌는데 미국에서도 화제가 되고 있다는 사실에 놀라기도 했고, 기분도 괜찮았다.

특새가 되면 모든 교역자는 새벽 3시에 나와 준비기도회를 하고 골목골목마다 나가서 교통봉사를 한다. 2013년 3월 26일 새벽, 교통봉사하던 교역자들과 대화를 하는데 교회현안에 대해서 잘 모르고 있었다. 또 반대파 온라인 카페인 '사회넷'은 알고 있는데 평신도들

2013년 봄 특새가 끝난 후의 강남예배당 마당 광경.

이 자발적으로 만들었다고 하는 온라인 카페 '무교병'은 잘 모르고 있는 것 같았다. 그래서 무교병에 대하여 알려 주니 휴대폰으로 검색해 보고는 "아, 이런 게 있었구나. 그런데 왜 이 카페가 알려지지 않았지?" 하고 놀라면서 아쉬워들 했다. 나는 그날 아침에 전 교역자들에게 메일을 썼다. 내용은 "반대파 카페에 거짓말이 산처럼 쌓여 있다. '무교병'을 성도들에게 알려 주어 생각의 균형을 잡도록 도와 달라. 성도들은 반대파의 거짓말들만 접하고 있다. 둘 다 보도록 하고 궁극적으로 두 카페 모두 없어져야 할 것이다"였다.

그런데 아침 9시 20분경에 부교역자들에게 보낸 그 메일이 불과 한 시간여 만에 반대파 카페에 올라가 있었다. 교역자들에게 보낸 메일을 반대파 카페에서 볼 수 있다는 것은 당시까지만 해도 충격이었다. 메일의 원문은 다음과 같다.

# 무교병에 관하여 알려 드립니다.

존경하는 전도사님, 목사님.
목양 5팀 주연종입니다. 사적으로 몇 말씀 드리고 싶습니다.

교회 상황에 대한 여러 정보들이 허위이거나 왜곡된 것들이 근 2개월간 아시는 카페들에 산처럼 쌓여 있습니다.

그곳에 있는 내용 중 우리가 잘 알고 있는 내용들을 살펴보면 대부분이 허위이거나 과장된 것이라는 사실을 가정해 보면, 우리가 모르는 부분도 거의 그렇지 않을까 하는 짐작을 해 보게 됩니다.

그런데 많은 성도들이 이들로부터만 정보를 제공받음으로 그 방향으로 생각도 많이 흘러가고 있는 것 같습니다. 심지어는 교역자들도 정확한 정보를 몰라 안타까워하시는 모습을 보았습니다.

오늘 새벽 교통 봉사하면서 몇몇 교역자들과 무교병을 들여다보면서, 이 정도면 함께 나누어야겠다 하는 공감을 갖게 되었는데 목양팀 교역자 회의에서 제기되는 내용들을 듣고 더욱 생각을 굳히게 되었습니다. 정보가 얼마나 왜곡이 되어 흘러 다니고 있는지 몇 가지 예를 들겠습니다.

제가 사회넷에서 활동 중인 핵심 관계자들과 대화나 전화를 통해 의견을 주고받는 경우가 비교적 많습니다. 이 분들조차도 잘못된 정보를 가지고 활동을 하고 계시는 경우가 많았습니다. 그래서 설명을 드리면 당혹해 하시는 경우도 있고 반박을 하시는 경우도 있었습니다. 어쨌든 이런 대화들을 통해 그 핵심 관계자 중 한 분은 이런저런 이유로 소극적으로 돌아섰습니다.

지난 금요일 밤에 있었던 사회넷 분들의 마당집회에서 여러분들이(장로님들 포함) 나오셔서 발언을 하셨는데, 발언하는 분들의 주장이 추상적이거나(차라리 추상적인 것이 나았습니다) 아니면 완전히 사실과 다르거나 전혀 있지도 않은 것을 사실로 말하는 경우가 너무 많았습니다. 그런 말들이 끝나면 박수를 치고 소리를 지르며 그분들의 행동방향을 정하는 근거로 삼는 것을 보고 참 마음이 아팠습니다. 심지어는 고××님의 아들조차도 자신의 신분을 밝힌 채 사실이 아닌 말들을 하는 것을 보고 측은한 생각까지 들었습니다.

얼마 전 고위 공직에 계시는 분을 만났습니다. 그분조차도 일방적으로 흘러가는 정보를 믿고 있었고 제가 해명을 했더니 "왜 그런 말을 안 해 주느냐, 빨리 이런 사실들을 알리면 좋겠다"라고 하셨습니다.

이런 상황 속에 어느 성도님이 '무교병'이라는 카페를 만든 것 같습니다. 목적은 사실을 바로 알리고 왜곡된 정보를 바로잡겠다는 것이고 근거 없는 비방이나 욕설은 제대로 삭제하는 것 같았습니다. 몇몇 목회자들도 함께 보고 이런 카페는 널리 알려야 한다는 공감에 이르게 되었습니다. 그래서 저는 어제 작심을 하고 이 카페를 제가 섬기는 교구 순장들과 외부 네트워크에 있는 분들에게 알렸습니다.

교역자님들께 부탁드리고 싶습니다.
다음 카페 '무교병'을 널리 알려 주시면 좋겠습니다. 이거 죄 짓는 거 아니지요?
당회의 결정을 받아들이고 의견이 같지 않은 분들도 품으려 노력하면서도 거짓은 밝혀내고 진실을 알리는 역할을 하고 있는 이 카페를 교역자가 교인들에게 못 알릴 이유가 있을까 하는 생각이 들었습니다.

만약 당회의 결정이 나기 전이라면 이런 말씀 안 드립니다. 이제 더 이상 소모적인 논쟁이 아닌 미래 지향적인 방향으로 가야 한다고 생각하기에 그렇고, 오늘 아침 교역자의 공식 입장은 당회의 결정을 따르는 것이라고 하는 표명을 목양 행정 배정훈 목사님께서 해 주셨기에 제 생각을 말씀 드리기에도 불편하지 않습니다.
'무교병'이 타인을 전혀 비방하지 않거나 완벽하지는 않아요. 무결점은 아니지요. 무교병을 지향하는 카페일 뿐입니다.

군에서 전쟁할 때 가장 중요한 것이 정보입니다. 모든 참모 중 정보참모가 가장 먼저 보고합니다. 작전이나 인사 군수 참모는 그 이후입니다. 그런데 왜곡된 정보가 나다니면 불행해집니다.
바른 정보가 서로에게 흘러가 사고의 간극을 좁히고 궁극적으로 회복과 소통의 장이 만들어져 무교병이 빨리 폐쇄되는 그날이 오게 해 주십시오.

순장들과 알고 계시는 네트워크에 '무교병'을 소개해 주십시오. 소개해 주신 후 가입하여 글도 남기고 기도도 남겨 놓아 달라고 해 주시면 더욱 좋지요.
(다음에서 그냥 '무교병'을 치시면 사회넷이 나옵니다. 반드시 다음 '카페검색'으로 가서서 '무교병'을 치시면 상위에 나옵니다. 주소는 cafe.daum.net/sarangplus-1004)

이 메일은 김은수 목사님이나 배정훈 목사님께 허락을 받고 올리는 메일이 아닙니다. 이 메일의 내용과 그 이후의 결과는 제가 최종 책임자입니다. 그리고 이 메일의 내용도 교회의 공식 입장이 아닌, 제 사적인 견해입니다.

무교병을 불편해하시는 분들도 계실 것입니다. 없애라고 하는 분들도 있을 수 있습니다. 그러나 다른 카페만큼 불편하지는 않습니다. 그리고 어차피 다른 카페들도 없애라고 할 수는 없지 않습니까?
이 말씀으로 맺겠습니다.

"헤치는 자들은 마당을 휘젓고 다니는데 지켜야 할 자들은 신발 끈만 매고 있다."

감사합니다.
주연종 올림.

내가 보낸 메일을 누군가 먼저 '무교병'에 올렸고 이렇게 올려진 것을 다시 '사회넷'에 퍼 올린 것이다. 이것은 몇 개월 전만 해도 '하우사랑'에 올리면 뉴스×××에서 퍼 나르는 식처럼 공인된 반대파의 살포 루트였다. 그리고 '무교병'에 내 메일을 올린 아이디는 그 글 하나만 올리고 사라진 것으로 보였다. 그러니까 누가 의도적으로 무교병에 올렸고 그것을 다시 '사회넷'에 퍼 나름으로써 내 글이 공개되어 반대파의 먹잇감이 되게 한 것이다.
'무교병'에도 마찬가지였지만 반대파 카페인 사회넷에서도 그 글로 인해 며칠 동안 난리였다. 댓글이 100여 개가 붙으면서 나에 대한 인신공격, 협박, 목사로서 견디기 어려운 모욕들로 도배되었다. 그리고 언제나 그랬듯 신속하게 뉴스×××가 3월 26일 당일 밤 11시에 내 글을 근거로 기사화하였다. "사랑의교회 안에 난무하는 흑색선전"이라는 타이틀과 "온라인에서 무차별 폭로, 부목사 개입에 갈등 증폭"이라는 부제가 덧붙인 기사이다.

"주 아무개 목사가 글을 올려 사회넷 회원들은 격분했고 사임을 요구하고 있다"고 기자는 쓰고 있다. 참 편리하고 편향된 기사였다. 기사가 올라간 바로 그 뉴스××× 화면에는 '사회넷'과 D씨의 책 광고 배너가 올라가 있었다. 그 기사와 광고배너를 보는 순간 내 얼굴이 다 후끈해질 정도였다. 기사가 광고주 쪽으로 기울어 올라가 있는 모습을 보니 참으로 어이가 없었다.

예상대로 반응이 나타났다.

교역자들은 전화를 걸어와 "대체 누가 그런 짓을 했는지 답답하고 화난다"며 같이 아파하며 격려했다. '무교병'에도 분노하는 댓글과 격려하는 댓글이 올라왔다. 드디어 반대파의 대표로부터 전화가 걸려 왔다. "만나서 얘기 좀 하자"는 것이었다. 당시 반대파는 총무 몇 명이 대표권을 가지고 활동하고 있었는데 그 중 한 명인 H집사가 전화를 걸어온 것이다. 다음날 강남예배당 근처에서 칼국수로 점심을 같이하고 차를 마시며 그와 대화했다. 참 자신 있어 보였고 모든 면에서 승리(?)를 예감하는 목소리와 표정이었다. 그런데 내가 듣기에는 공허하고 논리가 없었다. 그리고 그 역시 잘못된 정보를 기반으로 한 판단 때문에 여기까지 온 것임이 틀림없다는 생각이 들었다. 그가 주장하는 내용 중에 틀린 내용이 많아 수정을 해 주었지만 그는 이미 한쪽으로 기운 배처럼 바로 세워지는 것이 불가능해 보였다.

나는 그에게 "내 글로 사회넷 회원들에게 상처를 주었다면 유감이다. 그러나 사실을 직시하라"고 했다. "교역자는 중립을 지켜 달라"고 하기에 "교역자는 중립이 아니다. 교역자는 성도들과 교회 편에 선다. 당회의 결정을 교역자는 따른다. 그걸 따르기 싫은 교역자는 교회를 떠나야 한다"고 했다. 그는 자신의 과거 학창시절의 무용담과 하고 있는 사업에 대해서도 자랑스럽게 말했다.

우리는 그 정도로 하고 헤어졌다. 그때까지만 해도 그에게서 교역자에 대한 일말의 존중을 느낄 수 있었다. "교역자님들에 대해서는 우리 회원들에게도 함부로 하지 못하도록 했고 주 목사님 메일 문제도 제가 만나서 직접 얘기하는 것으로 회원들의 분노를 잠재웠다"고 하기도 했다. 그러나 교역자를 반대파의 먹잇감 정도로 여기는 데는 불과 한 달도 걸리지 않았다. 얼마 지나지 않아 그는 특정 교역자를 사임시키라고 대로변에서 고래고래 소리 지르고, 주일에 목양행정 목사실로 쳐들어가 자신을 순장직에서 해임시켰다면서 협박과 공갈을 퍼부었다. 그리고 1년쯤 후에는 반대파가 거두어들인 금전에서 1,000만 원 이상의 회계부정을 저지른 혐의를 받고 반대파에서조차 쫓겨 나게 됨으로써 부부가 함께 반대파의 주력에서 제외되게 되었다. 그가 바로 '교회개혁 95'를 만든 사회넷 총무단의 일원이었다.

그렇다면 그 메일은 어떻게 해서 반대파의 카페에 올려지게 된 것일까? 한동안 이 문제가 교역자 사이에서 예민한 숙제가 되었다.

당시 행정을 맡고 있던 김은수 목사도 전화를 걸어와 위로의 뜻을 전하면서 답답해했다. 나는 동일한 수신처로 "내 메일을 무교병에 올린 교역자는 나에게 알려 달라"고 호소했다. 그러나 답이 없었다. 추측컨대 어느 반대파와 뜻을 같이하는 교역자, 혹은 교역자에게 보내는 메일을 볼 수 있는 특정인이 무교병에 슬쩍 올려 놓고, 사회넷 회원 중 한 사람이 그 글을 퍼 가서 사회넷에 올려 놓은 것 같았다. 무교병 아이디는 당일 생성하여 글을 올린 후 곧 탈퇴하면 추적은 불가능한 것이고 무교병의 글은 누구나 아이디 없어도 볼 수 있고 퍼 갈수 있도록 되어 있기에 그런 추측이 가능했다.

나는 지금도 그 메일로 인해 당시 받은 충격과 자괴감, 그리고 배신감과 섬뜩함을 고스란히 느낌으로 가지고 있다. 당시 잠도 제대로 못 잤고 사람 보는 것이 두렵기도 했었다. 나는 지금 사랑의교회에 남아 있는 교역자들 중에는 그 메일을 그렇게 '훔쳐 간 자'가 없다고 확신한다.


## 골프파동, 거짓말을 디자인하다

거짓말을 디자인할 수 있을까? 거짓말을 품위 있고 그럴싸하게 몇몇 증거라고 하는 것까지 동원해서 구성해 놓았다면 이걸 디자인이라고 할 수 있지 않을까?

2013년 5월 29일쯤인가? 밤에 한 교계 언론매체 기자로부터 전화가 왔다. 용건은 "오 목사님이 자숙기간에 골프나 치러 다니시면 어떻게 합니까?"였다. 반대파 카페에 관련 글이 올라왔는데 5월 27일에 제주도에서 골프를 쳤고 우리교회 교인과 만나 악수까지 했으며 그때 만난 그 교인이 폭로했다는 것이었다. 증인까지 있다면 확실한 것 아닌가? 순간 나도 당황했다. 골프인구 500만을 넘은 상황에서 골프를 문제 삼는 것이 이해가 안 가기도 했지만 이 건은 반대파에게는 오정현 목사에게 '덧씌우기 좋은 프레임'이라는 생각이 들어서 그리 기분이 좋지 않았다.

그래서 즉시 관련 직원한테 전화를 걸어 확인해 보았더니 "황당하다"고 했다. 자신은 "오정현 목사님이 골프하시는 것을 한 번도 못 보았다"고 했다. 그런데 이게 웬 말인가? 그런데 골프를 쳤다는 날 다음날 아침 10시경에 오정현 목사로부터 전화를 받았는데 그때 내 휴대폰에 찍힌 번호가 042-0000-0000였다. 그 번호는 제천기도동산 전화번호였다. 그렇다면 제주도에서 골프를 치고 밤에 서울로 귀경하여 다시 제천으로 내려와서 다음날 아침에 전화를 했다는 말인데 이게 영 납득이 되지 않았다. 또 거짓말을 퍼뜨리고 있다는 냄새가 났다. 이 거짓말의 시발점이 위에서 언급한 사회넷 총무단의 한 사람인 바로 그 H집사였다. 그는 페이스북에 이런 글을 올렸다. 5월 29일에 올린 글이다.

"그저께 제주골프장에서 운동 중이던 ○목사님을 우리 교우가 만나서 인사를 했다네요.
그날, 제천기도원에서는 2~3일간 오 목사님이 볼 일?로 안 계신 것은 분명히 확인이 되었구요.
골프야 하실 수 있겠지만? 근신기간에는 좀 삼가야 될 듯도 한데요.
아직도 뭔가 못 미더워하는 분들이 있어서 이야기를 해야 하나요, 말아야 하나요.

이거 누가 보낸 글일까?

믿을 만한가? 에효~~

모르겠다.


전체적인 글의 흐름으로 봐서 H집사도 그런 소식을 들은 것으로 보이는데 확인은 아직 못했지만 그냥 퍼 나른 모양새이다. 그런데 그 페이스북 글에 황모 장로가 가장 먼저 댓글을 단다.

"이거 사실이라면 전교인에게 알려야 한다고 생각합니다. 그냥 넘기기에는 너무 심각한 중병환자입니다. 그리고 있을 수 없는 자입니다. 근신이 아니라 교회 돈으로 휴양을 즐기는 자입니다."

황모 장로가 쓴 글치고는 그래도 이 정도면 꽤 교양을 갖춘 글이다. 그러나 H집사의 글에 대해 어떤 이는 신중론을 펴기도 하고 "골프 치는 것이 스포츠 그 이상도 이하도 아니지 않느냐"는 주장의 댓글도 달렸다. H집사는 그의 의견에 대해 답글로 "그래서 이제껏 확실의 여부를 찾아 밤을 새웠다. 그리고 찾은 것 같기는 하다만, 개인적으로는 대답이 가능하다만 공개적인 건 힘든 부분이 있으니 이해해 줘라…"라고 댓글을 쓰고 맺는다. 종합하면, H집사가 "개인적으로는 골프 친 것은 확인했지만 공개적으로는 힘드니 조금만 기다리면 소식을 주겠다"는 것이었다. 그러나 H집사의 골프관련 루머는 이미 공개적으로 제기한 것이 되었고, 다음날인 5월 30일 금요일 밤 반대파 마당집회에서도 이를 공론화하고 공개리에 퍼뜨렸다.


그러므로 사탄의 일꾼들도 자기를 의의 일꾼으로 가장하는 것이 또한 대단한 일이 아니니라 그들의 마지막은 그 행위대로 되리라 (고후 11:15)

이것이 일파만파로 번지기 시작했다. 교회에서는 당시 제천기도 동산 담당교역자였던 엄장윤 목사가 오정현 목사의 스케줄을 공개했다. 골프를 쳤다는 "5월 27일은 치과 치료, 5월 28일은 부교역자들과 만났고, 5월 29일에는 제천에 머물렀다"는 것이었다.

이 정도의 해명을 반대파가 믿고 수용할 것은 기대하지 않았다. 이런 해명이 나오자 골프를 친 날이 5월 27일이 아니고, 5월 4일이라고 말을 바꾸며 증거로 오정현 명의로 된 제주도 내 어느 골프장의 부킹 내역을 공개했다. 그러나 가지도 않은 제주도에 어떻게 오정현 목사가 골프를 칠 수 있는가?

자세히 알아보니 동명이인이었고 제주도민 오정현이었다. 이쯤 되면 사과하고 발설자는 자중해야 하는 것 아닌가? 교회에서는 이 루머를 잠재우기 위해 대한항공과 아시아나 항공의 탑승기록을 공개하기도 했고, 두 항공사는 오정현 목사가 2013년 2월 이후에 항공기를 이용하지 않았음을 확인해 주었다.

그랬더니 이번에는 "저가 항공사인 진에어나 제주항공으로 다녀왔다"고 퍼뜨렸다. 애초에 진실이 중요하지 않았다고는 하더라도 정상에서 벗어나도 한참 벗어난 것이다. 이 정도는 겨우 시작에 불과한 것이었고, 약과에 지나지 않는 수준이었음을 미리 알았더라면 저들의 거짓말에 밤새워 흥분하고 가슴을 치지는 않았을 것이다. 더 정교하게 디자인된 거짓말이 수도 없이 기다리고 있었다.

# 빼앗긴 들에도 봄은 왔다

## 미스바기도회

미스바기도회는 오정현 목사가 자숙에 들어가는 날부터 시작된 순수한 평신도 중심의 자발적 기도회였다. 당시 사랑의교회는 6·25 남침으로 일시적인 수세에 몰릴 수밖에 없었던 대한민국처럼 당회나 교역자회나 각 공동체의 평신도 지도자들과 사역자들이 온전히 전열을 가다듬지 못할 때였다. 그리고 혼란과 공허의 시간을 일단 오롯이 받아들이며 '좀 더 이대로 가보자'라고 관망하며 조용히 하나님의 뜻을 헤아려 보려 하는 섬세함도 여기저기서 느껴지는 때였다. 크고 작은 모임에서 서로들 교회 현안에 대하여 말하기를 불편해하며 저마다 정도는 달라도 트라우마가 있었다. 담임목사가 교회를 비우게 되었고 당회가 공전되는 상황에서 트라우마를 느낀다는 것은 정상적이고 건강한 교인의 모습인지도 모른다.

오정현 목사의 자숙이 시작되던 바로 그날, 신관 311호에서 조용하면서도 강력한 기도 특공대가 등장했다. 나중에 미스바기도회로 이름 붙인 이 기도회는 사랑의교회 역사상 가장 강력하고 간절한 기도회였다. 처음에는 하숙란 권사와 30~40여 명의 성도들이 모여 기도하기 시작했다. 하숙란 권사는 사랑의교회를 30여 년을 출석하며 정감운동 등 많은 평신도 사역을 감당하던 평신도 지도자였다. 하 권사는 사랑의교회 현안의 출발선상에서 이 일을 함께 꾸몄던 F 장로, W권사, 고×× 등이 모두 정감운동 소속인 것에 책임을 통감하고 같은 정감운동 멤버로서 교회를 지킨다는 생각으로 기도회를 인도했다. 월요일부터 금요일까지 매일 밤 40여 명의 성도들은 심

신관 311호를 가득 메운 미스바기도회 동지들.

장이 타 들어가는 듯, 창자가 끊어지는 듯한 간절함으로 사랑의교회
의 회복과 담임목사를 위해 부르짖듯이 기도했다. 나는 가끔 기도회
하는 장면을 사진으로 찍어 제천기도원에 머물고 있는 오정현 목사
에게 전송해 드리면서 "여기 성도들의 기도가 있습니다. 힘 내십시
오"라며 상황을 전했다.

　그렇게 시작된 기도회의 인원이 점점 늘어 가던 중에 당회에서
는 이 기도회를 '담임목사의 회복과 성도들의 치유, 그리고 은혜로
운 입당을 위한 기도회'로 하기로 하고 이름을 '미스바기도회'라 명
명했다. 4월 15일부터 새롭게 시작된 미스바기도회 인도는 교역자가
하고 대표 기도를 장로들이 맡기로 했다. 기도회를 총괄할 교역자로
는 주성진 목사가 수고하기로 했다. 곧 평신도 스태프가 만들어지고
찬양팀과 교역자 그룹이 꾸며져 안내와 찬양과 간식이나 물을 나누
어 주는 섬김이들이 조직되기 시작했다. 매주 순서지가 발행되어 기
도제목이 실렸다. 이제 사랑의교회는 30여 년의 역사 가운데 처음

으로 맞이하는 난관을 기도로 돌파하기로 방향을 정한 것이다. 인원도 급증해서 매일 밤 300여 명이 모였다. 토요일을 제외한 매일 밤 8시부터 10시까지 진행되는 미스바기도회에 모이는 성도들끼리는 일종의 영적인 연대(連帶)가 형성되어 갔다. 8월 말에는 연인원 5만 명을 돌파했고, 장소도 비좁아 본당으로 이동했다. 인원도 계속 늘어나 매일 700명 정도가 모여 목 놓아 부르짖으며 간절히 기도했다.

미스바기도회를 두고 반대파는 말이 많았다. 속이 불편했고 불안했던 것이다. 게다가 교회 내부의 일부 부교역자들 중에는 "이 기도회는 사랑의교회 스타일의 기도회가 아니다"라며 소극적으로 임했다. 심지어는 기도회에 참여하는 성도들을 비하하기도 했다. 아무리 사랑의교회 스타일이 있다고 하더라도 지금은 무슨 스타일을 거론하며 그런 것을 가릴 때가 아니었다. 그 어떤 스타일의 기도라 할지라도 주님이 들어주시기를 간구하며 부르짖어야 할 때였다. 기도회가 불편하고 불안하기로는 반대파와 동일했던 그들은 오정현 목사 복귀를 전후로 사랑의교회에서 사라졌다.

일을 행하시는 여호와, 그것을 만들며 성취하시는 여호와, 그의 이름을 여호와라 하는 이가 이와 같이 이르시도다 너는 내게 부르짖으라 내가 네게 응답하겠고 네가 알지 못하는 크고 은밀한 일을 네게 보이리라
(렘 33:2-3)

## 무교병

반대파가 '하우사랑', '사회넷' 등을 통해 맹포격을 가하는 상황에서도 교회와 일반 성도들은 방어수단이 없었다. 적어도 피할 방공호

정도는 있어야 했지만 그냥 쏟아지는 포탄을 온몸으로 맞으며 견뎌 내야만 했다. 이때 등장한 방어 및 역공의 수단으로 활용된 인터넷 카페가 바로 '무교병'이었다. '무교병'은 사랑의교회를 둘러싼 어리석은 풍설들과 담임목사에 대한 거짓주장들의 맨 얼굴을 드러내면서 교인들에게 진실을 알리고 반대파의 악한 의도를 깊이 있게 파헤치는 기능을 하게 되었다. 개설과 운영 모두 평신도가 자발적으로 했다. 이 무교병을 두고 반대파는 몹시 불편해했다. 무주공산(無主空山)에 올라 거짓의 깃발을 꽂아 모든 것을 장악했다고 생각하고 있었는데 막강한 화력을 가진 '무교병'이 등장한 것이었다. 무교병이 서서히 알려지면서 전문가적 견해를 가진 이들의 균형 잡힌 글들이 올라오기 시작했다. 회원도 증가하여 곧 1,000명이 되었고 2,000명을 넘어섰다. 반대파 카페 '사회넷'은 올라온 글을 보려면 회원으로 가입해야 했다. 그래서 글만 보고 싶어도 가입을 해야 했기에 회원 수가 '무교병'보다 거의 두 배 가량 많았다. 그러나 '무교병'은 완전히 오픈된 카페였다. 누구든지 글을 보면서 복사해서 퍼갈 수도 있도록 했고, 교회 외부인들도 사랑의교회 소식을 대부분 '무교병'을 통해 확인하곤 했다. 그래서 회원 가입을 안 하고도 얼마든지 글을 볼 수 있기에 가입자 수가 더 적긴 했지만 진실을 유통하는 데에는 크게 기여하였다.

'무교병'의 필진들은 오정현 목사의 논문에 대해서도 아주 정교한 분석을 통해 F장로 등의 주장이 얼마나 터무니없는 것인가를 밝혀 주기도 했다. 앞서 언급한 '교회개혁 95'의 내용 하나 하나를 적시하면서 저들의 거짓주장을 그대로 반박하기도 했다. 그러나 반대파는 무교병이 "담임목사의 지시로 만들어서 교역자들이 운영한다"

고 주장하며 빨리 폐쇄하라고 엄포를 놓았다. 이윽고 D씨, H집사 등이 무교병의 필진 중의 몇몇을 명예훼손 혐의로 형사고소하는 일이 발생했는데 그중에서도 D씨는 카페지기, 즉 운영자를 고소했다. 운영자를 고소한 이유는 부교역자들이 카페를 운영하는 것으로 믿고 그 부교역자가 누구인가를 밝혀내어 공격의 대상으로 삼으려 했던 것이었다. 그런데 그들의 주장과는 달리 운영자는 교역자가 전혀 아니었던 것으로 밝혀져 또 한 번 저들을 당황하게 만들었다.

뉴스×××대표는 무교병에 직접 글을 올려 무교병에 올라온 뉴스×××관련 글들을 삭제하지 않으면 고소하겠다고 협박했다. "이미 댓글까지 다 복사해 놓았으니 빠져나갈 수 없을 것"이라고도 했다. 자칭 언론사라고 하는 곳의 대표가 한 카페의 회원 한 사람 한 사람을 상대로 고소를 하겠다고 으름장을 놓았던 것이다. 이렇게 무교병은 반대파와 반대파의 후원 세력들에게는 눈엣가시 같은 존재로 부각되고 있었다.

## 평신도협의회 출범

평신도협의회는 극적 상황에서 출범하게 되었다. 9월 17일 오정현 목사의 복귀를 앞두고 반대파는 그동안 써 왔던 '사회넷' 등의 명칭이 모호하고 성격을 잘 드러내지 못한다는 판단에 '평신도협의회'라는 이름을 쓰려 한다는 얘기가 나돌았다. 우리나라에서 '○○○협의회' 혹은 '범대위' 등은 그 이름 자체로 대표성을 표방하는 프리미엄이 있었다. 더구나 반대파가 이러한 이름을 갖게 된다면 전 교인의 0.5%도 안 되는 자들이 마치 전 평신도를 대변하고 대표한다는 이미지를 줄 수 있다는 우려가 있었다. 그때, 미스바기도회를 섬기던

한국교회와 사회에 드리는 사죄와 감사의 글

오정현 담임 목사님이 6개월의 자숙기간을 끝내고 주일예배 설교를 재개했습니다.

사랑의교회 평신도협의회 일동

평신도협의회가 신문광고를 통해 발표한 글.

하숙란 권사와 당시 남순장장이던 문승용 집사가 공동대표로 하여 순장, 평신도 지도자 등을 중심으로 평신도협의회를 출범시켰다. 그리고 2013년 9월, 담임목사 복귀에 대한 환영의 플랜카드와 환영광고를 신문에 게재함으로 그 존재감을 확실히 했다. 반대파는 '평신도협의회'라는 명칭을 하루 이틀 사이로 선점하지 못하고 놓친 것에 대해서 분통해 했다는 소리도 들렸다. 하지만 모든 일이 그렇듯이 인간의 계획과 생각이 그대로 되는 것이 아니지 않는가. 이후에도 평신도협의회(이하 평협)는 교회의 안정과 회복, 그리고 도약을 위하여 나름의 역할을 성실히 감당해 냄으로써 사랑의교회의 역사에 길이 남을 이름이 되어 갔다.

## 3
# 새로운 국면, 넓어진 전선

**포체프스트룸대학의 보고서가 발표되다**

2013년 5월 30일, 포체프스트룸대학으로부터 오정현 목사와 교회의 관계자에게 한 통의 메일이 도착했다. 2월에 F장로가 보낸 일종의 표절에 대한 조사 요청서에 대한 답신으로 진정한 '조사보고서'가 온 것이었다. 이전에 F장로가 폭로한 이른바 '조사보고서'가 그냥 '찌라시' 수준이었고 일방적 주장에 지나지 않았다면 적어도 오정현 목사의 논문에 관한 한 이 세상에서 더 이상의 판정권한이 없는 최고의 판정기관에서 조사한 '단 하나의 보고서'였다. 이 보고서에 비하면 다른 주장들은 모두 '참고용' 혹은 '선전 선동용'에 지나지 않았다.

보고서는 세 부분으로 되어 있었다.

먼저 전문(前文)에 해당되는 1페이지짜리의 문서와 조사과정 및 조사방법, 그리고 판정결과가 포함된 5페이지 분량의 본문(本文), 그리고 F장로가 표절로 적시한 내용들에 대한 상세한 분석을 도표화한 7페이지 분량의 부록(附錄)으로 구성되어 있었다.

먼저 전문에 해당되는 문서를 공개하면 다음과 같다.

존경하는 여러분

오정현 박사가 1998년 포체프스트룸대학교에 제출하였던 논문의 표절 의혹과 관련하여 North-West*대학교 이사회는 2013년 5월 29일에 내린 결과를 통보해 드립니다.

지난 1년에 걸쳐 North-West대학교 포체프스트룸캠퍼스는 본 사안에 대하여 여러 사람으로부터 다양한 항의와 질의를 받았습니다. 이러한 항의와 질의는 매우 신중하게 다루어졌습니다.

이 사안은 신학부 교수진으로 구성된 특별위원회에 의해서 광범위하게 조사되었습니다. 그 이후 특별위원회 보고서는 총괄경영위원회와 포체프스트룸캠퍼스의 이사회에 의해서 검토되었습니다.

본 사안의 중대성과 대학교 전체에 미칠 영향을 감안할 때, North-West대학교 이사회는 본 사안에 대한 입장을 표명할 필요가 있다고 판단하였으며, 그에 따라 어제 논의를 거쳐 결정을 내렸습니다.

해당 논문 안에는 표절이 분명히 있지만, 동 이사회는 1998년 오정현 목사에 의해 제출된 논문과 오정현 박사에게 수여한 박사학위를 취소

---

\*    현재는 North-West대학교 포체프스트룸캠퍼스로 명칭이 변경되었다.

하지 않기로 결정하였습니다. 그 이유는 표절로 확인된 부분 전부를 삭제한다 할지라도 논문은 여전히 독창적이며 학문발전에 중요한 공헌을 하였기 때문입니다.

오정현 박사에게 표절 내용을 빠짐없이 수정하도록 요청했습니다.

수정사항은 이사회에 의해서 확인되었으며 오정현 박사에게 전달되었습니다. 수정내용은 만족스러워야 하며, 수정된 사본은 교수진에게 제출되어야 합니다. 또한 표절 대상의 저자 중 생존한 분에게는 사과 편지를 보내기 바랍니다.

톰 라니
캠퍼스 교무처장 대행
포체프스트룸캠퍼스

위의 글은 지금도 사랑의교회 홈페이지 공지사항에 그대로 올려져 있다(http://www.sarang.org/gongji/images/2013/130531_notice.jpg).

나는 이 연락을 받고 즉시 반대파 카페 '사회넷'을 주시했다. "아!" 하는 외마디 비명부터 "믿을 수 없다. 저런 게 무슨 학교냐"라는 식의 예상했던 반응까지 다양했다. 포체프스트룸대학교는 프리토리아, 스텔렌보쉬 대학교 등과 함께 남아공에서 많은 인재를 배출한 명문 대학교이다. 특히 남아공 대통령을 배출한 대학이기도 하다. 그러나 반대파에게는 객관적인 명성이나 신뢰도가 문제가 아니라 반대파의 구미에 맞는 결정을 내려주느냐 그렇지 않느냐가 평가의 기준이 되어 있었다.

반대파는 대학의 공식 보고서가 도착하기 전부터 그 보고서에 촉각을 곤두세우고 있었다. 왜냐면, 적어도 대한민국에서 그 정도의 논문 표절 건으로 오정현 목사만큼의 대가를 치른 이는 아직 없었다. 2014년 5월 10일에 있었던 MBC 〈PD수첩〉 녹화에서도 한 PD가 "논문 표절에 대해 너무 대수롭지 않게 생각하시는 것 같아서 놀랐습니다"라는 말을 했다. 그 말은 그대로 녹화가 되었다. 나도 녹화에 임하고 있었는데 PD의 그 말에서 냄새가 났다. 프로그램을 그런 식으로 몰고 가겠다는 의도가 보였다. "사랑의교회와 오정현 목사는 논문 표절에 대해 아무렇지도 않게 생각하고 있는데 이는 굉장히 놀라운 일이다"라는 식으로 프레임을 짜서 방송을 타게 함으로써 실제와 다른 방향으로 여론을 장식하겠다는 것 아닌가.

나는 PD의 그 말이 끝나자마자 "지금 뭐라고 하셨지요? 대한민국에서 논문 표절 문제로 오정현 목사님만큼 대가를 치른 사람이 있나요? 조선일보 보도에 의하면 대학교수의 85% 이상이 표절에 눈감은 적이 있다고 했습니다. 오정현 목사는 학위 두 개를 다 내려놓겠다고 선언했습니다. 그리고 6개월간의 자숙기간을 가졌습니다. 사례비도 30%를 받지 않았습니다. 이 정도의 대가를 치른 분이 있다는 것을 들어 본 적이 없습니다" 했다. PD는 순간 움찔했고 그 내용은 방송을 타지 못했다.

반대파는 나에게 찾아와 "오정현 목사가 남아공에 유력한 사람을 보내어 로비를 하려고 한다는데 사실인가?"라고 물었다. 반대파의 특유의 화법이다. "~라는 말이 있는데 사실인가?" 어디선가 많이 보고 들었던 화법이었다. 나는 단호히 말했다. "절대로 그런 일은 없다. 그럴 바에야 차라리 오정현 목사가 죽는 편이 낫다. 오정현 목사는 죽어도 그런 일은 안할 것이다." 실제로도 그런 일은 없었고 상상조차 할 수 없었던 일인데 그런 루머를 만들고 확인해 왔다는 것은 그만큼 반대파의 속이 타고 있다는 것이었다. 오정현 목사는 이 문제로 최대치를 잃었고 더 잃을 게 없는 반면, 반대파는 이제 자신들이 거두어들인 노획물이 위태로워지고 있다고 느끼고 있었던 것이다.

예상대로 대학의 보고서가 자기들의 기대와 정반대로 나오자 저들은 전문(前文)에 나오는 단어 중 몇 개를 특정하여 방점을 찍으며 꺼져가는 불을 살리려 했다. 그것이 "표절이 분명히 있지만(plagiarism is indeed occurs)"이었다. 그러나 학교 측의 보고서 전문의 핵심은 이 논문은 "표절이 있는 것은 사실이지만, 심지어 표절로 제기된 부분을 다 제거한다 할지라도 독창적이며 학문 발전에 중요한 공헌을 하였다(plagiarism is indeed occurs. the thesis still constitutes an original and significant contribution to the discipline, even if all the sections where plagiarism was identified, are removed)"였다. 그렇다면 그 자세한 내용은 어떠했을까?

## 포체프스트룸대학의 보고서 핵심은 무엇인가?

### 아웃라인

보고서는 여러 단계의 검증 과정을 거쳐 대학 총괄경영위원회와 이사회의 승인을 거쳤을 뿐만 아니라 법무실의 검증까지 거친 것으로 설명하고 있다. 그리고 3개월여 간의 조사를 했고 조사의 기준은 2004년 실리어스(Cilliers)가 정한 표절의 정의(定義)에 따른다고 했다. 보고서는 국내에서 F장로와 B교수 외에도 누가 그 학교에 조사를 요청하는 항의 메일을 보냈는지, 그 횟수와 내용도 함께 보내 왔다.

## 표절의 네 가지 범주

보고서는 표절의 일반적인 범주를 네 개로 제시하였다.

제1범주는 출처 언급 없이 인용한 것.

제2범주는 다른 저자의 아이디어를 출처 언급 없이 인용한 것.

제3범주는 출처는 언급했지만 인용부호(quotation mark, 즉 따옴표)를 빠뜨린 것.

제4범주는 다른 저자의 작품을 논문의 본문 혹은 참고문헌 목록(bibliography) 어디에도 언급 없이 사용한 것 등이었다.

이 네 범주에 맞추어 F장로가 표절이라고 주장한 내용을 조사한 결과는 다음과 같았다. 제1범주는 16회, 제2범주는 8회, 제3범주는 12회, 제4범주는 없음. 이게 다였다.

F장로가 제시한 68건의 표절 주장의 절반 정도인 36회 정도가 표절로 보이는 부분으로 조사되었다. 그러나 제3범주의 경우는 출처까지 언급하였으나 따옴표를 빠뜨린 부분(12회)이기 때문에 내용상으로는 24회 정도로 줄었다고 봐야 할 것이다. 게다가 분석도표를 보면, 1, 2범주에서 표절로 조사된 부분에서도 4군데 이상을 "신학에서는 상식의 영역(Common sense in theology)에 해당하는 단어의 사전적 설명"에 관한 부분이었다고 판정하고 있다. 사실 이러

한 부분은 공유적 영역에 해당하기에 표절로 보기는 어렵다.

조사보고서의 본문은 다음 네 문장을 핵심으로 제시했는데 이 네 가지가 곧 조사보고서의 결론이었다.


1. 본 논문은 여전히 그 독창성과 학문발전에 중요한 공헌을 함.

(The thesis still constitutes an original and significant contribution to the discipline.)

2. 전체 논문의 분량 대비 표절의 빈도가 비교적 미미하기 때문에 오 박사의 본 논문은 그의 지적 산물로 인정됨.

(In the light of the relatively small percentage of plagiarism in certain sections of the thesis, the thesis is still regarded as the intellectual product of Dr. Oh.)

3. 표절로 보여지는 내용들은 참고문헌 목록에 첨가되었음. 그외 표절 대상이 된 저자들의 모든 연구물이 참고문헌 목록에 포함되어 있음.

(All the authors whose works have been plagiarised are included in the bibliography. Apart from the identified cases, regular references are made at other places to the plagiarised authors in the documentation.)

4. 표절의혹 논란이 된 내용들은 대부분 "기술적"인 것으로, 다른 저자들의 독창적 아이디어의 표절이 아니라 용어의 비윤리적 차용에 의한 것임.

(A significant percentage of the identified cases are "technical" and amount to an unethical adoption of words rather than ideas.)

## 바꿔치기? 세탁? 모두 사실이 아닌 것으로 판명나다

논문이야기를 마무리하기 전에 꼭 짚고 넘어가야 할 부분이 있다.

논문에 관한 악의적인 소문들이 떠돌면서 논문을 바꿔치기 했느니 혹은 세탁을 했느니 하는 터무니없는 주장들이 함께 제기되었다. 논문 문제를 처음으로 제기한 F장로가 살포한 내용에 다 들어 있고 D씨와 뉴스×××등이 이를 확산시켰다.

진실은 뭘까?

'바꿔치기' 했다는 주장은 몰래 바꾸었다는 말의 의미상의 합성어이다. 몰래 바꾸었다(change it secretly)는 말은 바꾸었는데 몰래, 즉 부정을 했다는 말이다. '바꾸었다'에 '몰래'가 들어가면 내용상 부정한 행위를 했다는 것을 더 심하게 표현하는 말로 변한다. 저들은 이런 말장난으로 오정현 목사에게 창피를 주려고 했지만 뜻대로 되지 않았다.

'바꿔치기'했다는 주장은 F장로로부터 시작되었다. 그는 2013년 2월 13일 당회가 열릴 예정이던 날 새벽에 오정현 목사와 전 당회원에게 자신의 입장을 변명하는 내용의 메일을 발송하게 되는데 그 메일에서 오정현 목사가 "심지어는 그 표절의 흔적들을 완전히 지워 버리려고 '논문 바꿔치기'라는 해괴한 수법까지 동원하는 등의 부정직한 언행을 계속했다"고 주장했다. F장로 주장의 근거는 박사 논문 지도교수의 서명이었다. 지도교수 중 한 분은 2005년에 은퇴했고 또 한 분은 이미 사망한 상태였다. (2012년, 학교 측의 수정가이드라인에 따라) 논문을 수정한 후에 1998년의 논문처럼 보이려고 최초에 서명했던 지도교수의 서명을 그대로 복사해서 붙여서 논문을 제출했다는 것이다. 이것이 '바꿔치기' 주장의 전모이다. 나는 F장로에게 다음과 같이 묻고 싶었다.

첫째, 대학에서 수정하라고 하는 가이드라인이 왔다면 그대로 수정할 수 있는 것 아닌가? 대학마다 나라마다 그런 사후 수정제도*가 있기도 하고 없기도 하는데 그런 제도가 있는 나라에서 수정 가이드라인을 학교가 제시했고 그에 따라 수정한 것이 무엇이 문제인가?

둘째, 논문을 다시 써서 다시 지도를 받는 것이 아닐진대, 그리고 논문 전체를 뜯어 고치고 가장 중요한 논지(論旨)를 바꾸는 것도 아니라면, 게다가 대학에서 별도로 지시하지 않은 이상 가이드라인 이외의 것은 손을 대면 그것이 오히려 부정직한 것이 아니겠는가?

셋째, 그래서 "지도교수의 서명을 그대로 복사해서 붙임으로 마치 그것이 1998년도에 작성된 것처럼 보이려 했다"고 한다면 이것이야말로 억지주장이 아닌가?

넷째, 그렇다면 대학의 가이드라인을 다 지켜서 수정한 후에 지도교수 서명부분은 어떻게 했어야 할지 F장로가 직접 말씀해 보시라.

F장로의 이런 주장을 받아서 D씨가 이곳저곳에 한 발언들을 뉴스×××가 기사화하면서 "표절보다 바꿔치기가 더 나쁘다"며 새로운 죄증으로 제시하며 몰아갔고 심지어는 지도교수의 서명도 조금 다르므로 서명이 위조되었다고 주장하였다. 지도교수의 서명 중 한 분의 서명은 끝에 점을 3개 찍는 것으로 끝난다. 자기 이니셜 뒤에

---

\* 영국의 카디프대학 등에서도 이런 수정제도를 채택하고 있고 이런 제도는 한국에서도 필요하다는 주장이 제기되었다.

점 3개를 아무리 같은 자리에서 같은 사람이 찍어도 두 서명을 비교해 보면 동일한 위치에 찍기란 거의 불가능하다. 오정현 목사의 논문에 몇 개의 서명을 받아 두었는데 그 서명들에 찍힌 점이 서로 달라, 대학에서 보관하고 있는 것과 오정현 목사가 보관하고 있는 것이 일치하지 않을 수도 있는 것이다. 이것을 점 위치가 일치하지 않으니 서명 위조라고 주장했다. 세탁, 위조, 바꿔치기한 목사로 만들어 놓고 흔들어 댔던 것이다. 그러나 대학 측은 세탁, 위조, 바꿔치기 어느 것 하나도 인정하지 않았고 아예 유사한 지적조차 없었다.

F장로의 주장은 단견으로 보면 말이 되는 것처럼 보이지만, 모두를 펼쳐 놓으면 구석구석 구멍 투성이였다. 너무 정교하게 보이려고 말을 많이 하려다 보니 더 많은 구멍과 더 많은 자기모순에 빠져 버린 것을 여기저기서 볼 수 있었다. 그래서 나는 앞에서 밝혔듯 그가 논문 문제를 제기하면서 그 스스로 파 놓은 함정에서 빠져 나오기 어려웠다고 평한 것이다.

오정현 목사의 논문에 대해 학교 당국과 대화 창구역을 하였던 고성삼 목사가 MBC 〈PD수첩〉 허위보도 관련 손해배상 소송에서 서울지방법원 제25민사부에 제출한 진술서에 근거해 좀 다른 각도에서 내용을 살펴보면 이렇다.

'2012년 9월 9일에 B교수 등이 지적한 표절에 관한 내용을 학교 당국에 보낸 후에 받은 답신은 다음과 같았다. "윌킨스의 책을 인용했음에도 불구하고 몇 곳에서 인용구를 표기하지 않았지만 논문 후반부에 오정현 목사가 논리를 전개할 때 윌킨스로부터 인용한 것을 몇 번이나 밝힌 것을 보면 의도적인 것이 아니다(unintentional)"는 결론이었다. 그리고 몇 몇 부분을 지적해 주면서 그대로 수정해서 신학부교수 연구감독관(The Research Director of the Faculty of Theology)에게 지도와 허락을 받아 수정하고 새 논문을 제출하라는 것이었다. 그리고 오정현 목사는 그 지시대로 수정하여 학교에 제출하였다.'

이미 2012년에 1차 답신에서 오정현 목사의 논문에 심각하게 문제 삼을 것이 없다는 결론이 온 상태였음을 확인해 주는 내용이다.

F장로는 2013년 2월 13일에 오정현 목사와 전 당회원에게 보냈다는 메일의 맨 마지막을 그럴싸한 문장으로 마무리 짓는다.

"이번 사건의 핵심은 교회에서 진실의 영과 거짓의 영이 대립하고 있다는 것입니다."

과연 누가 진실을 말하고 있고 누가 거짓을 말하고 있다는 말인지 F장로의 아전인수격 상황인식을 잘 보여 주는 말이라고 생각되었다.

F장로의 소위 '보고서'에 대한 반박의 글들이 '무교병'에 계속 올라오고 있었는데 올라온 글 중 한 논문 전문가의 글을 요약 소개하는 것으로 논문에 관한 언급은 일단락하기로 한다.

샬롬,

저는 사랑의교회 서리집사인 ○○○입니다. 저는 ○○○○○○에서 근무하고 있으며 현재 2개의 국제의학학술지 편집인입니다.

어제 12시 예배 후에 목사님과 악수를 하면서 "영의 세계를 보시는 목사님의 설교를 잘 듣고 있습니다"라고 말씀 드리고 학술지와 제 명함을 전달해 드렸죠.

## 국제의학학술지 편집인으로서 본
## 목사님 학위논문 표절 건에 대한 견해

저는 ○○○○○○에서 근무하며 Scopus, PubMed 등재 공식 영문학술지 Osong Public Health and Research Perspectives (www.kcdc-phrp.org)의 managing editor입니다. 또한 영국의 Scopus, SCI, PubMed, Medline 등재 의학학술지 Theoretical Biology and Medical Modeling (www.tbiomed.com)의 한국인으로서는 최초의 editor입니다. 저는 지금까지 4,100편의 논문을 읽었고 140편의 논문을 교정했습니다. 의학학술지는 표절에 관하여 어느 분야보다도 엄격한 잣대를 적용합니다. 투고 논문에 대하여 제일 처음 하는 일이 표절 여부를 결정하는 것입니다. 학술지는 동료전문가들이 평가(peer review) 과정을 거치는데, 대부분 내용의 독창성, 방법론에 대한 평가입니다. 제일단계에서 표절 여부, 참고문헌 인용, 표기의 적절성, 문장 수정, 부적절 참고문헌 삭제 등을 제가 하고 최종 단계에서 게재 여부를 판정하는 의견을 편집위원장에게 제시합니다.

이러한 엄격한 과정에도 불구하고 놀라울 정도 '기술적인 표절(technical plagiarism)'을 한 투고 논문이 많습니다. 현재 프로그램이 개발되어 있어 투고된 논문을 올리면 그 논문과 유사한 논문들의 리스트가 나오고 표절 가능성을 퍼센티지로 표시합니다. 제가 본 논문들이 대부분 40~90%의 유사성을 보여 주는 관련논문들을 즉시 찾을 수 있었습니다. 대부분은 materials and methods(통계분석, 실험방법 등)

에서 부주의로 기존의 참고문헌의 문장들을 그대로 사용합니다. 또한 introduction에서도 기존의 참고문헌 문장들을 그대로 사용합니다. 참고문헌을 표기하고 인용번호를 붙였더라도 기술적으로는 표절입니다. 이러한 과정에서 최종적으로 편집위원장은 편집위원(editor)들의 의견을 참조하여 최종적으로 표절 여부를 판정하는데, 대부분은 idea의 독창성(originality)이 판단의 기준이 됩니다. 실제 90%의 유사성을 보인 논문도 게재된 것을 보았습니다.

엄격한 기준을 적용하고 전문가 동료들이 심사하는 국제학술지에 투고하는 논문이 이런 실정입니다. 제 학위논문 포함 모든 학위논문들은 이러한 기준을 적용하면 모두 기술적으로는 표절입니다. 그러나 최종판정은 학위심사위원회가 하는 것입니다. 따라서 이번 목사님의 학위논문 표절 건은 현재 실제로 표절을 판정하는 현장의 전문가로서는 어이없는 일입니다. 왜냐하면 표절이라고 주장하는 이들은 논문을 써 보기는 했어도 실제로 표절판정을 해 본 전문가가 아니기 때문입니다. 해당 대학교에서는 역시 기술적 표절은 인정하지만 독창성을 기준으로 표절이 아니라고 판정을 했습니다. 이례적으로 보이지만 표절 판정 원칙이 그렇습니다.

## 단장지애(斷腸之哀)에서 단장지애(斷腸之愛)로

이제 더 이상, 논문에 대하여는 논란의 여지도 필요도 없게 되었다. '미미(small)한' 분량, '기술적(technical)'이고 '용어의 차용(adaption of the word)' 정도를 가지고 한 교회와 목회자를 송두리째 매장하려 했던 시도는 여기까지로 끝났어야 했다. 지금까지 한 것만 가지고도 오정현 목사는 이미 죽은 목숨이 되었고 교회와 성도들은 받을 상처를 다 받았던 터였다. 나는 오정현 목사가 제천기도원으로 들어 간 지 2주 만에 찾아뵌 적이 있다. 단독으로 간 것이 아니고 몇몇 지인들이 안내를 해 달라고 해서 모시고 갔었던 것이다. 그때 오정현 목사는 그분들과 대화하면서 그간의 심경을 토로하며 "잠을 못 이루고 불이 발끝부터 머리끝까지 솟구쳐 오르는 것을 느끼기도 했다. 도대체 왜들 이러는가 싶어 답답한 마음에 뛰어내리고 싶은 적도 있었다"고 했다. 모두들 숙연했고 마음 아파했다.

1년 뒤, 입당 후 두 번째로 가졌던 2014년 봄 특새의 첫날, 첫 찬양으로 오정현 목사는 "예수 결박 푸셨도다"를 불렀다. 본당을 가득 메운 7,000여 명의 성도들과 부속 예배실에 모인 모든 성도들은 그 가사 한마디 한마디를 기도하듯 합창했다.

"예수 결박 푸셨도다, 모든 결박 푸셨도다, 나의 결박 푸셨도다, 나는 자유해."

가사에 가슴이 미어지는 듯했다. 오정현 목사의 표정에도 간절함을 넘어 죽음의 문턱까지 내려가는 순간을 가졌던 목회자로서의 애절함이 있었다. 정말, 주님께서 우리 교회와 성도들과 오정현 목사의 결박을 깨끗이 풀어 주시기를 간절히 기도하는 마음이었다. 오정현 목사는 눈물과 함께 그 찬양을 불렀고 모든 성도들도 그렇게 찬양에 기도를 올려 놓고 불렀다. 그리고 그날 설교에서 오정현 목사는 1년 전에 제천에서 했던 바로 그 말을 했다.

"너무 힘들어 뛰어내리고 싶은 때도 있었다."

모든 성도들은 그 말을 듣고 함께 공감하며 지나온 1년여의 풍파를 생각하며 울고 또 울었다.

나는 지금도 가끔 그때의 찬양을 교회 홈페이지에서 열어서 따라 부르곤 한다. 정선아리랑이 한국인의 애환을 가장 잘 표현한 전통민요이고 그 노래는 민요가수 김영임이 부를 때 그 원래의 맛이 제대로 살아난다고 누군가 말했다. 아마도 "예수 결박 푸셨도다"라는 찬양은 사랑의교회 2014년 봄 특새 첫 찬양을 전 교인이 함께 드린 그 찬양이 가장 그 찬양의 맛을 잘 드러낸 거라고 생각한다.

나는 그날 오정현 목사가 설교시간에 그 말을 한 이후에야 내가 제천에서 들었던 사실에 대해 비로소 말할 수 있었고, 지금 이렇게 글로 표현하고 있다. 2014년 가을, 오정현 목사는 대만 제자훈련지도자 세미나를 마친 후 휴식 시간에 패러글라이딩을 할 기회를 가졌는데, 주변 분들이 위험하니 하지 말라고 말릴 때, "나는 살아 있는 거나 죽은 거나 똑같다"라는 말을 하고 그냥 했다고 한다. 그 이야기를 들었을 때 제천에서의 그 말이 다시 생각났다.

2015년 4월 26일, 사랑의교회 주일예배에서 오정현 목사는 100차 칼세미나를 마친 후의 소감을 피력하면서 온전론에 관한 내용을 전했다. 오정현 목사는 먼저 중국 고사에 나오는 단장지애(斷腸之哀)의 유래를 설명했다.

진나라 병사가 새끼 원숭이를 포획하여 군선(軍船)에 싣고 촉나라와의 전장(戰場)으로 강을 따라 이동하고 있었다. 이때 어미 원숭이가 포획되어 가는 새끼 원숭이를 100여 리쯤 쫓아가다 협곡에 이르러 새끼를 구하려고 군선에 뛰어들다 죽었는데 군인이 배를 갈라 보니 창자가 마디마디 다 끊어져 있었다는 이야기였다. 새끼 원숭이에 대한 어미 원숭이의 창자가 끊어지는 듯한 슬픔과 사랑을 표현한 고사가 단장지애(斷腸之哀)였다는 것이다.

오정현 목사는 이어서 자신의 이야기를 하였다.

"2년 전 제가 제천에 있을 때 주변의 십자봉이라고 하는 고봉에 올라 기도를 하면서 사역의 짐과 아픔 때문에 하나님께 이런 질문을 한 적이 있습니다. '주님 제가 여기서 장렬히 전사해야 합니까? 장렬히 전사해야 합니까?' 그때 주님이 제 마음 속에 이런 물음 같은 것을 주셨어요. '오 목사, 너는 너를 위하여 전사하지 말고 나를 위해 죽어 줄 수 없겠니? 나를 위해 죽어 줄 수 없겠니? 양들을 위하여 성도들을 지키기 위하여 나를 위해 죽어 줄 수 없겠니? 너는 너를 위해 죽지 말고 나를 위해 죽어 줄 수 없겠니?' 그렇게 제 마음에 감동이 오는데 제가 그 힘으로, 참 목회자로서 견딜 수 없는 그동안의 모멸과 아픔과 고통을 이길 수 있도록 해 주셨습니다. 그때 제 마음이 단장지애(斷腸之哀)였습니다. 아니 단장지애(斷腸之愛), 성도들을 향해 내장이 끊어지는 듯한 사랑을 품었습니다. 그것으로 견디었습니다."

오정현 목사는 한동안 말을 잇지 못했다. 모든 청중들이 소리 죽여 흐느끼며 함께 울었다.

항간에는 이런 말도 들렸다. "반대파는 오정현 목사를 죽여 관속에 넣어 버렸다. 그리고 못만 안 박은 상태였다"고. 이 절절한 사연을 가진 한 사람의 속내를 누가 알까? 나는 언젠가 오정현 목사 스스로가 그 모든 정서적인 명암과 부침(浮沈), 그리고 한 목회자, 남편, 아버지, 아들로서의 고뇌를 말해 주기를 기대하고 있다. 그것은 누구보다 그에게 필요하고 한국교회에 필요하다.

## 보고서 후의 반대파의 노선 변화

반대파는 일시적인 공황에 빠진 듯 보였다. F장로도 바빠졌고 뉴스
×××도 얼굴이 뜨뜻해졌을 것이다. 그래서 저들은 다시 다른 먹잇
감을 찾든지 아니면 여기서 백기를 흔들며 투항을 해야 했다. 그런
데 일단 눈에 보이는 한 가지 먹잇감은 확실히 있었다. 그것은 건축
이었다. 건축에 대해 공격을 하면 향후 몇 개월, 혹은 1~2년은 먹고
살 길이 있을 것도 같았다. 그리고 또 하나는 오정현 목사의 개인 비
리 혐의점들을 찾아 내보려 하는 것이었고, 그러기 위해 재정장부 열
람을 신청하는 것이었다. 기존 교회들의 분쟁과 패턴이 하나도 틀리
지 않았다. 그래서 우리는 2013년 2월경부터 "결국 재정장부 열람을
통해 소송을 남발함으로 3~4년은 끌고 갈 것이며 소명자료는 10만
페이지 정도는 준비해야 할 것이다"라는 전망을 했었다.

실제로 2013년 5월경부터 재정장부 열람요청이 표면적으로 나
타나기 시작했다. 교회 분쟁 전문가가 조종하고 자문해 주는 느낌이
들었다.

## 6월 30일 당회

포체프스트룸대학의 조사보고서가 발표된 이후 교인들은 안도
의 한숨을 쉬면서도 이제 "담임목사님을 당회가 빨리 모셔 와야 하
지 않느냐"며 안타까워했다. "대학에서 문제가 없다고 조사결과가
도래했으면 이제는 담임목사님도 복귀하는 것이 맞지 않느냐"는 논
리였다. 이에 당회는 당회장인 담임목사의 부재로 인해 정식 당회는
열지 못했지만 전 당회원이 모여 간담회 형식의 회의를 갖고 다음

의 내용을 결의하고 발표함으로써 그간의 문제에 대해 일단락을 지으려 했다.

사랑하는 성도 여러분.

사랑의교회 당회원 일동은 담임목사의 논문 표절로 인해 교회에서 일어나고 있는 사태와 관련하여 매우 안타깝고 참담한 심정으로 기도하면서 회복을 위해 노력해 왔습니다.

특히 이번 사태로 인해 우리 성도님들의 마음에 깊은 상처와 갈등을 준 것을 깊이 사죄하며 성도님들께 희망과 용기를 드리고 교회 본연의 모습을 회복하도록 당회는 모든 노력을 다해 나갈 것입니다.

최근 일부 임의단체* 결성 등의 행위에 대하여 교회를 위한 충정은 이해하나 심각한 우려를 금할 수 없습니다.

사랑의교회 당회는 오늘 당회원간담회를 통해 논문 표절사태를 종결하고 사랑의교회가 새롭게 태어나기 위해 다음과 같은 의견을 모았습니다.

1. 담임목사 논문 표절의혹과 관련하여 노스웨스트대학(구 포체프스트룸)의 최종 공식 의견이 있었으므로 논문 표절과 관련된 문제는 더 이상 논의하지 않는다.
2. 교회 공동체의 화합을 위하여 교회의 법과 질서를 준수하고 갈등을 넘어 새로운 통합으로 나간다.
3. 사랑의교회 평신도 지도자들이 새로운 사역환경에서 헌신과 역할을

---

\* 여기서의 임의단체는 소위 '안수집사회'를 의미한다. 교회에서는 이를 불법단체로 규정했다.

증진시킬 수 있도록 한다.

4. 교회갱신위원회*의 활동을 적극 지원하여 교회가 새로이 거듭나고 교계의 모범이 될 수 있도록 개혁적인 청사진을 발표한다.

5. 사랑의교회가 한국사회와 한국교회를 위한 역할을 다할 수 있도록 교회의 신뢰와 명예를 회복하는 데 필요한 모든 조치를 강구한다.

사랑하는 성도 여러분

사랑의교회 당회는 이번 일을 교훈삼아 앞으로 더욱 신중하고 책임 있는 자세로 임할 것이며 더 이상 논란과 갈등을 접고 하나님이 기뻐하시는 화합과 일치, 치유와 회복의 길로 모든 성도가 함께 나아갈 수 있도록 최선을 다할 것입니다.

사랑의교회를 사랑하시고 기도로 후원해 주시는 한국교계의 관심에 대하여 깊은 감사를 드리며 사랑의교회가 하나님 앞에서 더욱 정결한 모습으로 설 수 있도록 노력할 것을 약속드립니다.

감사합니다.

주후 2013년 6월 30일

사랑의교회 당회원 일동.

며칠 뒤인 7월 2일, 이 문제를 처음 제기했던 B교수도 국민일보에 사과문을 발표했고 당회에도 사과문을 보내 왔다. 그리고 '무교

---

\* 여기서의 교회갱신위원회는 당회에서 결성한 위원회로서 반대파가 나중에 결성하게 되는 갱신위와는 구별된다.

병'에도 사과문을 올렸다. 성도들은 "진정한 사과가 느껴지지 않는다. 아직 우리는 준비가 되어 있지 않다"는 반응을 보였다.

B교수의 사과문 전문을 소개한다.

## 사 과 문

작년 6월 한국교회 목회자들의 표절문제에 관해 올린 저의 페이스북 글로 인하여, 의도치 않게 오정현 목사님이 표적이 되어 오 목사님과 사랑의교회에 큰 어려움을 끼치게 되어 죄송한 마음 금할 길 없습니다. 저는 하나님 앞에서 자신의 과오를 회개하며 아울러 사랑의교회의 조속한 회복을 위하여 아래의 사과의 말씀을 드립니다.

1. 저의 글로 인하여 오정현 목사님 마음에 큰 상처를 드렸고, 사랑의교회에 어려움을 더했고, 무엇보다 하나님의 영광을 크게 가린 점에 대해서 깊은 회개와 함께 진심어린 사과를 드립니다.
2. 또한 백석학원과 예장 백석측 교단에도 여러 가지 누를 끼치게 되었고, 설립자님과 교단 총회장님과 총장님들, 그리고 동료 교수님들께도 염려와 근심을 끼치게 되어 정말 죄송합니다.
3. 이번 사건을 통해 포체프스트룸대학(현, 노스웨스트대학)뿐만 아니라 정직하게 학위를 받은 동문들도 함께 비난과 매도의 대상이 되어 참으로 죄송스럽게 생각합니다.

다시 한 번 그동안 저의 사려 깊지 못한 글로 인해 사랑의교회 담임목사님, 당회, 그리고 교우들에게 깊은 상처를 준 점에 대하여 사죄의 말씀을 드리며 하루속히 사랑의교회가 아픈 상처를 치유하고 하나가 되기를 진심으로 기도 드립니다.

저는 이 모든 일에 대한 도의적인 책임을 지고 그간 섬기고 있던 (천안) 백석대학교회의 담임목사직을 6월 30일부로 사임하고 1년 동안 하나님 앞에서 근신하며 자숙하는 시간을 갖겠습니다.


2013년 7월 2일

B교수 드림.


## 당회실 해프닝

2013년 6월 30일은 주일이었고, 당회는 본관 4층에 있는 당회실에서 열렸다. 거의 모든 당회원이 참석한 가운데 한 달 전에 접수한 포체프스트룸대학의 조사보고서 이후 처음으로 열리는 당회였다. 담임목사의 논문 문제에 대해 일단락을 지으려 했던 당회인데 전혀 새로운 문제가 시작되는 해프닝으로 이날 당회는 계속해서 인구에 회자되고 언론에서 거론하였으며, 결국 형사고소, 고발로 이어지는 결과를 낳게 되었다.

이날은 반대파가 선전물을 곳곳에서 나누어 주고 교인들과 골목과 길목마다에서 크고 작은 시비가 일어나기도 했기에 나는 그곳들을 쫓아다니며 유인물을 교회 경내에서 살포하지 못하도록 만류하고 설득하기에 분주했다. 그런데 나와 같은 사역을 하던 김천 목사가 갑자기 전화를 걸어와 "빨리 당회실로 올라오십시오, 긴급 상황이 있습니다"라고 했다. "뭔데요?"라고 물었더니 "빨리 그냥 올라오십시오"라며 하도 다급한 목소리로 말해서 나는 일단 무조건 뛰어

올라가 보았다. 이미 E집사가 경유인지 석유인지를 바닥에 뿌리고 소동을 벌인 후였다. 당회실 복도에 기름이 묻어 있었고 장로들과 교역자들이 신문지와 휴지로 닦고 있었다.

나는 그 광경을 보고 말이 나오지를 않았다. "아, 이거 몇 달 가겠구나" 하고 걱정할 겨를도 없이 반대파 장로들이 신고하여 경찰과 소방관이 올라왔으나 별 상황이 없는 것을 확인하고는 그냥 돌아갔다. 늦게 당회에 참석하러 올라온 어떤 장로가 겁을 먹고 입장을 꺼려하기에 "장로님, 괜찮습니다. 저희가 잘 지키겠습니다" 하고 등을 살며시 밀면서 "들어가셔서 당회 잘 해주십시오"라고 말씀드렸다. 몇몇 분을 그렇게 안내하고 있는데 Z장로가 나와서 아이패드로 복도장면을 촬영하자 서기를 맡고 있는 김주수 장로가 "Z장로 사진을 왜 찍어요. 들어갑시다"라고 했다. 나는 다른 장로들을 안내한 것처럼 Z장로에게도 손을 등에 대고 괜찮으니 들어가시라는 식의 의사표시를 하였다. 그런데 Z장로는 당회실에 들어가자마자 "주연종 목사가 내 몸에 손을 댔다"고 고함을 질렀다. Z장로의 뉘앙스는 내가 자신을 친 것처럼 말하는 것으로 들리기에 충분했다. 누가 사람을 쳤단 말인가? 나는 어이가 없었다. 서기 장로도 "Z장로 앉으시요!" 하고 제지했다. 나는 밖으로 나왔다. 그후 이 모든 장면들이 소송의 내용이 되면서 나와 몇몇 인사들이 고발을 당하게 되었다.

반대파는 나와 함께 김은수 행정목사, 김주수 당회 서기, 박성호 사무처장, 최명찬 집사 등 5명을 '현존건조물 방화예비'라고 하는 생전 처음 들어 보는 죄목으로 서울중앙지방검찰청에 고발했다. 고발 사실을 보면, 나와 김주수 장로는 Z장로가 사진 촬영할 때 방해한 것으로 되어 있고 나는 경찰을 돌려보내고 증거인멸을 주도했다고 되어 있었다. 그리고 Z장로에게 "들어가 회의나 하라"며 어깨를 강하게 밀었다고 되어 있다. 그리고 E집사의 행위를 공모, 교사, 방조, 용인했다고 주장했다. 한마디로 어이가 없었다.

달포쯤 후 김주수 장로가 내게 전화를 걸어와 "주 목사님이 Z장로한테 했다고 하는 행위가 사실이 아닌 것은 내가 다 압니다. 그러나 그냥 유감표명 차원에서 사과 전화 한통 해 줄 없겠습니까?"라고 물었다. 나는 "하겠습니다"라고 했다. 교회가 안정되고 당회가 안정이 된다면 못 할게 뭐 있겠나 하는 생각에 즉시 전화를 걸었더니 해외로밍이 되어 있었고 9시간 정도 시차가 나는 곳에 수신자가 있다고 하는 멘트가 나왔다. 외국에 있으니 메일로 용건을 보내라는 문자가 곧 도착해서 나는 Z장로에게 메일을 보냈다. 그런데 만약 내가 Z장로에게 "죄송합니다. 사과합니다"라고만 보내면 앞뒤 다 자르고 내가 모든 행위를 인정하는 것으로 악용될 소지가 다분히 있다고 생각되었다. 이미 반대파의 찌라시에는 내가 폭력 목사로 도배가 되어 있었다. 메일을 신중하게 보내지 않으면 그냥 폭력 목사로 인정하는 꼴이 될 것 같았다. 모든 것이 조심스럽고 불확실한 때였다.

아무튼 현존건조물 방화예비라는 무시무시한 죄목으로 고발당한 이 사건은 피소된 5명 모두 약 7개월여의 조사 끝에 "공소권 없음, 혐의 없음"으로 종결되었다. 사실, 직접 대면 조사는 하지 않고 서면으로만 조사를 대신할 정도로 수사기관에서도 이미 정황상 혐의를 인정할 수 없는 수준의 고발사건이었다. 나는 이 건의 조사를 담당하고 무혐의 판정을 내린 검사를 그후 약 6개월 뒤에 오정현 목사의 고발 건의 참고인 신분으로 다시 마주하게 되었다.

## 오정현 목사 검찰에 고발당하다

반대파는 오정현 목사를 2013년 7월 4일, 서울중앙지방검찰청에 고발했다. 예상했던 대로 결국 논문은 시작에 불과했고 하이에나처럼 덤벼들어 물어뜯은 후 질질 끌고 다닐 판을 만들고 있는 것이었다. 죄명은 '특정경제범죄 가중처벌 등에 관한 법률 위반(횡령)'이었다. 고발인 C는 자신을 '사랑넷' 대표라고 표시했다. '사회넷'이 '사랑넷'으로 이름을 바꾼 것이다. 피고발인으로는 오정현 목사 외에도 건축위원장인 김창록 장로도 포함되어 있었다. 고발장의 표지에는 이렇게 적혀 있었다.

> 이 사건은 서울 서초구에 있는 소위 대형교회인 '사랑의교회' 담임목사가 교회 운영 및 신축 등과 관련하여 저지른 수많은 비리에 대한 사건으로서, 담임목사의 사회적 영향력에 비추어 이 사건을 경찰에서 조사하는 경우 그 진실이 왜곡될 우려가 매우 많습니다.
>
> 부디 이 사건을 귀청 조사부에 배당하여 검찰에서 직접 신속·공정하게 수사한 다음, 진상을 철저히 규명하고 잘못에 대하여는 엄히 처벌하여 주실 것을 간곡히 요청 드립니다.

'간곡한 요청'의 핵심은 "사랑의교회 담임목사가 비리가 많다. 경찰은 못 믿겠으니 믿을 만한 중앙지검 조사부에서 공정하게 수사한 후 엄히 처벌해 달라"는 것이었다.

도대체 무슨 비리가 그렇게도 많다는 것인가? 고발의 내용은 11건이었다. 공금횡령이 5건, 배임이 5건, 사문서 변조 및 변조사문서 행사 1건 등이었다.

겉으로 보면 대단하고 극심한 부패와 부정이 자행된 것처럼 보이기에 충분했다. 만약 위 고발 사실이 다 인정이 된다면 세상의 그 누구라도 치명적인 타격을 입을 것은 명확하고 나아가 형사처벌도 면하지 못할 것 같았다. 고발 사실을 요약해서 적시하면 다음과 같다.

### 공금횡령 부분

저들이 공금횡령으로 지목한 부분은 모두 5건인데, 첫째는 '교회개혁 95'에서도 거론했던 고(故) 이재선 장로가 목적헌금으로 오정현 목사에게 맡긴 6억 500만 원을 횡령했다는 것이다. 둘째는 '내 영혼의 풀 콘서트' 앨범 수입금 1억 7,000만 원 정도를 횡령. 셋째는 '사랑플러스 서점' 이익금 1억 7,000만 원 정도를 횡령. 넷째는 오정현 목사의 아들 2명의 대학 학비 지원을 횡령으로 몰아갔고, 다섯째로 사례비, 수당, 판공비 등으로 교회 공금을 횡령했다는 것 등이었다. 나는 '묻지 마 관광', '묻지 마 살인'은 들어 보았지만 '묻지 마 고발'이 있다는 말은 아직 들어본 바가 없었다. 이건 그야말로 '묻지 마 고발'이었다.

고발 내용은 사실과 180도 달랐다. 고 이재선 장로가 북한과 건축을 위해 써 달라는 헌금 6억 500만 원은 교회재정에 정확히 입금되었고 당회를 거쳐 정확히 목적에 맞게 쓰여졌다. 그 모든 증빙을 교회는 조사과정에서 검찰에 다 제출했다. '내 영혼의 풀 콘서트' 앨범 수입은 약 7년간 발생한 것의 합산인데 매년 약 2,000만 원 남짓 들어온 수입은 목회 활동이나 선교지원, 이웃 후원금 등으로 지출되었다. 물론 증빙과 관련 서류가 모두 있었다. '사랑플러스 서점'의 수

입금도 옥한흠 목사 때부터 수입의 일부를 비서실을 통해 직원 격려와 선교, 구제금 등으로 활용하였던 것으로서 모든 증빙과 관련 서류를 제출하여 소명하였다.

오정현 목사의 두 아들에게 대학 등록금을 지급한 것을 두고 횡령으로 몰아간 것은 "두 아들에 대해 등록금을 지불하도록 하는 당회 결의 없이 무단 지급했기에 횡령"이라는 주장이었다. 그러나 오정현 목사 부임 시에 "모든 편의를 제공할 것"을 당회는 약속했고, 공동의회에서 담임목사를 청빙할 때 다 확인된 사항인데 매년 아들의 등록금이 지급될 때마다 "지급할 것인가 말 것인가를 당회에서 결정을 했어야 하는데 그 절차가 빠졌다"며 횡령에 해당된다고 주장하는 것이었다. 더구나 둘째 아들은 오정현 목사가 부임할 때는 고등학생이었기 때문에 등록금 지원 얘기가 없었다는 것이고, 이 아들이 대학에 입학한 후에 지급한 등록금은 모두 횡령이라는 취지였다.

입이 딱 벌어질 정도의 억지였다. 이 부분은 검찰에서 전혀 문제 삼을 가치조차 느낄 수 없는 대목이었다. 더구나 사례비에 대해서도 최초 부임 시보다 인상된 부분은 횡령이라 주장했고, 있지도 않는 판공비와 수당도 횡령으로 몰아갔다. 그래서 총 횡령액을 20억 원이라고 짜 맞추었던 것이다.

## 배임 부분

배임(背任)이란 횡령은 아니지만 조직이나 회사에 손해를 끼친 경우에 해당된다. 배임은 그 판단이 힘들고 모호해서 요즘 우리 사회에서도 이에 대한 논란이 지속되고 있다. 반대파는 오정현 목사가 1,000억 원을 배임했다고 주장했다. 먼저 건축부지 매입당시 땅값을 원래보다 500억 원을 더 주고 샀기에 500억을 배임했다는 것이었다. 그리고 숭실대와 한국기독실업인회 등에 '함부로' 기증하여 손해를 끼쳤음으로 배임했다고 적시했다. 게다가 나중에는 서초예배당 참나리길을 서초구청에서 사용 승인을 취소할 것을 전제로 이에 대한 예상(?) 복원 비용 약 400억도 배임으로 몰아갔다. 참나리길에 대한 사용 승인 취소는 발생할 가능성이 전혀 없음에도 불구하고 미래에 일어나지도 않을 가정법을 동원한 후 발생할 수 없는 비용을 발생했다고 치고 배임으로 몰아가는 초유의 이론이었다.

이 모든 주장이 100% 허위주장임은 말할 것도 없을 정도였다. 건축부지 대금은 오히려 시세보다 수십억 가까이 싸게 산 것으로 밝혀졌고 대출은행인 우리은행에서 조사한 당시의 시세와 감정가, 거래가가 정확하게 그 모든 것을 뒷받침해 주었다. 나머지 배임 주장에 대해서도 설명이 더 필요 없을 정도로 정확한 절차와 내부 통제 규정에 따라 진행되었고, 그 모든 절차와 근거에 대해서도 검찰에 소명하는 데 어려움이 없었다.

## 사문서 위조

고발장에서의 사문서라 하면 사랑의교회 정관을 말한다. 사랑의교회가 건축을 결정할 당시인 2009년에 우리은행에서 건축비 대출을 받기 위해 정관을 개정하면서 '교인총회인 공동의회에서 2/3의 동의가 있어야 함에도 불구하고 공동의회가 아닌 당회에서 정관을 개정함으로 정관을 임의로 변조하고 사용했다'는 것이었다. 그럴듯해 보이는 주장이었다. 실상을 보면, 사랑의교회의 현 정관은 2010년 1월에 제정된 것이고, 그 이전에는 지금과 같은 의미의 정관은 존재하지 않았다. 옥한흠 목사가 당회장으로 있을 때 당회에서 제정하여 활용한 이른바 '운영정관'만이 존재할 뿐이었다. 이 '운영정관'은 당회에서 제정하였기에 당회에서 개정할 수 있는 것이었지만 현 정관은 공동의회에서 제정하였기에 공동의회에서 2/3의 동의가 있어야 개정될 수 있다. 현 정관 18조에도 그렇게 명시되어 있다. 이들은 이같은 현 정관의 개정 요건을 과거의 '운영정관'에 적용하여 이를 문제 삼는 억지를 부리고 있는 것이었다. 기본적인 법률 상식만 있어도 제기할 수 없는 문제임에도 불구하고 법리나 진실보다는 선동과 선전거리만 되면 일단 묻지 말고 터뜨리고 보는 수법을 사용하고 있었다.

이들은 고발을 한 후에 이를 기자회견 형식으로 발표한다고 선전하고, 금요 마당 집회에서는 박근혜 대통령 앞으로 진정서를 보내어 수사에 압박을 하겠다고 선동하곤 했다. 이런 사실을 지켜보는 교인들은 고발 내용에 대한 사실 여부를 잘 알지 못한 상태에서 마음이 뒤숭숭했고 민심이 흔들리며 이반되는 장면도 나타나기 시작했다. "누군가가 무슨 무슨 혐의로 고발되었다"라고 하면 이미 법원에 서 죄를 확정받은 것과 같은 선전효과가 있다는 사실을 누구보다 잘 아는 반대파는 이를 적극 활용하여 언론에 대대적으로 홍보하고 신문광고를 통해 오정현 목사의 고발 사실을 마치 그런 내용의 처벌을 받은 것처럼 기정사실화하여 매도하기 시작했다.

사도바울이 벨릭스 총독과 아그립바 왕에게로 끌려다니면서 재판을 받았지만 아무 죄도 드러나지 않아 결국 바울의 청원대로 황제에게로 이송되는 과정을 살펴보면, 바울을 죽이기 전에는 먹지도 아니하고 마시지도 아니하겠다고 동맹한 자가 사십여 명이었다(행

23:12-13)고 했다. 그들은 실제로 바울이 다니는 길목을 지키며 매복한 채 모든 것을 준비하고 있었다(행 23:21). 그리고 자신들이 매복한 지점을 통과하도록 매수도 해 두었다. 그들에게는 출생의 이유도, 존재의 이유도 오로지 바울의 목숨이었다.

반대파의 모습도 크게 다르지 않았다. 오로지 한 지도자를 해코지 하고 상처를 주어 길바닥에 던져 온 인류가 밟고 지나가도록 하는 것이 유일한 출생의 이유이며 존재의 이유인 것처럼 행동했다. 그리고 대통령도, 검찰도, 다 이일에 나서라고 떼를 쓰고 있었다.

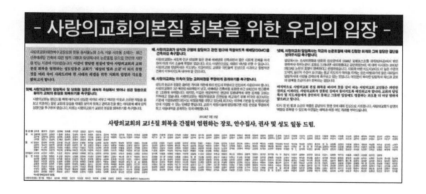

## 거짓이 진실을 넘보다

거짓의 장전이었던 '교회개혁 95'로부터 출발한 허위사실들을 정교하게 다듬은 검찰 고발장은 SNS와 맞물려 크고 작은 거짓말과 융합하여 온갖 거짓의 물결을 이루었다. 산처럼 쌓인 거짓말이 사태를 이루어 진실을 넘보며 덮을 기세였다. 어느 대형교회 목사는 전화로

"오정현 목사가 서울시내 특급호텔 피트니스 클럽 회원권을 3개나 가지고 있다는데 사실인가?"라며 물어 왔다. 그런 전화나 문의가 한두 건이 아니었다. 때로는 나도 모르는 것도 있어서 되물어야 하는 경우도 많았다. 날개를 단 거짓이 춤을 추며 활보하고 있었다.

그때 무교병에 이 모든 거짓말을 드러낸 글이 하나 올라 왔다. 구구절절이 맞는 말이었다.

나는 반대편에 섰을 것이다.*

만약, F장로와 B교수가 불순한 이유와 목적으로 오정현 목사님의 논문을 파헤치지 않았더라면 그리고 표절이 아닌 부분까지도 표절이라 부풀려 무슨 정치권에서 하듯 폭로와 선전 선동으로 몰아가지만 않았어도, 미국에서 온 윌킨스 교수의 편지를 번역하면서

"나는 오정현 목사를 잘 모른다(I don't believe that I know him)"를 "나는 오정현 목사를 전혀 모른다"로 번역하는 등의 고의적인 왜곡 사례가 적었더라면,

담임목사의 논문이 그 모든 판정권한을 가진 대학에서 "경미한 표절이 있지만 오리지널리티에서 문제가 없고 오정현 목사의 독창적인 학문적 성과이며 학위에는 문제가 없다"라고 판정하지 않았더라면,

논문 문제를 가지고 F장로와 G권사가 주일 예배 사이에, 목양실로 쳐들어가 담임목사한테 권한도 없는 신분으로 "사직서를 부목사에게 제출하라"고 협박하며 회유 공갈한 사실이 밝혀지지만 않았어도,

저들이 집집마다 왜곡 과장 거짓 유인물을 지속적으로 보내지만 않았

---

* http://cafe.daum.net/sarangplus-1004/SVg8/22

어도, 어쩌면 이것저것 잘 살핀 후 반대파 마당집회에 스스로 참여했을 지도 모릅니다.

'골방에서 기도하는 모임'이라는 괴명으로 보낸 우편물과 1대 순장장이라는 무슨 해괴망측한 벼슬 이름이라도 대듯 보낸 거짓 선동 편지들과 문자들이 수도 없이 우리집을 방문하지 않았으면 아마 임의 단체인 안수집사회원이 되었을지도 모릅니다.

3월 17일, 자숙을 위해 제천기도동산에 들어가신 후에는

"자숙 안 하고 미국 갔다."

"오 목사 위해 제천기도동산 문을 폐쇄했다."

"버진아일랜드에 비자금 숨겨 놓은 의혹 있다."

"제천기도동산에서 이것저것 지시하느라 졸라(아 이런 표현은 정말 쓰기 힘듭니다) 바쁘다 한다."

"제천기도동산에서 경비조와 기쁨조와 놀고 있다."

"당회 장로들은 도둑놈들이다."

"담임목사와 당회 서기장로와 장로회장은 마귀새끼들이다."

"자숙기간에 제주도에 가서 골프 쳤고 오 목사를 만나 인사까지 하고 온 권사가 있다."

"남가주 사랑의교회에서 여비서와 부적절한 관계가 있었다."

"아들에게 사랑의교회 3대 담임목사직을 넘겨주려 한다."

"10년 동안 1조 원을 자기돈 쓰듯 썼다."

"박사수당을 10년간 받았다."

"사모가 비서를 두고 월급도 별도로 받는다."

"집에 별도의 승용차(에쿠스)가 있다."

"설교는 누군가 100% 대필한다."

"웨일즈에서 온 종은 14억이고 운반비만 1억이다."

"새 교회 담임목사 집무실은 펜트하우스이며 아방궁이다."

"담임목사는 주로 1등석만 타고 다닌다."

"서울시내 특급 호텔 피트니스클럽 회원권을 3장이나 보유하고 있다."

"목사 안수도 받지 않았고 안수증은 가짜이다."

"학력도 가짜이다."

"오 목사는 마귀의 종이다."

"서초예배당은 종교시설이 아니고 문화시설로 허가 받았다. 세금 엄청 내야 한다."

"서초예배당 참나리길 지하 점용은 불법이다."

이외에도 수많은 거짓주장들을 보며,

이 모든 주장들 중에 단 하나라도 사실이었다면 나는 반대파 단체에 가입했고 마당집회에 나갔을 것입니다.

그리고 저들이 헌금을 교회에 제대로 하면서 자기들끼리 돈을 모아 사용하고 있다면, 즉 성도의 도리를 다하면서 교회의 개혁을 주장했더라면,

예배를 극렬히 방해하고 집회를 훼방하면서 한편으로는 성결과 화평을 주장하는 이중적이고 표리부동한 짓거리들을 하지 않았더라면,

제자훈련 운운하며 교역자들을 협박하고 억지 주장과 거짓주장으로 교역자들을 공격하지 않았더라면,

담임목사님과 부목사님들, 그리고 장로님들과 성도들을 무고하게 고소하지 않았더라면,

"고소당했으니 사임하라"고 주장하며 우리나라가 죄형 법정주의가 아니라 죄형 고소주의를 주장하는 황당무계함을 드러내지 않았더라면,

담임목사님의 연봉이 6억이고 판공비가 30억이라고 하는 가당치도 않

는 주장을 떠벌이지 않았더라면,

추모예배를 조직적으로 방해하고, 주일에 온 성도들의 마음에 짐을 지우며 은혜를 땅에 쏟아 붓게 만드는 거짓 찌라시를 나누어 주지 않았더라면,

담임목사님이 정년을 70세로 연장하기 위해 정관을 개정했다고 날조하지 않았더라면, 새 교회 건축을 하는 과정에서 거액의 리베이트를 받았다는 3류 소설로 우리를 화나게 하지 않았었다면,

"사랑의교회 건축을 찬성하는 자는 사탄의 세력"이라고 주장함으로 눈물로 기도하며 건축을 지켜보는 수많은 성도들의 가슴을 갈가리 찢어 놓지만 않았어도, 현수막과 피켓으로 인격 살인, 명예훼손으로 교인들의 마음은 물론 당사자들을 정신적으로 죽이는 폭력을 행사하지 않았더라면,

교회에서 안내하는 교통봉사부나 안내위원들에게 욕설과 언어폭력을 휘두르지 않았더라면,

저들의 온라인 카페와 문서를 통해 온갖 욕설과 폭언을 하지 않았더라면,

"오정현의 목을 딸 때까지 싸우겠다"고 하는 섬뜩한 표현을 저들의 대표가 하지 않았더라면,

자기 순장직 해임됐다고 교회 밖에서 1인 시위하고 교역자실에 난입하고 교구 목사님의 해임을 주장하는 저들의 주장이 무고하게 담임목사님을 사임시키겠다고 나서는 그들의 짓과 어떤 모순이 있는가를 저들이 알 수 있을 정도의 수준이 되었더라면,

저들이 종자연(불교단체인 종교자유정책연구원)과 연대한 인사들과 교회 건축을 반대하는 짓을 하고 있지 않다면, 서울시장에게 94%나 진행된 건축을 중단시켜 달라는 청원서를 종자연과 연대한 인사와 손을 잡고

제기하지 않았더라면,

저들의 대표격인 인사가 교회 상황에 대한 장로님들의 공식 설명회 때 바나나를 투척하고, 후에는 "총을 쏘아도 된다"고 폭언하지 않았더라면, 헌금을 하지 않고 조성한 것으로 의심되는 저들의 자금을 최소 1억 이상이나 교회를 대적하고 건축을 반대하는 헛된 소송과 분란을 조장하는 비방광고에 허비하지 않았더라면,

그리고 그 광고에 실체도 확인되지 않은 3,034명의 숫자를 내세우지 않았더라면,

임의단체 만들어 교회의 질서를 정면으로 어기고, 이를 경고한 당회를 무시하는 행동을 하면서도, 무슨 일을 하려 하면 "당회가 허락했느냐"며 덤벼드는 자기모순의 극치를 조금만 보여 주고 많이 보여 주지 않았더라면,

매주 금요일마다 교회 마당에 모여 기도회 명분으로 반대 집회를 하며 주변 이웃들로부터 수십 차례 민원성 항의를 유발하고 경찰이 출동하고 온갖 피해를 준 것도 모자라 장로와 교역자와 그 자녀들을 저주하는 기도를 하지 않았더라면,

현 "강남예배당을 담보로 대출도 받지 말라, 매각도 하지 말라" 하면서 실제로는 강남예배당을 차지하려고 하는 계략을 품지 않고 순수하게 교회의 개혁을 외쳤다면, 아마도 저는 반대파의 중심에 서 있고, 마당집회의 한가운데 있었을 것입니다.

단 하나라도 저들의 주장이 사실이었다면…

이 글은 순식간에 수천회 이상 조회되었고 청년들은 동영상으로 만들어 유튜브에 올리기도 했다. 교인들은 이 글 하나로 마음의 중

심을 잡는 데 큰 도움을 받았다는 평가가 나왔다. 글 한 편으로 뒤집어지는 저들의 거짓말에는 애초부터 생명이 없었다.


## 건축반대 소송에 합류하다

2013년, 당시 서초구 의원 N은 종교자유정책연구원(종자연)이라는 불교단체와 손을 잡고 사랑의교회 건축을 방해하기 위해 참나리길을 사용 승인한 서초구의 행정이 불법이라면서 행정소송을 제기했다. 이른바 '도로점용허가 처분 무효' 소송이었다. 참나리길이라는 좁은 도로를 교회가 매입하여 넓힌 후에 구청에 기증하고 그 지하를 점용료를 내고 사용하도록 한 서초구청의 승인이 불법이니 점용허가는 무효라는 주장이었다. 원고는 황일근 의원이고 피고는 서초구청이었으나 사랑의교회가 보조 참가자로 참여하지 않으면 안 되는 사안이었다. 재판을 거치는 과정에서 불교 쪽의 언론이 많은 관심을 가지고 보도한 것만 봐도 이 싸움이 단순한 건축법 여부에 관한 싸움은 아니라는 사실을 확실히 알 수 있었다. 이 소송에 반대파 성도 600여 명이 진정을 내고 건축을 중단시켜 달라고 했다. 후에 우리 쪽 담당 변호사는 "같은 교회 성도가 온 교인들이 기도하고 헌신하여 건축 중인 교회건축을 중단시키려 하는 것은 도저히 이해가 되지 않았다"고 회고했다.

## 철저한 검찰조사, 기록만 9,000쪽에 달하다

오정현 목사는 제천기도동산원에서 자숙하는 중에 일어나고 있는 일련의 사태에 대해서 아무런 저항도 설명도 할 수 없었다. 자신이 검찰에 고발된 사안에 대해서도 마찬가지였다. 몇몇 장로들은 법률 대응을 위한 준비를 하면서 변호인 선임과 답변서를 작성하는 작업을 할 수 있도록 머리를 맞대고 힘을 모았다. 교역자로서는 당시, 법조선교부를 맡고 있던 내가 법률지원팀에 포함되어 고발 건에 대해 돕도록 되어 있었다. 이때로부터 장장 26개월여의 장구한 법리공방과 조사에 응하는 일이 진행되었다. 담당 검사도 한번 바뀌어 교회는 추가적인 자료를 제출하고 보충 설명을 해야만 했다.

검찰은 철저하고 광범위하게 조사를 진행했다. 주변 관계자들의 계좌를 추적하고 오정현 목사의 재산과 모든 계좌를 들여다보았다. 횡령이나 배임으로 의심이 갈 만한 부분은 모두 스크린했다. 전 당회원과 교역자들뿐만 아니라 평신도 지도자들도 검찰 고발 건에 신경을 곤두세우고 빨리 이 건이 선하게 종결되기를 기도하고 마음을 모았다. 누구보다 오정현 목사 자신과 윤난영 사모의 가슴앓이는 상상할 수 없을 정도였다. 졸지에 생사람을 잡아 횡령범과 배임범으로 몰려 마당에 던져진 상태였기 때문이다.

C집사는 2014년 1월, 주일예배시간에 진행된 공동의회에 참여했다가 퇴장하면서 기도하고 있는 오정현 목사를 향해 "횡령범 두고 보자!"며 고함을 치기도 했다. '횡령범'이라 하면 검찰의 조사과정에서 죄가 인정되어 기소된 후 법정에서 재판을 통해 형이 확정된 자에게 붙여지는 호칭 아닌가. 자기가 횡령 혐의로 고발해 놓고는 '횡

령범'이라고 부를 수 있다면 무죄추정의 원칙에도 어긋나거니와 아무나 고발하면 '횡령범'이 된다고 하는 논리인데 이는 명백한 명예훼손이고 법치주의에 대한 도발이었다. 그런 도발에도 묵묵히 도살장에 끌려가는 양처럼 견디어 내야 하는 처지의 오정현 목사였다. 지켜보기에도 힘들고 안타깝고 불쌍해 보였다.

검찰의 조사가 한창 진행 중이던 2014년 5월 12일 방영된 MBC〈PD수첩〉은 검찰의 마음을 뒤흔들어 놓았다. 이 프로그램이 나간후 검찰의 시각이 더 안 좋아지고 있는 것 같다고 하는 것이 우리 쪽변호인의 생각이었다. 나는 그 〈PD수첩〉의 인터뷰를 준비하고 응했던 한 사람으로서 〈PD수첩〉 방영 내용의 문제점과 허위보도에 해당되는 부분을 조목조목 작성하여 검찰에 제출했다. 그리고 교역자로서의 의견서도 두 차례나 제출했다. 11월경에는 검찰로부터 참고인으로 조사받으러 나오라는 연락이 왔다. 나는 조사관과 검사 앞에서 조사를 받으면서 "오정현 목사가 횡령이나 배임의 의심을 받고있는 것은 어불성설이다", "오정현 목사는 받은 사례비의 60% 이상을 헌금하고 있다. 횡령할 의사가 있으면 헌금은 왜 했겠는가? 조사해 보았겠지만 오정현 목사가 무슨 재산이 있고 현금 자산이 있는가? 20억이나 횡령하였다면 현금이나 자산에 나타나야 하지 않는가"라고 설명했다. 그리고 반대파가 횡령했다고 주장하는 목회활동비에 대해서도 나의 담임목사 시절을 예를 들면서 설명했다.

검찰은 반대 질문도 하고 반박도 하고 궁금한 내용에 대해 질문도 했지만 나의 진술과 조사에 큰 비중을 두고 듣는 것 같지는 않았다. 하지만 나는 최선을 다해야 했다. 담당 검사는 6개월 전인 2014년 3월 14일에 나를 포함한 5명의 교회 쪽 인사가 고발당했던 현존건조물방화예비 사건을 무혐의 처리한 바로 그 검사였다. 나는 반대파가 어떤 성향인지를 알려 주기 위해 바로 그 검사가 6개월 전쯤에 무혐의 처분했던 고발 건을 상기시키며 "검사님이 무혐의 처분했던 바로 그 사건에서도 보셨겠지만 저들은 있지도 않은 일로 고발을 하면서 선동에 활용하고 있습니다. 저들의 고발 목적은 다른 데 있습니다"라고 말했다. 나는 조사를 받고 온 직후 내가 조사과정에서 했던 말들을 정리해서 다시 의견서로 검찰에 제출함으로써 조사기록으로 남기도록 했다.

검찰의 조사에 응하기 위한 교회의 노력과 변호인의 헌신에 대해서는 이곳에 다 기록할 수조차 없다. 사무처의 박성호 처장을 비롯한 직원들과 재정실 직원들의 노고는 말로 설명하기 어려울 정도였다. 비서실의 모든 직원들은 노심초사 최선을 다해 조사에 응하고 자료를 준비하고 변호사와 검사 앞에서 혼신의 힘을 기울였다. 비서실의 정현주 팀장과 함재국 비서실장의 눈물겨운 노력은 지켜보는 사람들이 안쓰러움을 느낄 정도였다. 정현주 팀장은 여성 입장에서 여러 날 장시간 검찰의 꼼꼼한 질문에 답하며 조사에 응하고 자료를 준비하고 진술서를 작성하였다. 쓰러질 정도였지만 참고 견뎌내는 것이 신기했다. 조사가 한참 진행 중이던 2014년 여름과 가을은 모두가 신경이 예민해져 있었다. 나는 검찰조사를 대비하면서 사랑의교회 사역의 핵심 부문에 대하여 들여다볼 기회를 갖게 되었다. 우리 교회 사정을 잘 아는 법조인들은 "목사님, 이런 건은 문제가 될 것이 없습니다. 염려 마십시오" 하며 힘을 실어 주기도 했다. 우리 쪽 변호인들은 사건 수행보고서를 통해 "무죄라는 확신을 가지고 임하고 있다"고 했다.

나 역시 교회에서 제공하는 자료들과 비서실에서 준비한 자료들을 살펴보면서 사랑의교회 사역이 규모뿐만 아니라 사무 처리에서도 모범이 될 만하다고 느꼈다. 특별히 담임목사의 사역과 담임목사가 교회로부터 받고 있는 물질적인 지원이 의외로 적고 검소하다는 사실에 놀랐다. 다만 그동안 정관이나 규정과도 같은 제도의 기반위에서가 아니라 은혜와 신뢰를 바탕으로 시행해 온 부분들에 대해 기업회계나 일반 행정의 잣대로 볼 때 어떻게 보여질까에 대한 우려는 있었다. 이것이 우리 쪽 법률대응팀의 고민이었고 이 부분을 어떻게 잘 어필하느냐 하는 것이 숙제였지 기본은 잘 되어 있다고 생각했다.

그러나 검찰의 발표가 늦어지고 있었고 담당 검사가 바뀌고 횟수를 넘기면서 불안한 생각들이 들기 시작했다. 그리고 반대파에서도 엄청난 힘을 이곳에 집중하고 있다고 하는 조짐이 확연했고, 그 연장선상에서 순수한 신우회 예배를 인도하기 위해 출입했던 서울중앙지검도 출입하지 않는 것으로 일단 정리했다.

해명자료와 논리가 충족이 안 되면 결국 유죄를 인정하는 쪽으로 가는 것이 대한민국 검찰의 책무였다. 기능상 검찰은 잘하고 있거나 양보한 것, 권리와 주장을 포기한 것을 따지는 것이 아니라 하나라도 잘못한 것이 있다면 그것을 드러내어 죗값을 치르게 하는 곳이기에 매우 긴장되고 조심스러웠다. 따라서 우리는 교회법과 국가법에 근거한 법리와 상황, 관례와 전례, 혹은 사례 등을 총동원하고 자료와 근거 조항들을 찾아서 이를 검찰에 제출했다. 이 과정에서 수없이 많은 사람들을 만나고 회의와 크고 작은 모임들을 가져야 했다. 그리고 미스바기도회에서도 간절히 기도하면서 도우심을 구했다. 그럼에도 불구하고 힘겨운 상황이 계속되었다.

## 불법 '안수집사회' 출범과 소멸

반대파는 사랑의교회의 모든 공동체와 평신도 조직 전체를 장악하고자 했다. 각 순장들과 순원들은 다락방을 중심으로, 나머지 반대파 평신도지도자는 각자가 속한 선교회와 부서에서 모의하면서 거짓을 유포함으로 세(勢)를 형성해 나갔다. 당시는 누군가를 만나서 대화하는 것이 두렵고 어색했다. "혹시… 반대파 아닐까?", 혹은 "혹시 교회 쪽이면 어떡하지?" 하면서 양쪽 모두 서로를 조심스럽게 대할 때였다.

2013년 당시 사랑의교회 안수집사는 모두 700여 명이었던 것으

반대파는 길거리 행진과 시위를 일삼았다.

로 집계되었다. 반대파는 평신도 그룹의 장악을 위해 다른 몇몇 교회에서 시도했었던 조직인 '안수집사회'를 만들기로 하고 홍보에 나서기 시작했다. '안수집사회'를 만들어 달라고 하는 청원에 반대해 옥한흠 목사가 '안수집사회'는 사랑의교회 제자훈련 사역 정신과 맞지 않다고 불허한 뜻도 다시 소개되고 알려지기 시작했다.

그럼에도 불구하고 2013년 6월 9일 주일, 소위 '안수집사회'가 발족되었다. 목적은 분쟁을 조직화하고 가속화하여 반대파와 동일한 불순한 목적을 이루기 위함이었다. 그들의 행위를 다 살펴보면 알 수 있는 속성이지만 출범 당시의 명분은 그럴 듯했다.

형제들아 내가 너희를 권하노니 너희가 배운 교훈을 거슬러 분쟁을 일으키거나 거치게 하는 자들을 살피고 그들에게서 떠나라 이같은 자들은 우리 주 예수 그리스도를 섬기지 아니하고 다만 자기들의 배만 섬기

불법 안수집사회가 한 일은 고소 고발과 허위 전단 살포가 전부였고 1년뒤에 소멸되었다.

나니 교활한 말과 아첨하는 말로 순진한 자들의 마음을 미혹하느니라

(롬 16:17-18)


몇 주 전부터 발기인의 명단이 공개되면서 연기를 피우더니 주일예배를 마친 오후 7시경에 강남예배당 1층 휴게실에서 약 100여 명의 안수집사 혹은 권사 등이 모여 '안수집사회' 출범 집회를 갖고 "재정운영의 투명성"을 위해 모종의 역할을 하겠다고 선언했다. 이 집회의 주요 구성원은 반대파의 모임인 '사회넷'과 대동소이했다. 그 밥에 그 나물이라고나 할까? 2013년 1월 27일에 F장로와 함께 담임목사실로 들어갔던 G권사가 대표 기도를 했고 '골방에서 기도하는 모임'이라는 정체불명의 모임으로부터 '사회넷', 그리고 마당 집회를 주도했던 인물들이 앞장섰다. 그들 중에는 그날의 모임이 뭔지도 모르고 참석했다가 놀라 돌아간 이들도 있었고, 후에 안수집사회가 불법모임이라는 것을 알고 탈퇴한 자들도 서서히 늘어갔다.

회장으로는 Y집사가 선출되었다. Y집사는 "현재 교회의 재정장부를 소수만이 볼 수 있도록 되어 있는데 앞으로는 안수집사회가 재정장부를 열람하고 감사를 하겠다"며 포부를 밝혔다. 그는 "오정현 담임목사의 논문 표절 사건과 도덕성 문제에 대해서는 안수집사회의 영역이 아니라"며 선을 그었다. 사랑의교회는 정관에 의해 안수집사로 구성된 감사위원회가 있다. 이 감사위원회에서는 감사위원회 운영규정에 따라 교회의 모든 사역과 재정에 대해 연 4차례의 정기감사와 수시감사를 이미 하고 있었다. 그렇다면 법외의 조직인 '안수집사회'가 '보겠다는 장부'는 어느 교회 장부이며, '하겠다는 감사'는 어느 교회의 감사인지가 궁금했다. 안수집사회 출범 그 다음

주부터 '사회넷' 유인물이 '안수집사회보'로 바뀌어 배포되기 시작하면서 벌써 '안수집사회'는 출범 당시에 제시한 길과는 다른 길로 가고 있었다.

교인들은 '안수집사회'가 뭘 하는 조직이며 무슨 목적을 가진 단체인지 의아해했다. 대부분의 교인들은 교회 분쟁의 또 다른 얼굴에 지나지 않을 것이라고 인식했고 그 인식이 맞았다는 것이 확인되는 데에는 많은 시간이 걸리지 않았다. 안수집사회가 출범 후 가장 처음으로 한 일은, 그들이 선언한 대로 "재정에 관한 관리나 감사"가 아니라 나를 포함한 5명의 교역자와 장로 직원들을 검찰에 고발한 것이었다.

앞에 소개한 6월 30일 당회 당일 발생한 해프닝에 대해 '현존건조물 방화예비'로 무고한 고발장을 제출한 자가 바로 안수집사회 회장이었던 것이다. 그리고 '안수집사회보'라는 유인물은 끊임없이 오정현 목사에 대한 인신공격과 도덕성 시비, 수많은 거짓풍설들을 실어 날랐다. 선정적이고 패악한 카툰으로 사람들의 마음에 지울 수 없는 상처를 남겼다. 출범 초기의 주장대로 "재정장부의 열람과 감사"를 하겠다고 했지만 오히려 그 일만 안하고 모든 것을 다 하려고 덤벼드는 것 같았다. 안수집사회의 활동과 관계없다는 선을 그었던 '오정현 목사의 논문 문제와 도덕성'에 관해 공격을 한 것 말고 다른 뭐가 없었다.

그들은 드디어 본색을 드러내며 9월 2일, 회장 성명을 발표하고 "오정현 목사는 담임목사직에서 물러나라"고 요구했다. 뿐만 아니라 강명옥 전도사, 김은수 목사, 배정훈 목사도 사랑의교회를 떠나라고 주장했다. '안수집사회'는 오정현 목사 복귀 후인 2013년 10월 2일

반대파는 외국공관 앞에까지 가서 이미 해당 대학으로부터 심사 및 판정이 끝난 오정현 목사의 표절 문제를 다시 제기함으로써 국제적인 망신을 자초했다.

오후 3시경부터 광화문과 세종로 일대에서 "오정현 목사 박사학위 취소"를 촉구하는 현수막을 내걸고 국제적인 망신을 자초하기도 했다. 2013년 10월에 법원에 재정장부를 열람 및 등사하도록 신청한 신청인의 목록에도 "재정장부를 열람하겠다"고 공언했던 당시 '안수집사회' 임원들은 보이지 않았다. '안수집사회'는 초기부터 반대파의 얼굴 역할을 하도록 설정되어 있었는데, 그 역할도 감당할 만한 인력과 능력이 소진되고 회원 탈퇴가 급증하자 중간에 그냥 소리도 없이 공중분해 되어 버렸다.

안수집사회장 Y집사는 2015년 12월, 어느 팟캐스트 방송에 출연하여 안수집사회의 실패의 원인을 "내분과 권력 암투도 있었지만 결론적으로 우리 안에 거룩이 없었다"고 실토했다. 불법안수집사회라 하여 줄임말로 '불안회'로 명명되었던 그에게 나는 "어떻게 허위사실을 적시하여 교역자를 검찰에 고발할 수 있느냐. 무혐의로 판명되었으니 사과라도 해야 하는 것 아닌가?"라고 물었더니 아무 말이 없었다. 이렇게 해서 안수집사회는 소멸되었고 '갱신위' 혹은 '개혁장로회'라고 하는 이름으로 반대파의 문패는 계속해서 바뀌고 있었다.

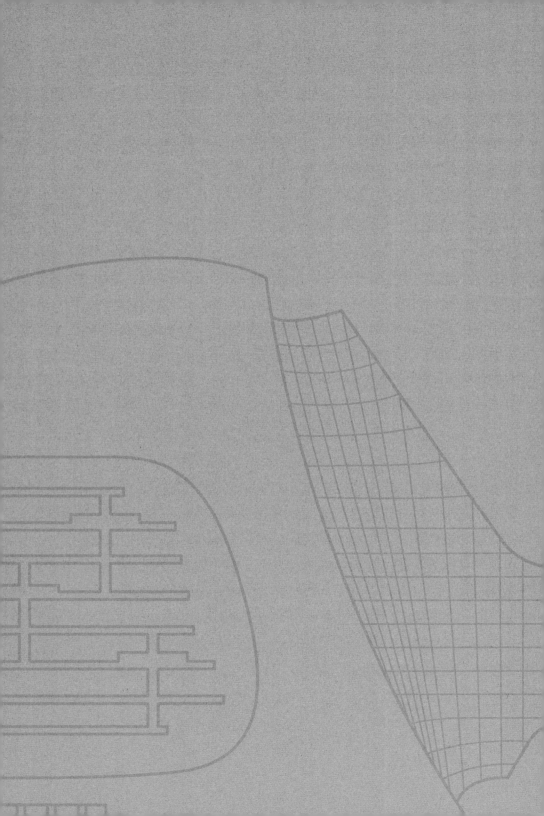

2부

# 도전

# 4

# 복귀를 준비하라

## 주일예배의 은혜로 회복을 준비하다

오정현 목사가 제천기도동산에서 자숙의 기간을 가지는 동안 사랑의교회 주일예배 설교와 관련한 논란이 있었다. '과연 누가 설교를 할 것인가?' 그리고 '설교자를 세울 권한은 누구에게 있는가?' 등이었다. 처음에는 부교역자와 외부 목회자를 번갈아 세우는 방안이 검토되었다. 그러나 여러 가지 논의 끝에 외부 목회자로 가는 것으로 결론지었다. 이 모든 논의와 결정은 오정현 목사가 했고, 그건 당연한 것이었다. 오정현 목사는 사랑의교회 당회장이다. 당회장의 권한 중의 하나가 강도권(講道權)이다. 오정현 목사는 강도권을 제한받은 것이 아니었다. 그리고 사실상 어떤 징계도 받은 바 없다. 당회가 결정하여 건의한 사항을 수용한 것이었다. 만약 당회가 담임목사를 징계했다고 한다면 이는 장로교 정치와 행정을 위반한 것이기에 무효이기도 하거니와 노회와 총회에서 개입할 사안이었다. 따라서 오정현 목사의 당회장과 담임목사로서의 모든 권한은 살아 있었다. 그래서 주일 설교자를 세우는 논의와 그 결정은 오직 오정현 목사만이 할 수 있었다.

6개월 28주 동안 23명의 목회자가 사랑의교회 강단에서 말씀을 전했다. 이분들 중에는 두 차례 오신 분들도 네 분이나 있었다. 모든 성도들은 매주 강사로 오셔서 말씀으로 섬겨 주시는 분들에 대하여 믿음으로 그 말씀을 경청했다. 그동안 한두 번 사랑의교회를 다녀간 분들이 대부분이었지만 생소한 분도 있었다. 교인들은 매주 말씀에 대한 기대감과 함께 담임목사가 아닌 다른 목회자로부터 말씀을 공급받아야 하는 아쉬움을 동시에 느꼈다.

그 6개월 동안, 반대파는 사력을 다해 공격했다. 운동경기로 말하면 '반칙'이었다. 거취를 포함한 모든 결정을 당회에 맡기기로 일임한 후 당회의 결정을 그대로 받아들여 자숙에 들어간 오정현 목사를 기어코 죽이고야 말겠다는 의지는 대단했다. 하지만 반칙이었다. 굳이 법률 용어를 빌리자면 '이중처벌'이고 '이중과세'와 같은 꼴이었다. 그런 혼란의 시기임에도 불구하고 6개월 동안 성도들의 눈물을 닦아주며 강단에 서셨던 분들에게 온 성도들은 진심으로 감사하는 마음을 가지고 있다. 더구나 그 분들 중 많은 분들은 반대파의 전화와 이메일 협박, 공갈을 무릅쓰고 사랑의교회 설교자로 서셨기에 더욱 그렇다.

어떤 설교자는 1부 예배를 마친 후 반대파가 보낸 공격성 문자를 보고 그 다음 설교에 지장을 받기도 했다. 명백한 예배방해였다. 그런 상황에서도 묵묵히 설교 강단을 지켜 주신 분들의 인도에 힘입어 온 성도들은 오정현 목사의 복귀를 준비할 수 있었다.

## 부교역자단의 재의(再議) 신청

사랑의교회가 혼란 가운데서도 안정을 유지할 수 있었던 이유 중의 하나가 부교역자의 하나된 모습이었다. 사랑의교회 부교역자는 당시 모두 140여 명이었다. 크게는 교회내부 사역자와 기관사역자로 나눌 수가 있었는데 기관사역은 국제제자훈련원이었다. 그런데 2013년 당시 국제제자훈련원에서 사역하던 교역자의 대부분이 지금은 교회를 떠났다. 그 사실만으로 그들의 교회와 오정현 목사에 대한 입장이 어떠했는가에 대한 설명을 대신하고 싶다. 나머지 교회 내 사역자들은 중심을 잡고 기도하며 자신들이 맡은 사역에 충실함으로써 교회를 지키려 했다.

포체프스트룸대학의 보고서 발표 후 당회가 결정한 바에 근거하여 부교역자들은 "담임목사에게 지워진 가혹한 짐은 벗겨져야 하고, 반대파에 의해 확산되고 있는 거짓된 정보들을 정리하고, 당회가 그 역할을 다해 줄 것을 바라는" 의지를 목양서신의 형태로 발표하고 이를 당회에 전달했다. 새 교회 입당과 담임목사의 영적 권위가 회복되도록 힘을 모을 것을 강조하는 내용도 포함되었다. 다음은 그 서신의 전문(全文)이다.

## 사랑의교회 담임목사님과 당회원들께 드리는 목양서신

이 땅에 사랑의교회를 세우시고 사랑의교회의 머리가 되시며 지금도 사랑의교회를 이끌어 가시는 예수 그리스도를 찬양합니다.

사랑의교회 교역자 전원은 교회 건축과 관련하여 촉발된 작금에 일고 있는 일련의 사태에 대해 심히 애통하는 마음으로 저희들의 목양적 섬김의 부족을 주님 앞에 회개하며 엎드려 하나님께서 우리 교회를 불쌍히 여겨 주시기를 간절히 기도하고 있습니다.

사랑의교회는 지금 새로운 도전과 시련 앞에 서 있습니다. 오정현 담임목사님의 권위에 상처를 입은 것은 물론이거니와 장로교 정치원리인 대의제(代議制)와 민주제에 의해 선택된 장로들로 구성된 당회의 권위마저 흔들리고 있습니다. 교회 안팎에서 들려오는, 사실이 확인되지 않은 온갖 소문들로 인해 한 영혼도 실족하지 않기를 명령하신 예수님 말씀이 그 능력을 상실해가고 있음에 통탄을 금할 길이 없습니다.

그리하여 35년 전에 故 은보 옥한흠 목사님께서 평신도를 깨워 동역하는 교회를 세우고자 출발한 사랑의교회가 이런 아픔을 극복하고 하나님의 은혜로 다시 한 번 주님 손에 아름답게 쓰임 받는 교회로 회복되기를 바라면서 교역자 일동은 다음과 같이 간곡하게 요청 드립니다.

— 다 음 —

• 담임목사의 논문 표절과 관련하여 지난 3월에 결정된 당회 방침은

노스웨스트대학(前 포체프스트룸)의 최종 결정 이전에 내려진 것으로서, '증거 불충분' 상태에서 도출된 것입니다. 더욱이 이 대학 보고서에서 표절로 의심된 대부분이 '기술적'인 것과 '용어의 차용' 혹은 '신학적 상식에 해당하는 것'이며 독창적인 아이디어의 표절이 아니라고 최종 결론을 냈습니다. 뿐만 아니라 논문 전체는 오정현 목사 고유의 '지적산물'임을 확인해 주었고 이에 따라 대학 측은 미흡한 부분에 대해서만 '수정 보완'을 지시했습니다. 이것은 기존의 당회 결정과 비교해 볼 때 상당한 차이가 있기에 재의(再議)를 간곡히 요청 드립니다.

• 그럼에도 불구하고 목자의 심정으로 교회를 보호하고 성도의 연합을 위하여 담임목사께서 6개월간 자숙이라는 무거운 짐을 자발적으로 지고 있기에, 이제는 담임목사께서 새 마음, 새 영, 새 몸을 가지고 새로운 사역을 준비해야 할 수 있도록 교회적 배려를 신중하게 고려해야 할 시점이라고 여겨집니다.

• 담임목사의 자숙과 부재를 틈타 공교회가 허락하지 않은 금요마당집회, 불법안수집사회 등 교회 안에서의 불법적인 모임이 성행함으로 교회의 질서와 화평에 심대한 위협이 되고 있을 뿐 아니라 예기치 않은 성도 간의 갈등도 날로 고조되고 있습니다. 이에 따라 당회의 역할이 그 어느 때보다 중요하다고 판단되어 당회는 교회의 질서와 화평을 위해 과감한 공교회적 입장을 표방해 주실 것을 부탁드립니다.

• 불과 90여 일 앞으로 다가온 영광스러운 서초예배당 입당과 교회의 질서와 화평을 위해 그 어느 때보다도 담임목사의 당회장권이 원활히

이행되어야 할 때라고 판단됩니다. 이에 당회는 담임목사께서 당회장의 책무를 다함으로 말미암아 질서와 화평을 이루고 새 교회 입당을 원활히 마무리하는 데 전심으로 마음을 모아주시기를 간곡히 부탁드립니다.

저희 부교역자 일동은 제자훈련의 목회 철학을 다시 한 번 되새기며 소명 받은 교역자로서의 사랑의교회가 '부름받은 백성, 보냄 받은 제자의 사명'을 다하는 사역에 최선을 다할 것을 다짐합니다.

주후 2013년 6월 29일
대한예수교장로회
사랑의교회 부교역자 일동.

위의 부교역자의 청원서 형식의 목회서신에 모두가 서명을 함으로써 부교역자의 의지를 결집하고 표명했는데 아쉽게도 6명의 부교역자는 서명을 하지 않았다. 외국에 출장 중인 경우도 있었지만 대체로 위에서 언급한 외부훈련기관 사역자들이 서명을 하지 않았고 그들은 지금 사랑의교회를 떠났다. 그들 중에는 교회 인근에 교회를 개척한 경우도 있고, 청빙을 받아서 타 교회 담임목사로 부임한 경우도 있다. 아무튼 서명을 하지 않은 일을 두고 D씨는 SNS상에 글을 올려 그 6명의 교역자의 이름을 공개하라면서 그들만이 진정한 교역자라고 추켜세웠다. 그리고 다른 교역자들을 신랄한 표현으로 비하하며 비난하였다. 고××등 반대파에 속한 자들은 사랑의교회 부교역자가 외부 교회로 청빙 가는 일이 앞으로 어려워질 것이라고 공갈했다. 실제로 외부교회에 청빙 가는 과정에 이들이 보낸 문자나 메일이 청빙을 어렵게 한 경우도 있었다. 그러나 그것이 청빙을 결정적으로 거부할 이유가 되지 못했던 것은 반대파의 악선전이 모두 사실이 아닌 것으로 밝혀졌기 때문이다. 오히려 사랑의교회 교역자들을 신뢰하는 풍토가 만들어져서 많은 부교역자들이 청빙을 받아 다른 교회의 담임목사로 부임하고 있는 일이 계속해서 진행되고 있다.

사랑의교회 부교역자들은 인격이나 신앙, 성품에 있어서 많이 준비된 자들이다. 목양실 내에서도 큰소리가 나는 일이 있거나 타인을 힘들게 하는 말과 행동을 본 적이 없다. 서로 존중하고 조심스럽게 처신하는 문화가 형성되어 있었다. 그러나 어느 누구도 완벽하진 않았다. 교회가 어려움에 처해 있을 때, 처음 겪는 어려움이었을 뿐만 아니라 그런 어려움에 나서서 대처하는 것에 익숙해 있지 않아서 교인들이 볼 때는 좀 답답해 보였을지도 모른다. 실제로 조금 어정쩡한 입장에 서서 말과 행동으로 성도들을 당혹하게 한 부교역자들도 일부 있었던 것은 사실이다. 그러나 서툴게 덤벼들면 오히려 일을 더 어렵게 만들 수도 있는 법, 사랑의교회 교역자들은 자신들에게 친숙하고 어울리는 형태의 역할을 하면서 사랑의교회의 안정에 기여하는 길을 택했는데 그것이 바로 목양이나 교육 같은 사역의 본질에 집중하는 것이었다.

담임목사가 부재중인 상황에서 특히 목양과 본질적 사역에 힘을 쏟는 것이야말로 담임목사에게 가장 큰 힘이 되는 모습이라고 생각한다. 물론 모두가 만족할 만한 역할을 할 수는 없었다. 하지만 산뜻하게 한마음 되어서 교회를 지키고 사역의 자리를 지키며 담임목사의 복귀를 준비하고 있었다는 것은 분명하다. 그러나 그 정도조차도 말처럼 쉬운 일은 아니었다. 메일과 문자는 물론 면전에서조차 입에 담을 수 없는 욕설과 인격을 모욕하는 발언을 들으면서도 참아야 했다. 심지어 "목사와 개는 가라"면서 히죽히죽 웃는 반대파의 대표와 맞닥뜨려야 하는 일도 견뎌야 했다. 모든 부교역자는 각자가 감당할 수 있는 분량 이상의 상처를 가슴에 묻었다.

부교역자의 중심에는 김은수 행정목사가 있었다. 김은수 행정목사는 15년 동안 사랑의교회를 섬기면서 어떤 경우에도 최선을 다하는 귀한 동역자였다. 그의 최선을 다한 사역 뒤에는 갑상선암이라는 짐이 드리워져 있었다. 그러나 그는 담임목사가 부재중인 상황에서도 행정목사의 자리를 훌륭히 감당해 내며 교역자와 당회, 그리고 교인들과 담임목사, 이 모든 요소의 교량 역할을 하면서 교회의 안정에 크게 기여하였다.

## 행정소송으로 가다

2013년 7월 9일은 사랑의교회 건축의 분기점을 넘기는 날이었다. 건축을 반대하며 참나리길 지하를 사용하도록 승인해 준 서초구청의 허가를 무효화해 달라는 행정소송의 결심공판이 있던 날이었다. 불교단체인 종자연의 지원을 받는 것으로 알려진 황일근이라는 서초구 의원이 제기한 소송에 반대파가 대거 탄원서 형식의 건축 반대 서명부를 제출한 이 소송의 판결에 귀추가 주목되었다. 서울행정법원 대법정을 가득 메운 사랑의교회 성도들과 반대파 성도들은 숨을 죽이며 재판장의 판결문을 경청하였다. 결론은 "이 소송은 주민

소송의 대상 자체가 되지 못함으로 소송을 각하하고 소송비는 원고 (황일근 측)가 부담한다"였다. MBC가 〈PD수첩〉을 통해 2011년부터 문제를 제기해 왔던 참나리길 지하 점용문제가 일단락되는 순간이었다. 나도 법정에서 긴장한 가운데 재판장의 판결문에 귀를 기울여 들었다.

재판이 끝나고 법정을 나오는데 반대파 행동대원이 나에게 이렇게 말했다. "돈과 권력이 무섭기는 무섭구나!" 그의 말은 사랑의교회가 돈과 권력으로 재판부를 움직여서 자기들이 지게 되었다는 것이었다. 그렇게 의심이 될 것 같으면 아예 소송을 걸지 말거나 소송에 참여하지 말았어야 하지 않는가? 스스로가 재판부로 가서 소송을 해 놓고 지고 나서는 "못 믿을 재판부였다"는 식의 태도는 신사답지 못한 것 아닌가? 그리고 사랑의교회가 무슨 돈을 쓰고 권력을 이용했다는 말인가? 요즘 재판부가 그렇게 돈과 권력에 의해 판결을 굽게 한다고 믿는 것인지 의아스러웠다. 다른 나라에서 온 사람들 같았다. 나는 그에게 이렇게 말했다.

"판사 앞에 가서 그 말을 해 보라."

서울행정법원의 판결이 나와도 저들은 소요를 중단하거나 거짓 주장을 굽히지 않았다. 다시 고등행정법원에 항소하였다. 그러나 고등행정법원에서도 각하 처리했다. 그래도 저들은 끝까지 갈 생각으로 또 대법원에 항소하였다. 대법원은 2016년 6월 건축허가 취소요청은 기각하고 참나리길 지하 사용부분이 행정소송 대상이 됨으로 다시 심리하자며 서울행정법원으로 환송했다.

대법원의 결정을 두고도 거짓이 난무했다. "참나리길 지하 사용을 못하게 되었다"느니 "건축허가가 취소되었다"느니 하는 선동전에 열을 올렸다. 그러나 모두가 사실이 아니다. 주민소송의 대상이 될 뿐이라는 것 이외에는 어떤 판단도 하지 않은 것이 진실이다.


## 순장* 연합기도회

포체프스트룸대학의 조사고보서와 서울행정법원의 건축반대소송의 각하 등은 당시로서는 사랑의교회의 예민한 문제의 두 축이었다. 그때의 관점에서는 그것이 모두 해결되면 모든 문제가 해결되는 것과도 같았다. 서울행정법원의 건축 관련 판결이 있기 직전인 2013년 7월 6일, 토요비전새벽기도회 시간에 순장연합기도회를 준비하고 남자 다락방 순장, 여자 다락방 순장, 그리고 여자 직장인 다락방 순장을 대표하는 각 순장반의 순장장들이 주축이 되어 기도회를 진행했다. 내용은 우리의 잘못을 회개하고 사랑의교회가 조속히 하나되어 더 귀하게 쓰임 받는 공동체로 거듭나기를 소망하는 것이었다.

　그런데 이 순장연합기도회가 끝나자마자 각 순장회의 대표와 임원들에게는 말로 다할 수 없는 험한 말과 글들이 당도했다. 반대파가 이 기도회를 불편하게 생각하며 시비를 건 것이었다. 한 순장장은 두려움에 얼굴이 굳어져 있었고 너무 놀라 한동안 충격에서 헤

---

*　제자훈련과 사역훈련까지 마친 평신도 중에서 교역자의 추천으로 담임목사가 임명하여 세우는 평신도 리더를 말한다. 순장(旬長)은 10명 내외의 소그룹을 인도하는 리더를 말하고 이 소그룹을 다락방이라고 칭한다. 순장 전체를 대표하는 리더를 순장장이라고 하고 남, 여, 직장인 3개 순장반 별로 순장장과 총무 등 임원을 별도로 두어 사역을 책임지도록 하고 있다.

어 나오지를 못했다. 제자훈련 받은 성도로서, 더구나 교회를 개혁하겠다는 자들로서는 할 수도, 해서도 안 되는 말과 글이 갱신과 개혁이라는 이름으로 난무하던 때였다.

3개 순장반의 연합기도회는 어려운 시기에 미스바기도회와 함께 교인들의 마음을 어루만지고 기도와 말씀으로만 돌파할 수 있을 것이라고 하는 확신과 가능성을 함께 보여 준 시간이기도 했지만, 저항과 공격도 만만치 않을 것이라는 것을 확인하는 자리이기도 했다.

## 오정현 목사, 모습을 드러내다

오정현 목사는 제천에서 주로 머물면서 치료나 행정사무와 관련한 경우에만 가끔 상경하여 일을 본 후에는 곧바로 제천기도원으로 돌아와 기도와 묵상, 그리고 향후 목회 구상에 전념했다. 그리고 서울에 오게 되면 반드시 건축현장에 들러 꼼꼼히 살펴보면서 관계자를 격려하고 담당 직원이나 교역자에게 빈틈없이 공사가 진행되도록 당부했다. 그러나 오정현 목사가 공식적으로 교인들 앞에 모습을 처음 드러낸 것은 2013년 7월 19일, 경기도 모 처에서 열렸던 대학부 여름 수양회장이었다. 집회장에 오 목사와 윤난영 사모가 등장하자 학생들은 조용하지만 뜨겁게 환영했고 즉시로 휴대폰 카메라로 촬영하여 부모님께 전송함으로 전 교우들이 동시에 그 소식을 접하였다. 오정현 목사는 학생들을 격려하고 잠깐 인사말을 전하고 곧바로 사랑의교회로 올라왔다. 반대파는 이날 대학부 학생들 앞에서 인사말을 한 것을 가지고 "설교한 것이니 당회의 징계를 위반한 것"이라면서 당회가 처벌하라고 목소리를 높였다. 아니, 목사가 설교를 했다는 이유로 처벌을 하라고 하다니 이 무슨 공산주의 국가도, IS의 본거지도 아닌데 이게 웬 억지인가 하는 생각이 들게 했다.

다시 한 번 분명히 해 두지만, 오정현 목사는 '징계를 받고' 자숙을 한 것이 아니었다. 장로교의 행정과 정치*는 당회에서 담임목사를 징계할 수 없도록 되어 있다. 이것은 담임목사를 보호하기 위한 것만이 아니고 목사의 소속자체를 노회에 두고 노회에서 해당 교회에 담임목사로 사역하도록 위임한 구조이기 때문에 그렇다. 이러한 구조는 혹시나 해당 교회가 어려움에 처해 있거나 담임목사가 이단에 빠져서 전 교인들을 수렁으로 몰고 갈 때, 교회가 해결하기 어려운 상황일 때 노회가 개입하여 이런 문제들을 해결할 수 있도록 한 장치인 것이다. 이 장로교 법은 역사가 근 500년이고 대한민국의 어떤 법보다도 전통과 체계가 우월한 법이다. 이것은 장로교가 이단으로 넘어가는 경우가 훨씬 적은 이유이기도 하다. 그러나 반대파는 장로교고 침례교고 상관이 없었다. 자기들의 구미에 맞지 않으면 정

---

* 교회정치는 네 가지로 나눈다. 가톨릭과 같이 제왕적 체제를 갖춘 **교황정치**, 감리교와 같이 감독이 정치와 행정을 관장하는 **감독정치**, 침례교 등에서 보여 주는 **회중정치**, 그리고 교인들이 장로를 선출하여 장로로 하여금 교회운영을 하도록 하는 **장로정치**이다. 따라서 장로정치는 교인들이 자신들의 대표인 장로를 선출하여 교회의 정치와 행정을 맡긴 대의제와 민주제를 근간으로 하고 있다. 장로교 헌법은 "교회의 주권은 교인에게 있고 교인의 대표는 당회(장로)이며 교회의 대표는 당회장(담임목사)"이라고 분명히 규정하고 있다. 장로교는 목사를 노회 소속에 두고 노회에서 지교회로 목사를 위임하여 파송하는 형태이다. 그래서 지교회의 목사가 이단에 빠지거나 독단에 빠져 있을 때 노회(老會)가 지교회 목사를 소환, 지도, 처리하도록 하고 있다. 이 장로교 정치는 제네바에서 존 칼빈에 의해 기초가 세워지고 존 낙스에 의해 스코틀랜드에서 정착되어 전세계 장로교로 확대되어 오늘날까지 이어오고 있다.

교하게 논리를 만들어 주장부터 하고 보았다. 그러다 보니 그들의 주장을 다 모아 보아도 별로 쓸 만한 게 없었다.

　오정현 목사가 그날 교회로 들어온 이유는 지난 3월 당회에서 결의한 '갱신위원회'가 만든 갱신안에 대한 검토를 위해서였다. 나는 갱신위 장로 중의 한 분과 갱신안에 대하여 사전에 논의를 하였고 오정현 목사와도 제천에서 당회 갱신위가 마련한 안에 대하여 몇몇 교역자와 함께 미리 검토한 적이 있었다. 갱신위원회의 안이 일단 제안서 성격인 면이 있어서 실현하기에는 시일이 좀 걸리거나 실현 자체가 어려운 것도 포함되어 있었다. 반복되는 지적이지만 장로교의 정치와 행정의 범위를 벗어나는 조항도 있었다. 물론, 이제까지 관행과 전례라는 틀 속에서 해 왔던 여러 가지 사역과 행정에 대하여 개선하고자 하는 의지도 보였고, 긍정적인 대안들도 많이 있었다. 그러나 지금 돌이켜 보면, 갱신위원회에 속한 장로 중에는 결국 반대파로 발길을 돌린 장로들이 몇몇 있었다는 것을 두고 생각해 볼 때, 애초에 받아들일 수 없는 안을 담임목사에게 제시하여 끝까지 담임목사의 발목을 잡으려 한 것은 아니었나 하는 의구심이 드는 것도 사실이다. 이 갱신안은 입당 후 당회 내에 '기획위원회'를 설치하여 그곳에서 집행하는 것으로 정리되었다가 '중점사역과제 현황 및 계획'으로 명칭을 바꾸어 실행을 추진하고 있는 중이다.

　오정현 목사가 교회 마당을 밟은 것은 4개월여 만이었다. 마당에서 오정현 목사를 기다리던 50여 명의 교인들은 조용히 오정현 목사와 손을 잡으며 나지막이 인사말을 건네곤 했다. 소리 없이 눈물을 훔치며 흐느끼는 성도들도 있었다. 숙연하고 안타까운 순간이었다. 반대파의 방해와 시위가 있을 것이라고 하는 소문이 있어서 10

여 명의 성도들이 자발적으로 경호 및 안전을 위해 도로변까지 살폈는데 반대파는 그날 한 명도 보이지 않았다. 갱신위원회와의 회의 도중 휴식 시간에 간간이 밖에 나온 오정현 목사는 성도들과 로비에서 마주치면 "죄송합니다. 기도해 주세요, 고맙습니다" 하면서 감사를 표현했다. 저녁이 되자 미스바기도회에 참석하러 온 성도들이 오정현 목사의 모습을 보고 착잡하고도 반가운 감정, 그리고 미안한 감정이 뒤섞여 한동안 자리를 뜨지 못하기도 했다. 그렇게 해서 오정현 목사의 첫 교회 방문이 마무리되었다.

## '당3역'의 순회 설명회

사랑의교회 당회는 당시 약 50명 정도의 당회원이 있었고 당회를 섬기는 서기, 총무, 재정 장로를 별도로 두고 있었는데 이 세 분의 장로를 '당3역'이라고 부르기도 했다. 당시 '당3역'으로는 서기 김주수 장로, 총무 도송준 장로, 재정 강희근 장로가 각각 맡고 있었다. 그리고 당시까지 건축 중인 새 교회당 건축을 책임지는 건축위원장 김창록 장로와 '한국교회 해(害) 교회 세력의 분석과 행동양태'를 보고할 윤석표 장로까지 합하여 다섯 분의 장로가 각 공동체를 순회하면서 현안에 대한 설명회를 가졌다.

2013년 8월 10일부터 시작된 이 설명회는 반대파의 찌라시 살포와 계속되는 신문광고로 인해 거짓 정보에 노출되어 버린 성도들에게 진실을 알리는 것이 목적이었다. 더 나아가 한국교회를 해치는 세력들과 그 행동유형에 대해 설명함으로 교인들이 중심을 잡고 담임목사의 복귀 때까지 교회를 잘 지켜 주기를 바라는 마음에서 시작된 것이었다. 자료는 대체로 발표를 맡은 장로들을 중심으로 준비하였고 관련 교역자나 직원들이 돕기도 했다. 이 설명회는 '여순장장 일동'*이라는 이름으로 반대파가 당회에 보낸 공개서한(청원서)을 비롯한 그간 제기된 의혹들에 대한 답을 주는 형식으로 기획되었다. 토요비전새벽기도회가 마친 후 오전 7시 20분경부터 진행된 설명회에는 약 1,500명 정도의 순장들이 참석하였다. 반대파 순장들은 교구별로 앉게 되어 있었던 좌석 배치조차 무시하고 앞자리에 앉아 소란을 피우다 진행자에게 적발되어 2층으로 쫓겨 가기도 했다.

사회를 맡은 도송준 장로는 슬라이드로 준비된 자료를 통해 '순장초청 설명회의 배경과 목적'에 대해 말했다. 소통과 이해를 통해 거짓과 왜곡된 정보가 아닌 진실과 실체를 전달하기 위함이 목적임을 분명히 했다. 이어서 윤석표 장로가 '교회 공격세력의 실체 및 진행 경위'에 대해 발표했다. 소수의 문제 제기자가 문제를 제기하면 그 작은 문제가 큰 이슈로 불어나고, 세를 결집하여 재정공개 등을 요구하며, 결국은 교회의 분립과 분열로 나아간다는 것을 지적했다. 뿐만 아니라 안티기독교 단체나 불순한 언론 등 외부세력의 개입이 있을 것이며, 그 실체가 어떠한지도 낱낱이 보고했다.

이어서 김창록 장로가 논문 문제의 본질과 그 전말을 설명하면서 당시까지 94% 정도 진행된 새 교회당 건축에 관해서도 상세히

---

* 여순장장 일동이라는 이름으로 보낸 이 공개서한 혹은 청원서는 1대 순장장 정××권사가 주도한 것으로 되어 있는데, 순장도 아니며, 심지어 남자인 경우도 이름이 올라가 있어서 처음부터 그 신뢰가 인정될 수 없는 수준이었다.

설명했다. 건축과 관련한 말도 안 되는 거짓주장들이 난무하던 상황에서 김 장로는 서초예배당 건축에 있어서 불법, 탈법, 편법 등은 결코 존재하지 않으며 철저한 세금납부와 참나리길 확장 및 포장 후 기부, 서리풀 어린이집 기부 등의 사회적 기여에 대하여도 밝혔다. "담임목사실이 초호화 아방궁이네, 건축허가가 종교시설이 아닌 문화시설로 되었기 때문에 시설 사용에도 제한되고 세금도 엄청 내야 하네, 담임목사 전용 엘리베이터가 있네" 등등의 거짓 낭설(浪說)에 대해 그 허구성을 단번에 정리해 주었다.

순장들은 설명이 진행될수록 교회가 어려움에 처하도록 한 세력의 실체와 그 배후에 대해 알게 되면서 장탄식과 함께 분노를 느끼기도 하고 허탈감을 표현하기도 했다. 그리고 큰 안목에서 교회 문제를 보게 됨으로써 현안의 본질이 무엇인지를 확인하는 기회가 되었다.

그런 반면에 이날 반대파는 그 성격을 확실히 드러냈다. 고함과 고성, 그리고 툭하면 강단 앞으로 뛰쳐나가는 모습은 나중에 그들이 보여 준 모습의 예고편에 지나지 않는 수준이었지만 당시로서는 충격적이었다. 발언 내용은 둘째 치고 허약한 논리와 거짓풍설을 늘어놓는 반대파의 막무가내식의 행위에 순장들은 모두 아연실색했다. 35년 사랑의교회 역사상 처음 보는 장면일 뿐만 아니라 어디서도 보기 드문 모습이었다. 심지어는 2층에서 강단을 향해 바나나를 집어 던져 강단 위에 자리하였던 발표자들에게 하마터면 부상을 입힐 수도 있는 상황을 만들기도 했다. 바나나를 던지며 교회갱신을 주장한 그 사람은 경제사범으로 구속되어 감옥살이를 한 경험이 있는 자였다.

누군가가 "왜 바나나를 던졌냐?", "어떻게 그럴 수 있느냐"고 그에게 물었더니 "총으로 쏴 죽여도 된다"고 답변하여 주변 사람의 입을 다물지 못하게 했었다. 나도 그에게 "당신이 바나나 던진 것 맞느냐?"고 물었더니 "그렇다"고 당당히 말하기도 했다. 무슨 선한 것을 기대하는 것이 어려운 상황이었다. 어이없고 화나는 장면이 계속되었다. 나와 몇몇 교역자는 반대파 순장들이 소란을 피우는 곳으로 가서 자제를 요청했다. 그들이 교역자의 말을 들을 리 만무했다. 오히려 한 반대파 장로는 교역자의 멱살을 잡고 반말로 협박을 하기도 했다. 아수라장이었다. 이를 보다 못한 주변의 다른 순장들은 그들을 향해 "조용히 하세요", "그만 좀 하세요"라고 소리치며 장로들이 발표할 때마다 박수로 응수하면서 반대파의 방해에 대응했다. 이렇게 해서 설명회 아닌 설명회는 끝났다.

그러나 반대파도 교회 쪽도 승자는 아니었다. 모두가 힘들었다. 성도들은 그들이 방금 목격한 그 장면에 충격을 받아 자괴감에 힘들어 했고, 반대파는 이성을 잃고 설명회를 파행시킨 행위로 인해 교인들로부터 신뢰를 잃게 된 것에 당황해하는 눈치였다. 현장에서 지켜본 자로서, 저들은 자신들이 고함을 지르고 설명회를 방해하면 많은 순장들이 합세하리라고 믿었던 것 같다. 80년대 운동권에게는, 그 당시의 상황에서는 먹히는 선동 방식이었는지 모르지만, 그 자리는 80년대도 아니었고, 순장들은 대학생들이 아니었다. 적어도 사랑의교회에 직면한 현안에 대해 기도하면서 주님의 음성을 듣고자 하는 대다수의 순장들의 마음을 고함과 선동구호 몇 마디로 훔칠 수 있을 것이라고 믿었던 저들의 오판은 그 이후로도 계속되었다.

반대파의 총무라는 자가 "언제까지 할 거냐, 그만 좀 하자"고 하자 "오정현의 목을 딸 때까지 하겠다"고 말한 시점도 그 즈음이었다.

그는 나중에 대로변에서 자기가 그런 말을 했다는 사실을 확인해주면서 그 말을 되풀이하는 대범함도 보였다. 반대파는 거짓주장을 담은 현수막을 교회 주변에 설치하고 시위하는 곳에 교인들이 가서 항의하면 "오정현의 개들은 가라"고 하면서 조롱하며 그 명예를 짓밟기도 했다. 사실은 자기들 스스로가 자기들의 명예를 땅에 내던진 것이었다. 오정현 목사가 자숙을 위해 떠난 그 자리는 반대파의 거짓주장과 폭언, 폭행이 난무하는 곳으로 변해 있었다.

## 소위 '감사보고서' 유출과 대응

뒤를 캐기 좋아하는 반대파에게 호재가 등장했다. 그것은 소위 '감사보고서'였다.

사랑의교회 정관과 감사위원회 운영규정에 따르면 먼저 안수집사 20명 내외로 구성된 감사위원회가 실시한 '감사결과'를 운영장로회에 보고하고(정관 42조 2항), 중요 사항에 대하여는 당회에 보고한 후(정관 42조 3항, 감사위원회 운영규정 9조), 당회에서 제직회와 공동의회에 보고하기 위해 최종 채택한 것이 '감사보고서'가 되는 것이다. 그런데 2013년 여름에 유출되어 찌라시에 실려 살포되기 시작한 소위 '감사보고서'라는 것은 운영장로회 등에 제대로 보고된 바 없는 것으로서 그야말로 선동에 활용하기 위해 돌발적으로 나타난 것이었다.

당시 유포된 소위 '감사보고서'는 과거 감사에 지적된 것들을 반복 적시하는 수법을 통해 담임목사와 그 주변부를 겨냥한 표적감사의 성격이 농후했다. 소위 '감사보고서'가 적절하지 못함을 지적하고 감사위원장과 몇몇 감사위원들이 사퇴하는 파행 속에서도, 불순한 목적에 활용하기 위해 억지춘향식으로 감사보고서라는 탈을 쓰고 길거리로 나오게 되었다.

감사위원회 운영규정 제4조 3항에 따르면 '감사위원은 직무상 알게 된 기밀을 감사목적 이외에 정당한 사유 없이 누설하여서는 아니 된다'고 되어 있다. '감사보고서'라고 하는 것이 길거리를 배회하게 된 이면에는 반대파 감사위원들의 의도적인 빼돌리기와 살포가 있었기 때문이었다. 이 또한 규정과 관례를 무시해서라도 제천에서 자숙중인 오정현 목사의 복귀 이전에 판을 뒤집어 보려는 반대파의 속셈이 확연히 드러난 단적인 예였다.

소위 '감사보고서'의 내용은 불편했다. 가장 선정적인 조항들을 끄집어내 구호화하여 피켓으로 들었던 것 중에 하나가 '담임목사 유류비가 1년에 3,400만 원'이라는 것이었다. 중형차 한 대 값에 해당하는 돈을 1년 유류비로 지출했다는 선동에 마음이 흔들리지 않을 교인은 많지 않아 보였다. 그러나 거짓이었다. 교회 소유의 승용차는 오정현 목사가 주로 이용하는 신형 체어맨과 옥한흠 목사가 이용하던 구형 체어맨, 그리고 옥한흠 목사의 부인인 김영순 사모가 이용하는 그랜저 등 3대가 있었다. 이 중에 체어맨 2대가 문제였다. 구형 체어맨은 의전용으로 활용하는 것으로 상태가 안 좋아 고장도 잦고 안전에도 다소 문제가 있었다.

반대파가 주장하는 유류비 3,400만 원은 두 대의 체어맨의 운용, 유지, 보수에 들어간 모든 비용의 합산이었다. 고장이 잦아 수백만 원의 수리비가 들어간 것을 포함한 것임에도 불구하고 반대파 감사위원과 교인들은 이 모두를 그냥 "담임목사 1년간 유류비"로 둔갑시켜 의혹을 제기하면서 도덕성에 흠집을 내는 도구로 활용했다. '감사보고서라는 것'의 지적 사항은 모두 이런 식이었다. 그래서 운영장로회에서 이런 부당한 감사 조항에 대해서 지적해서 되돌려 보냈고, 결국 정식 당회에서도 통과되지 않은 채로 제직회에 상정했으나 제직회에서는 교인들이 이 감사보고서를 수용하지 않고 재감사를 결의함으로써 일단락되었다.

## 계속되는 저항과 거짓의 도발

논문에 대한 문제가 사실상 일단락되고 건축에 대한 소송도 각하로 결론이 났지만 반대파의 저항과 거짓 도발은 멈추지 않았다. 오히려 더 아프고 가혹한 방법으로 덤벼들었다. 주일만 되면 강남예배당 인근의 도로와 골목은 반대파의 찌라시 부대로 더렵혀졌다. 쇼핑백에 담은 찌라시를 교인들에게 나누어 주면서 읽기를 강요했고 곳곳에서 언성이 높아지면서 충돌하고 있었다. 반대파는 매주 1만 부 이상의 찌라시 '안수집사회보'라는 것을 인쇄하여 심지어는 주일학교 아이들에게까지도 나누어 주면서 친절하게(?) 설명까지 해 주었다. 거기에 실린 메뉴는 조금씩 바뀌어 가고 있었는데, 그 새 메뉴 중에는 '목사 안수는 받으셨나요?'라든가 '오정현 목사의 자숙기간 중 미국 방문'에 대한 주장도 있었다. 몇 달 전에 있었던 제주도 골프 거짓말처럼 이번에도 "미국에서 봤다, 본 사람이 방금 전해 왔다"라는 식이었다. 황당한 거짓풍설의 진실은 다음과 같다.

반대파는 오정현 목사의 안수증이 가짜라고 주장했다. 미국의 PCA교단에서 확인증이 와도 이 주장을 굽히지 않았다. 안수증을 보여 줘도 믿지 않았다. 더 이상 저들을 설득할 수단은 없어 보였다.

## "목사 안수는 받으셨나요?"

말도 안 되는 질문이지만, 당시로서는 이런 의혹 제기만으로도 성도들은 불편해했다. 그리고 반대파는 나중에 진실이 밝혀지건 말건, 일단 수많은 의혹을 제기하여 성도들을 흔들어 놓음으로써 오정현 목사의 복귀를 막고 사랑의교회를 장악하려는 것이 목적이었다. 그러기에 갖가지 거짓꾸러미를 융단 폭격하듯이, 그리고 연타를 날리듯 퍼붓는 것에 몰두했다. 목사 안수를 받고 30년 이상을 목회한 목사한테, "목사 안수는 받으셨나요?"라고 묻는다는 것 자체가 기발한 발상이었다. 어디서 구했는지 안수증 사진을 공개하면서 "안수증에 씰(seal)이 있네, 없네" 하면서 의혹을 부풀렸다. 안수증을 공개하겠다고 하자 반대파 대표는 "국립과학수사연구소에 진위 여부를 의뢰하겠다"고도 했다. 이 정도면 공개하나마나였다. 저들은 국립과학수사연구소에서 진짜라고 판정하면 "돈을 먹었다, 국립과학수사연구소를 믿을 수 없다"면서 그 연구소 앞에서 또 피켓 시위를 하고도 남을 그런 자들이었기 때문이다.

오정현 목사는 1986년 10월 14일, 텍사스에 있는 휴스턴 한인교회에서 미국장로교, 즉 PCA(Presbyterian Church in America)교단 제7회 한인 서남노회(the South West Presbytery)에서 목사 안수를 받았다. 당시 서남노회의 관할 지역은 텍사스와 캘리포니아는 물론 심지어는 알래스카에 이르기까지 광범위했다. 당시에는 노회가 설립된 지 몇 해 되지 않아서 행정이나 서식 등이 지금처럼 온전하지가 않았다. 그리고 지금도 마찬가지지만 노회 사무를 담당하는 목사도 전업(專業)으로 하는 것이 아니고 자신의 목회를 하면서 동시에 행정을 맡아야 했고 모두들 이민 목회로 어려웠다. 오정현 목사는 탈봇신학대학원을 졸업한 후 이 교단에서 안수를 받았고 나중에는 서남노회의 노회장을 지내기도 했다. 그리고 서울 사랑의교회로 청빙되어 올 때에도 PCA교단의 서남노회에서 안수증명서를 발급해 주었고, 이것을 근거로 총신대학교 신학대학원 편목과정을 거쳐 한국의 대한예수교장로회총회 동서울노회에서도 목사 안수를 인정하고 위임목사로 승인하는 절차를 밟았다.

그럼에도 불구하고 반대파는 "목사 안수증이 가짜다, 의혹이 있다"는 등의 거짓풍설을 퍼뜨렸다. 나는 미국 PCA교단의 한인서남노회 핵심 관계자와 소통을 하면서 이와 관련한 모든 설명을 청취하고 관련 서류도 전달받아 확인했다. 그리고 그 관계자는 "오정현 목사님을 안수한 정○○ 목사님은 지금도 생존해 계신다"면서 "그분과 나는 가까이 지내고 있고 반대파의 전직 PD라고 하는 젊은이가 와서 의혹을 제기하기에 정 목사님을 만나게 해 드렸다"고 했다. 그리고 "정 목사님께서 그 전직 PD에게 오정현 목사의 목사 안수에는 문제가 없으니 잘 도와드리라는 당부도 했다"고 전했다. 더 흥미 있는 사실은, "곧 오정현 목사의 장남이 목사 안수를 받게 되는데 그 정 목사님이 오정현 목사 아들의 안수식에 참석하여 축사를 할 예정"이라고 했다. 모든 상황에서 의혹이 제기될 틈이 없었다.

그리고 MBC 〈PD수첩〉이 PCA교단 본부에 오정현 목사의 안수에 대한 의혹을 문의했을 때, 교단본부는 MBC 측에 '1986년 당시 한인 서남노회가 오정현 목사에게 안수한 과정과 교회법 준수 여부 등에 대하여 의심할 어떤 이유도 찾지 못했고 서남노회는 이 모든 절차를 준수하여 안수했음으로 오정현 목사의 안수는 정당하게 시행되었다'는 문서를 보냈다. 결국 이 답변을 받아든 MBC는 오정현 목사의 안수 문제를 거론하지 못하고 넘어가야 했다. 우리나라의 장로교의 경우는 신학대학원을 졸업하기 전에는 절대로 강도사 고시를 볼 수가 없다. 신학대학원을 졸업하고 1년가량 지나야 강도사 고시를 볼 자격이 있고, 이 고시에 합격하여 강도사 인허를 받고 1년이 지나야 목사 안수를 받게 되어 있다. 이것이 일반적인 원칙이다.

그렇다면 어떤 목사 후보생이 신대원을 졸업한 지 6개월도 안 되었는데 목사 안수를 받았다고 한다면 그것은 있을 수가 없는 일일까? 아니다. 우리나라의 경우도 예외 조항이 있다. 군목후보생의 경우는 신학대학원을 졸업하기 전에 강도사 고시를 치르고, 졸업 후에는 강도사 인허를 받음과 동시에 목사 안수를 받고 입대한다. 나는 1992년 2월에 졸업하였는데 졸업 전에 강도사 고시를 치르고, 졸업 한 달도 안 된 3월 2일의 임시노회에서 강도사 인허를 받고 바로 그 자리에서 목사 안수를 받았다. 그리고 4월 7일에 입대했다. 그러므로 신대원 졸업 후 1개월도 안 되어 목사가 된 것이다. 미국의 PCA교단도 이 같은 예외 조항을 두고 노회원 3/4의 찬성이 있으면 얼마든지 가능하다는 설명이 PCA의 공식적인 입장이다.

오정현 목사의 강도사 및 목사 안수 과정을 다시 정리하면 다음과 같다.

강도사 고시 및 인허는 CRC(미국 북장로교; Christian Reformed Church in North Amerca)교단에서 1985년 1월에 받았다. 당시 오정현 목사는 오렌지한인장로교회 소속의 전도사로 재임 중에 강도사 인허를 받았던 것이다. 그 1년 8개월 후인 1986년 10월 14일에는 교단을 옮겨 PCA교단에서 목사 안수를 받게 되고 목사 안수 받을 당시의 청빙교회는 하이데저트 한인교회였다. CRC에서 강도사 인허를 받고 PCA에서 목사 안수를 받기까지 1년 8개월의 기간은 인턴십 과정, 즉 목사가 되기 위한 수련 과정이었고 이는 PCA에서도 동일하게 인정되는 사항이었다. 당시 CRC교단과 PCA교단은 NAPARC(North American Presbyterian and Reformed Council, 북미주 장로교회 및 개혁교회 협의회)에 가입되어 있었기에

미국장로교회(PCA) 서남노회에서 발행한 오정현 목사 안수 증명서.

강단 교류 및 강도사 인허 등이 상호 인정되었다. 이것은 한국 상황에서는 잘 이해가 되지 않을지 몰라도 미국의 상황을 조금만 알아도 전혀 문제 삼을 수 없는 부분이다. 그러므로 반대파와 온라인에서 끊임없이 주장하는 "오정현 목사가 안수받은 휴스턴 한인교회는 침례교회이므로 오정현 목사는 장로파 목사가 아니다. 오정현 목사는 PCA교단에서 강도사 인허를 받지 않았으므로 목사 안수가 가짜이다. 목사 안수증도 가짜이다. 총신에서의 편목도 2년을 하지 않았으므로 불법이다" 등등의 주장은 일고의 가치도 없는 거짓주장에 지나지 않는 것이다.

저들이 주장하는 "휴스턴 한인교회는 장로교회가 아니다"라는 주장은 100% 날조이다. 분명히 장로교회이다. 같은 이름의 침례교회도 있지만 안수받은 교회는 분명히 장로교회인 것이다. 백번 양보해서 설령 침례교회를 빌려서 노회를 열어 안수를 했다 할지라도 안수를 행한 교단에 따라 목사의 교파가 정해지는 것이지 안수의 장소에 따라 교파가 정해진다는 식의 주장은 상식적으로도 수용하기 어려운 주장이었다. 편목 과정도 학사내규에 따라 미국의 칼빈신대원과 남아공의 포체프스트룸대학의 박사과정을 마친 상태였기에 2년의 과정을 굳이 다할 필요가 없이 1년 안에 과정을 마치도록 한 것이었다. 편목과정은 재교육과정이거나 자격과정이 아니고 신학적 검증과정이라는 것이 핵심이다. 이것은 당시 학교의 교무위원회와 교수회의의 심의를 거쳐 진행된 사항이었다. 총신대 신대원의 교수들 중에도 이와 같은 과정으로 편목과정을 마치고 교수직을 수행하는 자들이 많이 있다. 관례와 학사내규를 그대로 적용한 것에 지나지 않았다.

## "자숙기간 중 미국 방문했다"

2013년 9월경, "오정현 목사가 자숙기간 중에 미국에 갔다 왔다"라고 하는 말이 나도는 원인을 추측해 보면, 오정현 목사가 갱신위원 소속 장로들과 대화하는 중에 "아들이 9월 중순에 미국에서 목사 안수를 받는데 좀 다녀오고 싶다"는 말을 했고 당회원들은 자숙기간도 곧 끝나고 아들의 목사 안수라고 하는 의미를 인정하여 미국 방문에 대해 양해하는 것으로 결론이 내려진 것 같다. 그런데 갱신위 소속 당회원 중 누군가가 반대파에게 오정현 목사의 미국 방문에 관해 흘렸고 이것이 실체와는 상관없이 미국 방문을 기정사실로 퍼뜨려졌다는 것이다. 거기다가 증인까지 있다는 양념이 보태져서 찌라시와 마당에서 일파만파로 번지게 되었다.

정확한 사실을 말하자면, 미국 방문에 대해 양해를 구한 것까지는 나도 들은 바가 있지만 오정현 목사 자신이 여러 가지 상황을 감안하여 이를 포기하고 아들에게는 영상으로 축하 메시지를 보내는 것으로 정리되었던 것이 진실이다. 이런 사실을 두고 W씨는 미국에서 한국으로 보내는 메시지 형태로 미국에서 오정현 목사를 아들의 목사 안수받는 현장에서 마치 본 것처럼 허위사실을 유포함으로써 거짓이 진실을 따돌리게 되었던 것이다.

한국에서 하도 오정현 목사의 미국 방문에 대한 거짓주장이 난무하자 오정현 목사 아들의 안수식에 참석했던 교포 청년이 자신은 안수식 현장에 있었지만 오정현 목사를 본적이 없고 아들들에게 확인해 본 결과도 전혀 사실이 아니라는 글을 11월 1일에 무교병에 올렸다.*

* http://cafe.daum.net/sarangplus-1004/LRKD/1026

Soul이라는 닉네임으로 올린 글은 이미 W씨가 자신의 블로그에 올린 글에 대해 Soul이 반박하는 형태로 되어 있으므로 W씨의 거짓주장에는 직격탄이나 다름없었다. Soul이 무교병에 올린 글의 내용을 요약하면 다음과 같다.

### 몇 가지 의혹들에 대해 확실하게 말씀드리겠습니다.

안녕하세요.

미국에 살고 있는 오 목사님 아드님들과 개인적인 친분이 있는 지인입니다. 딱히 긴말 필요 없이 몇 가지 의혹에 관해 시원하게 답 드리려고 합니다.

그동안 침묵으로 일관했었지만, 침묵으로 일관할수록 거짓은 더 커지는 것 같아 이렇게 글을 씁니다.

우선 오 목사님 장남되시는 분의 목사 안수식에 직접 다녀온 제가 찍은 몇 장의 사진을 공개합니다.

현재 남가주 사랑의교회 담임이신 노창수 목사님께서도 안수위원 중 한 분이셨습니다.

목사 안수식 순서지입니다. 제가 직접 찍은 사진이고요.

이제 제가 몇 가지 말씀을 드리려고 합니다.

목사 안수식이 있었던 날, 오 목사님은 영상으로 축사를 하셨습니다.

(미국에 몰래 오셔서 안수식에 참석하셨다는 것은 거짓입니다.)

오 목사님의 축사는 영상으로 대체되었고, 축사를 맡으신 또 다른 분인 박○○ 목사님께서는 직접 축사를 해주셨습니다.

특히 '권면'을 해주셨던 정○○ 목사님은 "아버지인 오 목사가 목사 안수를 받던 때에도 함께했었는데 그 아들의 목사 안수식에도 올 수 있게 되어 참 축복된 일이다"라고 직접 말씀하시며 오 목사님의 목사 안수에 대해 직접적인 언급을 하셨습니다.

(오 목사님의 목사 안수에 관한 의혹은 거짓입니다.)

W라는 분이 본인의 블로그에 오 목사님 장남의 목사 안수식에 참석하였다는 말을 하였다고 하는데 저는 W라는 분을 보지 못했습니다. 만약 그분이 진짜 그 자리에 오셨었다면 그분이 가진 몇 가지 의문들은 충분히 해소되고도 남을 자리였기 때문에 몇 가지 의혹들에 대한 답은 충분히 되었다고 저 개인적으로는 생각합니다.

목사 안수식에 참석한 대부분의 젊은이들과 학생들은 전부 한인 2세였기 때문에 영어로만 소통을 하는 자리였고, 어린 친구들이 많이 참석하였기 때문에 W라는 분이 만약 그 자리에 오셨더라면 딱히 건질 만한 건덕지는 없었을 것입니다.

또한 오 목사님이 자숙기간에 몰래 미국에 왔다는 것 또한 거짓입니다. 처음에 이 의혹을 제기한 사람들은 오 목사님이 몰래 아들의 안수식에 참석하였다고 하였지만, 그것이 거짓으로 드러나자 "안수식에는 참석하지 않았지만 그래도 미국에는 다녀왔다"라고 또다시 의혹을 제기하였습니다.

친한 지인으로서 제가 오 목사님 아들들이신 두 분께 모두 확인한 결과, 아버지(오 목사님)는 미국에 몰래 다녀간 적이 전혀 없다고 하시면서 황당하다는 반응을 보이셨습니다.

예전에 어떤 분이 저쪽 카페에 "오 목사님을 미국 뉴포트비치 리조트에서 본 사람이 있고 그 사람이 나에게 연락을 했다"라는 글을 남기셨다가 거짓으로 들통나자 삭제하셨는데, 죄송하지만 오 목사님은 한국 가시기 전까지 세리토스 부근에 거주하셨고, 그 아들들 되시는 분들은 남가주 사랑의 교회 주변과 LA 위쪽에 각자 떨어져서 생활하고 계십니다. 굳이 오 목사님이 몰래 오셔서 아들들도 보고 가지 않았다는 건 상식에 맞지 않습니다.

그리고 한 가지 더,

오 목사님 아들들에게 협박성 메일을 보내는 분들이 그동안 아주 많았습니다.

어차피 그 자제분들은 오 목사님이 처음 사랑의교회 가셨을 때부터 계속하여 스토킹 비슷하게 협박을 받거나 모르는 이들로부터 욕이 담긴 메일, 또는 전화를 많이 받아온 경험이 있었기에 지금도 대수롭지 않은 반응을 보이고 있습니다만, 제가 장남이신 분에게 부탁하여 몇 개의 메일 내용을 샘플로 받아놨습니다.

그 내용을 공개할까 고민했지만, 그것은 저의 소관이 아니라 공개하지는 않겠습니다. 다만, 요즘은 인터넷이 발달하여 메일주소로 구글링만 하더라도 그 메일주소의 이용자가 누구인지 상세하게 알 수 있습니다.

아주 만약에, 그러한 일이 계속하여 벌어진다면, 추후에는 그에 대한 대가를 치르게 될 수도 있다는 것을 이 글을 통해 알립니다.

모쪼록, 미국에도 무교병과 뜻을 함께하는 많은 이들이 있다는 것을 알아주시고 함께 더 힘차게 기도할 수 있었으면 합니다.

감사합니다.


닉네임 Soul의 글에 대한 반응은 폭발적이었다. 조회 수가 3,000회를 넘겼고 반대파의 거짓주장의 정수리를 정면으로 반박하는 글

W는 자신의 블로그에 글과 사진을 올려, 아래쪽의 카메라를 든 청년이 실제로는 W 자신이라고 주장하면서 자신이 뒷모습을 찍은 사진들(위)을 공개하기도 했다. 그러나 두 사진 속의 인물은 동일인이 아님은 자명했다.


이었다.

그런데 무교병의 이 글과 사진을 보고 W씨는 반성과 회개는커녕, Soul이 올린 글의 사진에 나오는 어떤 청년이 바로 "자기 자신"이라고 하면서 자신이 그 자리에 있었다고 한 것이었다. W씨는 자신의 블로그에서 "무교병에 올린 분의 사진에 저의 뒷모습이 찍혔다"고 주장하면서 원으로 표시까지 하면서 "이 사람이 바로 나다"라고 주장한 것이었다. 그러면서 Soul이 오히려 거짓말을 하고 있다고 태연하게 글을 올렸다. 이 어이없는 주장에 대하여 이틀 뒤에 Soul이 다시 반박하는 글을 올렸다.*

---

\*    http://cafe.daum.net/sarangplus-1004/LRKD/1038

안녕하십니까. 오 목사님 관련된 루머(미국 방문, 목사 안수식 등)에 대해 몇 가지 답변을 드린 Soul입니다.

저의 글이 올라가고 나서 W씨라는 분의 블로그에 반박 글이 올라왔습니다. 아래는 W씨라는 분의 반박 글 일부를 캡처한 것입니다.

제가 올린 사진에 W씨 본인의 뒷모습이 찍혔다고 하면서 저를 무교병 아르바이트생으로 몰아가시더군요.

한 가지 확실한 팩트 하나 먼저 말씀드리겠습니다.

저는 저번 해명 글을 올리고 나서 한 번도 수정을 한 적이 없습니다.

확실한 팩트를 올렸는데 그것을 수정할 이유가 전혀 없었기 때문입니다.

그리고 제가 올린 사진에 W씨 본인의 뒷모습이 찍혔다고 주장을 하였는데. 너무나도 어이없는 거짓말을 태연하게 하시길래 개인적으로 너무 흥미롭다고 느꼈습니다. 위 사진에서 W씨 본인이라고 주장하는 분의 사진이 몇 장 더 있어서 올려봅니다.

(일단 W씨가 자신이라고 지목한 사진의 뒷모습을 확대해 보았습니다)

보시다시피 위 3장에 나오는 카메라를 든 분은 모두 동일 인물입니다.

(W씨 본인 스스로도 '촬영을 하고 있는 모습'이라고 표현했기 때문에 이것은 카메라를 든 사람을 말하는 것이지요)

그동안 의혹을 제기하는 영상속의 W씨라는 분과는 전혀 다른 젊은이의 뒷모습입니다. 이런 허무맹랑한 거짓말을 어떻게 그렇게 당당하게 하실 수 있는지 의문입니다.

그러나 모든 것을 확실하게 하기 위해 곧바로 오 목사님 장남되시는 분과 접촉하여 직접 사진을 보여드리고 이 분이 누구인지 물어보았습니다.

그리고 오 목사님 장남이신 분께서 섬기시는 남가주 사랑의교회 영어

중등부 관련 사역을 하시는 분이라는 것을 알게 되었고, 또한 카메라를 든 분의 연락처와 정면사진 등 몇 가지 신상관련 자료들을 받을 수 있었습니다.

(제가 개인적으로 아는 분은 아니기에 신상정보는 공개하지 못합니다. 그러나 오 목사님 장남되시는 분이 직접 저에게 함께 있는 자리에서 확인시켜 주셨습니다.)

오 목사님의 목사 안수 의혹도 저번에 말씀드렸던 '권면'을 하셨던 정 ○○ 목사님을 W씨라는 분이 취재하셨다면 확실한 정보를 얻으셨을 텐데 그렇게 하셨는지는 모르겠습니다. 굳이 다른 곳에서 힘들게 정보를 얻을 필요가 있을까 싶네요.

오 목사님 미국방문에 대한 루머에 대해서도 W씨라는 분은 계속해서 그 증거가 있다고 말씀하시는데, 그렇다면 오 목사님이 아들들한테 마저 거짓말을 하고 미국을 몰래 갔다는 말입니까? ㅋㅋ

아니, 오 목사님의 자제분들에게 확인을 하는 것도 믿지 않겠다면 더 이상 어떻게 해야 한다는 건지 전혀 모르겠네요.

(이왕 이렇게 된 거, 오 목사님 자제분들이 오 목사님의 친자식들이 맞는지 그런 의혹도 한번 제기해 보세요. ㅎㅎ)


또한 저번 해명 글에 많은 무교병 여러분들이 오 목사님 자제분들에 대한 협박성 메일과 욕설 메시지에 대해 "공개하라, 하지 말라" 등 관심을 보여 주셨는데, 오 목사님 장남되시는 분께 여쭤 보니 그동안 받은 모든 메일들을 잘 보관하고 있다고 하셨습니다. 그러나 그것을 공개하는 것은 모두에게 덕(德)이 되지 못하는 일이기 때문에 신경 쓰지 않겠다고 하셨습니다.

끝으로 W씨라는 분이 저를 무교병 아르바이트생으로 묘사하셨는데, 차라리 저를 자원봉사자라고 불러주셨으면 합니다. 적어도 저는 제가 잘 알고 확실한 친분이 있는 분을 돕고, 잘못된 정보를 바로잡기 위해 글을 쓴 것이기 때문에 그 누구보다 올바른 명분(名分)이 있다고 믿습니다.

사랑의교회 성도 여러분들이 새 성전으로 가실 날이 얼마 남지 않았네요. 멀리서나마 기도로 응원하겠습니다.

읽어주셔서 감사합니다.

이 어처구니없는 거짓주장의 생명은 길었다. 대기업에 다니며 나름대로 똑똑하다고 하는 반대파의 일원도 이 사실을 철저히 믿고 있었다. 내가 그에게 "오정현 목사님 미국 안 갔습니다. 거짓말을 믿지 마세요"라고 하자, 그는 단호하게 "갔습니다. 확실히 갔습니다"라고 했다. 도대체 미국이 적성국가도 아니고, 거주의 이전의 자유가 있는 대한민국 국민이 미국을 방문하는 것이 무슨 문제가 되겠는가 마는 반대파에게는 문제가 되었다. 그것을 지렛대로 삼아 자신들의 목적을 이루려고 했는데 그 지렛대는 바로, "오정현 목사가 미국에 다녀와 놓고 또 안 갔다고 거짓말했다"였다. 이 미국방문 거짓주장은 무려 100일 이상을 끌었고, 서초예배당 입당 후에도 교회 앞 길거리에서까지 주장하는 메뉴로 이용되었다.

나는 3개월쯤 후, 계속해서 미국방문에 대해 거짓주장을 하는 자들에게 오정현 목사의 출입국기록을 보여 주었더니 "이거 조작된 것 아닌가요?"라고 했다. 뭐를 보여 주어도 믿지 않으려 했다. 거짓의 영에 완전히 사로잡혀 있었다. 나는 저들에게 이렇게 말했다. "오정현 목사가 사람인 것은 믿을 수 있겠느냐?"고. 또 그들에게 말했다. 그렇게 거짓말로 오정현 목사를 괴롭히지 말고, 그냥 "난 오정현 목사가 싫다"라고 정직하게 말하라고. "싫으면 그냥 싫다고 하지 왜 거짓말로 오정현 목사를 나쁜 사람으로 몰아가느냐"며 따졌다. 저들이 할 말이 있을 리 없었다. 이렇게 되자 교인들 사이에는 "반대파의 표준말은 '거짓말'이다"라는 말까지 떠돌게 되었다.

> 너는 거짓된 풍설을 퍼뜨리지 말며 악인과 연합하여 위증하는 증인이
> 되지 말며 다수를 따라 악을 행하지 말며 송사에 다수를 따라 부당한
> 증언을 하지 말며 (출 23:1-2)

출애굽 당시에도, 요단강을 건너 가나안땅에 들어가야 하는 아바르 타임이 다가올수록 거짓된 풍설(風說, a false rumors)이 난무했던 것처럼 거짓된 보고와 소문이 바람을 타고 이집 저집, 이 사람 저 사람을 파고들었다.

## "오정현 목사의 복귀를 저지하겠다"

반대파 카페에 "주연종 목사는 마귀새끼"라며 험한 글을 쓴 어떤 반대파 인사는 같은 카페에 글을 올려, "오정현 목사의 복귀를 막겠다"고 했다. 오정현 목사의 복귀가 임박한 9월 초부터는 복귀가 화제였고 이슈였다. 이미 저들은 목사 안수와 미국방문 거짓말로 밑밥을 던져 예령(豫令)을 걸어 놓고 있었다. "오정현 목사가 강단에 오르면 반드시 끌어내겠다. 발가벗겨 쫓아버리겠다"는 험한 글들이 올라왔다. 심지어는 살해를 암시하는 글도 올라왔다가 사라졌다. "마당에 수백 명이 모여 오정현 목사의 진입을 막자"고 하는 선동의 글들도

계속 올라왔다. 복귀일자 하루 후인 9월 18일자로 "이제 우리는 공식적으로 오정현 목사의 사임을 촉구합니다"라는 5단 광고가 이 신문 저 신문에 실렸다. 돈도 많았다. 이 광고에는 '3,034명 일동'이라고 되어 있는데 그 3,034명이 도대체 누구인지는 밝히지 못했다. 그 이유는 그 3,034명이라고 하는 것이 사실상 유령과도 같은 숫자였기 때문이다. 서명을 온라인으로 받도록 하면서 한 사람이 여러 명의 명의를 대신해서 서명할 수 있고 가족 단위로도 할 수 있도록 했기에 한 살짜리 손주도 서명자로 들어가 있을 수 있어 명단 공개를 결국 하지 못했다는 의혹이 일었다.

오정현 목사의 복귀가 순탄하게 이루어지지 않을 수도 있겠다는 위기감이 형성되기 시작했다. 실제로 오정현 목사의 복귀는 반대파에게는 '왕의 귀환'과도 같았으며 우리 교인들에게는 '회복과 도약의 신호탄'이 될 것이었기에 모두 예민하게 복귀를 기다리고 있었다. 나는 오정현 목사의 복귀가 순탄치 않게 되면 몹시 어려운 상황이 이어질 수도 있을 것이라는 예감이 들었다. 동시에 오정현 목사의 복귀가 잘 이루어지면 회복과 도약이 이어질 것이라고 믿었다. 그리고 오정현 목사의 평화적인 복귀가 불가능할 이유도 없다고 보았다. 그러나 저절로 될 수 있는 것은 아니었다. 뭔가 준비가 필요했다. 우리의 모든 역량을 동원하여 준비하지 않으면 안 되었다.


## 짓밟힌 추모예배

2013년 9월 3일 오전 11시, 옥한흠 목사 3주기 추모예배가 안성수양관에서 있었다.

이날은 오정현 목사가 지난 3월 17일에 자숙에 들어간 후 처음으로 공식적인 자리에 모습을 나타내는 날이었고, 2주 뒤로 예정된 공식적인 복귀를 앞두고 분위기를 살필 수 있는 기회이기도 했다. 반대파는 이 날의 추모식에 공을 들였다. 많은 인원이 참석하여 이제까지의 여러 행사에서 축적된 행동요령으로 오정현 목사에게 창피를 줄 생각들을 하고 있었던 것이다. 수염을 기른 채로 등장한 오정현 목사와 윤난영 사모는 고 옥한흠 목사의 부인인 김영순 사모와 함께 식장으로 들어섰다. 그리고 맨 앞자리에 나란히 앉았다. 오정현 목사 부부와 반대파, 그리고 반대파와 교인들이 서로 처음으로 조우(遭遇)하는 순간이었다.

순서에 따라 국제제자훈련원장이었던 오정현 목사가 제자훈련과 관련하여 상을 받게 되는 목회자들에게 시상하는 순서가 되어 단상으로 오르게 되었다. 마이크를 잡고 말을 하려던 순간, 고××이 소리를 지르며 강단으로 돌진했다. 마이크를 가로채며 단하에 있는 김영순 사모를 향해 "사모님, 용서하십시오. 오정현 목사는 시상할 자격이 없습니다"라며 행사를 중단시키려 했다. 반대파 성도들은 술렁이며 그간 학습하고 숙지한 지침대로 소리를 지르며 오정현 목사를 향해 고함쳤다. 교회 성도들이 강단으로 뛰어올라가 고××을 퇴장시켰다. 그리고 오정현 목사는 김영순 사모를 강단으로 모신 후에 시상을 함께 하자고 제안했다. 강단에 오른 김영순 사모는 청중들에게 "여기 왜 왔어요? 이런 짓 하려고 왔어요?"라며 소란을 피우는 반대파 청중들을 꾸짖었다. 그리고 "오정현 목사가 예정대로 시상을 했으면 좋겠다. 오정현 목사가 하나님 앞에서 벌벌 떠는 목사가 되기를 기도한다"고도 했다. 그리고 민수기 14장 28절을 인용했다. "너희 말이 내 귀에 들린 대로 내가 너희에게 시행하리라." 순간 반대파는 숨을 죽인 듯 잠잠했다. 그리고 조용히 술렁거렸다. 술렁거림의 내용은 김영순 사모가 자기들 편을 들지 않는 것에 대한 배신감과 불만을 토로하는 것이었다. 그것은 저들이 김영순 사모가 자신들 편이라고 생각했다는 의미이기도 했다.

이날의 예배방해 사건은 인터넷을 통해 전국에 생중계되었고 고××의 분별없는 행동에 대해 성도들은 분노하고 안타까워했다. 그리고 예배방해에 대한 책임을 묻기로 하고 약 150여 명의 성도들이 연명하여 고××을 예배방해죄로 검찰에 고발했다. 그는 100만 원의 벌금형을 받았지만 정식 재판을 청구하여 나중에 선고유예 판결을 받았다. 선고유예란 '죄는 인정이 되지만 선고를 하지 않았다'는 것이므로 이날의 소동으로 고××은 예배방해로 큰 대가를 치르게 되었다.

고××의 소동에는 하나님의 섭리가 있었다고 나는 확신한다. 오정현 목사의 복귀를 앞두고 있었던 고××의 소동과 김영순 사모의 꾸짖음은 반대파를 위축시켰다. 반대파 권사와 여 집사들은 김영순 사모를 비난하면서 점심도 먹지 않고 상경해 버렸다. 오정현 목사의 복귀를 앞두고 교회는 예방주사를 한 대 맞은 것과도 같았고 반대파는 신무기의 실험에 실패와 좌절을 맛보며 오정현 목사의 복귀 저지 카드를 만지작거리는 데 부담을 안게 되었다. 그럼에도 불구하고 오정현 목사의 복귀에는 한 치의 오차도 없어야 하며 어떤 불상사도 발생하면 안 되었기에 더욱 철저히 대비하지 않으면 안 되었다.

## '예배지킴이' 결성

오정현 목사의 복귀를 앞두고 교회는 긴장감이 감돌았다. 예상대로 고××의 돌출행동으로 예배방해가 이미 발생했고 오정현 목사의 복귀를 저지하겠다는 반대파의 목소리도 거세었다.

나는 7월경부터 예배부를 중심으로 예배방해를 막기 위한 논의를 시작했다. 분당의 모 교회가 경험한 극심한 예배방해에 대한 동영상과 함께 그 교회를 지켰던 분들을 초청하여 교회를 지키려는 모임인 평신도협의회와 미스바기도회 동역자들, 그리고 330회원들을 중심으로 학습의 기회를 가졌다. 330이란 주일 오후 3시30분에 모여 교회의 안정을 위해 기도하고 행동과 물질로 섬기기로 헌신한 평신도들의 모임이었다. 오직 교회의 안정과 오정현 담임목사의 영적 권위를 회복하는 일에 전적으로 헌신한 그룹은 이외에도 여러 개가 있었다. 가장 공신력 있는 그룹은 평신도협의회(이하 평협)였다. 평협의 대표들과 각 분과를 맡은 평협의 헌신된 분들은 330멤버들과 서로 협력하고 보완하면서 각 그룹의 역할과 사명을 다하려 애썼다.

분당의 모 교회 영상은 충격적이었다. 목사를 협박, 폭행하려 하고 주일 예배시간에 예배 자체를 유린하며 훼손하는 행동이 담긴 영상은 충격 그 자체였다. 교회의 반대파가 행하는 행동이 아니라 무슨 조직폭력배들이 하듯 예배와 강대상을 지키려는 성도에게 조직적으로 폭력과 폭언을 일삼는 장면이 계속되었다. 반대파의 표시로 어깨와 머리에 파란 수건을 두르고 예배를 유린하는 장면들은 소름이 돋을 정도였다. 이 영상과 지난 8월 10일, 사랑의교회 순장 설명회에서 있었던 반대파의 방해 행동, 그리고 마당에서 있었던 거친 저주의 기도 등을 편집하여 평신도들에게 보여 주어야겠다고 생각했다.

무엇보다도 예배방해와 맞서 반대파를 제압할 평신도 조직이 필요했다. 평협과 330은 이를테면 지도부 성격의 모임이었다. 그들을 모체로 하여 확대된 행동조직이 필요했다. 예배부와 각 권사회, 포에버를 주축으로 해서 '예배지킴이'를 모집했다. 정말 신뢰할 만한 분들을 중심으로 홍보하고 헌신해 줄 것을 부탁했다. 각 교구의 교역자들도 힘을 보태어 각 교구별로 헌신된 분들, 즉 몸으로 교회를 지키고 예배를 지킬 분들을 찾아내어 연결해 주었다. 예배지킴이 소집과 교육의 책임은 예배부 담당인 박인기 목사가 맡고 안전대응팀이 실무적으로 지원했다. 안전대응팀장인 나는 예배방해죄의 법적인 근거와 상황별 대응 매뉴얼 및 담임목사 경호계획까지 작성하여 계속해서 업그레이드시켰다. 더 나아가 예배지킴이 활동 전체를 관장하면서 교회의 공조직인 예배부와 평신도 조직인 평협, 330 등과 협력했다. 목표는 1,000명이었다. 첫 모임을 공지한 후 300명 정도가 모였다. 이날 모인 성도들은 예배방해에 관한 실제 영상과 반대파의 의도에 대한 설명을 듣고는 충격을 받고 눈물을 흘리며 뜨겁게 기도했다. 2주 후에 두 번째 모임이 있었다. 700여 명이 몰려 처음보다 배나 더 많이 모였다. 그리고 한 주 뒤에는 1,200명 정도가 모여 본당에서 예배지킴이 활동에 대하여 알려 주고 행동요령과 실제 예행연습까지 실시했다. 나는 예배지킴이 모임이 있을 때마다 늘 이렇게 말했다. "이런 예배지킴이 모임의 궁극적 목적은 예배방해를 막는 것이 아니고 아예 일어나지 않도록 미연에 방지하는 것입니다.

우리의 헌신을 받으시고 사랑의교회에서 예배방해가 일어나지 않기를 위해서라도 더 열심히 준비합시다"라고.

예배지킴이를 조직하고 예배를 지키는 활동을 준비하는 것과는 별도로 예배당 입구에는 예배방해죄에 대해 설명하는 문구를 붙여 놓아 반대파의 준동에 경고하였다. 그리고 '우리'지에는 예배방해가 형법 제158조를 어기는 것이며 어떤 처벌을 받게 되는지를 사례를 들어가면서 다루었고, 이에 대한 전문가의 설명도 기고형식으로 게재했다. 그리고 만일의 사태에 대비하여 오정현 목사의 신변을 보호하는 팀을 별도로 구성하여 활동하도록 했다. 만반의 준비를 갖추어 만일의 사태에 대비하도록 했던 것이다. 이에 대해 반대파는 "오정현 목사가 경호대를 거금을 들여서 고용했느니" 하면서 또 거짓말을 일삼았지만, 단언컨대 단 1명의 경호원도 단 1원의 돈도 지출된 바가 없이 순수한 평신도 헌신자들이 자원해서 어려운 역할을 자임했다.

예배지킴이의 임무는 첫째로, 반대파에 의해 예배가 방해받지 않도록 기도하며 영적인 지킴이 역할을 하는 것이고, 둘째로, 예배방해가 발생했을 시에는 속히 이를 진정시키는 것이고, 셋째로는 상황에 따라서는 방해 행위자를 차단하거나 예배실에서 분리시키는 것이었다. 전체 지킴이를 팀과 조로 나누고 역할도 부여하여 각자가 최선을 다해 예배를 지키도록 했다. 채증팀은 채증요령도 숙지하고 관련 장비도 준비했다. 반대파는 긴장했다. 1,000여 명의 예배지킴이가 결성되어 몸으로 교회를 지키겠다고 하자, 그동안 자신들의 독무대인 줄만 알았던 사랑의교회가 자신들 마음대로 판이 돌아가지 않을 것이라고 인식하게 된 것이다. 당연한 것이었다. 소리 없이 숨죽이며 주님의 뜻을 살피던 주의 종들이 분연히 일어선 것이었다.

5

# 오정현 목사 복귀하다

## 첫 예배

오정현 목사의 복귀는 2013년 9월 17일, 화요일이었다. 이날을 기점으로 교회를 출입하면서 일상적인 업무와 사역을 준비했다. 교역자들과도 이날 처음 만났다. 교역자회의인 창목회* 시간에 오정현 목사는 전 교역자들과 간단히 조찬을 하면서 그간의 소회를 나누고 향후 목회적 안정을 위해 함께 기도했다. 그리고 3일간의 추석연휴가 이어졌고, 오정현 목사는 21일(토) 토요비전새벽기도회 시간에

---

* 창목회는 창조적인 목회를 위한 교역자회의의 줄임말로서 매주 화요일 아침 7시에 모여 한 시간여 기도와 강의 혹은 설교나 담임목사의 목회철학을 공유하는 기회이다.

오정현 목사 복귀 후 첫 예배로 참석한 9월 21일의 토요비전새벽기도회에서 기도회를 마친 후 축도하는 장면. 이날의 은혜로운 복귀로 반대파는 힘을 잃었고 교회는 안정과 회복을 향하여 나아갈 수 있었다.

자숙 후 처음으로 사랑의교회 본당에 서게 되어 있었다. 오정현 목사의 복귀를 준비하는 팀은 연휴도 제대로 못 챙기고 최선을 다해 안정적 귀환을 준비했다.

드디어 토요일 새벽, 오정현 목사는 평소보다 조금 일찍 교회로 들어 왔다. 교역자들과 일부 장로들이 마당에서 대기하다가 오정현 목사를 맞이했다. 반대파의 거센 저항과 복귀 반대 시위가 있을 법도 했는데 지난 7월 19일과 마찬가지로 아무도 나타나지 않았다. 그날 새벽 6시 10분에 시작된 토요비전새벽기도회 설교는 세계 선교부 팀장인 이용석 목사가 했고, 전 교역자가 찬양대석에서 찬양을 했다. 나는 2층에서 본당 전체를 살피면서 함께 예배를 드렸다. 본당을 가득 메운 2,000명의 성도들 모두도 극도의 긴장 속에서 예배에 집중하고 있었다.

이용석 목사의 설교가 끝나고 이제 오정현 목사가 등단하여 복귀인사와 함께 기도회 인도를 할 차례였다. 김은수 목사에 의해 오정현 목사가 소개되고 오정현 목사가 강대상을 향해 걸어 나가는 몇 초의 시간은 가장 긴장되는 순간이었다. 시간도 길게 느껴졌다. 회중의 얼굴에서도 반가움과 우려의 양가감정(兩價感情)이 뒤섞여 있는 것이 느껴졌다. "혹시 누군가 소리라도 지르면서 앞으로 나오면 어쩌나, 계란이나 기타 이물질을 던지면 어쩌나"하는 생각을 하지 않을 수 없었다. 그렇게 되면 복귀에 상처가 남아 향후 리더십 발휘에도 좋지 않은 영향이 있을 것은 자명했다.

다행히도 그런 불상사는 나지 않았다. 오정현 목사의 당시 심정은 어떠했을까? 성도들도 긴장했지만 오정현 목사도 긴장하고 있었을 것이라고 생각되었다.

그러나 성도들은 따뜻한 박수로 오정현 목사를 맞이했다. 그 박수소리에 서로가 긴장을 풀고 지난 6개월의 시간을 되새겨 보면서 앞으로도 쉽지 않을 날들에 대해 생각하는 순간이었다. 오정현 목사의 복귀 인사말과 찬양, 그리고 기도회가 이어졌다. 6개월의 공백이 무색할 정도로 오정현 목사는 힘 있고 단호한 모습으로 기도회를 인도했다.


## "생애 가장 감동적인 예배였습니다"

또 하나의 남은 과제는 그 이튿날의 주일 예배였다. 오정현 목사의 복귀는 9월 17일이고, 첫 예배참석이 9월 21일이었다면 첫 복귀 주일이자 첫 설교는 9월 22일이었다. 이제 주일예배만 방해 없이 드려지면 오정현 목사의 복귀는 성공적으로 이루어질 터였다. 회복과 도약을 향한 첫 단추는 잘 꿰어진 셈이지만 어떤 형태로든 복귀를 저해하고 방해하는 일이 발생해서 "오정현 목사 복귀 무산, 오정현 목사 잡음 속 복귀 – 안정화 어려울 듯, 오정현 목사 복귀 난항" 등의 표제가 붙은 언론보도가 나가게 되면 내부동요도 있지 않을까 우려가 되었다. 게다가 바로 다음날인 9월 23일부터는 수원에서 제98회 대한예수교장로회총회가 열리게 되는데 총회 현장에서도 사랑의교회 문제가 회자될 것이기에 더욱 신경을 곤두세우지 않으면 안 되었다. 우리는 복귀 주일의 임무를 "방해 없는 복귀, 안정적인 새 출발"로 잡았고, 이것을 저해하는 요소는 100% 제거하거나 막아야 한다는 목표를 세웠다.

반대파가 예배당 앞자리를 차지하여 파업이나 태업형태의 예배 방해를 할 수도 있을 것이라고 생각해서 예배지킴이로 헌신한 분들을 앞자리에 앉도록 안내했다. 그리고 어떤 분은 5부까지 하루 종일 기도하는 심정으로 예배 자리를 지킨 분도 있었다.

그날 오정현 목사는 요한복음 13장 1~7절과 15~17절의 말씀을 근거로 "사랑으로 발을 씻기는 것이 복되도다"라는 제목으로 설교를 했다. 설교 서두에 "미천한 종이 성도들의 마음을 아프게 해 드린 것에 대하여 용서를 구합니다"라고 성도들에게 자신의 심경을 전했다. 계속해서 본문에 근거하여 예수님의 참된 사랑의 실제에 대해 강조하고 성찬식도 함께 행했다. 그리고 설교 중간중간에도 거듭 교인들의 마음을 아프게 한 상황에 대해 사과하고 용서를 구했다. 주보에 실린 '사랑의 목장'이라는 담임목사 칼럼을 통해서도 그날의 심경을 밝혔다.

이날 어느 교회의 한 원로 목사는 페이스북을 통해 '오정현 목사가 잘못을 인정하고 용서를 구했으면 좋았을 것'이라는 글을 올려서 또 한 번 성도들의 마음에 상처를 주었다. 그 목사는 봄에도 '항아리를 깰까 두려워 쥐를 안 잡으면 안 된다'는 식으로 말을 하면서 오정현 목사를 우회적으로 공격했었다. 그런데 복귀하는 날 또 그와 유사한 글을 남겼던 것이다. 그 목사는 오정현 목사가 예배 시간에 잘못을 인정하고 사과하며 용서를 구했다는 사실을 확인도 하지 않고 그런 글을 올린 것이었다. 나는 그 목사가 결코 깨끗하지 못하다는 사실을 알 만큼 알고 있었다. 그 목사는 2년 뒤인 2015년 가을, 한참 우리 사회가 동성애 문제로 논란을 벌일 때, 애매한 입장을 표명하여 신실한 기독교인들로부터 외면을 받고 공격을 받자 페이스북 활동도 잠시 접고 아프리카로 떠나기도 했었다. 아픔을 겪지 않아본 사람은 저렇게 남의 말을 쉽게 하는구나 하는 생각에 그분이 불쌍해 보였다.

5부 예배가 끝난 후 우리 모두는 안도의 한숨을 내쉬었다. 감사하게도 어떤 방해도 발생하지 않았다. 그날 교회 마당에는 중앙 일간지는 물론 교계신문기자들이 대거 몰려와 오정현 목사의 복귀를 지켜봤다. 한 중앙일간지 종교부 기자는 "분쟁이 있다고 알려진 교회가 이렇게 조용할 줄 몰랐다"며 놀라기도 했다. 길거리에는 여전히 반대파의 피켓과 현수막 시위가 벌어지고 있었지만 복귀를 막을 수는 없었고, 내용도 새로울 것이 없어서 그냥 무시되고 있는 상황까지를 두 눈으로 보고 난 후의 반응이었다.

오정현 목사도 그날 무척 힘든 하루를 보냈다. 5번의 설교와 성찬 집례, 그리고 복귀 인사와 사과 등등…. 그러나 우리는 또 한 번 하나님의 은혜를 입었고 엘리야의 사환이 보았던 손바닥만 한 작은 구름과 같은 것을 보았다. 엘리야의 사환이 본 그 작은 구름이 3년 6개월의 가뭄을 끊고 은혜의 단비를 가져올 신호탄이었던 것처럼(왕상 18:41-46) 오정현 목사의 안정된 복귀는 사랑의교회에 내려질 회복과 도약의 단비를 예고하는 조각구름이었던 것이다. 그러나 그 손바닥만 한 작은 구름이 회복과 도약의 단비가 되어 사랑의교회를 적시는 그날이 그렇게 쉽게 도래하지는 않았다.

다음날, 나는 오정현 목사를 수행해서 수원에서 열린 대한예수교 장로회 총회 장소로 갔다. 오정현 목사의 지인들은 손을 잡고 등을 두드리면서 "고생했다"라며 이심전심으로 위로와 격려를 보내 주었다. 어제 복귀주일에 아무 일 없었던 것을 다 알고 있는 총대들은 이제 사랑의교회가 안정과 회복의 도약대로 나가기를 기대했다. 바로 1년 전 일부 인사들이 오정현 목사의 논문과 건축을 문제 삼으려 했던 바로 그 총회 현장에서 그동안 그 문제들로 인해 어려움을 겪어야 했던 동역자에 대한 애정 어린 위로였다. 오정현 목사의 동생인 대전 새로남교회의 오정호 목사는 나에게 "어제 모든 예배를 모니터링했었다"면서 전교인들이 마음을 모아 복귀를 준비한 것에 대해 감사해 하며 격려해 주었다.

예배지킴이 활동에 대하여 반대파는 당황했다. 교회를 지키는 물리적 방어선이 형성되었고 그 실체가 드러났기 때문이었다. 그래서 자신들이 예배를 방해하고 복귀를 무산시키려 한 의도가 먹혀들지 않자 예배지킴이에 대해 비난하고 나섰다. 내가 볼 때에는 도둑이 경계와 방어를 잘하고 있는 경찰에 대해 비난하는 것과 같이 어이없어 보였다. 지금은 반대파에 서 있는 어떤 장로는 예배지킴이 모임이 형성되어 갈 무렵 예배지킴이를 못 마땅히 여기면서 "예배방해가 발생하지도 않았는데 굳이 그런 준비를 할 필요가 있는가"라면서 비난했다. 그

장로의 말은 '전쟁이 나지도 않았는데 웬 군대냐? 화재가 발생한 적도 없는데 웬 소방서냐? 전쟁이 난 후에, 불이난 후에 군대와 소방서를 만들어도 늦지 않는다'라는 식의 논리였다. 억지이자 궤변 그 자체였다. 반대파의 속내를 들킨 것에 지나지 않았다. 그런 류의 말과 글에 대해서는 사실 신경 쓸 여유도 없었다.

오정현 목사의 복귀가 은혜롭게 이루어진 바로 그날 저녁, 그동안 애썼던 몇몇 평신도들과 교회 주변에서 함께 모임을 가졌다. 그 자리에서 많은 평신도들은 소감을 나누면서 남녀노소 구분 없이 감격의 눈물을 흘렸다. 그동안 담임목사 없이 보낸 6개월 동안 속으로 삭였던 아픔과 서러움, 말 못할 저마다의 사연들을 그 눈물로 대신했다. 안내팀장으로서 평신도 안내팀 전체를 총괄했던 이동수 집사도 울었다. 그리고 이렇게 말했다.

"내 생애 최고의 예배였습니다."

그 말은 그 자리에 있던 우리 모두의 마음이었다.

## 반대파의 반응과 대책

반대파는 고××이 예배방해죄로 기소된 이후부터는 "예배방해하면 큰 벌금 뭅니다. 하지 마세요"라고 마당에서 자기들끼리 광고했다. 교회에서 '우리'지와 주보광고, 그리고 예배실 문 앞에 부착한 예배방해자는 형법으로 처벌받는다는 문구가 먹혀들고 있었다. 저들의 말인즉 "예배방해는 성도의 도리가 아니라서 하면 안 된다. 하나님이 싫어하신다"가 아니라 "예배방해하면 벌금을 많이 내니까 하면 안 된다"였다. 그래서 나온 말이 "반대파는 하나님 빼고는 다 무서워한다"였다. 벌금과 경찰을 그토록 무서워하면서 영적 권위와 질서를 무시하는 자들에게는 딱 맞는 말인지도 모른다.

예배방해가 전혀 없었던 것은 아니다. 예배당 밖 길가에서는 예배를 위해 출입하는 성도들을 향해 여전히 피켓과 현수막과 찌라시로 마음을 어지럽히는 일을 계속했다. 그리고 예배당에는 그날 유독 검은 상복(喪服)을 입은 성도들이 눈에 띄었다. 물론 장례예배에 다녀오는 성도들도 있었겠지만 대부분은 반대파였다. 검은 상복을 입고 교회에 가자는 말들이 있었다고 했다. "사랑의교회는 죽었다"는 장송(葬送)의 의미로 그렇게 한 것 같았다. 그들의 굳은 얼굴과 검은 상복은 "죽은 자의 하나님이 아니요 산 자의 하나님이신" 말씀에 대한 도발로 느껴졌다. 그리고 "사랑의교회는 죽었다"고 말하고 싶었는지는 몰라도 그들의 내면세계에서는 "사랑의교회를 죽이고 싶다"라고 외치는 것으로 읽혀졌다. 아니 노골적으로 그런 메시지를 전하고자 했는지도 모른다. 아프고 힘들어 하는 환자 병상에 환한 꽃과 화사한 옷차림으로 용기를 주는 것이 교회와 성도가 할 일이지 상복을 입고 조화를 들이밀며 죽었다고 시위하는 모습은 성도의 모습도 아니고, 인간의 도리도 아니었다. 나는 그들의 그런 모습을 보고 정작 영적으로 흑암 가운데 죽은 것과 같은 처지는 그들 자신이 아닌가 생각했다.

> 그가 또한 우리를 새 언약의 일꾼 되기에 만족하게 하셨으니 율법 조문으로 하지 아니하고 오직 영으로 함이니 율법 조문은 죽이는 것이요 영은 살리는 것이니라 (고후 3:6)

오정현 목사가 복귀 후 반대파에서는 "전열을 정비하고 분립 쪽으로 나가자"는 제안이 간간이 새어 나왔다. 정 반대로 "각 사역부서에 침투해서 교회 사역 전체를 통해 반대파의 세를 확산시키자"는 의견도 나왔다. 퇴로를 모색하는 모습이 역력했다. 그러나 저들이 미련을 버리지 못하고 있는 것이 아직 더 있었는데, 그것은 새 성전 건축과 관련한 사용승인(준공)허가가 나오지 않도록 하는 것과 오정현 목사의 검찰 고발 건에서 무슨 흠집이라도 생기는 것이었다. 오정현 목사를 고발한 반대파 C집사는 "오정현 목사 감옥 가는 날에 나를 기억하라"면서 오정현 목사의 구속을 호언장담했다. 담임목사가 감옥 가는 날을 손꼽아 기다리며 그날을 무슨 기념일 취급하려 하는 그의 태도가 참으로 한심했다.

2년쯤 뒤에 바로 C집사는 강남예배당 훼손혐의로 약식기소되어 '벌금 500만 원'형을 받았고, 2016년 초 정식재판에서도 유죄판결을 받았다. 명예훼손으로 또 '벌금 100만 원'형을 받았다. 모든 시위지역을 다니며 오정현 목사의 도덕성에 문제가 있다고 열심을 내고 사랑의교회 재정에 문제가 많다고 외치던 H집사도 강남예배당 훼손혐의로 '벌금 300만 원'형을 받았으나 정식재판을 청구하여 유죄판결을 받은 것은 물론 1,000여만 원의 횡령 의혹을 받고 반대파 그룹에서도 퇴출당했다. 이들에 대한 재판은 계속 진행 중이다.

> 그러므로 남을 판단하는 사람아, 누구를 막론하고 네가 핑계하지 못할 것은 남을 판단하는 것으로 네가 너를 정죄함이니 판단하는 네가 같은 일을 행함이니라 (롬 2:1)

복귀가 은혜롭게 이루어지자 반대파는 별 뾰족한 수를 찾지 못했다. 9월 27일, 그들은 반대파 소식지 '마당'에 지난 9월 18일 여러 일간지에 실었던 "이제 우리는 공식적으로 오정현 목사의 사임을 촉구합니다"라는 광고를 재게재하면서 사임에 대한 주장을 이어 갔다. 그런 반면 미스바기도회에는 오정현 목사도 참석하고 장로들도 대거 참석하여 그 열기가 식지 않았다. 반대파는 이제 오정현 목사의 사택을 시위지역으로 택하여 수일에 걸쳐 피켓과 현수막을 걸고 시위했다. 문구나 구호는 그게 그거였다. 주변에 초등학교와 불교 사찰이 있었지만 저들에게는 그런 시설과 인적요소가 고려대상이 안된 지 오래였다.

그리고 오정현 목사가 마당을 방문하여 반대파와 직접 대화를 하겠다고 하자 매주 금요일 밤마다 모이던 마당집회가 갑자기 사라졌다. 오정현 목사의 방문으로 조직이 와해될 것 같으니 모 여고 강당으로 집회 장소를 옮겼던 것이다. 그러다가 그 다음 주에는 다시 마당으로 모였다. 교인들 사이에서는 "반대파가 오정현 목사를 무서워하긴 무서워하나 보다"라는 우스갯소리가 나왔다. 그런 모습들이 반대파의 맨 얼굴을 그대로 보여 준 좋은 예였다. 반대파는 구심점이 여러 군데로 흩어지는 양상을 보였다. 노골적으로 마당집회에서 "서초예배당이 완공되어 새 교회로 이사 가면 우리는 어떻게 할지 고민하고 있다"면서 "우리가 서초예배당으로 들어갈 수는 없지 않느냐"라고 말하기도 했다. 그 와중에 반대파의 안수집사회가 유명무실화되고, 갱신위원회라는 것이 발족되었다. 2013년 11월 1일 발족된 갱신위를 1기 갱신위라고 하는데 김×× 은퇴 장로가 갱신위원장이 되었다. 그런데 군사정권시절 보안사 부사관과 국회위원 등 공직을 지낸 그의 과거 이력이 갱신이라는 단어와 어울리는가 하는 것은 지금도 의문으로 남아 있다.

## 재정장부 공개 소송제기

교회 분쟁 패턴의 대표적인 예가 재정장부 공개 요청이다. 법률적으로는 재정장부열람 및 등사(복사)신청이다. 모든 교회가 이런 패턴으로 분쟁을 격화시킨다. 법원에 의해 인용, 즉 받아들여지기도 하고 기각되기도 하지만 어느 경우에든 신청인의 실익이 없이 대부분 종결됨으로 법률비용만 낭비하고 주님의 몸된 교회에 깊은 상처만 남긴 채 종료되는 경우가 대부분이었다.

분당 모 교회의 경우 반대파가 재정장부를 가져가서 무려 3,000여 건에 해당되는 내용으로 담임목사를 고소하였지만 단 한 건도 검찰이 받아들이지 않고 모두 무혐의 처리한 바가 있었다. 종결되기까지는 3년여의 시간이 소요되었고 제출한 자료만 2만 페이지가 넘었다고 한다. 그리고 소송비용을 포함하여 천문학적인 비용이 소요되었다. 교회는 두 쪽으로 갈라졌고 반대파는 소멸되었지만 그 상처는 지금도 아물지 않고 있다. 그 당시 그 교회의 재정장부공개를 신청하는 일을 맡았던 변호사가 반대파의 재정장부열람 및 등사 소송을 맡아 소송을 제기했다고 한다.

2013년 10월, 반대파는 온갖 궤변으로 가득 채운 신청사유와 함께 재정장부공개 신청 소송을 제기했다. 신청목록은 실로 어마어마했다.

1. 2006-2012년 회계연도분이 기록 입력된 회계전산 파일(하드디스크 포함).

2. 2006-2012년 회계연도분의 수입내역서(결의서), 수입전표, 헌금 집계표, 수입지출현황, 일계표, 주계표, 자금인수도증, 지출결의서(지출세부내역 포함), 지출전표 및 그에 따른 영수증 등 증빙서류일체.

3. 2006-2012년 회계연도분의 교회 예금통장 또는 은행거래 내역 일체(각 위원회 또는 부서별 명의계좌 및 국제제자훈련원 등 피신청인 교회 산하 부설단체 명의계좌 포함).

4. 2006-2012년 회계연도분의 피신청인 교회명의 신용카드거래 명세표 또는 신용카드 거래내역.

5. 2006-2012년 회계연도분의 재정보고서(예, 결산보고서, 총계정원장, 보조원장, 계정과목별 원장, 대차대조표, 수입지출 총괄표, 재산목록 등) 및 감사보고서.

6. 2006-2012년 회계연도분의 교회 산하 각 위원회 및 부서별 수입

및 지출기록원장.

7. 2006-2012년 회계연도분의 교회 신축과 관련한 회계장부(수입지출
결의서, 은행계좌 거래내력, 영수증 등) 일체.

8. 2006-2012년 회계연도 기간 중 교회가 체결한 부동산매매계약과
관련한 매매계약서 및 매매대금관련 지출결의서와 영수증, 관련 계
좌의 거래내역, 매매계약체결 관련 당회 회의록, 제직회 회의록, 공
동의회 회의록 등 서류 일체.

9. 2009-2012 회계연도 기간 중 피신청인 교회가 서울 서초구 1541-1
의 23필지 약 2만 2,000평 지상에 신축중인 교회신축공사와 관련,
공사도급계약서(변경계약서를 포함), 공사대금 관련 지출결의서와 영
수증 및 관련 계좌의 거래내력, 공사도급계약체결(변경계약 포함) 관
련 당회의록, 제직회의록, 공동의회 회의록 등 서류 일체.

10. 2006-2012년 회계연도 기간 중 피신청인 교회가 차입한 은행대출
금 등과 관련, 피신청인 교회에서 대출은행에 제출한 대출관련 서류
일체 및 차입금 현황자료 일체.

11. 2006-2012년 회계연도 기간 중 피신청인 교회의 교역자 및 직원
등에 대한 소득세 등 신고내역 일체 및 이들을 위한 각종 보험 및 연
금 등 지급내역 일체 등이다.


일반 교인이나 교역자나 직원들은 이런 장부가 존재하는지도 모
를 정도의 각 분야별 모든 장부와 관련 자료들, 그리고 건축에 관한
모든 내용이 망라되어 있었다. 반대파가 법원에 신청한 목록만을 보
아도 반대파가 어느 정도의 불신과 분열의 영에 사로잡혀 있는지를
알 수 있다. 저인망식으로, '아니면 말고' 식의 소송을 위한 재료를

구하는 신청임은 한 눈에 알 수 있는 사실이었다. 그리고 저 정도의 신청목록을 작성하려면 반대파 장로들 중에 재정관련 사역을 책임졌던 자들이 연루되어 있는 것이 분명했고, 조직적인 해(害) 교회 세력들이 달라붙어 있는 것도 확실했다. 사랑의교회를 비판하는 기사나 온라인상의 글들에는 항상 이단과 타 종교 혹은 신천지와 같은 세력들이 주도하고 있다는 것도 참고할 부분이다.

약 5개월여의 치열한 법정공방을 거친 후 서울중앙지법 민사부는 반대파의 열람신청을 대부분 기각 처리했다. 이유는 반대파의 주장을 그대로 받아들이기 어렵고 부정했다고 볼 만한 이유가 충분치 않을 뿐 아니라 요청하는 장부가 방대하다는 것이었다. 단, 2009년 1월 1일부터 2013년 12월 31일까지 기간 중 작성된 서초동 1541-1 외 23필지 상의 교회 신축공사 관련 도급 계약서(변경계약서 포함)와 교회가 주식회사 우리은행으로부터 2009년 6월에 대출받은 600억 원 및 2009년 5월에 대출받은 276억 원의 대출에 대한 대출계약서와 그 현황자료만을 인용하여 열람 및 등사를 허락하라고 결정했다. 반대파 요청의 95% 이상을 기각하고 단 2개의 장부나 자료만을 보여 주라는 것으로 일단락되었다. 그러나 반대파는 이를 다시 서울고등법원에 즉각 항소했고, 서울고등법원은 1심과 달리 요청한 장부의 대부분을 공개하라고 결정하여, 결국 반대파는 자신들이 보고 싶은 장부를 모두 열람 및 복사할 수 있었는데 그 분량이 사과박스 46개 정도였다.

## 10·27 당회

반대파가 정체성을 잃고 향후 진로를 고민하고 있을 때 당회가 열렸다. 10월 27일 열린 이날의 당회는 오정현 목사 복귀 이후 첫 당회였다. 이때 F장로는 마스크를 쓰고 등장했다. 그는 지난 3월 당회 때부터 마스크를 애용했다. 서초예배당 입당 후에는 사이즈가 훨씬 큰 공업용 마스크를 착용하고 입장하기도 했다. 이런 모습에 분노한 교인들은 당회장소 주변에 모여 당회에서 좋은 결론을 내고 무사히 마쳐지기를 기다렸다. 반대파 교인들도 동원령을 내려 당회 주변에서 맞서며 역시 교회 측 당회원들을 압박했다. 반대파 교인들은 교역자들에게 험한 말로 상처를 주기도 했고 피켓을 들고 들어와 마당을 시위장소로 오염시키다 교인들의 제지를 받고 쫓겨나기도 했다. 당회는 별 성과없이 끝났다. 그리고 교인들 사이에서는 "반대파 장로들이 2014년도 예산안도 통과시켜 주지 않아 교회 사역 자체를 발목 잡으려 한다"는 주장이 나오기도 했고, "교회 사역 자체를 볼모로 어떤 행위를 하는 것은 아닌가?" 하는 염려도 조금씩 나오고 있었다.

3부

# 전환

# 6
# 입당 준비

## 강남예배당에서의 마지막 예배와 입당 준비

1985년 1월 12일에 입당하여 만 30년 동안 사용하던 사랑의교회 강남예배당이 새로운 전기를 맞이하게 되었다. 2013년 11월 8일 서초구청으로부터 임시사용승인 허가를 득함으로써 고대하던 교회 이전을 앞두고 교인들은 부푼 마음과 함께 진한 아쉬움을 느꼈다. 교회는 이사를 앞둔 5주간 매주 수요일을 특별예배 형식으로 주제가 있는 예배로 드렸고, 마지막 수요일에는 마당에서 조촐한 송별의 시간도 가졌다. 오정현 목사는 '이사 가는 느낌'에 대해 소회를 말했고 저마다 성도들은 각자의 생각을 담아 서로 격려하며 지나온 시간들을 회상했다.

글로벌광장에서 있었던 입당 테이프 컷팅.

강남예배당과 새 예배당인 서초예배당은 약 1.5km 정도 떨어져 있다. 지하철로는 두 정거장 거리이고 걸어서는 40분 정도 걸리는 거리이다. 이 거리를 이동하기 위해 걸린 시간은 약 4년, 중보기도 헌신자 수 4만 7,800명, 건축헌금 및 헌물 헌신자 수 3만 520명, 건축 현장 중보기도 시간 7,656시간, 건축일수 1,214일. 이제 이 모든 헌신과 노력과 땀과 눈물의 산물이 서초 새 예배당으로 구현되었다. 지난(至難)한 몸짓이었다. 우리 사회가 할 수 있는 모든 공격과 음해와 비난을 견디고 돌파한 고지였다. 이 모든 것은 다 하나님이 하셨다.

드디어 입당이었다. 11월 17일 주일 저녁에는 리더스 컨퍼런스가 새 예배당에서 열렸다. 순장, 교사, 찬양대, 교역자 등 리더들을 대상으로 한 모임으로 입당 전 새 교회당에서 이 순서를 가짐으로써 교회의 리더십들이 입당 후 저마다 자신의 역할에 최선을 다할 것을 다짐하는 시간이었다. 이날 오정현 목사는 설교시간에 "목자로서 성도들에게 큰 아픔을 준 것에 대해 너무 죄송하다"며 다시 한 번 머리 숙여 사과했다. 강남예배당에서 5주간 계속되었던 특별 수요 예배의 마지막 날인 11월 20일에는 예배 후 마당에 모여 강남예배당에서의 모든 공식 모임을 종결짓는 아쉽고도 벅찬 행사를 가졌다. 많은 교인들이 강남예배당에서의 마지막 장면을 담으려고 휴대폰 카메라로 기념 사진을 찍기도 하고 감격에 겨워 울기도 하고 웃기도 했다.

그리고 11월 24일, 첫 주일 예배를 서초예배당에서 드렸다. 그리고 25일부터 금요일까지는 입당 특새, 11월 30일 토요일 오전 10시에는 입당 감사예배를 드렸다.


## 입당

입당 감사예배에서 오정현 목사는 "새 예배당은 우리 교회만을 위한 이기적 공간이 아니라 섬김을 위한 이타적 공간"*이라며 나눔과 실천에 더욱 집중할 뜻을 분명히 했다. 강남예배당을 한국교회를 위

---

\* 　사랑의교회는 2013년 11월에 입당 후 2015년 12월 31일까지, 만 2년간 약 303건의 대관을 통해 약 25만 명 정도가 교회 시설을 이용하도록 했다. 이 숫자는 사랑의교회가 아닌 외부 단체나 기관, 지역 학교 등지에서 시설 이용을 요청해 와 순수 외부인에게 사용을 허용한 통계이다. 만약 303건의 행사를 25만 명이 이용할 공간을 별도의 장소에서 유료로 이용했다면 약 12억 정도가 소요되었을 규모였지만 사랑의교회는 이 모든 시설을 모두 무료로 제공했다. 국민일보는 2016년 1월 28일자 기사를 통해 "사랑의교회 새 예배당은 이미 공공재화를 실천하고 있다"고 평가했다.

서초예배당 입당예배.

한 영적 공공재로 활용하겠다는 뜻도 밝혔다. 6,500여 명의 성도들
과 내외 인사들로 가득 메운 새 예배당은 그 자체로 화제였고 기쁨
과 감사와 축제의 장이었다. 수많은 교계 언론사와 일반 언론들이
관심을 가지고 취재했다.

　이날 이후 입당기념 행사도 이어졌다. 본당에서는 손양원 목사의
일대기를 다룬 창작 오페라 '손양원'이 공연되었고, 예수님의 12제
자를 주제로 한 박부원 명장의 '달항아리' 전시회가 남1층 로비에서
열리기도 했다. 입당 후 한 달 정도는 성도들이나 직원들이나 교역
자들이나 모두가 들뜬 기분에다 지리에 익숙하지 않아 서로 '기분
좋은 낯선 분위기'를 즐기며 집들이 하는 분위기로 보냈다. 그러면
서도 아직 해결되지 않은 교회 문제로 인하여 한쪽에서는 항상 아
쉬움과 허전함이 동시에 느껴졌다.

## "공간의 이동은 의식의 이동으로"

공간이 이동하면 의식도 이동한다는 말이 있다. 교인들은 서초예배
당으로 이전해 오기 전에 온 교우들이 함께 새집 청소하듯이 구석
구석 청소도 하고 새 예배실과 교육 공간 등도 살펴보면서 서초 새
예배당 시대를 준비했다. 강남에서의 의식도 서초 새 예배당이라는
물리적 공간에 맞도록 새롭게 정렬되고 있었다. 지난 1년 동안 강남
에서 경험한 시련의 시간들, 4년여간 건축으로 인해 겪어야 했던 말
로 다할 수 없었던 인내의 시간들이 정리되고 새로운 차원으로 나
갈 것 같은 기대감이 흘렀다. 무엇보다 6,500여 명이 동시에 예배드
릴 수 있는 본당은 들어서기만 해도 은혜와 감동이 되었고 온 회중
이 함께하는 찬양과 기도도 강남에서와는 파장이 달랐다. 서로가 서
로에게 선한 영향을 주는 구조였고 밝고 기둥이 없이 탁 트인 공간
은 예배자의 마음을 새롭게 하기에 충분했다.

반대파는 12월 4일, 기독교윤리실천협의회(이하, 기윤실)가 긴급
좌담회 형식으로 개최한 '사랑의교회 건축을 통해 본 한국교회 건축
문제'라고 하는 거창한 주제로 사랑의교회 건축을 비난하는 좌담회
장소로 가서 교회 건축을 공격했다. 무슨 큰일이 난 것처럼 기윤실
이 주최한 이 좌담회에 참석한 20여 명 중 대부분은 사랑의교회 반
대파였고 기자 몇 명이 전부였다. 기윤실의 이름이 무색할 정도였
다. 어쩌다 기윤실이 저렇게까지 되었을까 하는 측은한 생각마저 들
었다. 이 자리에서 반대파는 "사랑의교회 건축은 호화 건축이고 앞
으로 이로 인하여 교회는 몰락할 것"이라고 말했다. 뉴스×××도
입당관련 기사에서 초호화 건축이라고 비난했다. 목소리가 같았다.

반면 그 좌담회에 초청된 건축전문가는 "사랑의교회 건축은 전문가의 입장에서 보았을 때 결코 호화 건물이 아니다"라고 말했다. 대조적이었다. 반대파는 금요일 밤에 몰려와 새로 지어진 교회 주변을 돌면서 마치 여리고 성을 돌던 여호수아 군대행세를 하며 사랑의교회가 몰락하기를 기원하는 듯했다. 그러나 생명이 없는 몸짓은 추위도 견디지 못하고 조금 세게 이는 바람에도 움츠러드는 법, 그마저도 중단하고 길거리 농성만을 이어가게 되었다. 이제 강남에서의 어두운 기억을 잊고 새롭게 나가고 싶었지만 은혜의 조각구름이 비가 되어 내리기에는 아직 더 많은 구름이 필요했다.

## 반대파에 의해 침탈당한 강남예배당

입당을 앞두고 반대파도 갈팡질팡했다. '이제 어디로 가야 할까? 누가 우리를 받아줄까?' 뭐 이런저런 고민을 하는 것이 역력했다. 반대파가 강남에서의 마지막 마당 집회를 하기로 되어 있었던 11월 22일 금요일 밤, 오정현 목사가 "마당을 방문하겠다"고 하자 갑자기 장소를 바꾸어 경기여고 강당으로 옮겨가 버렸다는 설명은 앞에서도 한 바 있다. 이러한 모습은 저들의 상태를 그대로 반영한 것이었다. 갈 곳을 잃은 반대파는 '서초예배당으로 와서 분란을 지속할 것인가? 아니면 제3의 장소에서 재기를 모색할 것인가?' 하는 문제를 놓고 내부적으로 신랄한 토론과 회의가 있었을 것으로 짐작이 된다. 그 끝에 저들이 선택한 것은 최악의 외통수 카드였다.

　그것은 강남예배당을 침탈하는 것이었다. 온라인을 통해 주일에 어디서 모일 것인가를 논하던 끝에 P장로가 강남예배당에서 모일 것을 제안하자 그들은 서초예배당으로 이전한 후 텅 빈 강남예배당에 무단으로 진입하여 '주일 마당 기도회'*를 열었다. 재미있는 것은 강남예배당으로 진입하자는 제안을 한 P장로는 몇 달 전 반대파 카페에 그가 올린 글에서 "투사는 지분을 요구하지 않는다"면서 대가를 바라지 말고 갱신을 할 것을 주장했던 자였다. 11월 24일이었다. 교회 입구 철문에는 "서초예배당으로 이전하였으므로 본 건물을 사용하지 않는다"는 안내 플랜카드가 부착되어 있었다. 이날 이 플랜카드를 훼손하고 내부로 진입한 자들 중에 ㅋ××라는 여 청년이 있었는데 그때의 행위로 인해 재물 손괴(損壞) 및 절도죄로 피소되어 벌금형을 받기도 했다. 그 일 이후로 ㅋ××의 이름은 많은 교인들에게 알려지기 시작했다.

당시 강남예배당 마당에는 리모델링을 위해 벽체 등을 철거한 폐자재들이 쌓여 있었다. 안전과 누수 등으로 리모델링이 시급한 강남예배당 곳곳을 새롭게 단장해서 한국교회를 위한 영적 공공재로 쓰기 위한 조치였다. 반대파는 이 폐자재 주위와 그 위에 올라가 기도회라는 것을 했다. 동네 사람들이 봐도 흉하기 그지없었다. 당시 뉴스×××기자가 나에게 전화를 해서 "교인들이 기도회 하는데 폐자재를 쌓아 놓으면 어떻게 하느냐?"고 묻길래, "폐자재를 쌓아 놓은 공사판에 무단으로 침입해서 기도회라는 것을 하면 어떻게 하느

---

* 반대파는 어떤 모임에서도 '예배'라는 말을 쓰지 않았고 헌금 시간도 두지 않았다. 교회법상 한 교회 두 예배가 금지되어 있었기에 법망을 피해 분란을 지속하지 않기 위한 꼼수였다.

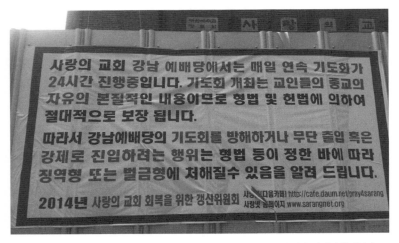

반대파가 내 건 경고문은 보는 이의 가슴을 서늘하게 했다. 어불성설이며 자가당착이었다.

냐? 교회당을 새로 지어 이사를 갔는데 굳이 구 예배당에서 못할 짓을 하는 건 뭐냐, 뉴스××× 사무실을 이전했는데 직원들이 옛날 사무실을 뜯고 들어가서 그곳에서 일하겠다고 하면 그걸 받아들일 수 있겠느냐?"고 되물었더니 "아 그런 건가요?" 하고 멋쩍어했다.

　반대파는 그 다음 주에도 리모델링 공사를 위해 쳐놓은 펜스를 뛰어 넘어 강남예배당으로 재진입을 시도했다. 필요한 장비와 차량 등을 동원했다. 산소용접기와 절단기는 물론 발전기까지 동원하여 공사판을 벌리다시피 하면서 진입에 장애가 되는 시설들을 제거하기 시작했다. 전문가(?)들처럼 보이는 민완(敏腕)한 몸짓이었다. 12월 16일과 22일에는 대대적인 공세가 진행됐다. 펜스를 절단하여 통로를 개척했고 쇠로 되어 있던 정문도 시건장치도 산소용접기로 녹여냈다. 본당 입구 현관문도 뜯어내고 걸리적거리는 창문은 깨 버렸다. 본당입구 쇠문도 뜯어냈다. 그리고 본당으로 들어가 마치 점

반대파는 매주 금요일 밤이면 서초예배당 앞 도로로 몰려 왔다. 강남예배당을 불법 점거한 후 지금까지도 계속해서 몰려와 인도를 차지하고 고성으로 주민들의 민원을 사고 있다.

령군처럼 집회를 하면서 본격적으로 자신들의 은거지로 삼기 시작했다. 이날 몇 명의 채증팀과 저들을 막던 최창수 집사, 최종걸 형제를 비롯해 나와 김 천, 주성진 목사 등의 교역자는 저들의 불법 범죄의 현장에서 맨몸으로 맞서며 막아 보려 했다. 그러나 역부족이었다. 100여 명이 몰려온 반대파는 일단 달리 갈 곳이 없었다. 스스로 돌아갈 배를 불태우는 제하분주(濟河焚舟)의 상태로 내몰린 반대파는 퇴로가 없었다. 무조건 이곳으로 몰려 들어와야 할 절대절명의 상황이었다. 누가 이들을 받아주겠는가? 그날 저들이 그 현장에서 던진 충격적인 말들로 한동안 나는 힘들었다. 내가 어디서도 들어보지 못한 욕설과 희한한 궤변들. "이 강남예배당에 내 헌금이 들어 있다"라고 하는 억지는 차라리 신사적이었다.

## 서초예배당 진입 시도

11월 24일에 강남예배당을 침입한 반대파는 11월 29일 금요일에는 서초 새 예배당으로 진입하려고 했다. 20~30명 정도의 무리들이 밤 7시 50분경에 서초예배당 앞 인도로 모이기 시작했다. 8시가 되자 100여 명으로 불어났다. 경찰 1개 중대 경력(警力)이 대기하고 있었다. 경비 간부들도 와 있었다. 우리는 서초예배당으로 이전하면서 강남마당을 더럽힌 자들에게 서초예배당은 단 한 뼘도 더럽힐 수 없도록 하겠다고 다짐했었다. 교회를 지키고자 하는 성도들도 300여 명이 모였다. 날씨는 몹시 추웠지만 아랑곳하지 않았다. 강남에서 보았던 악한 영에 사로잡힌 자들에게 서초예배당이 밟히도록 놔둘 수는 없었다. 저들이 기도회를 하고 싶다면 은혜채플에서 열리는 금요기도회로 가면 될 것이고, 주일예배를 드리고 싶다면 본당으로 들어가 예배하면 될 것인데, 저들은 꼭 마당에 모여 기도회를 하겠다고 가장하고는 온갖 거짓풍설들을 퍼뜨리며 죄를 지으려 했다. 그것을 허용할 수는 없었다. 성도들도 1년간 학습이 되어 있었다. 그리고 의지도 대단했다. 반대파의 거짓말들과 폭력과 폭언과 교묘한 말 바꾸기, 그리고 강남예배당을 침탈한 행위들을 떠올리면서 절대 용납하지 않겠다고 글로벌광장을 지키러 나온 것이었다.

## "그해 겨울은 따뜻했네"

2013년 한해 동안 교인들은 참고 또 참았었다. 논문 문제를 가지고

교회를 지키기 위해 나선 300여 명의 교인들은 매주 금요일마다 글로벌광장에 나와 반대파의 준동을 엄히 차단했다.

부풀려 마당으로 모이자 당회가 해결해 주기를 기다렸고, 당회가 해결 못하고 오정현 목사가 자숙에 들어가자 이제 곧 끝나겠지 하고 기다렸고, 논문에 대해 대학 측의 보고서가 도래하면 끝나겠지 하고 또 기다렸다. 그러나 또 다른 명분인 건축과 횡령, 배임, 고발로 질질 끌자 이 모든 것이 종료가 되어도 저들은 계속해서 거짓말과 폭력, 폭언으로 더욱 기세를 높여 갈 것이라고 단정 짓게 되었다.

강남예배당 마당은 거짓을 유포하고 실어 나르는 숙주(宿主)나 배양소(培養所)와 같았다. 저들은 이제 서초예배당의 글로벌광장을 그 배양소로 삼고자 하는 의도로 몰려 왔다. 그러나 교인들이 그것을 허용할 리 없었다. '무교병'을 통해 이러한 사실들이 알려지고 SNS 등을 통해 확산되어 매주 금요일마다 글로벌광장에 모여 찬바람을 무릅쓰고 광장을 지켰다. 그들은 이 광장의 별칭을 미스바 광장이라

정했다. 평협과 330을 포함한 교통봉사부 교역자 등 모든 공동체와 사역자들이 모여 광장을 지키는 자리로 기꺼이 나왔다. 그곳에 모인 분들에게 나는 이렇게 말했다.

"세월이 흐른 후에 교회를 지키던 올 겨울에 대해 '그해 겨울은 따뜻했네'라고 말할 날이 올 것입니다. 북극해는 누구의 것입니까? 러시아인들은 이렇게 말한다고 합니다. '북극해는 겨울에 얼음을 깨고 그곳에 들어가 수영을 하는 사람의 것'이라고. 사랑의교회는 누구의 것입니까? 사랑의교회는 예수님의 몸된 교회이지만, 예수님은 그 교회를 몸을 던져 지키는 자들에게 맡기십니다. 오늘 우리는 그 자리에 있는 것입니다."

반대파는 몇 번의 시도를 거듭했지만 교인들은 그들에게 한 치의 땅도 허용하지 않았다. 반대파는 그들의 침투를 막는 교인들을 향해 입에 담을 수 없는 욕과 발길질을 해 댔다. 나에게도 차마 옮길 수조차 없는 막말을 했다. 다른 교역자들에게도 듣기만 해도 심장이 뛰는 욕설과 저열한 비유로 덤벼들었다. 경찰이 막고 서서 더 이상의 충돌은 없었지만 험한 대치는 한동안 매주 금요일마다 계속되었다. 반대파는 광장 침투가 어렵자 숫자가 급감했다. 우리 성도들은 미스바 광장 안에서 서로 어묵과 떡볶이 등을 나누며 축제를 하듯이 교회를 지켰다. 반대파는 이마저도 보기 싫은 듯 앰프와 마이크로 험한 말을 쏟아냈다. 마을 주민들의 민원이 쇄도하는 것은 당연했다.

## 끊임없는 폭력과 거짓말의 홍수 속에서

12월 22일, 주일인 이날 오후 5시에는 남쪽타워 10층에서 당회가 열리게 되어 있었다. 그동안 당회가 담임목사에게 가혹한 부담을 주고 교회 문제를 책임감 있게 처리하지 못한 것에 대한 책임을 묻고 교회를 속히 안정시키라는 주문을 하기 위해 여 집사들과 권사들이 1층 로비에서 침묵하며 묵상하는 시간을 가졌다. 입장하는 장로들에게 "교회를 지켜주세요"라며 호소하는 분들도 있었다.

이날 교회는 당회뿐만 아니라 한 30대 중반의 반대파 여자로 인한 소란으로 인해 어느 때보다도 긴장이 감돌았다. 오후 3시쯤, 앞에서도 언급한 바 있지만 강남예배당에 부착한 교회 이전 관련 안내 현수막을 절취하고 손괴한 혐의로 벌금형을 받게 되는 행위를 한 바로 그 여자였다. 남쪽타워 1층 로비로 들어온 이 여자는 남자 집사들과 청년들이 서 있는 곳으로 오더니 말을 걸기 시작하고, 그 말이 조금 거칠어지면서 실랑이가 벌어지자 자신의 행위를 찍고 있던 채증 카메라를 의식하면서 그 카메라를 손으로 내친 후 갑자기 쓰러졌다. 그리고는 고래고래 괴성을 질렀다. 교역자와 안내 성도들은 '자작극'이라는 판단 아래 경찰과 119에 신고한 후 기다리고 있었다. 경찰과 119가 와서 "도대체 누가 당신을 폭행했는지 지목해 보라"고 하자 지목을 하지 못했다.

119로 실려 간 병원에서 이 여자를 진단한 결과는 '정상범위(witn in normal)'로 알려졌다. 그런데 이것이 나중에 '전치 2주' 진단으로 둔갑하고 병원에 입원하는 것으로 포장되더니, 결국 교회성도 10명 정도를 폭행 혐의로 검찰에 고소했다. 검찰은 폭행 혐의로 고소한 인원 중 나머지는 혐의 없음으로 처리하고 3명에 대하여 약식기소하고 30만 원씩의 벌금형으로 종결지었다. 그러나 그 3명의 성도들은 폭행한 사실이 없고 오히려 그 여자로부터 멱살을 잡히는 등 폭행을 당한 자도 있다면서 정식재판 청구를 하여 재판이 시작되었다. 재판이 진행되는 기간에 이 여자는 강남예배당 손괴 및 절도 혐의로 50만 원의 벌금형 외에 추가로 자신이 최초 유포자로 밝혀진 허위사실에 의한 명예훼손 혐의로 100만 원의 벌금형도 받았다.

명예훼손 혐의로 피소된 사안은 그야말로 조작과 거짓의 막장 드라마 한 편을 보여 주는 것과 같았다. 그 여자는 "주연종 목사와 이동수 집사가 자기의 가슴을 강하게 가격하고 모자를 벗겨 신원을 확인하도록 지시했으며 20여 명의 성도와 함께 집단폭행을 했다"고 허위사실을 퍼뜨렸다. 이 날조된 정보는 순식간에 반대파 카페와 SNS로 번져 10층에서 당회를 하고 있던 반대파 장로들에게 그대로 전달되었다. 완전 날조였다. 나와 이동수 집사는 그날 무슨 일이 있었는지 알지도 못했다. 왜냐면 그 건물에 있지 않았기 때문이었다. 아니 있지도 않은 사람이 어떻게 폭행을 하고 신원을 확인하는가? 더 황당한 것은 이 여자가 119에 의해 병원으로 이송될 때까지도 모자를 쓴 채로 이동했는데 나와 이동수 집사가 모자를 벗기고 신원을 확인했다는 것이다. 나중에 CCTV와 채증 화면을 살펴보아도 나와 이동수 집사는 그림자도 없거니와 이 여자도 복장의 변화가 전혀 없이 모자 쓰고 입장했다가 모자 쓰고 퇴장했던 것이 확인되었다.

그러나 언제나 그랬듯이 이 거짓풍설은 금세 뉴스×××에 기사화되어 집단폭행이 마치 일어난 것처럼 퍼졌고, 조선일보에도 전혀 사실과 부합되지 않는 상황묘사와 함께 기사화되었다. 후에 조선일

보는 관계자가 교회를 방문하여 사과하고 교회 입장을 반영한 보도를 추가로 하였지만, 이미 SNS와 페이스북 등을 통해 그 거짓풍설은 수십만 명의 눈과 귀를 의심케 했다. 폭력 목사와 폭력 집사로 지목된 우리의 명예는 이미 잔인하게 짓밟힌 후였다. 해외에서도 놀라 전화가 올 정도였다. 그날 당회에서는 카톡 등을 통해 거짓 정보를 전해 받은 반대파 장로들이 "주연종 목사를 징계해야 하는 것 아니냐"며 언성을 높였다. 어이없는 일이었다. 1년이 훨씬 지나서야 그 여자는 자신이 한 행동과 허위사실을 퍼뜨린 죄로 벌금형을 받았지만 아직도 나와 이동수 집사는 여 성도를 폭행한 잔인한 목사와 집사로 SNS를 떠돌고 있다. 아마도 그 거짓 정보는 예수님이 오실 때까지 지워지지 않을 것이다.

## 아듀! 2013!

성탄절을 맞이하여 338명의 아기들이 유아세례를 받았다. 부모님들은 모두 설렘과 기대감으로 아이들을 주님의 자녀로 돌려 드리며 축복의 시간을 감사로 맞이했다. 그리고 송구영신 예배도 1부와 2부로 나뉘어 은혜롭게 드려졌다. 본당과 부속실을 가득 메운 성도들은 이제 2014년에는 사역의 본질을 붙잡고 시대적인 소명을 다하는 교회가 될 것을 간절히 소망했다. 그러나 반대파의 공격과 거짓 공세는 해가 바뀌어도 변화가 없었다. 오히려 더 진화하고 조직화되고 전문화되어 가고 있었다. 그 정점에는 필명 '이마고데이'가 있었다.

## 변하지 않은 것은 오직 그들뿐

반대파는 사무실을 서울과 경기도 모처, 두 군데나 차려 놓고 아예 오정현 목사를 공격하는 전문 연구소를 준비했다. '이마고데이'라는 필명을 가진 자는 도저히 그리스도인이 쓰고 그린 것이라고 할 수 없는 글과 그림과 사진, 삽화 등을 활용하여 오정현 목사와 윤난영 사모를 공격했다. 공격 대상은 그분들의 모든 것이었다. 오정현 목사의 설교와 저서가 우선 대상이었고 모든 언행도 대상이었다. 심지어는 나의 언론 인터뷰와 글도 문제 삼아 깎아내리고 왜곡하여 비난하고 공격하였다.

교묘하고 악의적이고 사특하였다. 무슨 신들린 사람처럼 그렇게 했다. 다 이유가 있었다. 그가 그렇게 신나게 일했던 이유는 곧 밝혀졌다. 반대파 스스로가 밝히지 않을 수 없었다. 돈이었다.

이마고데이는 "오정현 목사가 설교를 대필하고 표절했다"고 주장했다. 대필과 표절은 '오정현 죽이기'의 형틀이었다. 그 틀을 계속 들이대며 생매장하려 덤벼들었다. 하이에나 같았다고나 할까. 그런데 그의 주장은 서서히 거짓으로 드러나기 시작했다.

이마고데이의 설교 비평의 글은 반대파 카페에서도 비난을 받았다. 다음은 2014년 2월 14일에 반대파 카페에 올라온 글이다.

이마고데이의 설교 비평을 비평합니다.
요14:1-3절의 설교를 듣고 어떻게 이런 설교 비평을 할 수 있을까?
아무리 그분과 싸우고 있다 하더라도 이런 식으로 설교 비평을 하면 안된다고 생각합니다.

그분의 설교를 듣지 못하였다면 부디 한번 들으시길 권합니다.

이런 설교를 거절한다면 우리는 도대체 어떤 설교를 들어야 흡족할 수 있는가요? 우리의 귀는 과연 건강한가요?

때로는 설교 중에 조금은 거슬리는 부분이 없는 것은 아니지만 베뢰아 사람들처럼 간절한 마음으로 말씀을 받으면 좋겠습니다. 이후에 이것이 그러한가 하여 성경을 상고해도 늦지 않을 것입니다.

어떤 분의 설교 비평을 하려면 설교의 전체 내용이 소개되어야 할 것입니다. 그래야 비평자의 글을 읽는 사람들이 전체 속에서 어떤 부분을 비평하는지 알고 그 비평이 적합한지를 판단할 수 있습니다.

설교에 대한 석의적/주석적 비평을 할 때도 할 수 있는 한 설교자가 문법적(문학적)/역사적/정경적/신학적으로 건강하게 석의했는지를 성실하게 비평해야 합니다. 그리고 본격적으로 비평하는 부분을 다뤄야 합니다. 그래야 독자들은 설교자의 석의적 오류가 어느 정도인지를 평가할 수 있습니다. 이것은 설교 전체를 평가하는 데 매우 중요한 부분입니다.

이런 측면에서 "이마…님"의 설교 비평은 독자들을 오도하는 비평이라고 생각합니다.

"이마…님"이 다루는 석의적 문제에 대해서도 저는 "이마…님"과 의견을 달리합니다.

헬라어 원문을 보면 14:1절 후반부의 "하나님을 믿으니 또 나를 믿으라"에서 "믿으라/믿는다"는 동사가 앞뒤를 싸고 있습니다. 이러한 본문 구조로 볼 때 "믿으라/믿는다"는 동사를 '직설법' 혹은 '명령법'으로 해석하던 이 본문이 "믿으라/믿는다"는 것을 이중강조를 말한다고 주석하는 것은 얼마든지 가능하다고 생각합니다.

또 "나를 믿으라"를 주석함에서 헬라어 원문에는 믿으라는 동사 뒤에 전치사(에이스)가 있습니다. 이것에 대하여 단순하게 "나를"을 "믿으라"는 동사의 대상으로 주석할 수 있습니다. 그래서 "나를 믿으라"는 것으로 번역할 수 있습니다. 저는 이런 번역이 잘못이라고 생각하지 않습니다.

그러나 이것을 "내 안에서"로 주석한다 하여 틀린 것이라고 생각하지 않습니다. 이렇게 할 때 "주님 안에서"라는 영역이 좀 더 강조될 수 있습니다. 설교자가 원문의 뉘앙스를 충분히 살려 좀 더 자세히 설교할 수 있다고 생각합니다.

헬라어 구문론을 좀 더 살피고 상고했다면 이런 설교 비평은 하지 못했을 것이라고 생각합니다. 더 큰 문제는 이러한 비평으로 설교 자체를 왜곡하고 독자들을 오도하고 있다는 것입니다.

결국 몇 달 뒤 이마고데이는 반대파에서 퇴출당하는데 반대파는 그에게 1억 정도의 연봉과 사무실 2곳 임대, 그리고 그 유지비용까지 지급한 것으로 알려지면서 반대파 내부에서도 파장이 일었다. 저들이 1억 수천만 원을 들여 하고자 했던 것이 고작 이마고데이를 통해 거짓을 창조하고 유포하도록 한 것이 발각된 셈이다. 이마고데이는 고용된 전문 라이어(liar)였던 것이다.

## "평신도가 뿔났다"

2013년 12월 어느 주일, 반대파 행동대원 M은 J목사를 화물용 엘리베이터 내에서 목을 조르며 살해하려 했다. 누군가 엘리베이터를 타기 위해 엘리베이터실 안으로 문을 열고 들어오자 M은 조르던 목을 놓고 도주했다. J목사의 목과 옷에는 손자국과 피멍이 선명히 보였다. 우리는 분노했다. 대낮에 주일에 그것도 교회 안에서 교역자를 살해하려고 하다니.

반대파의 거짓주장들과 오정현 목사에 대한 고발, 그리고 교역자에 대한 폭행으로 인해 성도들은 몹시 분노했다. 이런 일을 당하고도 편할 성도는 없었다. 게다가 한 여자의 폭행자작극으로 의심되는 사건까지 발생하자 이 모든 일을 놓고 서명운동을 하자는 의견이 평협과 330을 중심으로 제기되기 시작했다.

서명의 내용은 '오정현 목사의 검찰조사에 대한 탄원, 교역자에 대한 폭행, 거짓주장과 폭행 자작극' 등 주요 현안에 관한 것이었다. 공식적인 광고도 없이 약 2주간 진행된 서명운동에 놀랍게도 1만 5,000명 정도가 동참했다. 이 서명부는 곧바로 검찰에 제출되어 오정현 목사의 수사에 참고가 되도록 했다. 서명운동을 통하여 확인된 성도들의 의식은 뒤 이은 두 번에 걸친 회의체를 통해 그대로 나타났다.

# 7

# 오정현 목사, 시험대에 오르다

## 장로교 행정과 정치가 체현되다

장로교의 헌법에 나오는 회의체는 당회, 제직회, 공동의회, 노회, 대회, 총회가 있다. 이중에서 우리 교단은 대회제를 운영하지 않음으로 실제로는 지교회의 모든 의사결정은 당회와 제직회 공동의회에서 종결되고 노회와 총회는 상회(上會)로서의 기능을 하고 있다. 이 5개의 회의체 중에서 재판, 즉 사법 혹은 치리권을 가진 회의를 치리회(治理會)라고 하는데 당회가 1심 격의 치리회이고 노회가 2심, 총회가 3심 격의 치리회이다. 교회법상의 재판도 국가법과 동일하게 3심제를 채택하고 있는 것이다. 제직회는 재정과 관련된 업무를 처리하는 회의체이고, 공동의회는 교인총회로서 국가단위로 말한다면 국민투표의 수준에 해당한다. 제직회와 공동의회는 치리권, 즉 재판권은 없다. 장로교는 민주제와 대의제를 채택하고 있어서 교인 총회인 공동의회에서 교인의 대표인 장로를 선출하여 당회를 구성하도록 하는데 이 당회가 국회 역할을 하는 곳이다. 따라서 평소의 모든 교회의 행정과 치리는 당회를 중심으로 이루어지도록 되어 있었고 담임목사 청빙, 예산안 통과, 주요 재산의 처리, 임직 등은 공동의회에서 다루도록 기능과 역할이 분리되어 있다.

여기서 다시 한 번 정리하고자 하는 것은 장로교는 감리교와 침례교와 달리 목사가 교회 소속이 아니고 노회 소속이라는 것이다. 노회에서 지교회로 목사를 파송하는데 담임목사로 위임하였다고 해서 담임목사를 위임목사라고도 한다. 부목사도 모두 노회 소속이다. 그래서 장로교의 모든 목사는 교회와 그 소속 성도들과만 목회를 하는 것이 아니고 노회의 지도를 받고 노회와 협력하며 목회하도록 되어 있는 양방향 구조이다. 그리고 교인의 대표는 장로이지만 교회의 대표는 위임목사, 즉 담임목사이다. 당회는 교회의 대표인 당회장(담임목사)과 교인의 대표인 당회원(장로)의 조합으로 구조화되어 있다. 이것은 존 칼빈이 제네바에서부터 시행해 오던 장로교정치에 기반한 것으로서 역사가 500년에 가깝다.

사랑의교회는 정관상에 당회를 운영장로회와 사역장로회로 나누어 임직된 지 7년 이내 혹은 63세 이하 연령의 장로들을 운영장로라 하여 교회의 주요 부서를 책임지고 활동하도록 했다. 임직 후 7년이 지났거나 연령이 63세를 넘겼을 경우에는 사역장로라 하여 부서의 책임을 내려놓고 사역에 집중하도록 이원화되어 있었다. 그러나 운영장로, 사역장로를 통틀어서 당회라 하고 두 그룹의 장로를 모두 치리장로라 하여 헌법과도 일치되도록 하였다. 사랑의교회 당회가 사역장로회와 운영장로회로 나뉘어 이원화된 것은 옥한흠 목사 때부터인데 당회원의 사역적 역동성이 늘 살아 있도록 하기 위한 평신도 중심의 사역모델을 실천하기 위한 것이었다.

사랑의교회는 지난 38년을 넘겨 오면서 제자훈련이 바탕이 된 평신도 지도자가 교회 사역의 일선에 서서 역동적이고 생산적으로 감당하는 것이 특징이었다. 따라서 장로교의 회의체인 당회와 제직회 혹은 공동의회가 어떤 결정적인 역할을 하는 위치에 있지 않았다. 사랑의교회는 정관도 오정현 목사 부임 후인 2010년 1월에야 제정되었고 각종 규정도 정관개정 이후에 만들어졌다. 그동안에는 성경적 사역의 원리를 근거로 하는 사역이라서 무슨 정관이나 규정 등의 필요성을 공감하지 못했었다.

그러나 교회 규모가 커지고 예산 규모도 500억을 넘겼으며 인적, 물적 자원 관리에도 인력으로는 한계가 있었다. 이 모든 것을 체계화하고 전산화하다 보니 정관이나 규정 혹은 시행 세칙 등이 필요했다. 그러나 제 규정과 시스템이 정착되는 데에는 시간이 필요했다. 정관이나 제 규정, 그리고 그것을 운용하는 시스템이 과연 성경적 교회관을 반영하고 있는가 하는 것은 계속 고민 중에 있고 발전시켜 나가는 과정에 있다. 그런 와중에 교회가 어려움에 처하면서 이제는 교회 내의 자치법규나 회의체가 중요한 역할을 할 수밖에 없음을 절감하게 되었다. 교회가 분쟁을 겪게 되면 반대파든 교회 측이든 서로 합의가 안 될 경우 국가법에 소송을 제기하는 일이 있는데 국가법으로 가면 하나님의 법이니, 성경적이니, 은혜로 한다느니 하는 말은 받아들여지지 않고, 오직 국가법의 기준과 잣대로만 평가하고 결정하게 된다. 국가법으로 교회의 소송을 진행한다는 것은 대한민국 헌법에 나온 종교의 자유와 국교 불인정, 그리고 '종교와 정치는 분리된다'라고 명시한(제20조 1,2항) 조항과 이를 확인한 대법원의 판례들(대법원 2014. 12. 11. 선고 2013다78990 판결 등)의 테두리 안에서만 가능하다고 하지만, 결국 교회 내부의 다툼에 대해서는 정관이나 규정 혹은 회의체의 결의 같은 것들이 주요 쟁점이 되곤 했다.

이제 사랑의교회는 장로교법에 근거한 정치와 행정을 살피면서 헌법과 정관과 규정 등을 더 세밀히 검토하지 않으면 안 되게 되었다. 그리고 지 교회 내에 있는 당회, 제직회, 공동의회의 중요성도 부각되기 시작했다.

## 회의체를 통한 출구를 찾아서

### 제직회

2013년 12월 22일에 있었던 당회에서 통과된 2012년 결산(복식부기 실시로 2013년 결산은 2014년에 하기로 함) 및 2014년도 예산, 그리고 건축 특별회계, 강남예배당 리모델링, 소망관 매각 등의 안건 중 예결산 및 건축특별회계, 그리고 소망관 매각 등은 제직회와 공동의회를 통해 처리해야 실행이 가능했다. 그리고 앞에서도 언급한 소위 '감사보고서'는 표적감사, 기획감사라는 오명을 벗지 못해 감사위원장 대리가 수정안을 제직회 전에 제출하기로 약속하였는데 이 '감사보고서'도 제직회에 보고될 예정이었다.

당회의 안건은 2014년 1월 8일, 제직회라고 하는 관문 앞에 도달했다. 사랑의교회는 보통 수요일에 제직회를 하고 도래하는 주일에 공동의회를 하는 전통이 있었는데 그 전통대로 1월 8일, 수요일에 제직회를 하고 1월 12일, 주일에 공동의회를 하도록 당회가 결의했었다.

이제 1월 8일, 수요 예배 후에 제직회가 본당에서 시작되었다. 예배 전부터 긴장이 감돌았다. 4개월 여 전, 옥한흠 목사 3주기 추모예배에서 조우했던 양 진영이 이제 민낯으로 만나야 하는 숙명적인 시간이었다.

반대파의 전략은 오정현 목사 사임이고, 전술은 제직회를 통한 정상적인 교회행정이 헝클어지도록 하는 것으로 분석되고 있었다. 즉 예산 결산 반대, 소망관 매각 반대, 감사보고서를 원안(표적감사, 기획감사가 반영된 그대로)대로 통과시켜 이를 다시 검찰에 제출함으로써 검찰이 오정현 목사 횡령, 배임 건을 수사할 때 자기들에게 유리한 재료가 되도록 하는 것 등등이었다. 그리고 부수적으로 분쟁 중인 교회임을 부각시켜 교인들의 마음을 훔치는 것이 포함되어 있었다.

그러나 당회원의 의지는 결연했다.

평신도들도 움직였다. 평협과 330, 그리고 순장반 등에서 활동하는 평신도들도 모여 기도하면서 안건별로 대책도 세우고 손에 손을 잡고 기도하면서 하나님께 매달렸다. 오정현 목사의 표절 논란으로 촉발된 현안이 발생한 지 만 1년 만에 사실상의 교인들의 평가를 받는 시간이기도 했기에 모두가 신경을 곤두세우고 있었다. 나는 회의 준비를 하고 진행 매뉴얼을 작성하여 오정현 목사에게 보고하고 함께 기도한 후에 본당으로 내려왔다. 약 500명 정도의 반대파가 몰려와 있었다. 그들은 예배는 드리는 둥 마는 둥 손님처럼 앉아 있다가 제직회가 되자 갑자기 돌변했다. 3층 난간에서는 뉴스×××가 제직회 소란 장면을 담을 카메라도 준비했다(나중에 이를 공개함). 최대한 소란을 피울 만반의 준비를 하고 있었던 것이다.

교회 성도들도 약 3,000명 정도 입장했다. 정말 간절(懇切)한 마음, 문자 그대로 절절한 심정으로 기도하며 반대파와의 대치를 감당해내고 있었다. 반대파는 예산, 결산, 소망관 매각, 건축특별회계 등에 대해 보고할 때마다 번번이 소리 지르며 "반대, 반대"를 외쳤다. 뭐를 반대하는지도 모르는 것 같았다. 심지어는 자신들이 찬성해야 하는 질문과 안건에도 "반대"를 외치다가 스스로 놀라 자기들끼리 제지하기도 했다. 도대체 민주주의에 대한 기본 교육이라도 되어 있는 자들인지 의심이 갈 정도였다. 제직회장을 아수라장으로 만들었다. 말과 행동이 거칠고 논리도 없었다. 현직 변호사인 안수집사는 의장이 발언기회를 주었더니 "감사보고서를 제직회에서 보고한 적이 없는데 왜 제직회에서 이것을 보고하는 거냐"며 따졌다. 사랑의교회 감사위원회 운영규정 13조에 따르면 "감사위원회는 감사 결과를 정기 제직회에 보고하여야 한다"라고 명시되어 있고 지금까지 늘 그렇게 해 왔었다. 그 변호사 안수집사는 법도 몰랐고 제직회 참석도 해 본 적이 없음이 틀림없었다. 그렇게 확신 있게 우기는 걸 보면 그랬을 것이 확실하다. 거짓된 확신이 사람을 어디까지 망가뜨리는가를 보여 주는 단적인 그림이었다.

평신도들도 만반의 준비를 한 것 같았다. 제직회 청원사항을 통해 정관개정청원을 공동의회에 상정하는 안건을 제안했고 동의와 재청을 통해 통과시켰다. 현재의 정관은 당회가 열리려면 과반수의 장로들이 모여야 하고, 참석자의 2/3가 찬성해야 안건이 통과되는 것으로 되어 있었다. 장로교 헌법에는 이러한 의결정족수가 없다.

민주주의의 원칙은 다수결이다. 판사가 사형을 선고하는 심리를 할 때에도 한 명이라도 더 많으면 사형을 선고하는 것이고 부족하면 안 되는 것이다. 그런데 사랑의교회의 정관에는 참석자의 2/3가 찬성해야 모든 안건이 통과되는 특이한 의결 구조를 담고 있었다. 물론 담임목사 청빙, 임직추천, 정관개정 등의 주요 사안은 당회원 2/3참석에 참석자의 2/3가 찬성해야 통과되는 것으로 두자는 것이고, 일반안건에 대해서는 과반수 참석에 과반수 찬성으로 의결정족 수를 개정하자는 것이었다. 현재의 정관은 장로 몇 명만 담합하면 일을 못하게 할 수 있는 구조로는 제격이었다. 이것을 개정하는 청원을 한 것이다.

사랑의교회의 정관에 의하면 정관개정은 법제위원회에서 개정 안을 만들어서 당회에 상정하면 당회에서 심의 후에 재적 2/3 참석에 참석자의 2/3가 찬성하면 다시 이 개정안을 공동의회에 상정하도록 되어 있다. 그리고 공동의회에서도 참석자의 2/3가 찬성하면 개정안이 결정되는 것이다. 그러므로 제직회에서 결의한 정관개정 청원안은 공동의회에서 개정을 곧바로 하자는 것이 아니고 개정할 것만을 결의한 후에 개정안을 법제위와 당회가 작성하여 다시 공동의회에 올리는 일종의 개정 과정을 시작하자는 안건이었다. 이 안건을 두고 반대파는 비상이 걸렸다. 그리고 온갖 날조와 거짓사실을 유포함으로 또다시 자충수를 두게 된다.

제직회장(場)에는 반대파가 의결 정족수와 찬성 반대 숫자에 대해서 문제를 삼을 것 같아서 강단 위에 카메라를 2대 설치하여 기립하여 찬성과 반대를 표시하는 장면을 모두 담으며 정확한 숫자를 계산했다. 사실상 3,000명 대 500명의 숫자 대결은 의미가 없었다. 모든 안건이 정상적으로 통과되었다. 다만, 문제의 감사보고서는 결의를 요하는 사항이 아니라 보고만 하면 되는 사항이었는데 평신도들은 그 보고 자체를 거부했다. 그리고 재감사를 요청하는 결의를 함으로써 2012년도 감사보고서는 2015년 1월의 제직회와 공동의회에서 보고되고 채택되는 과정을 추후에 밟게 되었다.

반대파는 자신들의 주장이 받아들여지지 않자 정치권에서도 자취를 감추어 가고 있는 행태를 보였다. 전원이 중도에 퇴장한 것이다. 회의 도중에 일어서서 나가는 그들의 얼굴은 일그러져 있었다. 그야말로 "All or Nothing!, 모두를 주지 않으면 모두를 거부하겠다"였다. 발언의 기회를 주어도 논점을 빗나갔다. 사실에 근거하지 않은 발언으로 스스로에게 빈축을 사기도 했다. 후에 저들의 카페에는 "제직회에서 발언한 사람은 학력이 어떻게 되는 거냐"라며 스스로를 공격하는 볼멘소리도 나왔다.

전략과 전술에서 실패했다는 분석도 있었다. 전략과 전술도 실패이지만 그보다 가장 먼저 임무, 즉 그들의 의도가 잘못되어 있었다. 임무가 잘못되었는데 무슨 전략과 전술이 문제가 될 수 있는가, 아무리 훌륭한 전략과 전술을 가졌어도 임무가 잘못되어 있다면 총체적 실패는 자명한 것이다. 그리스도의 몸된 교회의 분열이라는 임무에는 어떤 전략과 전술도 무용한 것이다.

그날의 제직회를 마치고 오정현 목사와 당회원은 잠시 모여 함께 기도하면서 하나님의 긍휼과 자비를 구했고 돌아오는 주일에 있을 공동의회 준비에도 최선을 다하기로 마음을 모았다. 평신도들도 삼삼오오 모여 하나님의 은혜에 감사했다.

반대파의 목소리가 반대파의 진영 밖으로 확산되지 않았다는 것은 대단히 중요한 의미를 가지고 있었다. 오정현 목사의 6개월 자숙과 복귀, 새 교회 입당을 지나오면서 한 켠에는 성도들의 마음, 즉 민심은 과연 어떨까 하는 의구심이 없어지지 않았다. 반대파가 매 주일 교회 주변에서 살포한 찌라시는 줄잡아 80만 장은 되었다. 아니 어쩌면 그 이상인지도 모른다. 6대 일간지에 비난 광고한 발행부수를 다 합치고 그 외에 여러 번에 걸쳐 여기저기에 돈 들여 광고한 것을 다 합하면 3,000만 장 이상의 인쇄물에 노출되어 있었던 성도들이었다. 그들의 마음이 과연 진실에 부합하여 견고히 서 있을지에 대한 의문이 들지 않을 수 없었다. 지금까지 한 번도 그것을 확인할 기회가 없었기 때문이었다.

그러나 제직회를 통해 분석해 보니 반대파는 이미 게토(Ghetto)화 되어 있었다. 그들만의 리그, 그들만의 울타리를 벗어나지 못했었다. 그것은 자업자득이었다. 그들 스스로가 만든 거짓의 울타리에서 나오지 못했을 뿐 아니라 성도들의 마음을 훔치는 것에도 실패한 것이 자명했다. 5개월 전쯤 순장 설명회에서 난동을 부렸던 사람들이 기대했던 대로 자기들이 고함을 치며 반대를 하면 다른 성도들이 호응을 하면서 분위기가 확산될 줄 알았지만 일반 성도들은 깨어 있었고 현명했다.

이미 사랑의교회 성도들은 오정현 목사를 끌어내리려는 시도가 어떤 의미를 가지고 있는가에 대해서 영적 성찰을 마친 후였다. 오정현 목사를 좋아하거나 지지하거나 하는 단순한 차원의 성찰이 아니라 오늘의 현안 그 이후까지도 보는 큰 그림(big picture)을 읽는 눈을 가지고 있었던 것이다. 성도들의 그 시각을 무너뜨리기에 저들의 구호는 허약했고 악의적이었으며 설득력도 없었다.

## 공동의회

2014년 1월 12일, 지난 수요일의 제직회에서 확인된 민심이 공동의회에서도 그대로 나타날까 하는 우려와 함께 공동의회를 맞이했다. 사랑의교회 공동의회는 주일 1부 예배부터 마지막 예배까지 동일하게 진행이 되었다. 예배 중에 설교를 마친 후에 바로 공동의회를 진행한다. 그리고 공동의회를 마친 후에 찬양과 기도와 축도로 예배를 마무리하는 것으로 되어 있었다.

반대파의 전술은 뻔했다. 예배 인원이 가장 적게 모이는 1부 예배에 대거 참석하여 안건마다 반대표를 던져 분위기를 제압한 후에 2, 3, 4부 예배로 오염시킨다는 것이었다. 따라서 1부 때부터 반대파가 기선 제압에 실패하면 청년들이 많이 모이는 4부에 몰릴 것으로 보았다. 저들은 청년들을 자기들이 오염시킬 수 있는 대상으로 삼고 강남예배당에서도 많은 공을 들였었지만 여의치 않았었던 차였다.

교회로서는 1부와 4부 예배를 대비해야 했다. 평신도들도 같은 생각으로 기도하면서 마음을 모았다. 1부 예배 시간에 400여 명의 반대파가 몰려와 이곳저곳에 둥지를 틀고 앉았다. 설교가 끝나고 공동의회가 시작되자 고함을 지르고 강단 앞까지 밀치고 돌진하거나 안내위원과 교역자의 멱살을 잡고 10여 분을 이곳저곳으로 끌고 다녔다. 한 교역자는 안경도 벗겨지고 옷은 엉망이 되었다. 제직회와 마찬가지로 강대상 앞에 카메라를 설치하여 기립하는 숫자를 정확히 계수하도록 했다. 안건마다 반대하면 반대를 표시할 때 일어서서 카메라에 찍히면 되는 것이었다. 그런데 그들은 예배당 자체를 시장 바닥으로 만들어 놓았다. "반대, 반대"를 외치면서 예배당 앞으로 뒤로 옆으로 뛰어다니며 교역자의 명찰을 떼어 땅에 내동댕이치면서 막말과 욕설로 뒤범벅이 되었다. 참으로 답답하고 가슴이 멍해지는 장면이었다. 어떻게 교회를 개혁하겠다고 하는 자들이 예배를 훼손하면서 그 목적을 이룰 수 있다고 생각하는 건지 이해가 되지 않았다. 그날 그 공동의회에 있던 대부분의 성도들은 그들, 반대파에 대한 성격 규정을 명확히 하게 되었다. 해(害) 교회 세력, 바로 그것이었다.

2부와 3부에는 저들이 거의 오지 않았다. 반대하는 인원이 1, 2명에 지나지 않았다. 그러나 4부에 또 몰려왔다. 예상대로 움직였다. 200여 명이 몰려와 1부만큼은 많지 않았지만 이번에는 찌라시를 가져와 대량 살포하면서 회의와 예배를 방해했다. 곳곳에 배치된 안내위원들의 만류와 교역자들의 지도는 의미가 없었다. 채증팀은 이 모든 것을 화면에 담았다. 7,000명 가까이 모인 예배당에서 200명 내외가 저렇게 난동을 피워도 되는 것인지 답답했다. 그러나 바른 생각을 가진 성도들은 '이것이 사랑의교회가 더 정결해지고 견고해 지는 과정이라면, 즉 야성을 키우고 한국교회를 지켜낼 강한 교회로 거듭나는 과정이라면 받아들여야 하지 않겠는가' 하는 생각들을 다 하고 있었다.

공동의회가 마무리되었다. 4부 예배를 마치기 직전 마무리 기도를 하는 도중에 반대파는 일시에 퇴장하면서 또 찌라시를 살포했다. 오정현 목사는 목회자이지 행정가나 정치가가 아니었다. 오정현 목사는 사석이나 공석에서 "교회가 정치구조로 가면 안 되고 생명의 구조로 가야 한다"면서 교회 조직이 관료화되거나 정치구조화되는 것을 우려하는 의견을 종종 표명해 왔다. 제직회나 공동의회도 목회의 연장으로 인식하고 진행해 왔던 지난 수십 년과 달리 그날의 제직회와 공동의회는 한 평범한 목회자가 감당하기에는 많이 낯설었고 버거웠다. 목회자를 강단에 세워 놓고 정치적 수사와 프레임을 들이대며 공격하는 저들의 얼굴을 마주 대하는 것이 쉽지는 않았으리라. 그건 그날 현장에 있었던 모든 교역자들도 동일하게 느꼈던 부분이다.

이제 회의체를 통한 시험대가 거두어졌다.

모든 안건이 96% 이상의 찬성으로 통과되었다. 기권을 포함하면 반대표는 반대파가 전부였다. 저들이 교회의 질서와 평화를 깨고 얻고자 했던 것은 무엇이었을까? 오히려 오정현 목사의 영적 리더십을 세워 주고 성도들의 절대적인 신임을 확인시켜 주는 일에 병풍 역할을 한 것 이외에 무엇을 얻은 걸까 하는 의구심이 들었다.

오정현 목사는 물론, 당회원과 모든 교역자들, 그리고 지난 1년간 교회를 지키기 위해 선한 싸움을 싸워온 모든 평신도들은 웃고 울면서 서로를 격려했다. 그리고 하나님께 진심으로 감사드렸다. 나는 그날 처음으로 편하게 잠을 잤다. 많은 분들이 그랬을 것이다. 힘들었지만 지난 1년 동안 지켜 주신 하나님의 은혜가 너무 감사했다. 모두가 그랬을 것이다. 그러나 조각구름 몇 점이 모아졌다고 해서 곧바로 비가 되어 내리는 것은 역시 아니었다.

# 8

# 반대파, '장로교'를 부정하다

## 공동의회를 뒤집으려 한 안티장로들의 몸부림

반대파는 두 번의 회의체를 통해 충격을 받은 것이 분명했다. 그도 그럴 것이 지난 1년 동안 사랑의교회에는 오직 한 목소리 밖에 없었다. 반대파의 목소리였다. 교회도, 당회도, 오정현 목사도 죄인의 심정으로 참고 또 참았다. 평신도 지도자들도 그랬고 교역자들도 그랬다. 속으로 아픔을 삭이고 할 말도 되씹어 삼키며 지내 왔다. 그러나 의식은 분명히 살아 있었고 믿음의 관점으로 현실을 성찰하고 있었으며 의지는 확고했다. 그것이 결연하게 표출된 것이 두 번의 회의였다.

반대파는 현상주의자들, 그리고 유물론자들과 같았다. 어느 주일에 평협과 330을 중심으로 교회를 지키는 분들과 함께 ○○○헤럴드 대표인 김성욱 기자를 초청하여 한국교회의 인본주의 세력의 실체에 대해서 강의를 들은 적이 있다. 한마디로 충격적이었다. 성서한국, 교회개혁실천연대, 기독교윤리실천협의회 등이 가진 두 얼굴을 보게 되었다. 섬뜩할 정도였다. 저런 단체를 한국교회가 넋 놓고 지원하고 박수를 보내고 있는 현실이 어이없을 정도였다. 한국교회를 파괴하려는 자칭 기독교인이라는 자들에 대해 김성욱 기자는 "기독교 인본주의자들"이라고 칭했는데 그 인본주의자들이 사랑의교회의 기저에 흐르는 의식의 흐름, 영적 기상도를 제대로 파악할 리 없었다. 그들은 몇 개의 신문에서 어떤 내용의 기사를 써 주었는지, 몇 개의 신문에 광고를 내서 몇 명의 독자가 그 광고를 보고 사랑의교회와 오정현 목사를 비난했는지, 몇 장의 찌라시를 인쇄하여 살포하였는지, 장로들 중의 몇 명이 자기들 편인지, 마당에 몇 명이 모였으며 불안회에 몇 명이 가입했는지 등등의 물리적이며 현상적인 요인만을 가지고 현실을 진단하고 미래를 점쳤던 것이다. 그러나 인간은 영적 존재이다. 영이신 하나님께서 왕으로 다스리시는 천지만물이 그렇게 물리적인 요인만으로 운행되는 것은 아니지 않은가.

사람이 마음으로 자기의 길을 계획할지라도 그의 걸음을 인도하시는
이는 여호와시니라 (잠 16:9)

충격을 받고 당황한 저들이 가장 다급했던 것은 "뭔가를 해야 하는 것"이었다. 장로교에서 공동의회의 결의가 96% 이상의 찬성으로 기울었으면 더 이상 할 말이 없어야 한다. 오정현 목사 청빙도 95%

이상의 찬성으로, 새 예배당 건축도 95% 이상의 찬성으로 결정되고 시행되었다. 이단이나 신비주의자가 아닌 다음에야 하나님의 뜻을 달리 더 여쭐 방법이 우리에게는 주어져 있지 않다. 교회의 회의체는 보통의 회의와 다르다. 우리는 니케아 회의*와 콘스탄티노플 회의**에 대하여 잘 알고 있다. 중요한 교리적인 결정을 한 회의였다. 그리고 얌니아 회의***와 카르타고 회의****의 중요성도 알고 있다. 초대교회의 회의들은 성경을 정경으로 받아들이고 주요 교리들을 분별하여 정립한 회의였다. 전통상으로는 장로교의 회의체는 예루살렘 공의회로부터 교회사에 나오는 회의들의 역사적 연장선상에 있는 것이다. 이 회의체를 부정한다면, 신약성경을 결정한 회의도 부정할 수 있고 삼위일체 교리를 확정한 회의도 부정할 수 있다는 말이 된다. 위험하고 몰지각하기까지 하다. 우리는 기본적으로 교회 회의에

---

\* 325년 5월 20일, 약 300명의 감독들이 참석한 가운데 소아시아의 니케아(Nicaea)에서 열렸던 최초의 공의회로 콘스탄티누스 황제의 소집으로 열렸다. 이 회의에서는 그동안 아리우스에 의해 제기되었던 예수그리스도의 신성에 대한 부인을 배척하고 그리스도의 신성을 확정하며 하나님과 그 아들 예수그리스도가 동일 본질이심을 담은 니케아신조를 작성 발표하게 되었다.

\*\* 381년에 당시 동로마의 수도 콘스탄티노플에서 데오도시우스 황제에 의해 소집된 회의로 니케아 회의 이후 50년간 지속된 기독론 논쟁에 종지부를 찍으며 단성론(單性論)을 제거하고 하나님과 그 아들 예수그리스도의 동일 본질을 확인함으로써 니케아신조를 재확정한 회의로 평가받고 있다. 이 회의를 통해 삼위일체론이 확립되었다고 할 수 있다.

\*\*\* 얌니아(Jamnia)는 야브네(Yavneh)라고 불리었던 곳으로 A.D. 70년, 예루살렘 멸망 후 예루살렘의 지위와 역할을 대신 한 곳으로서 예루살렘으로부터 서쪽으로 약 65km 떨어진 해안평야로 알려져 있다. 이곳에서 A.D. 90년에 구약성경이 정경(正經)으로서 확정되는 회의가 열렸다.

\*\*\*\* 397년, 북아프리카의 튀니지 인근에서 열린 회의로서 이 회의를 통해 신약성경이 정경으로 공포되었다.

반대파가 내 걸고 있는 현수막과 피켓의 표현은 그 자체가 무슨 뜻인지 와 닿지 못할 정도로 사실과 동떨어진 것이었다.

는 성령께서 간섭하시고 주관하신다는 믿음으로 해야 한다. 그리고 그 결정사항은 하나님의 뜻으로 받아들이는 자세가 기본이다. 그러나 반대파는 그럴 소양과 믿음과 공동체 의식이 없었다. 그런 면에서 반대파를 "기독교 인본주의자"로 규정한 김성욱 기자의 지적은 옳았다. 회의체가 건전한 신앙고백 위에 평안하고 자유로운 분위기에서 이루어졌다면 이를 따르는 것이 성도의 도리이다.

그러나 반대파 장로들은 이 상식을 뒤집으며 장로교를 부정했다. 공동의회의 결의를 부정하고 회의체의 권위를 떨어뜨렸다. 그들의 논리는 그들을 장로로 뽑은 공동의회의 권위와 그 결정사항도 무효일 수 있다는 식의 자가당착(自家撞着)적이었다. 그러나 그거라도 하지 않으면 안 되는 상황이 그들이 직면한 현실이었다.

그들은 공동의회가 끝난 직후인 1월 16일, 강남예배당 한켠에 모여 몇몇 기자들을 불러 놓고 소위 "개혁성향의 장로들"의 이름으로 성명서를 발표하며 지난 두 번의 회의체의 결정을 거부하는 속내를 드러냈다. 그날 이후로 소위 '개혁성향을가진 장로들의 모임'이라고 주장하는 반대파 장로 10여 명은 교회출석을 하지 않고 있다. 한두 번 당회가 있을 때 참석하여 당회를 공전(空轉)시키고 목회 일정에 족쇄를 채우려 한 일 빼고는 모든 예배와 사역에서 스스로 빠져나와 당회원으로서의 직무를 유기하며 사랑의교회 성도의 자리에서 물러섰다.

이들이 자칭 개혁장로라고 하는 이름을 사용하는 것을 보면서 저들이 하는 행동이 '개혁'이고 저들의 의식이 '개혁장로의 의식'이라면 세상에서 하지 말아야 할 것이야말로 '개혁'이라는 생각이 들었다. 그리고 내가 지금까지 사용했던 개혁이라는 단어와 저들의 그 단어는 그 의미가 다를 거라는 생각이 들었다. 심지어는 저들의 언행을 보면 '개혁'이라는 단어의 사전적 의미도 다시 써야 하지 않을까 하는 생각도 해 보았다.

자칭 '개혁장로들'이라고 하는 자들이 했거나 하고 있는 언행은 전혀 개혁적이지 않았다. 개혁은 둘째 치고 남자답지도 않았다. 그들은 자기들의 명단도 다 공개를 못할 지경이었다. 용기가 없어 당회에도 못 나온다. "여 집사와 권사들이 무서워서"라는 것이 공개적으로 서한을 보내어 제시한 당회에 못 나오는 이유였다. 수백만 원을 들여 자신들을 보호할 경호원을 고용했다고 반대파 재정보고에 나왔던 것처럼 두려움에 가득 차 있었던 것 같은데 평범한 교인들로서는 이해할 수 없는 일이었다. 저들의 논리를 적용한다면 멱살을 잡히고 욕설을 들으며 지내온 부교역자들은 모두 중병에 걸렸어야 하며 사랑의교회 성도들은 모두 두려움에 떨고 있어야 했다. 게다가 온갖 인격살인과 모욕과 거짓폄훼를 당하고 있는 오정현 목사는 어떻게 지금도 살아서 목회를 하고 있는 것인지 그야말로 "그것이 궁금하다"여야 했다.

## 정관개정을 필사적으로 방해한 이유

회의체를 통해 확인한 성도들의 민심은 파장이 만만찮았다. 그 중에서도 핵심은 정관개정 청원안에 관한 것이었다. 제직회와 공동의회에서 통과된 정관개정 청원안의 골자는 "당회의 일반안건 처리 의결정족수를 당회원 과반수 참석에 2/3 찬성에서 과반수 참석에 과반수 찬성으로 수정하는 것을 포함한 발전적인 방향에서 개정할 것"이었다. 그리고 "담임목사는 정관개정위원회를 구성하여 부활절 전까지 공동의회에 상정하는 것"으로 되어 있었다. 이 결의에 따라 오정현 목사는 정관개정위원회를 구성했다.

위원장에는 백복수 장로를, 부위원장에는 김은수 목사를 선임하고 조주현 장로, 오세창 장로 등의 당회원과 김현중 목사와 나, 그리고 남순장장인 김기상 집사, 여순장장인 계선홍 집사, 여 직장인 순장장인 박미자 권사 등 총 9명으로 구성되어 1월 19일에 출범예배를 드리고 활동을 시작했다.

제직회에서 정관개정을 청원한 목적은 분명했다. 사랑의교회 정관은 장로교 정치와 행정은 물론 민주주의의 원칙과 만국통상(萬國通常)의 법칙에 반하는 내용들이 몇 군데 있었는데 그것이 아주 결정적인 부분이기도 했다. 반복하자면 의결정족수*의 경우를 들 수 있다. 정관 9조에 의하면 당회의 개회는 당회장과 치리장로 과반수 이상이면 가능하도록 되어 있지만, 뭔가를 결의하려면 반드시 참석자의 2/3가 찬성해야 가능하도록 되어 있었다. 이 조항이 문제였다. 소수가 다수의 의견을 지배하는 구조가 가능한 조항이었다. 2010년 정관 제정 당시 자세히 살피지 못한 탓을 할 수도 있겠지만, 이제라도 이 조항을 참석자의 과반수 이상이 찬성하면 의결이 가능하도록 의결정족수를 변경하자는 것이 핵심이었다. 국회나 국무회의나 그리고 장로교 총회 헌법 어디에도 없는 조항을 정관에 반영해서 소수의 당회원이 다수의 당회원의 의견을 발목 잡는 현실을 개탄하면서 나온 민중의 목소리였던 것이다. 물론 정관 9조에 의하면 아주 중요한 안건들, 예를 들면 정관개정이나 담임목사 청빙 등은 당회원의 2/3 이상이 모여, 모인 당회원의 2/3가 찬성하여 의결하도록 한 조항은 유지하도록 했다. 다만, 일반 안건의 경우에도 참석자의 2/3가 찬성해야 의결이 되는 의결정족수는 다수결의 원칙에 어긋나는데 이는 대의제와 민주제를 채택한 장로교 정치와 행정에도 위배가 되는 부분이었다. 합리적이고 합법적인 개정 청원이었다.

나는 이 일이 있기 2년 전인 2012년 가을에 사랑의교회 정관과 제규정에 대하여 검토할 기회가 있었다. 그 당시 느낌은 개혁주의 교회론과 제자훈련의 목회 철학을 담기에는 좀 아쉽다는 생각이 많

---

\* 민주주의 기본 중의 기본이 다수결이다. 특수한 경우를 제외하고는 모두가 다수결로 결정한다. 국회도 마찬가지이다. 소위 국회선진화법에 대하여 개정을 추진하는 조항도 바로 이 다수결의 원칙을 위배한 요소가 있기 때문이다.

**사랑의교회 정관과 규정**

| 순번 | 명 칭 | 제정연월 | 개정조건 | 비 고 |
|---|---|---|---|---|
| 1 | 정 관 | 2010. 1. 31 | 공동의회(2/3) | |
| 2 | 제직선거 및 임직에 관한 규정 | 2011. 7. 3 | 당회 | 당회 결의는 2/3 |
| 3 | 교역자 시무규정 | 2011. 7. 3 | 당회 | |
| 4 | 선교사 운영규정 | 2011. 7. 3 | 당회 | |
| 5 | 취업규칙 | 2011. 7. 3 | 당회 | |
| 6 | 재정 운영 규정 | 2011. 7. 3 | 당회 | |
| 7 | 감사위원회 운영규정 | 2011. 7. 3 | 당회 | |
| 8 | 법제위원회 운영규정 | 2011. 1. 26 (개정 2011. 7. 3) | 당회 | 타 규정 제정 이전에 제정 되고 타 규정 들과 함께 개 정 됨 |
| 9 | 정관의 시행에 관한 규정 | 2011. 1. 26 (개정 2011. 7. 3) | 당회 | |

이 들었다. 그리고 목회자보다는 법 전문가의 손에 의해 작성되었다
는 느낌도 들었는데 목회적 고려와 장로교와 개혁신학적 교회론을
뒷받침하기에는 부족하다는 생각을 했었다.

사랑의교회 정관은 2010년 1월 31일, 공동의회를 통해 제정되었고
약 1년 뒤부터인 2011년 1월 26일과 2011년 7월 3일에 제직선거 및
임직에 관한 규정 등 8개의 규정이 당회에서 추가로 제정되었었다.

백복수 위원장 체제로 활동을 시작한 위원회는 정관과 규정들을
살펴보면서 상위법인 장로교 헌법과 상충, 미 일치되는 부분이 많았
고 각종 규정 간 혹은 각 부처의 내규 등이 상호 미 일치되거나 만국

통상 법칙에 현저히 위배되는 사항 등이 잔존하고 있었음을 확인하였다. 이를 바로잡고 성경적인 교회관과 제자훈련의 정신을 담아내고 디지털-글로벌 시대와 서초예배당 시대의 사역의 용량을 담아내는 방향에서의 개정을 진행하기로 의견을 모았다.

먼저 위원 각자가 현 정관과 규정을 살피면서 개정 소요들을 도출해내는 기초적인 과정으로부터 주요 교회들의 정관들과 모범 정관 성격의 문서들을 입수하여 비교 검토하였으며 헌법과 교회법 이론서와 판례 등도 병행해서 검토했다. 여러 번의 회의 끝에 초안을 작성하였다. 그리고 공청회를 앞두고 정관개정 초안을 당회원들에게 이메일로 송부하고 당회원들의 의견개진도 함께 반영할 수 있도록 했다. 그러나 반대파 장로들은 이 초안을 허락 없이 유포했고 마치 개정이 벌써 되어 버린 것처럼 날조하고 호도하여 언론에 배포하기 시작했다. 정관개정에 이토록 민감하고 과민하게 반응하면서 개정을 저해하려는 속셈이 무엇일까?

반대파는 사랑의교회가 건강한 장로교의 골격을 유지하는 것이 너무 불편했다. 담임목사를 자기들이 맘껏 움직이고 싶은데 장로교의 법과 행정은 이를 용납하지 않았다. 그리고 그동안 개혁주의적, 혹은 장로교적 요소가 미흡하여서 교회 분란을 일으키기에 좋았는데 이제 장로교의 정치와 행정이 정관에 정확히 반영이 되면 우선 자기들의 입지부터가 좁아지고 심지어는 교인으로서의 기본적인 지위까지도 박탈될 가능성이 있다고 여긴 것이었다. 정관개정에 대한 반대파의 반응은 매우 신경질적이었고 이상했다. 언제나와 마찬가지로 주일, 교회 주변으로 보따리를 들고 여기저기서 정관개정안을 악의적으로 왜곡 선전하는 찌라시를 돌렸다. 교인들은 무반응이었지만 반대파는 열을 냈다.

나는 정관개정 초안을 작성한 위원 중의 한 사람으로서 만인 앞에서 떳떳하다. 장로교의 정치와 행정은 물론 성경적이고 개혁적인 내용을 정관개정 초안에 담았다고 자부한다. 나는 교회사를 전공했고 석사논문으로는 칼빈의 정치신학을 다룬 〈국가와 교회의 관계에 대한 칼빈의 견해연구〉를 썼다. 박사논문은 영국혁명의 주역이었던 올리버 크롬웰을 중심으로 한 〈영국혁명과 올리버 크롬웰의 상관성 연구〉였다. 격동의 80년대를 지나면서 하나님의 나라가 반영된 교회, 그리고 교회의 확장으로서의 시민 사회를 꿈꾸며 몸부림치는 과정의 연장선상에서 작성된 논문이었다. 나는 장로교 목사로서 장로교가 하나님의 나라를 반영하는 영적 공동체가 되려면 그에 합당한 법과 정치와 행정이 뒷받침되어야 한다고 생각했다. 칼빈은 1530년 경, 개혁주의에 입각한 교회를 중심으로 제네바시를 완전히 개혁했고 당시 그가 세운 제네바 아카데미는 세계적인 명문 제네바대학교가 되었다. 칼빈 당시 존 낙스도 제네바에 와서 칼빈에게서 배웠고 유럽에서 제네바는 '그리스도인 학교'라는 별칭을 얻기도 했었다.

이 모든 것이 교회로부터 시작되었다. 그런 교회의 틀을 잡기 위한 정관을 만들면서 반대파의 주장대로 "제왕적 담임목사, 담임목사 총통제, 담임목사 종신제, 교인 등록도 담임목사에게 충성하는 자들에게만 허용, 당회도 담임목사 마음대로 소집" 등등의 허무맹랑한 내용을 담을 리 만무했다. 그럼에도 불구하고 이 같은 거짓주장을 사실인 양 퍼뜨리며 정관개정 과정을 오염시키려 하는 저들을 보면 애처로웠다. 저렇게 하지 않으면 안 되는 이유가 있다고 한들 저렇게까지 해야 했을까 하는 생각이 들었다.

반대파가 정관개정에 대하여 언론에 유포하고 찌라시로 살포한 내용은 총 43개의 조항에 관한 것이었다. 현 정관이 부칙 포함해서 총 10장 47조로 되어 있는 반면 개정 초안은 13장 80조로 되어 있었고 대부분 늘어난 조항은 위에서 언급한 장로교, 개혁주의적, 제자훈련의 정신 등을 담고자 하는 부분이었다. 현존하는 교회법 분야의 최고 권위자들과 목회자들, 노회와 총회의 관계자들, 그리고 교회 내외의 법조 관계자와 목회자의 자문과 조언을 거친 것이었고 대부분이 긍정적인 반응을 보인 내용이었다. 그러면 그럴수록 반대파에게는 불편할 수밖에 없는 이유는 위에서 언급한 바와 같다.

반대파가 주장하는 주요 내용을 반대파가 뿌린 찌라시에 적시된 내용 그대로를 인용하면 다음과 같다.

1. 십일조 헌금 없으면 교인의 권리가 제한된다.
2. 교회 재정에 대해서는 알려고 하지도 말고 알 수도 없다.
3. 담임목사는 모든 권한을 가진 총통(總統)목사가 된다.
4. 담임목사 반대 불가, 임면 결의 불가 등 신성불가침 체계를 구축한다.
5. 교인의 교회재산 사용 수익권 박탈, 교회 재산은 극소수에 의해 처분 가능하다.
6. 장로교라 부르기 힘든 비민주적, 권위주의적 교회 운영이 횡행한다.

나는 반대파의 주장을 보면서, 저들이 혹시 다른 교회의 정관 혹은 다른 종교의 정관을 읽고 와서 하는 주장은 아닐까 하는 의심이 들었다. 교회가 발표한 정관개정 초안을 읽고 한 조문 해석이라고는 볼 수 없었다. 전혀 다른 언어를 쓰고 있는 것과 같았다. 나는 심청

전을 주었는데 춘향전을 읽고 쓴 독후감을 전달받아 읽는 느낌보다 더 황당했다. 교회는 정관개정 초안 1, 2안을 모두 홈페이지에 올려놓고 누구든지 맘껏 볼 수 있도록 했다. 그리고 저들의 주장에 대하여 일일이 반박한 내용도 함께 올려놓아 모두를 비교해 보도록 했다. 신문사설 정도를 이해하는 수준의 국어 실력만 되어도 절대로 저런 해석은 불가능하고 내용 상호 간에도 충돌이 있는 그야말로 '좌충우돌(左衝右突), 야단법석(野壇法席)'이었다.

## 공청회, "여러분이 하나님 하세요"

3월 9일, 주일 예배 후 오후 5시부터 국제회의실에서 열린 정관개정 공청회에 반대파는 대거 몰려 왔다. 이미 우리는 여러 번 저들의 도발적인 행동을 보아 왔기에 채증 및 안내팀이 철저히 준비했다. 30여 명 정도의 반대파가 미리 자리를 잡고 앉았다. 150석을 가득 메운 국제회의실에서 교회법 전문가와 정관개정 위원들이 자리를 잡고 공청회를 시작했다. 반대파는 자신들이 만든 억지주장으로 공격할 만반의 준비를 갖추었다. 소리를 지르고 자리를 이탈하여 앞으로 뛰쳐나오는 등의 저들의 행동은 교인들에게는 익숙해져 있었다. "반대파=무질서, 고함, 폭언 폭행"이라는 도식은 이미 형성되어 있었다. 참석한 한 교회법 전문가는 모두 발언을 통해 "사랑의교회가 지난 30여 년 동안 제자훈련을 통해 한국교회에 기여해 왔다. 정관을 잘 만들어서 정착시키면 제자훈련을 통해 기여한 것 못지않은 기여를 할 수 있을 것"이라고 했다.

정관개정을 위한 공청회 분위기와 반대파의 목소리가 어떠했는가를 일일이 설명하는 것은 무의미하다. 다음의 두 가지 발언을 통해 그 모든 것이 요약되고 전달된다고 본다.

첫째는 반대파 총무격인 C집사가 청문회 패널로 단상에 앉아 있는 나에게 한 말이었다. 내가 무슨 발언을 하려 하자 제지하려는 의도로 한 말이다. 내용은 이렇다.

"부교역자는 1년짜리 계약직이다. 1년짜리 계약직은 발언 자격이 없다."

듣기에 따라서는 노무(勞務)와 관련한 명예훼손에 해당되는 발언이었다. 정관과 헌법에 따르면 부교역자는 1년마다 당회에서 사역의 연장을 결정한 후에 노회에 그 사실을 보고해야 한다. 이 조항을 두고 하는 말이었다. 기발한 발상이었다. 어떻게 그 조항을 두고 그와 같은 발언을 조합해 낼 수 있을까 하는 생각도 들었다. 그리고 나는 속으로 이렇게 다짐했다.

'1년짜리 계약직이라고 치자. 1년짜리 계약직은 열심히 일하면 안 되는가? 1년짜리 계약직이면 교회를 지키면 안 되는가? 1년짜리 계약직이라도 제대로 일하는 것을 보여 주자.'

둘째는 패널로 초청된 외부 인사 중 한 분이 하신 발언이다. 반대파가 하도 억지를 부리고 고함을 지르고, 아무리 설명해도 우격다짐으로 나오니까 어이가 없다는 표정으로 이렇게 말했다.

"그럼 여러분이 하나님 하세요!!"

공청회는 끝났다. 공청회장을 마스크를 쓰고 기웃거리며 배회하던 F장로를 비롯한 반대파 장로들 몇 명도 별 소득 없이 돌아갔다. 토론과 설득, 이해와 관용, 수용과 타협이 없는 자들에게 의견을 모으기 위해 모였던 공청회(公聽會)는 허공을 치는 공청회(空聽會)와 다를 바 없었다. 공청회장을 아수라장으로 만든 반대파는 이도 모자라 거짓주장과 과장 왜곡된 내용을 담아 2014년 3월 27일에는 '사랑의교회 정관개정에 반대합니다'라는 제목으로 중앙일간지에 또 광고를 냈다. 광고의 골자는 "오정현 목사가 교회를 사유화하려 하고 권위주의적 신정체제(神政體制)를 구축하려 한다"였는데 무슨 잠꼬대보다 더 황당한 내용이었다.

## 부활절 계란 투척 사건

부활절을 맞아 금요일에 몰려올 반대파에게 사랑의 메시지를 담아 축하카드와 함께 계란을 전달하자는 의견이 평신도 모임에서 나왔다. 모두들 좋다는 의견이었다. 계란을 준비하고 축하카드를 작성해서 길거리 농성에 나온 반대파 사람들에게 축하 찬양과 함께 나누어 주었다. 반대파 사람들은 당황해했다. 교인들은 이런 행위 자체가 별 다른 목적이 있는 것이 아니지만 하나님이 우리 교회를 속히 하나 되게 하시는 돌파구가 될 수 있으면 하는 마음이 간절했다.

하지만 기대는 한순간 빗나갔다. 계란을 받자마자 집어 던지기 시작했다. 심지어는 그 계란을 건네준 여 집사의 얼굴에다 던져 상처가 나기도 했다. 대략 난감이었다. 이러면 안 되는 것 아닌가? 집회가 끝난 후 교회 주변 쓰레기통에는 계란을 모아서 버리고 간 모습이 눈에 띄었다. 그게 전부였다. 1년쯤 전에는 본당에서 바나나를 투척하더니 이번에는 면전에서 계란을 집어 던지고 건넨 계란은 모두 모아 쓰레기통에 버리거나 길거리에 버리고 가는 모습을 보고 사랑과 관용을 두려워하는 저들의 모습을 보았다. 마음에 사랑이 없으면 사랑 자체를 두려워하는 것은 아닌지 하는 생각에 저들이 불쌍했다.

> 사랑 안에 두려움이 없고 온전한 사랑이 두려움을 내쫓나니 두려움에는 형벌이 있음이라 두려워하는 자는 사랑 안에서 온전히 이루지 못하였느니라 (요일 4:18)

뿐만 아니라 3월 31일부터 한 주간 열리는 칼세미나 장소인 안성 수양관에서도 피켓과 현수막을 들고 시위를 했고 오정현 목사의 사택 앞에서도 동일한 시위가 지속되었다. 저들이 그 에너지를 모아, 동성애 반대나 복음적 평화통일을 위한 것에 사용했으면 하나님도 기뻐하시고 저들도 칭찬받았을 것이다. 누구도 공감하지 않고 자신들도 멋쩍은 일에 왜 그토록 집착하고 몰려다니는지, 무슨 힘이 그렇게 하도록 하는 것인지 안타까웠다. "칼세미나에 지원자가 없어 무료로 진행한다더라"라는 식의 거짓말도 양념처럼 퍼뜨렸지만 누구하나 그 말에 귀를 기울이거나 눈길을 주는 자는 없었다. 저들은 점점 고립되어 가고 있었고 사랑의교회는 모든 사역의 영역에서 온전한 회복을 향해 한 걸음 한 걸음 나아가고 있었다.

# 9

# 더 강해진 거짓전술

## 전문 라이어(liar)의 이용과 폐기

반대파 카페에 글을 올리는 이마고데이라는 닉네임을 가진 자는 오정현 목사의 설교에 대한 비평뿐 아니라 가족사와 개인의 신상에 관한 모든 부분을 전문적으로 파헤치며 덤벼들었음은 앞에서도 언급한 바 있다. 이마고데이의 글은 사회넷에 올려져 반대파의 교범처럼 숙지되었다. 그리고 여기저기에 퍼뜨려졌다. 오정현 목사에 대해 부정적 선입견을 가지고 있던 이들은 지금까지 밝혀진 마땅한 사실이 없자, 이마고데이의 글에 집착했다. 이마고데이가 저들의 교관역할을 했고 반대파는 자기세뇌의 자원을 제공하는 이마고데이가 고마웠다.

그러나 이마고데이의 영향력은 무시할 수 없었다. 오정현 목사를 거의 마귀의 종처럼 인식하게 하는 데 그만한 인물이 없었다. 이마고데이는 정기적으로 글을 올렸고 전방위적으로 주제삼아 다루었다. 그런데 앞에서도 잠시 소개한 바와 같이 이마고데이의 글에 대한 반박과 이마고데이의 비평을 비평하는 글들이 오르내리더니 이마고데이를 지지하는 파와 반대하는 파가 나뉘어 설전을 벌이는 일들이 발생하기 시작했다. 이마고데이가 반대파 지도부회의의 의제로 지속적으로 오르기 시작했다. 그리고 드디어 반대파도 도무지 용납할 수 없는 이유로 이마고데이에게 글쓰기 권한을 박탈했다. 그 이유는 이마고데이의 글에 신빙성이 없고 허위나 거짓이 많다는 것이다. 그걸 이제야 알았던가? 게다가 이마고데이가 반대파의 분열을 획책하고 있다는 것이었다. 반대파로 모여진 사람들의 DNA를 몰랐단 말인가? 제직회와 공동의회에서 저들이 외친 선명한 구호, "반대, 반대!!"를 잊었단 말인가? 그리고 조금 지나서 드디어 이마고데이와 결별을 선언하는 결정을 하고 이를 대내외에 공포함으로써 전문 라이어는 반대파에서도 축출당하게 되었다. 다음은 반대파 대표자 회의(비상대책위원회)에서 2015년 3월 7일에 발표한 이마고데이 축출의 변이다.

### 이마고데이 연구소 운영에 관한 건

(1) 비상대책위원회의 결정
① 1기 갱신위원회는 2014. 1 이마고데이 연구소 개소 시 운영시한에 대한 합의는 없었으나 비평집 발간 및 기타 과제완수시점까지 운영하

기로 함.

② 비상대책위원회가 출범하면서 전임 갱신위원장인 K장로는 비대위에 이마고데이 연구소를 2014. 12월 말까지는 보안을 유지하며 운영할 수 있도록 해야 한다는 취지로 건의함.

③ 비상대책위원회는 담당총무였던 전임 P집사의 요청에 의해 이마고데이 연구소 운영을 추가로 1년 더 연장하기로 하고, 2014. 11. 2. 이마고데이와 〈연구용역계약서(계약기간 2014년 10월 28일~2015년 10월 27일)〉를 체결하였으며, 2014. 11. 연구실로 사용하던 사무실을 기존 선릉 인근(잔존 임차계약기간 4개월 남음)에서 경기도 모처로 이전함.

(2) 제3기 갱신위원회의 처리

① 이마고데이 연구소에 과다한 지출(2014년 총액 9,395만 원 및 사무실 2곳 보증금 도합 2,000만 원, 임대료 도합 월 231.5만 원 소요)이 소요되고 있으며 연구소의 기능과 역할에 대해서도 재고할 여지가 많다는 지적이 갱신성도들 상당수에서 제기됨(일부 수십여 명의 성도들은 탄원서 형태로 연구소 폐쇄를 요구하기도 하였음).

② 이에 관하여 갱신위원회 개혁장로회에서 이를 심도 있게 수차례 검토하고(연구소의 초창기의 역할에 대하여 인정한 후), 이마고데이와 협의하여 현재의 갱신위원회 사정상 운영자금 조달 등 연구소 지원에 있어 어려움이 있음에 공감하고 2015. 2월 말로 이마고데이 연구소를 종료하기로 합의함.

③ 이마고데이가 사용 중이던 사무실 중 2월 말 현재 1개는 폐쇄되어 보증금(1,000만 원)을 회수하였고, 또 다른 1개는 임대차계약승계를 통해 임차보증금(1,000만 원)을 회수하려고 최대한 노력 중에 있고, 이마

고데이에게 지불해야 할 2월까지의 지원금 등에 대해서는 정산을 완료하였음.

반대파의 보고에 따르면 이마고데이에게 1년간 1억 수천만 원 이상을 투자했으며, 그럼에도 불구하고 효과가 없고 내부에서도 반발이 있어 이제 그 계약을 중단한다는 것이었다. 그러나 이 발표에 이어 계속해서 사회넷과 반대파에서 분열된 또 다른 반대파가 운영하는 온라인 카페에서는 이마고데이를 지지하는 발언과 비난하는 발언이 거세어지면서, 결국 반대파 중에서 이마고데이의 추종자들로 추정되는 자들이 '선한청중'이라는 별도의 온라인 카페를 만들어 파당을 지어 분열을 거듭했다.

반대파도 일정 부분 이마고데이의 가필(假筆), 즉 거짓 필력에 놀아난 측면이 분명히 있었다. 그럼에도 불구하고 자기들도 용인할 수 없었던 이마고데이의 글들은 아직도 사회넷 카페에 그대로 남아 있다. 그렇다면 저들의 카페의 성격은 도대체 무엇인가? 갱신인가? 개혁인가? 아니면 그냥 반대를 위한 반대인가? 아니면 거짓 대자보를 위한 벽보판인가? 자신들도 부정한 글들이라면 그 글들을 삭제하거나 그 거짓된 글들로 인하여 편향된 시각을 교정하는 별도의 조치를 취해야 하는 것 아닌가?

## 또 도진 광고병(廣告病)

2014년 4월 16일은 한국현대사에서 잊혀지지 않을 대참사가 있었던 날이다. 세월호가 침몰했고 304여 명의 학생들과 승객, 승무원이 숨진 날이다. 온 국민이 슬픔으로 힘들어 하고 있을 바로 그때 반대파는 3주 만에 또 신문에 광고를 내면서 주님의 몸된 교회에 생채기를 내려고 했다. 4월 17일부터 시작된 광고의 제목도 선정적이다.

"대한민국 '특별·시민' 오정현 목사를 고발합니다."

이 무슨 궤변인가? 그리고 오정현 목사는 이미 1년 전에 자기들이 검찰에 고발해 놓고 왜 국민들에게 또 고발하는가? 치졸하고 수준 낮은 내용들로 고발 사항을 채운 이 광고는 조선·중앙·동아일보와 매일경제·한국경제·한겨레신문 등에 실렸다.

목적은 뻔했다. 조사 중인 검찰에 어떤 사인을 주기 위한 것이며 동시에 압박을 위한 카드였다. 광고 문안에도 검찰은 물론 박근혜 대통령까지 거론하며 오정현 목사를 처벌해 줄 것을 주장했다. 내용은 주로 검찰에 고발한 내용을 가공한 것이고 1년 전에 발표한 소위 '교회개혁 95'에서 새로울 것이 없었다. 그러나 그 나열 수준은 저열하기 짝이 없었다. "오정현 목사는 체어맨 승용차를 2대 사용하고 있다. 급여가 얼마이다. 기름 값으로 얼마를 쓰고 있다" 등등이다. 그걸 고발이라고 하고 있다는 것 자체가 어이가 없었다. 그리고 주장 자체가 모두 사실이 아니었음은 이미 설명한 바와 같다.

교인들은 궁금해했다. "당신들은 도대체 돈이 어디서 나와서 툭하면 6대 중앙일간지에 광고를 그렇게 낼 수 있는지. 사랑의교회는 그런 광고를 한 번도 내본 적이 없는데 그렇다면 특별 시민은 오히려 당신들이 아닌가?" 이런 질문들을 하고 있었다.

저들의 거짓주장에 대해 4월 26일, 교회는 홈페이지를 통해 조목조목 반박했는데 그 핵심을 요약하면 다음과 같다.

이들 광고 내용은 지금까지 그들이 일간지 등에 낸 많은 해 교회 광고 중에서도 가장 내용이 저급하고 공격적입니다. 처음부터 끝까지 거짓과 왜곡 음해 선동으로 가득 차 있습니다. 더구나 대통령의 국정철학을 들먹이며 검찰수사를 압박하려는 위험한 의도도 들어 있습니다. 무엇보다 이런 광고를 전 국민이 세월호 침몰 사건으로 참담해 하는 시점에 냈다는 사실은 도저히 이해하기 어렵습니다.

광고를 낸 이들은 '사랑의교회의 회복과 갱신을 위해 기도하는 4,000여 명의 성도들'이라고 했습니다. 이 4,000여 명이라는 숫자는 어디서 온 것입니까. 아무런 근거도 없이 4,000여 명이라고 주장하는 것은 자신들의 세력이 극소수가 아닌 것처럼 보여 주려는 거짓술수에 불과합니다.

이어서 반대파가 신문광고에서 주장한 구체적인 내용에 대해서도 항목별로 설명하면서 광고의 주장이 얼마나 거짓과 음해로 가득 찼는지를 확실히 밝혔다.

이외에도 8월 8일에는 명성교회의 반대파인 '명랑소리'와 합세하여 사랑의교회의 오정현 목사와 명성교회의 김삼환 목사를 비롯하여 8월 10일의 합동 통합 연합기도회*를 비난하는 광고를 내어 또 한 번 저들의 해 교회 세력으로서의 정체성을 드러냈다.

아무리 상업언론이라고 하지만 광고주가 제시한 광고 내용을 그대로 실어 주는 것에 대해서도 이해가 안 되었다. 그 언론의 품위와

---

* 대한예수교장로회가 1959년에 합동과 통합으로 분열된 지 55년 만에 양 교단의 증경 총회장들이 모여 회개와 통일을 위한 기도회를 갖기로 하고 사랑의교회에서 장소를 제공해 달라는 요청을 해와, 당회에서 이를 승인하여 개최된 기도회였다. 양 교단의 주요 인사들과 교인 약 7,000명 이상이 모여 뜻깊은 기도의 시간을 가졌다.

신뢰성과의 관계를 따진다면 그 광고로 해당 신문사의 품위와 신뢰도는 많이 추락했을 것으로 생각된다.

## 공중파를 통해 거짓을 퍼뜨리다

반대파의 거짓의 향연은 〈PD수첩〉으로 절정을 향해 나아갔다. 뉴스×××의 소총 엄호 속에 거짓을 흩뿌려온 반대파는 2013년 12월에는 〈MBC 뉴스데스크〉로, 2014년 1월에는 SBS 〈Y 궁금한 이야기〉로 사랑의교회 문제를 왜곡시켜 공중파를 통해 유포하는 데 일조하더니 드디어 〈PD수첩〉으로 그 끝을 재촉했다.

〈PD수첩〉은 이미 2011년도에 사랑의교회 건축 문제를 집중적으로 다루어 마치 불법과 탈법의 온상처럼 보도했는데, 후에 그들의 주장이 모두 법원에서 무죄 내지는 각하 판정이 남으로 인해 완전 허위 왜곡 보도로 드러난 상태였다. 그런데 당시의 취재와 보도를 맡았던 김형윤 PD가 또 취재를 하겠다고 요청이 오자 교회의 커뮤니케이션실과 대외협력실은 불편했고 우려를 나타냈다. 〈PD수첩〉이 사실을 그대로 방영할 리 만무했다. 그리고 이미 프레임을 짜고 들어와 요식행위로 취재한 후에는 자기들 가고 싶은 방향으로 갈 것이 지금까지 우리가 알고 있는, 아니 〈PD수첩〉을 통해 우리가 알게 된 그들의 방향이었기 때문이다.

〈PD수첩〉이 취재하기 몇 달 전에는 MBC의 시사 프로그램인 〈리얼스토리 눈〉에서 취재를 했었다. 한 사건을 15~20분 정도 다루는 프로그램으로 〈PD수첩〉보다는 덜 알려져 있었다. 나는 〈MBC

뉴스데스크〉에서 옥성호의 책《서초교회 잔혹사》와 관련하여 인터뷰 요청이 왔을 때 인터뷰에 응해 달라는 교회 담당자의 부탁에 인터뷰에 나서게 되었는데, 그것을 계기로 그 후 SBS 〈Y 궁금한 이야기〉에서도 인터뷰를 했고, 현안과 관련하여 소소한 언론사와의 취재에 대처하는 역할을 해 왔었다.

2014년 3월경 〈리얼스토리 눈〉 PD와 인터뷰를 했다. 몇 차례의 인터뷰를 진행하면서 논문, 건축, 기타 반대파가 주장하는 허무맹랑한 주장들에 대해 조목조목 반박했다. 나는 그 PD의 눈을 보며 이렇게 말했다. "반대파가 주장하는 것 중에 단 하나라도 사실인 것이 있으면 가져와 봐라, 단 하나라도." PD는 한 마디도 대꾸하지 못했다. 그러한 거짓을 증명할 그 어떤 자료도 가져오지 못했다. 그런데 이상했다. 취재가 다 끝나고 방영되기로 한 전 날에 프로그램 예시에 떠 있지를 않았다. 담당 PD에게 이유를 물었더니 윗선에서 방영을 중지하기로 한 것 같다는 답이 왔다. 나는 그 대답을 듣는 순간 기분이 안 좋았다. MBC가 더 크게 치려고 그러는 것은 아닐까? 그렇다면 남은 것은 〈PD수첩〉인데….


## 거짓과 왜곡의 절정, 〈PD수첩〉

드디어 커뮤니케이션실 담당자로부터 〈PD수첩〉에서 취재 요청이 왔다며 취재 요청서와 함께 질문지를 보내 왔다. 4월 말쯤이었다. 질문지를 읽으면서 '벌써 틀을 다 짜 놨네, 들러리 서 달라는 얘기군'이라는 생각이 들었다. 나는 1년 전에 강남의 어느 헌책방에서 《대한민국에서 공직자로 산다는 것》이라는 책을 구입해 읽어 본 적이 있었다. 외교통상부 차관으로서 미국과 소고기 협상을 한 책임자 중 한 분이었던 민동석 전 차관이 집필한 책이었다. 내용은 소고기 파동을 겪으면서 거짓과 싸우며 절감한 우리 사회에 드리운 불신의 그늘이 얼마나 심각한지를 드러내려 한 것이었다. 상당 부분에서 MBC 〈PD수첩〉이 사실을 얼마나 왜곡하고 교묘하게 거짓을 진실로 바꾸려 했는지를 정확한 사실을 근거로 제시되었다.

나는 민동석 전 차관 부부와 함께 몇 번 대화할 기회를 가졌었는데 소고기 파동 당시 그 부부와 자녀들이 겪었던 고통과 공포를 전해 듣고 치를 떨었었다. 결국 광우병 파동을 다룬 〈PD수첩〉의 담당 PD와 관련자들은 정직과 감봉처분을 받았고, 법원도 허위사실과 회사의 명예를 실추 시킨 혐의를 인정하게 되었지만 그 프로그램이 우리 사회에 부담시킨 비용은 어마어마한 것이었다.

나는 개인적인 판단에 덧붙여 민동석 차관의 책과 그 부부와 나눈 대화를 통해 얻은 결론에 근거하여 예측해 보았을 때 〈PD수첩〉이 덤벼들면 답은 불 보듯 했다. 사랑의교회와 오정현 목사는 길바닥에 던져질 것이고, 우리 사회에 기생하는 전문 라이어들과 잔혹한 찌라시들이 달라붙어 난도질을 하고 날마다 하이에나처럼 어슬렁거리며 추가적인 먹잇감을 찾아 군침을 흘릴 것이 뻔했다. 교인들의 마음도 천갈래 만갈래로 찢겨져 설상가상의 상황이 될 것이라고 예상되었다. 저들이 먹이를 본 이상 포기할 것이라고는 생각하기 어려웠다. 주변에서도 그렇게 조언했다. 취재에 응하지 않는 방안도 논해 보았지만 효과는 없을 것이며, 오히려 교회 쪽이 답을 주지 않았다고 하면서 더 맘대로 왜곡할 것이라고 했다. 그래서 취재에 응하기로 하고 몇 년 만에 처음으로 〈PD수첩〉을 시청해 보았다. 나는 광우병 파동 이후로 〈PD수첩〉을 보지 않았다. 그 전에도 거의 본 적이 없었다. 몇 번을 보니 그림이 그려졌다. 시청자의 한 사람으로 그 정도는 분별할 수 있었다. PD의 질문 의도와 왜곡시킬 프레임도 상상해 보기도 했고 인터뷰와 촬영 분위기를 한 번 생각해 보기도 했다.

나는 정식 취재와 인터뷰 전에 담당 PD와 몇 번 만나 "지역의 한 교회의 사안을 전 국민이 알아야 할 이유가 있는가? 왜 이런 보도를 하려고 하는가?"라며 질문했다. 그리고 "사랑의교회뿐 아니라 한국교회가 너무 자주 〈PD수첩〉에 의해 부정적으로 이미지화되고 있는데 과연 다른 종교에는 문제가 없다고 보는가? 기독교에만 있는 문제인가?"라고도 물었더니 기독교는 제보가 많고, 이번 건도 제보에 의해서 취재하는 것이라고 했다. 그러니까 〈PD수첩〉이 사랑의교회 문제에 접근하게 된 것은 당사자 중의 한쪽 제보에 근거한 것이라고 보았을 때, 결국 〈PD수첩〉의 왜곡 방송으로 가장 피해를 본 것은 하나님의 나라이고 하나님의 교회였다. 참 안타깝고 어이없다는 생각이 들었다.

취재를 섭외하는 과정에서 교회는 문서와 구두로 여러 번 취재를 연기해 달라고 요청했었다. 이유는 아직 검찰이 오정현 목사의 고발 건을 조사하는 과정인데 조사과정에 영향을 주려는 반대파의 의도에 공영방송이 조연의 역할을 하는 것은 부당하다는 논리였다. 그러나 이미 프레임은 정해졌고 갈 길도 정한 그들에게는 그 길을 돌이킬 마음이 없었다.

2014년 5월 11일, 주일 오후 5시에 취재를 하기로 했는데 4시 반부터 PD들과 카메라 기자들이 교회로 들어 왔다. 나는 그들을 안내하고 공식 인터뷰 전에 교회 상황에 대한 배경을 설명하는 역할을 맡아서 그간 반대파의 행태에 대해 설명하고 우리가 확보한 반대파의 폭언 폭력 예배방해 행위 등이 담긴 영상도 보여 주었다. PD들은 별 관심이 없어 보였다. 구색을 맞추기 위한 인터뷰 몇 꼭지 따고 창피를 주기 위한 장면을 한두 개 확보하면 그림을 완성하는 데 문제가 없다고 생각하는 것이 읽혀졌다. 그래도 우리는 적어도 그들이 상식과 언론의 기능에 부합한 결단을 할 수 있도록 최선의 노력을 기울였다.

5시 30분쯤에 정식 인터뷰가 시작되었다. 나는 몇 번의 취재 경험과 그간 교회가 당한 왜곡 보도의 교훈을 근거로 모든 취재 과정을 우리 쪽에서도 녹화하여 저들이 왜곡한 흔적을 확보할 것을 제안했고, 교회에서는 교회의 방송장비를 설치하여 우리가 오히려 〈PD수첩〉의 취재를 '취재'하도록 했다. 우리 쪽도 카메라와 관련 장비가 설치되었고 〈PD수첩〉 쪽도 동일하게 설치하여 임시로 마련된 취재실이 장비로 가득 찼다. 교회에서는 관련 직원들과 일부 교역자, 그리고 10여 명의 장로들이 참석하여 긴장 속에 취재를 지켜보았다. 공식 인터뷰에는 당회 서기인 최진계 장로가 모두 발언을 하기로 하고 재정 분야는 강희근 재정장로가, 소송이나 교회 일반 사항은 도송준 총무장로가, 정관 및 감사 관련은 전 감사위원장이며 정관개정위원장이었던 백복수 장로가, 논문관련 분야와 기타 목회 분야는 내가 맡기로 하고 질문에 응하며 취재가 진행되었다. PD들과 설전도 오갔다. PD들의 질문은 그 자체가 답을 유도하는 의도가 포함되어 있었다. 설득과 이해를 구하는 5시간 정도 진행된 취재를 마치니 10시가 훌쩍 넘었다. 최선을 다했다.

5월 13일 밤 11시에 〈PD수첩〉을 함께 지켜본 주요 관계자들은 허탈과 분노를 감추지 못했다. 분명히 해명하고 자료까지 제시하면서 설명한 부분도 반대파의 거짓주장을 그대로 노출함으로써 반대파의 주장이 기정사실화되도록 했다. 무엇보다도 분량으로 보았을 때 반대파의 주장이 대부분 반영되었다면 우리의 해명과 관련 자료 등은 3~4분 정도만 방영되는 심각한 불균형을 이루고 있었다. 방송은 사실에 근거하여 편성되어야 하고 주장은 양측을 균형 있게 다루어야 하는데 균형, 공정, 진실, 이 모든 부분에서 한쪽으로 완전히 치우친 방송이었다. 정통 저널리즘이 아닌 아마추어들이 만든 PD 센세이셔널리즘(sensationalism, 선정주의)이라는 비판도 있었다. PD는 정식 기자나 보도 전문가가 아닌 그냥 프로듀서이다. PD들이 저널리즘의 프런트 라인에서 여론을 좌지우지 하는 것은 드문 일이거니와 저널리즘 아닌 저널리즘 형태로 사회를 특정 방향으로 끌고 가는 역할을 하고 있다는 평가도 있었다.

우리 사회에서 기독교와 교회가 있으면 자신들의 진영의 논리를 펴는 데 불편하거나 자신들이 생각하는 사회의 걸림돌이 된다고 생각하는 자들의 논리가 반영된 것은 아닌가 하는 전문가의 평도 있었다. 미국에서 이 방송을 본 한 지인은 내게 전화하여 "나는 진실 여부는 잘 모르겠지만 방송을 보니 한쪽으로 완전히 치우쳐 있어 오히려 방송 내용을 불신하게 되었다"고 했다.

반대파는 5월 12일부터 14일까지 사랑의교회에서 열리는 '전국 목사장로기도회'를 기회로 자신들의 주장을 퍼뜨리기 위해 전국에서 모인 4,000여 명의 기도회 참석자들을 향해 피켓과 현수막 시위를 하며 안간힘을 썼다. 그리고 그들에게 명함 사이즈의 찌라시를 준비하여 "5월 13일 밤 11시 〈PD수첩〉 시청"을 홍보하였다. 저들의 구도는 그간의 신문광고와 뉴스 등의 공중파 방송을 통해 결국 검찰을 압박하여 오정현 목사와 관련한 조사에 힘을 실어 주려는 것이었고, 〈PD수첩〉은 그 의도에 충실히 복무한 셈이었다. 방송이 나간 후 예상대로 온라인상에서는 도배가 시작되었다. 인터넷 포털 사이트의 검색어도 상위로 계속 치고 올라갔다. 댓글과 관련 글들이 험악하고 공격적이었다. 한 방송사의 왜곡 보도로 인하여 교회가 또 한 번 그 영광과 권위가 훼손되는 순간이었다.

교회는 자체적으로 촬영한 풀 영상을 홈페이지에 전격 공개하고 '우리'지를 통해 교인들에게 〈PD수첩〉의 거짓, 왜곡 사례를 소상히 설명했다. 교인들은 마음을 가다듬고 진실을 확인한 후에 더욱 교회를 위해 마음을 모으기 시작했고 왜곡 보도에 대해 분노했다. 〈PD수첩〉이 방영된 다음 주 주일 예배인원이 오히려 증가했다. 반대파에서도 이 일을 두고 기이한 현상이라고 하는 한숨 섞인 평이 나왔다. 교인이 늘고 예배인원이 늘었다는 데 탄식하면서 괴로워하는 속내가 이미 그들의 정체성이 되어 버린 것이다.

문제는 검찰이었다. 검찰 쪽에서 이 〈PD수첩〉을 본 것 같았다. 우리 쪽 변호사들에게 좋지 않은 기류가 감지된 것 같았다. 나는 〈PD수첩〉 방영본을 다시 보면서 거짓주장이나 왜곡 과장된 주장들을 추려내어 객관적인 사실 혹은 데이터와 자료들과 비교하여 반박하는 해명서를 만들어 변호인을 통해 검찰에 제출하도록 했다. A4 용지 14쪽에 달하는 해명서에는 굵직굵직한 내용들이 망라되어 있었다. C집사는 당회 결의 없이 오크밸리 콘도를 무단으로 구입해서 오정현 목사가 골프 치는 데 활용했다는 식으로 인터뷰를 했고, 교회는 C집사의 주장은 사실과 정반대라고 해명했음에도 불구하고 C집사의 주장이 사실인 것처럼 묘사된 부분 등이 단적인 예였다. 오크밸리는 2006년에 당회의 결의로 고 옥한흠 목사의 휴양을 목적으로 구입한 것이었다. 그리고 오크밸리의 많은 건물 중 교회가 구입한 콘도는 골프 옵션이 없는, 전혀 골프와는 상관이 없는 동(棟)에 속해 있었고 오정현 목사의 이름으로 골프장을 예약한 사실도 없다는 것이 진실이었다. 나중에 〈PD수첩〉 관련 손해배상청구소송에서 증인으로 나온 C집사는 교회 쪽 변호사가 오크밸리를 구입하도록 결정한 2006년도 당시의 당회록을 보여 주며 "여기 당회록에 분명히 오크밸리를 구입하도록 결의한 내용이 적시되어 있는데 왜 증인은 당회의 승인도 없이 무단으로 구입했다고 주장했는가?"라고 물었더니 "아… 아. 나는 몰랐다. 당회 결의가 있었는지 몰랐다"라고 대답했다. 항상 그런 식이었다. 본인은 "당회결의 없이 구입했다"고 거짓주장해 놓고 증거를 들이대자 "아… 아, 몰랐다. 누가 그렇게 말하더라"라고 얼버무리는 것은 저들의 전매 특허였다. C집사는 그렇다 치더라도 〈PD수첩〉은 사실을 확인한 후에는 저런 인터뷰는 내보내지 말았어야 했다. 그래서 〈PD수첩〉은 이에 대해 책임을 져야 할 것이라고 생각했다.

## 합종연횡(合從連橫) 하는 거짓의 영들

사랑의교회뿐만 아니라 교회 내 현안으로 아픔을 겪고 있는 명성교회, 제자교회, 충현교회 등의 반대파가 연합하기 시작했다. 명성교

반대파의 구호와 선동은 같은 성도로서 보기에도 민망하고 화가 날 정도였다. 저와 같은 공격적이고 거짓된 구호로 개혁은 일어날 것 같지 않았다.

회의 반대파 온라인 카페 '명랑소리'가 개설되어 운영되었고, 제자교회 반대파는 아예 목사장로기도회가 열리는 사랑의교회 광장에 나타나 대량으로 찌라시를 살포하려 하다 제지당하기도 했었다. 이들 모두가 사랑의교회 반대파와 합종연횡하며 힘을 모았다. 그들은 각종 연합집회에 떼거리로 다니면서 피켓과 현수막을 내세워 시위하며 고함과 고성으로 행사를 방해했다. 광주에서 열렸던 제99회 대한예수교장로회총회 장소에도 나타나 합동으로 기자회견이라는 것을 하기도 했고 총회장(場) 마당에서 오정현 목사를 비방하는 시위를 하기도 했다. 버스 7대에 나눠 타고 온 200여 명의 동원된 반대파는 오정현 목사를 비난하는 찌라시를 만들어 총회장으로 입장하는 목사와 장로 총대들에게 나누어 주기도 했는데 대부분은 그냥 휴지통에 버려졌다. 다만, 저들의 이런 행위가 도대체 어떤 해 교회 행위에 해당하는지는 분명히 보여 줌으로써 결국에는 반대파의 입지가 좁아지는 계기가 되었을 뿐이었다. 이 일 후 반대파 내에서는 자충수를 두었다고 지도부를 성토하는 목소리들이 터져 나왔다. 돈을 엄청 허비한 것도 지적받았다.

# 10

# 한국교회의 회복을 견인하다

## 회복의 신호탄, 2014년 봄 '특새'

2014년 4월 14일부터 한 주간 진행된 '특새'는 사랑의교회가 온전히 회복되고 있음을 느끼기에 충분한 특새였다. 회복되고 있다기보다는 하나님께서 회복시키고 계심을 느끼는 특새였다고 기록하는 것이 더 바른 표현일 것이다. 그동안 사랑의교회 성도들에게도 많은 변화가 있었다. 교회가 어려움을 당하면서 사랑의교회가 자신의 트로피 역할을 했던 일부 교인들은 교회를 비난하고 교회를 떠나기도 했다. 사랑의교회 때문에 자신의 사회적 위상과 대우가 그런대로 괜찮았던 사람들이리라. 그들은 교회가 비난을 받자 계산적으로 행동했다. 그러나 사랑의교회를 트로피로 여기며 자신을 치장하는 도구로 활용했던 모습이 누구에게나 없지 않았던 바, 그 과거를 회개하고 교회를 붙들고 사랑하며 끝까지 품겠다고 하는 자들이 마음을 모아 하나 되는 특새가 그해의 봄 특새였다. 이제는 우리 자신이 트로피가 되어 교회의 영광을 회복하고 하나님께 영광이 되는 제자가 되겠다고 하는 다짐이 표출된 것이었다. 이것은 사랑의교회가 경험한 역경의 열매였고 연단의 산물이었다. 사랑의교회는 변하고 있었고 성도들의 내면도 변하고 있었다. 교역자와 지도자들도 변하고 있었다. 그 변화를 확인하고 싶어 목말랐던 온가족들이 특새의 현장에서 그것을 발견하고 울고 웃으며 은혜를 경험했다. 그리고 그 어려웠던 시기에 각자가 참고 누르고 기도하며 속으로 삼켜 왔던 질곡의 내용물들을 토해내고 싶었던 성도들이 특새에 밀려들었다. 새벽 4시부터 본당을 가득 메운 성도들은 서로가 서로에게 회복의 확신

2014년 봄 특새는 특별했다. 교회의 회복과 도약은 물론, 그간의 상처와 고통을 모두 토해 내며 하나님의 만져 주심을 경험하는 특새였다.

을 주는 역할을 했다. 서로 마주보는 것이 가능하도록 설계된 본당의 '안아주심'의 구조도 한몫했다. 이제는 주님이 치유하신다, 이제는 주님이 만져 주신다, 이제는 주님이 새롭게 세우신다는 확신을 갖게 하는 선한 도구로 쓰여졌던 것이다.

## 전국목사장로기도회

전국목사장로기도회는 한국의 수많은 교단 가운데 합동교단이 가진 좋은 전통이다. 6.25로 인한 어둠의 시절부터 시작된 기도회는 목사와 장로가 연합하여 기도하는 목사장로기도회로 발전되었다. 2012년 부산의 수영로교회에서 열렸던 총회설립 100주년 기념 전국 목사장로기도회의 준비위원장은 오정현 목사였고, 나는 당시 기획 실무를 맡으면서 위원장을 보필했던 경험이 있었다. 총회로부터 사랑의교회 입당 후 첫 교단 행사로 제51회 목사장로기도회 개최를 원한다는 청원을 교회가 흔쾌히 수용하여 전 교인이 손님을 맞이하는 심정으로 이 기도회를 준비했다.

당회 서기를 중심으로 여러 장로들과 교역자와 직원이 분과별로 팀을 이루어 세밀히 준비하였던 이 기도회는 3일간 진행되었는데 3일째가 수요일이었기 때문에 사실상의 집중은 월요일과 화요일 양 일간에 이루어졌다. '교회, 회복을 넘어 미래로'라는 주제는 한국교회가 안고 있는 도약을 위한 발판을 모색하고자 하는 심정으로 선정되었다. 약 4,500명 정도가 참석하여 목사장로기도회 단일 집회로는 최대 인원이 모였고 집회의 내용과 기도의 열기도 뜨거웠다.

이 기도회를 통해 대한예수교장로회 합동교단뿐 아니라 한국교회 전체가 사랑의교회를 영적인 공공재로 인식하기에 이르렀고 공교 회성을 되찾는 계기가 되었다. 즉, 사랑의교회는 사랑의교회 교인들 만의 것이 아니라 한국교회 전체를 위한 영적인 플랫폼이 되어야 함을 인식하는 기회였다.

## 합동 통합 연합기도회

대한예수교장로회가 합동과 통합으로 분열된 것은 1959년이었다. 그 이후 몇 번의 통합 시도와 연합집회는 있었지만 두 교단의 교회 들이 모여 연합으로 집회를 한 것은 아직 없었다. 이에 양 교단의 증 경총회장단은 수차례에 걸쳐서 모임을 갖고 한국교회 치유와 회복 을 위한 연합기도회를 갖기로 했다. 그리고 이 기도회의 장소로 사 랑의교회를 결정하고 협조를 요청해 왔다. 당회는 기도회의 의미를 인정하고 교회가 이 기도회를 열도록 협조하기로 절차에 따라 결정 하였다.

이렇게 해서 역사적인 연합기도회가 2014년 8월 10일 오후 4시 에 사랑의교회 본당에서 열렸다. '성령의 하나 되게 하심을 힘써 지 키라(엡 4:3)'라는 말씀을 주제로 열린 이날 기도회에는 본당에만 8,000명 정도가 운집하여 평생에 잊지 못할 화합과 회개의 시간을 가졌다. 2015년에 맞이할 광복 70주년을 앞두고 우리 민족의 분단 과 분열에 통렬한 책임감을 느끼며 사회 통합과 세대 간, 지역 간 화 해에도 앞장설 것을 다짐하는 기도회였다.

기도회의 순서도 합동과 통합 인사가 번갈아 맡았는데, 설교를 맡은 김삼환 목사(명성교회)는 교회가 하나 되어 민족의 화합과 통일의 기반이 되자고 다짐했다. 통합 측 증경총회장 림인식 목사의 축도로 마무리된 이날 기도회에 반대파는 빗속에서도 도로에 늘어서서 온갖 비방선전물과 피켓, 현수막으로 기도회를 방해하고 고함과 폭언으로 맞섰다. 도대체 뭐 하는 것인지 모를 일이었다. 기도회가 열리기 직전인 8월 8일에는 중앙일간지에 또 광고를 내어 오정현 목사와 기도회를 비난하는 행위를 하였다.

## 2회 리더스 컨퍼런스

8월 26일과 27일 양일간 매 학기 개강 전에 있었던 순장 수련회를 겸한 리더스 컨퍼런스가 "사랑의교회여, 은혜와 소망으로 비상하라!"라는 주제로 열렸다. 6,000명 정도의 순장, 권사, 안수집사, 교사, 찬양대, 당회원 및 교역자를 중심으로 모인 이 컨퍼런스는 발제 강사가 교회 내의 전문 사역자들로 이루어졌다는 데서 색달랐다.

개회설교에서 오정현 목사는 '사랑의교회 소명의 회복(막 1:16~2, 35~39, 엡 1:21~23)'이라는 제목의 메시지를 선포했는데 이 설교에서 오 목사는 "사랑의교회 사역의 핵심은 제자훈련이다. 제자훈련은 주님처럼 살고 주님을 따르는 것이다"라며, "본문 말씀처럼 주님의 사명을 이어받아 우리도 사람 낚는 어부가 되자"라고 성도들에게 권면했다.

# 11

# 무너진 거짓의 둑

## 아고라 대결에서 무너지기 시작한 거짓의 둑

8월 말부터 '교계 아고라'라고 하는 인터넷 방송 프로그램 담당자로 부터 사랑의교회 문제를 다루고 싶다는 연락이 왔다. 반대파와 교회 측에서 일대일로 출현하여 몇몇의 패널들과 함께 현안을 놓고 토론 하자는 것이었다. 나는 일언지하에 거절했다. 사랑의교회 문제가 또 다시 언론을 타는 것 자체가 바람직하지 않은 상황이었던 데다가 반대파와 함께 자리를 하는 것은 반대파의 실체를 인정한다는 것인 데 그것은 제직회와 공동의회의 결의정신을 무너뜨리는 것이기에 거절했다. 제직회와 공동의회의 결의정신 속에는 반대파의 실체를 인정하지 않는 것이 포함되어 있었고 반대파도 속히 교회 내로 들어 오든지 각자의 길로 가든지 결단을 촉구하는 의미가 내포되었기 때문이었다. 언론사 측에서는 반대파에서는 출연하겠다고 하니 만약 교회 측에서 나오지 않으면 일방적으로 진행을 하겠다고 했다. 나는 관심이 없었다. 그런데 반대파 대표로 C집사가 출연한 영상이 공개되어 유튜브에 올라온 걸 보게 되었다. 그의 주장과 설명은 많은 문제가 있었다. 한결같이, 초지일관 이 책에서 지적하는 바와 같이 진실이 아닌 거짓주장 혹은 왜곡으로 가득했다. 그래서 나는 일주일쯤 뒤에 교회의 입장을 담은 진실한 내용으로 녹화를 하기로 수락하고 준비했다.

초청 패널 등 사회자와 나, 이렇게 총 4명이 진행한 토론은 반대파를 대신하여 두 교회법학자이자 언론인이 질문과 토론에 응했고, 나는 홀로 방어하고 곁들여 나의 주장을 펼쳤다. 녹화를 마치고 영상이 공개되자 교회 내에서 반향이 컸다. 이제껏 교회에서 한 번도 공개적으로 주장하거나 밝히지 않았던 내용들과 나름의 논리가 소개되었기 때문이다. 사랑의교회는 현안에 대하여 가급적이면 이슈화하지 않고 로우 키(low key), 즉 낮은 자세로 수동적으로 임해 왔었기에 적극적이고 공세적인 설명은 거의 처음 듣는 것이라고 해도 과언이 아니었다. 물론 〈PD수첩〉 취재 시에 설명은 많이 했지만 편집되고 살아남은 내용이 고작 3~4분 안팎이어서 충분한 설명으로는 부족했었다.

교계 아고라 영상을 시청한 많은 분들이 격려와 지지의 문자와 전화를 주었다. 반대파와 교회의 설명이 담긴 영상을 비교해 보니 이제 저들의 "거짓의 둑이 무너지는 것 같아 시원하다"고들 했다. 일단 조회수에서도 압도했다. 2주일이나 먼저 공개된 반대파의 영상보다 3배 이상의 조회수를 기록했는데 유튜브에서만 3만 회 이상의 조회를 기록했고, 교계 아고라 자체 망에서 조회한 것을 포함하면 거의 10만 회가 넘는다고 관계자가 전해 주었다.

C집사가 영상에서 주장한 20억 횡령, 1,000억 배임 등의 주장은 두 영상을 비교만 해 보아도 단번에 허위주장임이 드러나게 되어 있었다. 게다가 고 이○○장로가 기부한 6억 500만 원을 오정현 목사가 횡령했다고 주장한 부분에 대해서는 관련 단체에 송금한 송금증을 공개함으로 반대파의 주장이 완전 날조였다는 것이 확연해졌다. 두 영상을 보고 나면 반대파가 반대파의 자리에 있을 더 이상의 이유가 없었다.

오정현 목사가 서초 새 예배당 신축 부지를 매입하면서 시가보다 500억 원 이상을 더 지불하였으므로 500억 원을 배임했다고 하는 주장에 대해서도 해명했다. 한마디로 실물경제를 조금이라도 이해하는 사람이라면 할 수 없는 주장이었다. 이 모든 것들이 검찰에 고발한 고발장에 포함되어 있는 것을 보면서 나는 반대파를 돕는 변호사들의 자질과 소양을 의심하지 않을 수 없었다. 도대체 고발의 사유가 되는 것을 사건으로 수임하고 수임료를 받아야 하지 않는가 하는 생각이 들었기 때문이다.

고발장에 의하면 시가 610억 원의 부지를 500억 원이나 더 주고 1,178억 원에 매입하였으므로 배임이라는 것이었다. 그들의 주장이 맞으려면 건축부지가 시가 610억 원이라는 것이 입증되어야 한다. 그것이 틀리면 틀린 주장을 하고 있는 것이다. 그러나 2009년 동 부지의 공시지가가 1,062억 원이었고, 은행이 감정한 평가액은 1,080억 원이었다. 도대체 610억 원이라는 시가는 어디에서 나온 것일까?

당시 그 토지의 소유주였던 주식회사 대림이 유동성 위기를 넘기기 위해 한국토지공사에 환매 조건부, 즉 다시 땅을 찾는 조건으로 매도하였다가 환수하면서 거래한 금액이 610억 원이었는데 이 610억 원을 시가로 산정하는 꼼수를 부린 것이다. 이 610억 원은 정부정책금융을 지원하기 위한 담보금 형태였지 시가는 아니었던 것이다. 쉽게 말하면, 땅을 담보로 빌린 돈이 610억 원이었다는 것이다. 그런데 이 대출금 610억 원을 시가로 산정하여 고발하였던 것이니 이 얼마나 어이없는 일인가. 결국 사랑의교회는 시가보다 수십억 원을 저렴하게 토지를 구입하게 되었음에도 불구하고 반대파는 이를 억지 주장하면서 오정현 목사가 500억 원을 배임했다고 주장했던 것이다. 모든 것이 이런 식이었다.

반대파는 뻔히 알 만한 내용들을 거짓풍설의 재료로 삼았다. 아니 정확히 말하면 사실을 알고 있었다고 해도 과언이 아니다. 교회의 실무를 맡아 재정과 사업이 진행되는 최일선에서 결재하고 결정했던 자들이 반대파에도 있었다. 그들은 그들의 주장 자체가 일리가 없고 사실에 부합하지 않으며 조금의 설명으로도 그 거짓의 둑이 무너질 것이라고 알고 있었다. 그럼에도 불구하고 일단 주장부터 하고 보는 태도는 이해할 수 없었다. 그렇게 무너진 거짓의 둑이 한두 개가 아니고 그 과정에서 반대파의 신뢰는 바닥으로 떨어져 가는 것을 못 느끼는 것이 신기할 정도였다. 이것은 영적인 문제임이 분명했다.

## 반대파의 균열 조짐과 사분오열

반대파는 어떤 거짓주장과 시위, 폭언 폭력에도 교회가 흔들림이 없자 자기들 내부에서 균열이 감지되었다. 분열의 DNA는 인내심이 없는 법. 지도부에 대한 성토와 불신, 금전에 관한 사고들이 잇달아 발생하면서 전략과 전술에서 서로 충돌하는 소리들이 새어 나왔다. 그 와중에 광주에서 열린 제99회 대한예수교장로회총회장에서의 기자회견과 찌라시 살포로 일종의 '총회정치꾼'으로 매도되어 버리자 지도부를 성토하는 구실이 되었고, 부메랑이 되어 그들의 살 속으로 파고들었다. 그들은 대한예수교장로회총회의 영적 권위와 총대로 참석한 1,500여 명의 목사 장로들을 과소평가한 것이 분명했다. 고위 공직자 출신, 학자 출신, 군인 출신, 경찰 출신, 선교사 출신들이 저마다의 배경을 가지고 사분오열에 앞장섰다.

그런 배경 속에서 갱신위 2기가 새롭게 꾸려졌다. 깊이 살펴보면 그 사람이 그 사람이었고 오히려 더 약체라고 느껴졌다. 소위 '갱신위 2기 위원장'으로 뽑힌 사람은 전직 경찰청장 출신으로서 현직에 있을 때 땅 투기로 5개월 만에 최단명으로 옷을 벗은 부패한 공직자, 비리 공직자로 언론에 보도된 자였음은 세상이 다 아는 처지였다. 그런 그가 '갱신'의 자리에 서 있다는 것은 누가 봐도 어울리는 그림은 아니었다. 그들도 그 사실을 인정했던 것인지는 몰라도 곧 2기가 해체되고 3기가 출범했다. 3기는 최×× 장로가 위원장이 되고 F장로가 총무가 되어 그 하부에 여러 조직을 두고 요란하게 출범했다. F장로가 현안의 촉발자이자 배후에 드리워져 있었는데 드디어 전면에 나온 것은 여러 가지 해석이 가능했다. 더 내세울 사람이 없다는 것을 의미하거나, 더 이상 다른 사람을 세워서는 이 싸움을 지속할 수 없다고 판단했다고 볼 수 있을 것 같다. 한번 싸워볼 만한 상대로 대형을 갖춘 셈이다. 그 밑에 여러 부서를 두고 권사, 안수집사 등을 아우르는 제법 조직적인 모습이었다. 그런데 3기 갱신위도 이제까지 박아 놓은 거짓의 징검다리를 밟고 고립의 섬으로 와 버렸기 때문에 그 거짓의 징검다리를 거두지 않는 이상 어떤 열매도 기대하기 어려운 상황이었다. 그렇다고 거짓의 징검다리를 거두어 버리면 자승자박(自繩自縛)이 되어 사법처리는 물론이고 명분도 소멸되어 교회적으로, 사회적으로 매장되는 최악수가 되는 것도 괴로웠을 것이다. 진퇴양난의 모습이었다. 오직 하나, 검찰이 오정현 목사를 구속하고 기소하는 것이 저들의 유일한 희망(?)이었다. 그것을 위해서라면 무엇이든 할 기세였다. 반대파는 모이면 서로를 격려했다.

"곧 검찰에서 좋은 소식이 올 겁니다. 조금만 참고 기다립시다."

"곧 우리 세상이 올 거야"라고 꼬드겼던 빨치산과 다를 바 없는 선동이었다.

그럼에도 불구하고 반대파는 금요일에 길거리에 와서 집회하기를 계속했다. 주일에도 교회 건너편 도로변에 즐비하게 늘어서서 선글라스와 모자, 마스크 등으로 얼굴을 가리고 치장한 후 피켓과 현수막을 들고 시위하며 주일예배를 방해했다. 갱신과 개혁을 외치면서 왜 얼굴들은 가리는지 이해가 가지 않았다. 자식들과 손주들에게 부끄러운 일은 처음부터 하지 말았어야 하는 거 아닌가.

그렇게 2014년 가을은 흘러갔고 다시 쌀쌀한 겨울이 다가왔다. "그해 겨울은 따뜻했네"라고 말하자고 했던 2013년 겨울이 벌써 지나갔건만 2014년 겨울도 동일한 심정으로 맞이해야 하는 현실이 안타까웠다. 그러나 죽으려 해도 죽을 수도 없는 사명인, 교회와 진리를 지키는 현장에는 수많은 지킴이들이 여전히 함께했다. 매주 월요일과 금요일의 미스바기도회도 지속됐다. 반대파와 마찬가지로 교회를 지키는 모든 성도들도 검찰의 수사가 큰 분기점이 될 것으로 기대하면서 광장 맨바닥에 엎드려 무릎을 꿇고 기도하며 현장을 사수했다. 그렇게 서서히 성탄절이 다가오고 있었다.

## 검찰조사 결과 발표, "무혐의"

2014년 12월 19일 오후 6시쯤, 오정현 목사 검찰조사 변호를 맡았던 변호사 중 한 분으로부터 문자 메시지가 왔다. "축하합니다. 목사님"이었다. 나는 엘리베이터에서 이 문자를 받고 오정현 목사의 검찰조사가 무혐의로 종결된, 그야말로 '굿 뉴스'라는 사실을 직감했다. 다른 이유로는 이런 문자가 올 리 없었다. 사실이었다. 장장 17개월 동안 수십 개의 계좌를 추적하고 담임목사뿐 아니라 윤난영 사모, 행정목사를 비롯한 교역자와 직원들의 계좌까지 추적하며 그물망 수사를 한 결과가 그날 발표된 것이었다. 기록만 8,000쪽을 넘겨 9,000쪽에 달하였고 오정현 목사 본인도 여러 차례, 윤난영 사모까지 검찰에 출석하여 검사 앞에서 조사받아야 했던 지난 일들이 스쳐 갔다.

지난 17개월 동안 많은 일들이 있었다. 당회원들도 탄원서를 제출했고, 재정장로, 교회법 전문가, 그리고 나 역시 수차례의 의견서를 제출하였었다. 가장 많은 고초를 겪은 사람들은 재정집행 라인에 있었던 실무자들이었다. 사무처장 박성호 집사, 재정담당비서였던 정현주 팀장, 함재국 비서실장, 이들은 휴가도 휴일도 없이 매달렸고 진력을 다하였다. 함재국 실장은 검찰조사가 무혐의로 나오면 교회 옥상에 올라가서 "사랑의교회 만세!!"를 외치겠다고 했었는데 실제로 그렇게 했다. 반대파가 고발한 20억 횡령에는 오정현 목사가 교회로부터 받은 사례비도 포함되어 있었다. 아니 정기적으로 받은 사례비도 횡령이라 함은 대한민국 모든 공직자, 모든 목회자가 다 횡령범인 것 아닌가? 오정현 목사가 금치산자(禁治産者)나 한정치산자(限定治産者)도 아닌데 도대체 어떤 근거로 그렇게 주장하는 것인지… 고발장에는 다음과 같이 적혀 있었다.

"오정현 목사가 당회, 제직회, 공동의회의 결의도 없이 부임 당시 받기로 한 사례비를 초과하는 금액을 사례비로 받았는데 이는 모두 횡령에 해당하니 교회의 장부를 신속히 압수수색하여 철저히 범행을 밝혀 달라."

사랑의교회 재정은 재정의 수립, 수집, 지출, 감사가 모두 투명하게 되어 있고, 평신도들과 장로들이 직접 관여하도록 되어 있고, 그 모든 내용을 아는 반대파가 작성한 고발장의 내용은 억지에 불과했다.

오정현 목사는 부임 후 옥한흠 목사와 동일한 수준의 대우를 받았고 몇 년째 바뀌지 않다가 최근에야 약간의 인상을 통해 조정된 바가 있다는 것이 진실이다. 그리고 재정을 단 10원을 인상하려 해도 예산위원회와 운영장로회, 당회, 제직회, 공동의회를 통과하지 않고는 할 수 없는 구조를 가지고 있다. 미국의 복음주의 단체인

ECFA(Evangelical Council for Financial Accountability)의 기준을 적용하기 위해 제도 개선을 병행하고 있는 과정이었다. 게다가 지금은 그 모든 과정이 공시되어 온라인에서 결재가 이루어지고 있다. 10여 명의 안수집사들로 구성된 감사위원회가 연중 감사를 통해 재정의 투명성을 높여 가고 있다. 그럼에도 불구하고 이와 같은 황당한 주장이 나오는 것으로 보아 목적이 다른 곳에 있는 것이 확실했다.

모두 11가지의 죄목으로 고발한 주요 내용은 앞부분에서 이미 언급하였기에 더 이상 언급하는 것은 불필요하다고 본다. 고발 내용 중 이 책에서 굳이 언급하지 않은 부분은 고발 내용을 언급하는 것 자체가 반대파에 대한 모욕이 될 수 있기 때문이다. 그런 내용을 고발장에 적시하는 것은 정상적인 상식을 가진 사람이라면 할 수 없는 일이고, 더구나 변호사로서는 더더욱 그런 소송에 참여할 수는 없는 일이라고 나는 생각하기 때문이다.


## 무능한 남편, 가난한 아빠

나는 검찰수사 과정에 변호인들과 함께 대처하면서 많은 자료들을 검토할 기회를 가졌다. 교회 실무자가 제출한 자료와 교회법, 관행, 전례 등에 관한 자료들을 살펴본 후에 몇 가지 확인한 사실들이 있었다.

우선 사랑의교회가 담임목사에 대해 지급하는 사례라고 하는 것이 세상에 알려져 있거나 선입견에 의해 형성된 것과는 달랐다. 오정현 목사가 교회에 헌신한 부분은 알게 되면 놀랄 정도로 많았다.

오정현 목사는 보통의 교회에서 별도로 지원하는 담임목사 사택에 대한 운영비, 복지비, 도서비 등이 일체 없었다. 사례비도 수년간 인상이 없다가 최근에 와서야 인상되었고 그 폭도 크지 않았다. 오정현 목사는 부임 당시 교회가 제공하려 했던 대형 평수의 아파트 대신 중형 평수의 아파트를 선택했고 현재까지 14년째 그곳에서 거주하고 있다. 커튼 하나도 교체하지 않았다.

반대파가 6대 일간지에 대문짝만 하게 선동한 "체어맨 2대를 사용하고 있다"는 말은 새빨간 거짓말이었다. 오정현 목사는 그랜저 승용차를 10년 가까이 사용하다 3년 전에 체어맨으로 교체했다. 그리고 옥한흠 목사가 사용하던 구형 체어맨은 의전용으로 사용한다. 그나마 안전상 문제가 심각하고 잦은 고장으로 장거리 운용은 불가한 실정이다. 오정현 목사가 사용하는 승용차는 교회 소유이다. 오정현 목사의 개인 승용차는 존재하지 않는다. 대통령은 방탄형 BMW와 기타의 승용차를 사용하고 있다. 그렇다면 그것이 대통령 개인의 것인가?

오정현 목사는 집도 없고 차도 없고 보유한 현금도 거의 없다. 나는 검찰조사를 받으면서 수사관과 검사에게 말했다. "오정현 목사는 가진 재산이 없다. 잘 아시지 않느냐? 반대파가 주장하는 대로 20억 원을 횡령하고 1,000억 원을 배임했다면 그 돈이 어딘가에 있어야 하는 것 아닌가? 계좌와 재산을 다 추적해 보았지만 그런 내용이 없지 않느냐?"

최근에 여러 단체에서 우리나라 중산층의 기준을 제시한 적이 있다. 이것은 직장인 대상으로 설문을 한 것에 기초한 조사결과인데 A단체의 경우 중산층을 ① 부채 없는 아파트 30평 이상 소유, ② 월

급여 500만 원 이상, ③ 자동차는 2,000cc급 중형차 소유, ④ 예금액 잔고 1억 원 이상 보유라고 발표했다. B단체의 경우도 비슷했다. ① 부채 없는 아파트 34.9평 이상 소유(주택가격은 3억 7,000만 원, 순자산 6억 6,000만 원) ② 월 급여 515만 원, ③ 소득의 2.5% 기부, 그리고 또 다른 C단체에서는 실제 살고 있는 중산층의 현실도 발표되었다. ① 27평 주택 소유(주택 포함 자산은 3억 8,000만 원) ② 매달 416만 원의 소득 ③ 개인 승용차 소유였다.

위 조사결과와 실제 중산층의 모습에 비교한다면 오정현 목사는 무능한 남편, 능력 없는 아빠였다. 오정현 목사는 수령한 사례비의 약 60% 이상을 기부했다. 즉 교회 헌금이나 장학재단 등에 드렸다. 그 액수가 지난 12년간 약 7억 원 정도였다. 오정현 목사가 세금을 제외하고 실제 수령한 사례비에서 기부한 금액을 제외한 것을 개월 수로 나누면 매월 쓸 수 있는 금액은 중산층의 기준에 비해 턱없이 낮았을 뿐만 아니라 보유한 승용차도 없었고 개인이 구입한 부동산도 아파트도 없었다. 오정현 목사를 조사하던 검찰도 놀랐고 변호인들도 놀랐다. 오정현 목사는 목회 이외에는 다른 취미나 별도의 사적인 삶의 공간이 거의 없었다. 시간에 쫓기고 설교에 쫓기고 회의와 교단 사역에 쫓기는 그야말로 쫓기는 인생을 살고 있었다. 이것이 내가 목격한 실체이다.

물론 오정현 목사가 가난하거나, 형편이 어렵다는 주장을 하는 것은 아니다. 그러나 반대파가 주장하는 대로, 혹은 세간에 알려진 대로 호화롭고 사치하는 듯한 이미지와 실제의 삶과는 거리가 멀다. 여기에 대해서는 할 말이 많다. 오정현 목사의 모든 자료를 검토한 오정현 목사의 변호사는 오정현 목사가 만약 사랑의교회 담임목사직을 그만둔다면 영세민이며 기초생활 수급자로 분류가 될 것이라고 말하기도 했다. 그리고 잦은 고소, 고발에 대처하다 보니 빚만 수억이 늘어났다. 종합적으로 오정현 목사가 남가주 사랑의교회를 사임하고, 옥한흠 목사의 주도로 진행된 사랑의교회 담임목사로 부임하여 12년간 피땀 흘려 사역한 뒤에 개인에게 돌아온 것이라고는 온라인상에 퍼져 있는 수많은 거짓 음해성 악플들과 엄청난 채무라고 한다면 사람들이 그 말을 믿어 줄까? 오정현 목사가 한국교회에 끼친 영향력과 사랑의교회라는 공동체의 부흥을 위해 헌신한 면면과 비교한다면 충격적이라 할만 했다. 인간 오정현 목사에게 도래한 현실은 지나치게 잔인했고 도가 넘도록 가혹했다.

반대파가 무슨 의와 권한을 가졌는지는 몰라도, 그리고 얼마나 자기 정당성을 가지고 칼을 휘두르는지는 몰라도, 적어도 하나님께로부터 그 모든 것을 확보했고 하나님께 여쭙고 그것들을 사용하고 있다고 한다면 한 사람의 목회자와 사역 공동체를 자살 특공대처럼 공격하는 것은 있을 수 없는 일이라고 본다. 이 책을 쓰는 이유도 더 이상 오정현 목사와 같은 어려움을 당하는 목회자와 교회가 있어서는 안 된다는 절박감 때문이다.

> 주께서 주신 권세는 너희를 무너뜨리려고 하신 것이 아니요 세우려고 하신 것이니 내가 이에 대하여 지나치게 사랑하여도 부끄럽지 아니하리라 (고후 10:8)

성경에 의하면 세우는 자가 가진 권세는 주께로부터 온 권세를 목적에 맞게 잘 쓰는 것이고 무너뜨리려고 하는 자가 가진 권세는 그 권세가 주께로부터 온 권세도 아닐 뿐 아니라 권세 본래의 목적도 아닌 것이 분명했다. 저들이 누구에게서 권세를 얻었으며 그 권세를 어떻게 쓰고 있는가를 알 수 있는 바로미터는 "사람과 공동체를 세우려고 하는가 아니면 무너뜨리려 하는가"라는 것은 명백했다.

## 돈키호테와 산초

오정현 목사의 무혐의가 발표된 날은 반대파에게는 수억을 들인 신문광고, 공중파를 다 동원하였던 지난날들, 온갖 고소와 고발로 바람을 잡았던 시간들과 천문학적 소송비용, 이 모든 것이 공중으로 날아가 버린 순간이었다. 만약에 오정현 목사를 살리고 교회를 살리려고 하는 데 투자했더라면 아름답고 튼실한 열매로 돌아왔을 그 아까운 시간과 물질과 노력이었다. 그러나 지금은 그 모든 투자가 마치 부실 채권과 불량 주식을 대량 매입한 주주가 받아든 휴지와 별반 다를 바 없는, 검찰의 불기소 이유서가 되어 돌아왔다. 경악할 정도로 좌절한 반대파의 카페도 조용했다. 오직 검찰만을 주시하면서 선동을 유지해 왔던 저들이 받은 상처와 실망감과 패배주의는 이성을 잃을 정도였다.

> 복 있는 사람은 악인들의 꾀를 따르지 아니하며 죄인들의 길에 서지 아니하며 오만한 자의 자리에 앉지 아니하고 오직 여호와의 율법을 즐거워하여 그의 율법을 주야로 묵상하는도다 그는 시냇가에 심은 나무가 철을 따라 열매를 맺으며 그 잎사귀가 마르지 아니함 같으니 그가 하는

모든 일이 다 형통하리로다 악인들은 그렇지 아니함이여 오직 바람에
나는 겨와 같도다 (시 1:1~4)


그러나 어차피 저들에게 오정현 목사의 고발은 과정이지 목적이
아니었다. 목적은 오정현 목사를 사임시키고 사랑의교회를 손에 넣
음으로 인간이 다스리는 교회, 인간이 주인 되는 교회, 낭만주의와
계몽주의와 합리주의*가 물결치는 교회를 만드는 것이었다. 영국교
회가 몰락을 가시화하던 1950년대에 로이드 존스 목사가 지적했던
바로 그 부분이 한국교회 안에 그림자처럼 드리워졌던 것이다. 당시
영국교회는 합리주의와 과학적 사고가 난무하면서 교회의 영적 권
위는 무너지기 시작했다고 한탄한 바 있었다.**

우리 사회에서 더 이상 기능을 못하는 교회를 만드는 것이 목적
인 자들은 다시 목적지를 향해 돌진할 돈키호테와 현실에 눈이 먼
산초가 필요했다. 돈키호테와 산초가 되어 돌격대로 나설 일군들을
포섭하기 위해 새로운 논리와 다음 먹거리를 찾아 나서야 했다.


---

\* 계몽주의(啓蒙主義, Enlightenment)는 17, 18세기에 프랑스를 중심으로 시작된 이성중
심(理性中心) 혹은 이성의 힘으로 우주와 인간을 이해하고 인간의 처지도 이성의 힘으
로 개선이 가능하다고 보았다. 따라서 이성에 부합하는 '합리성(合理性)'이 담보되지
않으면 받아들이지 않는 이신론(理神論)이 대두되어 정통 기독교와 충돌을 빚기도 했
다. 낭만주의(浪漫主義, Romanticism)는 18세기 말과 19세기 초 유럽을 풍미했던 사조
로 계몽주의와 인간의 감정을 억제하는 고전주의를 부정하고 이에 대한 반동으로 일
어난 문학 사조이다. 인간의 선성(善性)과 완전성(完全性)을 예찬하고 계시와 이성을
부정하였다. 계몽주의와 낭만주의와 합리주의는 단순한 문학사조나 철학의 조류에 그
치지 않고 신학과 신학에 영향을 미쳐 감정과 합리적 이성을 내세움으로써 계시의존
에서 탈피하려는 자유주의 신학의 태동에 기여하게 되었다.

\*\* 로이드 존스,《부흥》, 서문강 역, (서울: 생명의 말씀사 2006), 25~6.

## 항고, 재정신청(裁定申請), 재항고 역시 모두 무혐의로 종결되다

그 다음 단계는 항고(抗告)였다. 검찰의 1차 수사에서 무혐의로 종결된 사안에 대하여 수용하지 못하면 그 다음 단계로 갈 수 있는 것이 검찰에 대한 항고였다. 나는 검찰의 무혐의 결정문과 우리가 제시한 자료 등을 종합해 보았을 때 "항고는 무모하니 하지 말라"고 말리고 싶었다. 물론 가능하지 않은 일이지만. 1년 반 동안 우리나라 최고의 검사와 조사관이 집중된 서울중앙지검에서 반대파의 홍수와도 같은 선전, 선동, 대량 투입된 변호인단에도 불구하고 무혐의로 결정이 나왔다고 한다면 그 결과가 뒤집어질 가능성은 거의 없었다. 저들이 한 일은 오정현 목사의 혐의 없음을 증명해 준 일이었고, 그것으로 만족하면 참 좋을 것 같았다.

그런데 돈키호테는 풍차를 보고도 돌진하는 법, 저들은 약 2주 뒤인 2015년 1월 17일에 서울고등검찰청에 항고를 했다. 그리고 서울고등검찰청은 모든 기록을 살펴보며 3개월여의 철저한 조사 끝에 4월 23일, 항고를 기각하는 결정을 내리면서 그 이유를 서울중앙지방검찰에서의 1차 결정을 그대로 인정한다고 적시했다. 그러나 반대와 불순종의 영(靈)에는 브레이크가 없었다. 2015년 5월 초 서울고등법원에 재정신청*을 하여 그 불씨를 이어 가려 했다. 그러나 검찰에 이어 서울고등법원도 8월 6일, "검찰의 불기소 처분이 부당하

---

*   검찰의 조사에 불복하여 법원에 신청하는 절차. 검찰의 조사결과를 불신하는 고소, 고발인이 검찰이 아닌 법원에 항소 형태로 조사를 재의뢰하는 제도로서 이 단계에서 유죄가 인정이 되면 바로 기소가 가능하도록 되어 있다.

## 반대파가 제기한 주요 소송 현황

| 순번 | 소송제목 | 구분 | 피소/피의자 | 고소인 | 결과 |
|---|---|---|---|---|---|
| 1 | 특경법 위반 등 | 형사 | 오정현 목사/ 김창록 장로 | C씨 | 기각 |
| 2 | 회계장부 열람 | 민사 | 사랑의교회 | C씨 등 반대파 28명 | 일부 인용 |
| 3 | 도로점용허가 처분 무효 | 행소 | 서초구청 | 서초구 의원이 제소/반대파 대부분이 서명하여 제소자 지원 | 대법에서 파기환송 |
| 4 | 공사집행정지 | 민사 | 서초구청 | | 기각 |
| 5 | 허위사실 유포 | 형사 | 오정현 목사/ 도송준 장로 | 김○○ | 기각 |
| 6 | 특경법 위반 | 형사 | 오정현 목사/ 윤석표 장로 | C씨 | 기각 |
| 7 | 명예훼손 | 형사 | 오정현 목사 | 세월호 유족 중(반대파가 지원) | 기각 |
| 8 | 준강도 및 폭행 | 형사 | 임원빈 장로 | F장로 | 기각 |
| 9 | 방화예비 | 형사 | 김주수, 김은수, 주연종, 박성호, 최명찬 등 5명 | 박×× | 기각 |
| 10 | 폭행 | 형사 | 주연종, 박성호, 윤여송 | C씨 외 1명 | 재판중 |
| 11 | 교인총회안건 상정등금지 가처분1 | 민사 | 오정현 목사/ 사랑의교회 | 안××, 정×× | 인용 |
| 12 | 위임 무효소송 | 민사 | 오정현 목사/ 동서울노회 | C씨 외 8명 | 기각 |
| 13 | 횡령 | 형사 | 오정현 목사 | 김×× | 조사중 |

| 14 | 무고 | 형사 | 오정현 목사 | D | 기각 |
|---|---|---|---|---|---|
| 15 | 사문서 위조 | 형사 | 오정현 목사/ 박성호 | D | 기각 |
| 16 | 교인총회 안건상정등 금지가처분2 | 민사 | 오정현 목사/ 사랑의교회 | 안××, 정×× | 인용 |
| 17 | 당회금지 가처분 | 민사 | 오정현 목사/ 사랑의교회 | 안××, 정×× | 취하 |
| 18 | 사문서 위조 | 형사 | 김상선 목사 (미주 서남노회 서기) | C, F 등 | 기각 |

• 반대파의 소송의 기소율은 '0'%였다. 무차별적 소송의 전형을 보는 듯했다.

다 할 수 없고 달리 이를 인정할 새로운 증거가 없다"며 재정신청을 기각했다. 서울지방검찰청에 이어 고등검찰청, 그리고 서울고등법원에서도 무혐의로 종결되었다. 반대파는 여기서 멈추지도 않았다. 다시 대법원에 재항고 형식으로 상고했다. 그러나 대법원은 9월 24일, 이것 역시 기각함으로 대한민국 사법체계 내에서는 더 이상의 논쟁거리가 될 수 없을 정도로 완벽하게 종결되었다.

## 버리지 못한 미련, 여론을 기웃거리다

반대파는 오정현 목사에 대한 11가지 죄목의 고소가 검찰의 재항고 조사에서도 무혐의로 결론이 나자 매우 힘들어했다. 신기루라 할지라도 실체를 확인하는 순간은 힘이 빠지게 되어 있는 법, 원래 없었던 것도 없었던 사실을 확인하면 역시 힘이 빠지는 것은 당연한 셈이다. 그러면 이제 다른 길을 찾아야 하는 것이 상식인데 반대파는 또 다시 검찰의 조사가 끝난 부분을 가지고 여론을 기웃거렸다. 2015년 5월 말, 뉴스×××에서 검찰의 조사과정에서 우리 쪽이 제시한 소명 및 답변 자료들을 근거로 보도를 하겠다고 연락이 왔다. 뉴스×××가 제시한 자료들은 형사 건의 경우 제3자가 확보가 불가능한 것이었다. 취득 자체가 불법이라는 것이다. 그런데 뉴스×××는 그런 자료를 반대파로부터 입수했다고 했다.

대표적인 사례를 하나 든다면 "오정현 목사가 전문 요리사를 불러서 황제 식사를 한다"는 등의 음해성 기사였다. 교회 사정을 조금이라도 아는 사람이라면 황제 식사 운운 하는 것이 얼마나 억지인지는 알고도 남을 것이다. 오정현 목사는 주일에 식사를 외부에서 할 수가 없다. 시간이 나지 않는다. 그리고 교회 내부에도 조리실이 없다. 그래서 여순장 임원들이 모이는 지하실 방에 조리기구를 설치하여 그곳에서 여순장 임원들을 중심으로 주일 점심식사를 준비하여 식사를 하도록 했다. 식사 대상은 10명 내외로 주로 오정현 목사와 예배 담당자들, 그리고 주일에 따라 외부 손님이나 당회원들이 식사와 함께 목회 현안들을 토의하고 정리하는 시간을 가지는 것으로 활용했다. 이 식사 준비를 위해 가끔 외부에서 조리를 담당할 분들을 모셔 오는데 전문 요리사가 아니라 도우미 아주머니 정도였다. 이때 들어간 모든 비용을 마치 오정현 목사 혼자만의 식사에 들어간 것으로 호도하며 "전문 요리사를 초청하여 한 끼에 수십만 원의 황제 음식을 오정현 목사 혼자 먹는 것"처럼 왜곡해서 보도했다. 신사답지 못했다. 이미 검찰의 조사가 끝났고 항고에서도 무혐의로 결정이 되었으면 고소인은 오정현 목사를 찾아와 그간의 무리한 고발과 명예를 훼손시킨 점에 대하여 반성하고 회개해야 할 터인데 저들의 행동은 그 반대였다.

## 축하의 성탄, 축복의 송년, 소망의 신년

2014년 12월, 사랑의교회 모든 성도는 오정현 목사의 무혐의가 밝혀진 것을 알고 뛸 듯이 기뻐했다. 교회를 지키던 평신도 모임인 평협과 330은 물론 미스바 광장을 지키러 나오던 수많은 평신도 지킴이로 헌신하고 있는 분들, 미스바기도회 자리를 사수하던 기도의 동역자들, 당회원과 교역자들, 순장들은 물론 다락방마다 순원들이 이 일로 인해 기쁨과 보람을 공유했다. 그리고 예수님의 탄생을 기념하고 축하하는 성탄절이 다가왔다. 오정현 목사의 무혐의 결정 이전부터 계획되었던 성탄 축하의 밤 행사가 12월 24일 밤 본당을 중심으로 목양 팀* 별로 진행되었다. 강남예배당에서는 장소가 협소하여 불가능했던 성탄 축하의 밤 행사를 준비하던 중에 나온 오정현 목사의 검찰 무혐의 결정은 온 교회에 내려 주신 성탄 선물과도 같았다.

성탄 축하의 밤 행사를 위해 부산에서 공수한 어묵과 국물, 그리고 꽈배기가 각각 1만 개씩 준비되었다. 이 모든 것은 평신도들이

---

* 사랑의교회는 전 교인을 10개의 팀으로 나누고 각 팀에는 6~8개의 교구가 편성되어 있었다. 보통 1개의 팀에 1만 명 정도의 성도가 속해 있도록 하여 전 교인의 목양 관리를 하고 있다.

자발적으로 헌신하여 마련되었다. 글로벌광장에서는 6개 권사회가 주도하고 남순장반 등이 협력하며 평협의 하숙란 권사를 중심으로 모두가 집안 잔치하듯이 예수님의 탄생을 축하하는 별미를 만들기에 분주했다. 한마디로 잔치 그 자체였다. 잔치는 신약성경에서 예수님께서 보여 주신 천국을 상징하는 그림 언어였다. 그날 사랑의교회 글로벌광장은 축하 행사를 전후하여 마치 시골 장터를 방불케 했고 잔치를 연상케 했다.

성탄 축하 행사는 모두가 성탄의 기쁨을 온몸으로 만끽하는 축제의 장이었다. 팀별로 준비한 발표는 예수그리스도의 탄생을 기뻐하고 축하하는 것에 초점이 맞추어졌고 수준급이었다. 주일학교 어린이들은 물론 대학부, 청년부, 남·여 장년, 그리고 가장 연장자 공동체인 포에버에 이르기까지 모두가 하나 되는 시간이었고, 본당은 물론 부속실까지 가득 메워 준비한 1만 개의 어묵과 꽈배기가 이른 시간에 동이 날 정도였다. 모두들 "새 예배당에 오니 성탄 축하 행사도 할 수 있어서 참 좋다. 정말 우리는 한 가족이다"라며 상기된 모습으로 귀가했다. 이어진 송구영신 예배 또한 8시와 11시, 두 차례에 걸쳐 본당을 가득 메운 가족들이 마음과 영혼을 새롭게 하여 하나님 앞에 스스로 서는 시간이었다.

## 사랑의 목장(Letter from Pastor)

오정현 목사는 약 1년여 만에 현안 관련하여 교인들에게 보고를 하면서 이를 '사랑의 목장'에 올렸다. '사랑의 목장'은 담임목사가 온 성도들에게 보내는 목양서신의 성격으로서 이를 주보에 게재함으로 대내외에 공포하는 형식을 띠었다. 그 전문을 소개하면 다음과 같다.

"귀한 성탄 선물을 주셨습니다" – 주님만 신뢰하는 선물입니다.

한해를 마무리하는 이 시간, 우리의 생명 되신 예수님의 이름으로 사랑하는 성도님들과 마음을 나눕니다.

지난 2년간 교회가 겪었던 아픔을 무엇으로 표현할 수 있겠습니까? 무엇보다 부족한 저로 인해 마음 아파하는 성도들을 생각하면서 이 고통의 밤이 지나가기를 얼마나 눈물로 엎드렸는지요. 돌이켜 보면 이 기간은 여러분의 따뜻한 사랑에 힘입어 지나온 시간이요 핏값으로 사신 교회를 오늘도 붙드시는 예수님 때문에 지날 수 있었습니다.

감사한 것은 하나님께서는 기가 막힐 웅덩이와 고난 가운데서도 피할 길을 주셨을 뿐 아니라 우겨쌈 가운데서도 자유롭게 하셨습니다. 그동안 저와 사랑의교회를 향하여 논문, 예배당 건축, 재정 등을 문제 삼아 혹독한 비난이 가해졌으나 해당 학교, 법원, 검찰 등의 손을 들어 깨끗하게 정리해 주셨습니다.

늘 그렇듯이 지나고 나면 결국 하나님이 다 하시고 사람은 그저 도구일 뿐임을 거듭 심비(心碑)에 새기도록 하셨습니다. 참으로 '너희는 환경이나 사람을 신뢰하지 말고 오직 나만을 믿고 따르라'(시편 20:7)는 하나님의 말씀이 진정 무슨 뜻인지를 배우는 시간이었습니다. 하나님께서 우리 교회의 모든 터널의 과정을 통하여 그토록 원하신 훈련은 사람신뢰가 아니라 하나님을 신뢰하는 것이었습니다.

사람을 의지하다 보면 자칫 사람이 우상이 될 수 있습니다. 그러나 사람은 사랑의 대상이고 용서의 대상이지 믿음의 대상이 될 수가 없습니다. 사람은 더 섬기고 더 사랑해야 할 대상입니다. 우리 모두는 다 부족하기 때문에 약한 지체들이 서로 사랑하고 도울 때에야 영가족의 공동체를 이룰 수가 있습니다. 이것이 바로 너 없으면 나 없고, 나 없으면 너 없는 영가족의 축복입니다.

이제 길게 드리운 슬픔의 그림자를 벗어 버리고 주님께 올릴 기쁨과 감사의 새 노래를 준비합시다. 주님 한 분이면 충분하다는 고백을 드립시다. 예수님의 명령대로 용서와 사랑의 언행 속에서 온 교우가 하나 되어 오직 주님만을 향한 푯대를 향해 달려 나갑시다. 사랑의교회는 예수님의 복음만을 전파하는 거룩한 진원지로서 사명을 다할 것입니다.

더욱 일사각오로 주님을 섬기고 의뢰하면서, 그늘진 곳에 있는 형제와 이웃을 더 사랑하고 위하는 일에 온전히 드려지며, 주님께서 진정 원하시는 민족의 거룩한 새판짜기와 남북의 복음적 평화통일을 위해 사랑의교회가 오직 하나님께 바쳐진 교회가 되기를 기도합니다.

주후 2014년 12월 28일
주안에서 따듯이 오정현 드림.


이제 반대파는 자기들의 역할이 여기까지임을 인식하고 각기 제 길로 가든지 아니면 돌아오든지 했어야 했다. 지나치면 오히려 아니한 만 못한 법, 이를 과유불급(過猶不及)이라 했던가? 과공(過恭)해도 비례(非禮)라 했건만 저들의 행동은 이미 과한 경지를 지나쳤음에도 불구하고 불급과 비례의 낭떠러지를 향해 치달을 뿐이었다.

새 예배당에서의 성탄 축하 예배는 강남예배당에서 할 수 없었던, 온 교우가 그리스도의 구원의 역사를 기뻐하고 축하하는 축제의 자리였다.

## 반대파 = 퇴장파?

또다시 돌아온 회의체의 계절. 1년 전인 2014년 1월 8일(수요일)과 12(주일)에 있었던 제직회와 공동의회에서의 난동을 기억하는 교인들은 기도로 회의를 준비했다. 그냥 통과의례로 여겨졌던 제직회와 공동의회를 성회(聖會)로 인식하고 성료(盛了)되기를 위해 기도하게 된 것도 사랑의교회가 고난을 겪으면서 얻은 아름다운 열매였다. 많은 기도와 철저한 준비. "우리 교회, 우리 교인, 우리의 회의는 우리가 지킨다"는 각오도 대단했다. 다시는 그 험악하고 추한 꼴을 보고 싶지 않은 측면도 있었다. 1년 전 예배방해자들은 사법처리 직전까지 갔었고 그들 자신이 크게 겁을 먹은 것은 사실이었다.

2015년 1월 7일의 제직회는 본당이 아닌 은혜채플에서 열렸다. 이날 반대파는 50여 명 정도가 몰려와서 구석 어두운 곳에 둥지를 틀었다. 예배가 끝나고 제직회가 시작되었고 안건이 상정되고 보고와 결의가 이어지는 과정에서 반대파는 작년하고는 확연히 다른 모습이었다. 가장 큰 이유는 오정현 목사에 대한 검찰의 무혐의 결정이었다. 작년의 제직회와 공동의회에서는 자기들이 고발해 놓고 자기들이 재판을 열어서 아예 형량까지 선고한 것처럼 우격다짐 식으로 행패를 부리면서 회의를 농간했었는데, 그 모든 우격다짐이 코미디가 되고 폭언 폭력은 수치와 부끄러움이 되어 돌아온 그날의 제직회에서 저들은 입이 열 개 있어도 할 말이 없어야 했다. 웅성대기만 몇 차례, 발언 기회를 달라고 하는 거수 행위도 자신이 없어 보였고, 대부분이 안건이 의결된 뒤라 발언 자체가 의미가 없었다. 모든 사안이 만장일치이다시피 통과되었고 반대파는 언제나처럼 중도에 퇴장하면서 다시 한 번 자신들은 사랑의교회의 교인이 아님을 증명하려는 듯했다.

이어서 1월 11일에 열린 공동의회에도 반대파는 20명 정도 몰려왔다. 역시 1부 예배에 집중하려 했지만 집중할 화력도 실탄도 없어보였다. 그냥 퍼레이드용 무기 몇 정 들고 나타나 시위하려는 듯 했으나 이마저 본당을 가득 메운 일반 성도들의 영적 권위에 눌려 일어서지조차도 못했다. 1년 전, 온 예배당을 날뛰며 고함을 지르고 교역자의 멱살을 잡고 이리저리 내팽개치던 기개는 다 어디로 갔단 말인가? "오정현 횡령범"이라고 고함치던 C집사는 자리에서 일어서지도 못했다. 그의 앞에서 채증용 카메라가 지켜보고 있으니 꼼짝을 못하고 있었던 것이다. 하나님보다 무서운 것이 카메라라면 카메라를 통해서라도 예배를 방해하는 죄를 짓지 못하도록 한 조치는 잘한 조치라고 생각되었다.

안건은 다 통과되었다. 이날 1~4부까지 예배시간에 진행된 공동의회는 99% 이상의 찬성을 보이면서 통과되었다. 보고 내용이나 그 준비성 면에서 신뢰가 갔을 뿐 아니라 지난 2년 동안의 공격과 음해에도 불구하고 교회 안팎에서 문제가 없다는 것이 밝혀졌으니 이렇게 만장일치로 모든 안건이 통과된 데에는 반대파의 공로가 컸다. 그리고 몇 명 안 되는 반대파도 반대파는 반대파인 것, 그들은 안건이 통과되자 예배가 끝나지도 않았는데 중도에 퇴장해 버렸다. 반대파는 회의 때마다 퇴장하여 퇴장파로도 불리었던 날이었다.

## 재정장부열람 등사로 우회공격을 시작하다

반대파는 2014년 말에 인용을 결정한 서울고등법원 민사부의 결정에 따라 재정장부를 열람 및 복사를 하겠다고 2015년 1월 15일에 법원 집행관과 함께 교회를 찾아왔다. 새해 벽두부터 재정장부를 소재로 교회를 공격해 보겠다는 것이었다. 교회는 집행관을 대동한 반대파 대표격인 C집사에게 인용목록에 포함된 주계표를 전달하고 장부를 집행관 보관형으로 열람 및 등사를 하도록 편의를 제공할 것에 대해 합의했다. 그리고 준비하는 과정도 필요했고, 실무자들에게 병원진료 등의 사정이 있어 1월 20일부터 열람 및 복사를 하도록 만반의 준비를 갖추었다. 4층의 회의실에 장부를 보관하고 열람 및 복사는 국제회의실에서 하도록 조치했다. 교회는 복사기도 고성능의 신형으로 2대나 임대하여 설치하고 열람 및 등사에 아무런 불편함이 없도록 했다.

반대파는 1월 19일, 월요일에 교회를 방문했다. 월요일은 쉬는 날이라 모든 직원과 교역자가 출근하지 않았다. 이들은 휴일인 이날 교회를 방문하고는 직원들이 준비하지 않았다고 항의 전화와 문자를 보내 왔다. 이에 대해 사무처 담당자는 다시 전화와 문자를 통해 사정을 설명하고 근무일 중 아무 날이나 좋으니 오라고 통보했다. 그런데 이들은 무슨 이유인지 오지 않았다. 오지 않으면서 교회가 준비를 안 해 놨다고 생떼를 썼다. 남북관련 뉴스에서 등장하는 용어들이 생각났다. 그리고 20일이 지난 후에 반대파는 법원에 집행불능을 신청하고 간접강제금을 하루에 1억 원을 신청했다. 교회로서는 어이가 없었다. 열람을 준비시켜 놓았는데 오지 않고 있다가 집행이 불가능하다고 법원에 벌금을 하루에 1억씩을 달라고 신청한 반대파도 문제가 있지만 이런 신청을 받아준 법원도 이해가 가지 않았다. 법원은 간접강제금만 하루에 2,000만 원으로 줄였을 뿐 반대파의 신청을 그대로 받아 주었다. 교인의 헌금은 반대파에게 단 1원도 줄 수 없었다. 교회는 반대파의 재정장부 열람을 허용하기로 하고 법원 집행관의 판단에 따라 법원 집행관실로 인용된 장부들을 옮기고 20일간 열람 및 등사를 하도록 했다. 반대파는 처음에는 한두 명씩 오더니 장부가 방대하고 영수증이 수만 페이지가 되자 하루에도 수십 명씩 몰려들어 마치 과거를 캐려는 듯이 장부를 스캔 형태로 복사하고 열람을 진행했다. 교회를 지키려는 미스바기도회 동지들과 직원 교역자들도 함께 현장에서 반대파의 행위를 지켜봤다. 영수증이나 관련 서류를 조작하거나 훼손 절취 혹은 절도할 것을 예방하기 위해서 감시가 필요했던 것이다.

그런데 20일간의 장부열람 및 등사기간이 종료되기 하루 전인 5월 6일과 종료 당일인 7일에 반대파로부터 내용증명이 도착했다. 요약하면, 법원이 열람을 인용한 장부들 중에 교회가 제출하지 않아서 열람 및 등사를 할 수 없었던 부분이 있으니 추가적으로 제출하라고 하는 내용이었다. 추가적으로 제출해 달라고 하는 목록을 자세히 살펴보니 말이 나오지 않았다. 모두 이미 제출한 것이거나 법원이 인용을 허락하지 않아 제출할 필요가 없는 내용이었다. 그리고 장부가 반출되어 법원에 제출된 당시 교회 측과 집행관, 그리고 반대파가 모두 서명을 하고 집행목록을 확인했었다. 그리고 20일 동안 열심히 열람하고 복사하다가 종료 하루 전과 당일에 목록을 추가로 달라고 하는 저의는 단 하나였다.

또다시 집행 불능을 신청하여 일일 2,000만 원씩의 간접강제금을 받아내겠다는 속셈이었던 것이다.

이 모든 내용을 전해들은 집행관의 반응은 한마디로 "어림없다"는 반응 그 자체였다. 교회는 반대파가 보낸 내용증명에 대한 긴급회신을 통해 제출 완료되었거나 제출할 의무가 없는 목록이므로 이유 없다고 통보했다.

장부열람 및 복사가 종료된 후 근 한 달 반이 지난 2015년 6월 중순, 반대파는 1일 2,000만 원의 간접강제금을 지급받고자 집행문 부여를 법원에 신청하였음이 밝혀졌다. 예상했던 대로였지만 설마 했었던 차였다. 만약 법원이 이를 받아들인다면 다시 교회는 억울하게 1일 2,000만 원씩, 40여 일을 곱한 액수인 8억 원의 벌금(간접강제금)을 반대파에게 주어야 하는 상황이 된다. 그러나 저들의 꼼수를 법원이 모를 리 없고 집행관이 모를 리 없었다. 그러나 교회는 철저히 대비하여 법률적 대응을 하지 않으면 안 되었다.


**"강대상 내놔"**


반대파는 장부열람 및 복사가 본격적으로 시행되기 이전에도 간접강제금을 신청하여 2억 원 정도의 강제금 집행 통지문을 가지고 교회를 찾아온 적이 있었다. 재정장부열람 및 복사 소송 1심에서 95%의 신청 목록이 기각되고 건축과 관련하여 도급계약서를 보여 주라고 하는 인용을 받았었는데, 이때 사무처는 도급계약서를 제출할 때 구조계산서는 계약서에 포함되어 있지 않았기에 제출하지 않았었다. 반대파는 이 사실을 근거로 인용한 서류를 다 공개하지 않았다고 집행 불능을 신청, 간접강제금을 2억 1,000만 원으로 계산하여 이를 법원에 청구한 후 집행을 승인받아 왔던 것이었다. 말문이 막힐 정도였다. 구조계산서는 건축설계를 할 때에 냉난방 등의 설비를 감당할 역학적 구조를 계산한 설계도의 일종이지 재정장부와는 전혀 상관이 없는 문서였다. 더구나 사랑의교회와 시공사는 건축계약 당시에 구조계산서는 도급계약서에 포함하지 않기로 하고 이를 첨부하지 않았었다. 그리고 이런 사항은 일반적인 것이었다. 그러므로 법원이 열람 및 등사를 허용하라고 한 도급계약서에는 당연히 구조계산서가 포함되지 않았기에 이를 제출하지 않았던 것이다.

이에 대해 반대파는 구조계산서는 도급계산서에 포함되는 것이라고 억지주장을 하면서 집행 불능 조건이 되었다며 2015년 2월 24일, 2억 원을 달라고 몰려왔던 것이다. 교인이 교회를 상대로 벌금을 받아내겠다고 몰려왔으니 저들은 확실히 사랑의교회 교인이 아니었던 것이다. 그런데 2억 원을 당장 줄 수 없으면 강제로 이를 집행하겠다면서 본당의 강대상, 피아노, 강대상의 마이크, 중계용 카메라, 음향장비, 찬양대연습실 피아노뿐만 아니라 담임목사실의 책상, 의자, 책장, 냉장고, 컴퓨터, 승용차, 행정목사실의 집기, 냉장고, 컴퓨터, 결혼식 등이 거행되는 언약채플의 그랜드피아노를 압류하겠다고 목록표를 제시했다. 목록표를 보니 예배를 압류하고 교회의 핵심 기능들을 압류하여 교회 사역을 정지시키겠다는 의도가 명백하게 보였다. 저들의 주특기인 빨간 압류딱지 붙여 놓고 온 세상에 이를 전파하고 이제 사랑의교회는 우리가 압류했다고 떠들 것이 뻔했다. 압류 현장에 뉴스××× 기자도 불러서 대동했으니 딱 그 그림이었다.

　나를 포함한 몇몇 교역자와 직원들이 이에 대해 집행관들에게 항의했다. "어떻게 교회의 강대상을 압류하겠다고 할 수 있느냐? 교회의 예배 관련 물품은 절대로 내어 줄 수 없다. 법으로도 안 되게 되어 있다"고 했다. 그래도 집행관은 본당 문을 열어 달라고 했고, 반대파는 장비를 동원해서라도 부수고 들어갈 기세로 덤벼들었다. 나는 C집사 등 반대파 행동대원들에게 "차라리 내 차를 가져가고 내 컴퓨터를 가져가라"고 말했지만 피식 웃으면서 철없는 어린아이 취급을 했다. 그들의 목적은 무슨 물건이 아니었고 '사랑의교회의 심장'을 원했던 것이다.

　민사집행법 제195조에 의하면 압류 금지 목록이 나온다. 여기에 분명히 적시되어 있는 것이 "예배에 필요한 물건"이다. 반대파는 법 위에 군림하고자 했다. 법에 적시되어 있어도 해석은 자기들의 입맛대로였다. 그날, 반대파는 민사집행법 제195조를 모르고 덤벼들었다가 곤경에 빠졌다. 온 성도들이 분노하며 반대파를 더 이상 그리스도인으로 볼 수 없을 뿐 아니라 속히 치리하여 정리하자는 여론이 비등했다. 반대파도 놀랐다. 자신들이 한 짓이 세상에 알려지면서 성도라고 하는 사람들이 교회의 예배를 압류하겠다고 나선 것은 있을 수가 없다는 비난이 일기 시작한 것이었다. 법원도 교회의 손을 들어 주었다. 반대파의 집행을 정지시켜 달라는 가처분 소송에서 이를 인정하여 반대파는 법에 의해 그 집행이 정지되는 수모를 겪었다.

　반대파가 강대상을 압류하겠다고 몰려왔던 2월 24일로부터 한 달쯤 전인 2015년 1월 30일 구은수 서울경찰청장이 한국기독교교회협의회(NCCK) 사무실을 방문하여 사과한 일이 있었다. 사유는 2014년 12월 22일에 서울지방경찰청 보안수사대가 국가보안법 관련 수사를 위해 압수수색 영장을 발부받아 경기도 김포의 모 교회를 수색한 적이 있었는데 그 당시 벽에 걸린 십자가를 떼어서 1~2미터를 이동한 것에 대해 사과한 것이었다. 정당한 법 집행을 위해 잠시 십자가와 강대상 등의 위치를 임의로 옮긴 것에 대해서도 경찰청장이 사과를 했는데, 같은 교회의 교인이라고 주장하는 자들이 십자가가 새겨진 강대상과 강대상에 설치된 마이크와 반주용 피아노와 음향장비 일체를 압류하겠다고 몰려온 발상에 대해서는 온 교인이 현기증을 느낄 정도였다.

　나와 박성호 사무처장, 윤여송 행정실장은 반대파의 C집사, N집사 등으로부터 이날 불법집행을 막은 것에 대해 공동폭행 등의 혐의로 고소를 당해 재판을 받기도 했다. C집사는 그날 욕설과 막말을 하다가도 갑자기 태도를 바꾸어 존댓말을 쓰곤 했는데 그 순간은 녹음을 하는 순간이었다. 자신이 녹음을 할 때는 존댓말과 공손한 태도를 쓰는 이중적 태도를 보였는데 F장로가 2013년 1월 27일에 담임목사실에 들어가 대화의 내용을 몰래 녹음한 것과 반대파 장로들이 당회를 하면 당회 내용을 녹음하여 인터넷에 올리고 이를 녹취하여 편집한 후 또 왜곡 선동의 재료로 사용하는 것과 일맥상통했다. 동일한 영, 동일한 마음, 동일한 행동이었다. 그래서 "반대파=퇴장파=녹음파"라는 말이 추가적으로 생겨나기 시작했다.

## 가로막힌 임직, 발목 잡힌 목회

사랑의교회 정관 제21조에 의하면 장로, 안수집사, 권사의 임직을 위해서는 당회의 추천을 받아 공동의회의 결의로 선정되도록 되어 있다. 그리고 이들 중 장로의 경우는 결정된 후보자에 대해서 노회가 교육 및 최종 승인하여 교회 주관으로 임직을 진행하면 되는 것이다. 그런데 사랑의교회 정관 제9조에는 당회가 장로, 안수집사, 권사를 임면한다고 되어 있다. 임면은 임명과 면직을 의미한다. 그런데 당회는 그럴 수 있는 권한이 없었다. 만약 그렇게 되면 국회가 국회의원을 임면할 수 있다는 것과 같은 얘기가 되는 것이다. 당회는 오직 추천만 하면 되는 것이고 결정은 공동의회에서 하는 것이다. 총회 헌법 어디에도 당회가 임면한다는 조항이 없다. 노회에 문의를 해도 동일한 답변이 왔다. 앞서 사랑의교회 정관이 장로교의 정신을 제대로 반영하지 못하고 있다고 지적한 바가 있는데 바로 이런 부분이 그 지적에 해당되는 부분이었다.

정관 전체를 다시 살펴보면 정관 제9조에 나와 있는 "당회가 장로, 안수집사, 권사를 임면한다"는 조항은 비법(非法), 즉 법이 아니며 무효 조항이다. 정관의 다른 조항에서는 분명히 추천만 한다고 되어 있고 선출, 결정, 선정에 해당하는 역할은 공동의회에서 하도록 되어 있기 때문이다. 더구나 2011년에 장로 후보자를 추천할 때에는 당회의 안건에도 추천이라고 되어 있었을 뿐만 아니라 의결정족수도 추천에 해당하는 과반수 참석에 2/3 찬성의 기준으로 통과하여 추천된 후보자들을 공동의회에 상정하여 공동의회에서 선정하는 절차를 가졌었다. 즉 사랑의교회에서의 장로, 권사, 안수집사의 임직은 당회에서 과반수 참석에 2/3 찬성으로 추천한 후보들을 공동의회에 상정하여 참석자의 2/3가 찬성하면 결정이 되는 것이고, 이것은 전례였고 상회인 노회의 해석에도 일치했다. 이 기준으로 지금까지 모든 임직을 해 왔었다.

반대파 장로들은 이번에 장로가 새롭게 임직이 되면 자신들은 거의 용도 폐기되는 것이나 다를 바 없다는 현실을 받아들이고 싶지 않았던 모양이었다. 실제 장로로서의 역할도, 헌신도 없이 그저 당회를 통해 진행되는 사안들에 대해 당회에 불참함으로 사역을 볼모로 잡는 것 외에는 하는 일이 없었는데 새롭게 장로가 임직이 되면 그마저도 할 수가 없게 되었다고 판단했던 것이다. 장로가 5~10명 이상 임직이 되면 반대파 장로 10여 명은 무엇이든 아무리 반대를 해도 의결정족수가 채워지는 상황이었다. 따라서 임직을 막는 것은 사랑의교회 장로로서 그 직을 유지하는 최후의 수단이었다. 그래서 임직을 논의하는 당회에 출석 자체를 보이콧하고 있었다. 그런데 교회가 교회 측 장로로만 추천 기준인 과반수 참석에 참석자의 2/3 이상의 찬성으로 임직자 추천을 완료하고 공동의회에 상정하려 하자 이를 저지하기 위해 나선 것이었다.

그래서 정관 제9조를 새롭게 해석하여 "당회원 2/3 이상의 참석에 참석자의 2/3 이상의 찬성으로 임직자를 추천해야 하는데 과반수 참석에 참석자의 2/3 이상의 찬성으로만 추천을 했기에 이를 공동의회에 안건으로 상정하지 못하도록 해 달라"는 소송을 제기한 것이다. 반대파 장로들은 장로교의 대의정치, 민주정치를 악용하고 있었다. 96% 이상의 교인들의 선의를 무시하는 숫자놀음에 빠져 있다고 하는 비판도 일었다. 도대체 10여 명의 장로가 교회의 임직과 목양과 사역 전반을 발목 잡는 구조는 비민주적이며 군사 독재적 발상이자 비개혁적이고 그야말로 군주제에서나 볼 수 있는 갱신의 대상이 되는 행위가 아닌가 하는 여론이 비등했다.

반대파의 생각과는 달리 당회는 조문해석, 전례, 상회(上會)인 노회의 자문을 근거로 2년간 미루어졌던 임직을 위한 후보자 추천을 마쳤고 공동의회에 상정하여 선정을 완료한 후 임직식을 진행하고자 했다. 그리고 앞서 언급한 1월 11일의 공동의회에서 임직자를 위한 투표를 할 수 있도록 모든 준비를 마쳤고, 정관에 나온 대로 2주간 후보자 명단을 공지하기로 하고 홈페이지와 주보에 올렸다. 반대파는 사색이 되었고 죽음과도 같은 현실을 피하기 위해 모든 방법을 다 동원하지 않으면 안 되었다. 교회의 공식 회의체인 당회가 결정한 사안에 대해 국가 법정에 소송을 제기한 것이다. 사랑의교회 역사상 당회의 결정을 놓고 이를 반대하는 소송이 제기된 것은 이번이 처음이었다. 형식은 '교인총회 안건상정 등 금지가처분'이었다. 채권자, 즉 소송 제기자는 ㅇ××  장로와 ㅈ××  장로였다.

2015년 1월 11일 당회를 앞두고 2014년 12월 30일(화) 오후 3시에 신청한 가처분은 연휴를 지나 1월 5일(월)에 교회에 통보되었고 교회는 단 3일간의 준비로 법정 심리에 나서는 불리한 싸움을 해야 했다. 목요일인 8일에 심리가 있었고 보충 서면을 추가로 제출한 후 금요일 오후 6시쯤에 법원의 인용 결정이 내려졌다. 교인총회, 즉 공동의회에 장로 등 임직자 선출을 위한 안건을 상정하지 말라는 결정이었다. 교회 측 변호사는 "① 정교분리의 헌법 정신에 따라 교회법이 결정한 것은 국가법이 간섭할 수 없으며 ② 정관과 헌법에, 당회는 추천만 하도록 명시되어 있으므로 추천의 요건에 해당하는 의결정족수인 과반수 참석에 2/3 찬성으로 후보자를 공동의회에 상정하는 것은 정관과 헌법에도 일치하며 ③ 현재의 정관으로 임직한 이전의 모든 임직은 당회가 ②와 동일한 조건으로 추천함으로써 공동의회에 상정 및 결정, 임직이 이루어졌으며 ④ 헌법과 노회의 해석도 "당회에는 추천권만 있지 임직권은 없으므로 비법조항을 조속히 개정하라고 한 점" 등을 내세웠다. 그러나 재판부는 이를 인정하지 않았다. 지난번 당회록까지 제시하면서 이제까지 계속 과반수 참석에 2/3 찬성으로 임직이 되어 왔음을 설명했으나 귀 담아 듣는 듯 했지만 무슨 이유(?)인지 비껴갔다. 이렇게 해서 반대파의 소송 행위로 교회의 임직과 사역에 발목이 잡히는 상황이 발생했다.

상황은 심각했다. 반대파의 소요로 교회는 지난 2년간 임직을 못했고 이번에도 못하면 3년째 못하게 되는 것이다. 사랑의교회 정관과 사역 특성상 운영장로가 사역의 운영책임을 맡고 사역장로는 본인의 봉사와 기타 사역을 하게 된다. 이대로 가면 1년 뒤인 2016년 12월 31일이 되면 운영장로가 5명밖에 안 남게 되고 2019년이 되면 운영장로가 한 사람도 없게 된다. 이 모든 정황을 놓고 볼 때 반대파 장로들의 가처분 신청을 통한 교회 사역 방해는 해 교회 행위의 절정이자 그들이 장로의 자격이 있는가 없는가에 대한 논란에 종지부를 찍는 자해행위나 마찬가지였다.


## 반대파 장로들 공포에 떨다

이렇게 되자 앞서 언급한 2015년 1월 7일의 제직회에서는 해 교회

**연도별 운영장로 소멸 현황**

| 임직개시년 | 인원 | 임기만료일 | 임기만료시 잔류 운영장로 수 |
|---|---|---|---|
| 2009년 | 5명 | 2015년 12월 31일 | 13명 |
| 2010년 | 8명 | 2016년 12월 31일 | 9명 |
| 2013년 | 5명 | 2017년 12월 31일 | 4명 |

2016년 1월 현재 9명의 운영장로가, 2019년에는 한 명도 남지 않게 되어 장로 충원이 시급한 상태임. 교회와 신자 규모가 작은 교회도 장로는 100~400명까지 활동하는 것에 비해 교회 목회사역 자체가 파행을 겪을 수밖에 없음.

행위를 한 장로들과 반대파 인원들에 대한 치리 청원안이 의결되었다. 참석한 1,500여 명의 만장일치로 청원안이 상정되었고 동의와 제청 표결을 거쳐 역시 만장일치로 통과되었다. 청원안의 골자는 그간 해 교회 행위자들에 대해 공동의회에서 제명 등의 조치를 취하도록 하되 모든 처리 권한은 당회장에게 위임한다는 내용이었다. 이종구 안수집사가 발의하고 동의와 제청을 거쳐 통과된 이 청원안을 당회장인 오정현 목사는 공동의회에 상정하는 대신 당회에서 처리해 줄 것을 요청했다. 파장을 줄이고 어떻게 하든지 조용히 해결되기를 바라는 마음에서였다. 제직회 청원안에는 극심한 해 교회 행위를 한 당회원 중 5명의 장로 외에도 해 교회 행위를 한 자들에 대해 면직과 출교를 포함한 치리를 해 줄 것이 포함되어 있었다.

우선 ㅇ××, ㅈ×× 두 장로는 당회가 추천하여 공동의회에서 의결을 앞둔 임직건을 국가법에 제소하여 안건상정을 못하게 함으로써 임직 자체를 무산시킨 죄를 물었다. 이들 반대파 장로들의 죄는 결코 가벼운 것이 아니었다. 2014년에 확정된 대한예수교장로회

제99회 총회 결의 사항에는 "당회, 노회, 총회의 결의 사항에 불복하여 상회가 아닌 국가 법정에 먼저 소송을 제기한 자는 재판회를 열어 2년간 그 직을 정지"하도록 하였기 때문이다. 반대파 장로 모두는 사실상 2년간 정직의 대상이었던 것이다.

ㅊ××, F 두 장로는 반대파의 대표 회장과 총무로서 해 교회 행위에 대한 총체적 책임이 있을 뿐 아니라 F장로 같은 경우에는 교회 현안의 촉발자이자 배후 조종자로서의 죄가 중대하다는 내용이 포함되어 있었다. 그리고 Z장로는 온 성도들이 4년 동안 기도하고 헌신하여 입당을 앞두고 있는 새 예배당의 임시 사용을 승인해 주지 말라는 청원을 서초구청에 제기한 자로서 당회원으로서 교인의 가슴에 대못을 박은 것과 같은 행위가 치리청원의 사유였다.

당회는 이 치리청원을 곧바로 다루지 않고 평화적이고 은혜로운 해결책을 모색하기 위해 분주히 움직였다. 조용히, 근원적인 해결을 모색하다가 어찌되었건 당회에서 이 문제를 논의해 보기로 하고 당회를 소집했으나 반대파 장로들은 출석을 거부하며 괴편지를 내용증명으로 지속적으로 보내오는 등 사랑의교회 장로라면 할 수 없는 행위들을 계속했다.

소위 '개혁장로회'의 이름으로 발송한 그 내용증명의 골자는 세 가지다. 첫째, 오정현 목사를 담임목사로 인정할 수 없다. 둘째, 당회를 인정할 수 없다. 모든 안건 상정과 결정은 원천 무효이다. 셋째, 여 집사와 권사들이 무서워 교회 못 나가겠다. 위 세 가지 중 단 한 가지도 사실이 아니거나 교회나 당회 불출석의 사유가 될 수 없었을 뿐 아니라 사유라고 제시하기에는 지나치게 졸렬했다. 특히 여 집사와 권사들이 무서워서 교회와 당회에 출석하기 어렵다는 내용은 눈을 의심할 정도였다.

그런데 5월 17일에 소집된 당회에는 평소에 나오지 않던 장로들 전원이 참석하였다. 안건 중에 해 교회 행위자들에 대한 치리 건이 있었기 때문이었다. 목적은 자신들의 치리가 두려워 어찌되었든 치리는 면해 보자는 취지였다. 오직 오정현 담임목사의 사임을 위해 3년 가까이 용을 쓰던 자들이 정작 자신들의 치리에는 두발 벗고 나서서 저지하겠다고 하는 부끄러운 민낯을 내민 것이다. 나는 장로의 아들이며 장로이자 목사인 한 사역자로서 그들을 대하는 내 자신이 오히려 부끄러웠다. 그리고 그들을 잘 지도하지 못한 책임도 절감했다. 당회는 소집되었지만 반대파의 방해로 안건 상정은 물론 개회도 못하고 공전(空轉)을 거듭하다 결국에는 그냥 해산했다.

나는 그날 당회에 참석하여 1시간 여 동안 장로들의 발언을 들었다. 내가 당회에 참석한 이상, 내 말과 글로 당회에서 장로들이 발언한 내용을 옮기는 것은 적절치 않다고 생각되어 더 이상 언급을 하지 않겠다. 다만, 발언 내용과 상관없이 평소에 나오지 않던 반대파 장로들이 모두 출석한 이유는 자신들의 치리가 두려워 직위를 유지하고자 하는 이해관계가 주목적이었음은 대략적인 분석을 통해 내릴 수 있는 결론이기에 여기에 그렇게 기록할 뿐이다.

5월 17일, 당회를 마친 반대파는 다음과 같은 내용으로 반대파에게 당회보고를 띄웠다.

### 존경하옵고 사랑하는 갱신성도님들께!

어제 2015년 5월 17일 개최된 임시당회는 갱신성도님들의 간절한 기도를 하나님께서 들어 주셔서, 개혁장로들 18명 전원이 하나가 되어 참석하였고, 부당한 안건이 통과되는 것을 막는 감사한 열매가 있었음을 알려 드립니다.

특별히 강남예배당에서 〈사랑의교회 갱신과 성결회복을 위해 기도드리는 갱신성도님〉의 안위와 관련하여 문제가 있는 3가지 안건인 "강남예배당 처리의 건", "제직회 청원사항(5명 장로 치리요청)", "장로선임에 관한 건"에 대해서는 찬반 표결 계수를 분명히 하기 위하여, 반대 의사를 명시한 18명의 서명이 기재된 문서로 제출하고, 당회 의사록에 반드시 첨부해 달라고 요청하여, 분명한 법적 요건을 갖춘 형식으로 반대를 명시화하였음을 알려 드립니다.

이 모든 과정과 결과는 오직 갱신 성도님들이 마음을 하나로 모아서 간절하게 주님께 기도해 주시고 이를 긍휼히 여기신 하나님의 은혜입니다. 앞으로도 우리가 가는 갱신의 길은 반드시 기도와 간구로 주님만 의지하고 성령님을 따르는 길이 되기를 결단하면서, 갱신성도님들과 사랑의교회 갱신과 개혁을 응원하는 모든 회원님들의 간절한 기도를 부탁드리옵니다.

감사와 사랑을 고백하며

개혁장로회 18명 장로 일동.

한 마디로 자화자찬(自畵自讚)에 자가당착(自家撞着)이었다.

그날 반대파 장로들 중 적어도 두 명 이상은 당회에 참석하면서 성경책이 아닌 장로회 헌법책을 들고 왔고 그 헌법책을 인용하며 발언한 것으로 알려졌다. 그날 당회를 두고 저런 보고를 한다는 것은 어불성설이다. 저럴 수는 없는 것이다. 그들 중에는 교수도 있고 작가도 있고 사업가도 있고, 모든 것에 정교해야 할 의사도 있고 무엇보다 내로라 하는 로펌을 대표하는 변호사들도 있었다. 그들이 저런 글을 냈다는 것은 판단과 해석에 심각한 문제가 발생했다고 볼 수밖에 없다. 어떤 힘에 의해 사로잡혀 있지 않고는 저런 글을 '보고서'라고 하면서 세상에 내놓을 수는 없는 것이다.

일단, 안건이 왜곡되었다. 반대파 장로들은 "장로 선임에 관한 건"이라고 표기했는데 이는 저들의 전형적인 왜곡 선동의 패턴이다. 그런 안건은 존재하지 않는다. 모든 것을 정확히 하고 갱신해야 한다고 하면서 늘 이런 식이었다. 그날 안건으로 공지된 건은 모두 6개이다. 1. 강남예배당 처리의 건, 2. 제직회 청원사항 처리의 건, 3. 장로 치리요구 처리의 건, 4. 장로, 안수집사, 권사 임직의 건, 5. 규정 제정의 건(출장여비규정, 위임전결규정), 6. 사랑의교회 갱신안 추진현황보고 등이었다. 그런데 저들은 정작 교회의 제도 갱신과 개혁에 관한 규정 제정안 등에는 관심이 없고 오직 자신들의 보신에 관한 안건에만 관심을 드러내면서 그것도 왜곡해서 보고하고 있는 것이다.

그들이 주장하는 '안건 부결'의 근거는 "서면으로 18명의 서명을 기재하여 제출하여 당회록에 남기도록 했고 법적 요건을 완벽하게 갖추어 통과되는 것을 막았으니 이 어찌 큰 하나님의 은혜가 아닌가"였다. 강노지말(强弩之末)*이라는 고사가 생각이 났다. 2년 전만해도 교회를 다 삼켜 버릴 듯 덤벼들던 저들이 이제는 겨우 저런 말장

---

* 《사기(史記)》의 한장유열전(韓長孺列傳)에 나오는 장면으로 힘찬 활에서 튕겨나간 화살도 마지막에는 비단조차 뚫기 어렵다는 말에서 유래되었다.

난으로 연명해야 하는 현실을 보니 그들이 딱 그 짝이었다.

안건이 결의를 통해 선포되려면 안건 공지 → 개회 선언 → 안건 상정 → 안건 채택 → 동의/제청/ → 표결 → 의결/부결 → 결의 공포 순으로 가야 한다. 반대파는 18명의 이름을 적은 명단을 제출했으므로 그 안건에 대한 통과는 앞으로도 어려울 것이라고 주장하는데 그 주장은 민주주의 기본 교육을 받은 자라면 할 수 없는 억지 주장에 지나지 않는다. 안건을 부결시키려면 반드시 회의에 참석해서 위에서 제시한 절차에 따라 표결에도 참여해야 한다. 그리고 결의 공포가 이루어져야 한다. 그러므로 18명의 명단을 제출한 것은 제출 행위 이상의 의미는 없고 회의가 개회는 물론 안건 채택도 안 된 상황에서 무슨 명단을 제출했다는 것 자체가 무기명 비밀 투표를 기본으로 하는 민주주의 회의 원칙과도 위배된다. 반대를 촉구하는 우격다짐이나 여의도에서도 보기 어려운 패거리 정치를 연상케 하는 행위로서 저들이 말하는 갱신과는 상반되는 행동이었다.

게다가 저들의 이런 보고를 바탕으로 그 다음 주부터 주일 현수막 시위 현장에는 "개혁장로 5인 치리안건 부결, 강남본당 리모델링/매각안건 부결"이라는 글귀가 출현하였다. 이건 또 뭔가. 완벽한 거짓말이다. 부결이 되려면 안건 상정 후 표결에서 부결이 나와야 하는데 안건이 상정도 안 된 상태에서 어떻게 부결이 되었다고 주장하는지 이해가 가지 않는 부분이다. 5월 17일 당회에 대한 한 교계 신문에 실린 기사를 소개하면 다음과 같다.

사랑의교회는 5월 17일 당회원 대부분이 모인 가운데 임시당회를 열었다.

이날 당회에는 1년여 만에 모습을 드러낸 갱신위원회 측 장로들을 포함한 대부분의 당회원들이 모였으며, 예정된 안건을 처리하는 대신 소통과 대화의 시간을 가지는 것이 더 필요하다는 데 인식을 같이 하고 5시간여의 대화를 통해 교회 현안에 대한 입장을 나누었다. 이날 당회는 양쪽 대표 3명씩 총 6명으로 구성된 소통팀을 구성하기로 합의하고 종료되었다.

한편 당회가 끝난 후 3명의 소통팀을 구성한 교회는 갱신위 측에 소통팀 가동을 위한 회동을 제안했지만 현재까지 팀 구성에 대해 아직 답을 얻지 못한 상태라고 교회 관계자는 전했다.


2002년 한일 월드컵 때 히딩크 감독이 16강전에서 승리한 후 "나는 아직도 승리에 배고프다"고 했던 말이 생각난다. 우리 모두는 반대파가 진실을 말해 주기를 바란다. "우리는 반대파의 진실에 배고프다"라고 말하고 싶다.

반대파 장로들의 관심은 결국 자신들의 자리보전이었다.

엘리야가 보았던 해갈을 상징하는 조각구름처럼 사랑의교회의 회복을 상징하는 은혜의 조각구름이 더 큰 비구름으로 바뀌기를 바라고 있던 전 교인들은 또다시 배신감과 상처를 입었다. 그러나 확실히 구름은 더 낮고 짙게 드리우고 있었고 습기도 많이 품고 있는 것이 느껴졌다. 어찌되었건 출구가 저만큼 가까워진 것이다.

반대파가 내건 현수막의 내용은 대부분 거짓, 왜곡, 선동을 위한 것이어서 대부분의 사람들은 무관심한 채 지나쳤다. 부끄러운 듯 그들도 차마 얼굴을 내밀지는 못했다.


## 반대파, 오정현 목사를 또 제소하다

5월 17일 당회 이후로 소통팀 혹은 화해를 위한 위원회를 구성하기로 하고 교회와 반대파 양쪽에서 당회원 3명씩이 대표로 참석하기로 했다. 그리고 화해를 위한 모임*을 갖는 도중에 반대파는 6월 10일자로 오정현 목사와 동서울 노회를 서울중앙지법에 제소했다. 밖으로는 평화와 화해를 말하면서도 안으로는 소송을 준비하고 있었던

---

\* 관련한 소송 자료에 따르면, 수차례에 걸친 화해를 위한 모임에서 반대파는 노골적으로 강남예배당을 달라고 요구했을 뿐 아니라 교회의 전 재산을 양쪽의 교인 비례로 나누자고 했다가 그게 불리(반대파는 전 교인의 0.7%)하니까 또 다시 말을 바꾸어 당회원 수대로 나누자고(당회원으로만 따지만 반대파 당회원수 비율이 약 30%) 했다는 말들이 들리기 시작했다.

것이다. 소송의 제목은 "(오정현 목사의 담임목사직)위임결의 무효 확인 등 청구의 소"이다. ㅇ××, ㅈ××, ㅊ×× 등 현직 장로와 G권사와 C집사를 포함한 9명이 원고로 되어 있었다. 내용은 오정현 목사가 목사 안수도 제대로 받지 않았고 편목과정도 불법이었으니 위임목사로 인정할 수 없으므로 위임목사로 결의한 것을 무효로 해 달라는 것이었다. 내용을 살펴보면 이제까지의 주장들을 그대로 모아 놓은 것에 불과하고 새로운 사실은 보이지 않았다. 그렇다면 언론과 공식적인 자료 제시로 이미 다 해명이 되었고 사실 확인이 끝난 사안이었다. 이런 내용으로 오정현 목사를 법원에 제소하여 피고로 묶어 놓고 시간을 끌면서 결국에는 어떤 별도의 목적물을 취득하겠다는 전술적 행위로 밖에 보이지 않았다. 더구나 동서울노회를 피고로 끌어들여 소음의 크기를 키움으로써 효과를 극대화하려는 것으로도 해석이 되었다. 한 법조인은 소장(訴狀)을 검토한 후에 "자신들도 자신들의 주장이 받아들여질 수 없다는 사실을 잘 알고도 이런 제소를 하는 것으로 보아 스스로를 속이고 주변을 속이는 행위임에 틀림없다"고 말하기도 했다. 그러나 어찌되었건 또 다시 오정현 목사는 '피고'의 자리에서 이 모든 법률 대응을 해야만 하는 짐을 지게 되었고 반대파는 적어도 1년 이상은 이 건으로 집결지를 유지할 수 있게 되었다고 믿는 눈치였다.

나는 이 소장을 C국에서 단기선교 중에 이메일로 받아 보았다. 단기선교 현장에서 이런 소장을 받고 나니 기분이 좋지 않았다. 이번 소송의 특징은 피고가 오정현 목사뿐만 아니라 동서울노회가 함께 공동피고로 지정된 것이었다. 동서울노회를 피고로 지정한 이유가 이해되지 않았다. 어쨌든 앞으로 이 문제는 원하던 원치 않던 동서울노회와 함께 대처하지 않으면 안 되었다.

내용을 읽어 보고 난 후 나는 "이제 교회 현안은 이 사건을 잘 마무리하면 끝낼 수 있겠구나…"라는 생각과 함께, 이런 소송을 한 저들의 지략이 궁금했다. 쥐도 고양이에게 몰리다 보면 이상 행동을 하듯이, 이런 어처구니없는 걸을 소송이라고 하는 것을 보면 일단 '마지막'이라는 생각이 들었다.

국가법은 분명하다. 종교단체 내부의 결정 사항, 특히 성직자의 자격에 대하여는 사법심사의 대상이 되지 않는다는 것이 대법원의 판결(2014. 12. 11. 선고 2013다78990) 요지일뿐만 아니라 대한민국 헌법에 보장된 정교분리의 원칙이기도 하다. 저들의 청구이유를 받아들인다면 조계종의 승려나 가톨릭의 신부도 정말 신부인지, 정말 승려인지를 법원에서 가려 달라는 소송도 할 수 있다는 것인데 이게 가능한 일인가. 종단 내에서 승려로 인정하고 신부로 인정했으면 더 이상의 심사는 불가능한 것이다. 다만, 내가 그를 인정하고 싶지 않으면 속으로 인정하지 않던지, 아니면 그 종교를 떠나던지 하면 되는 것이지 그 자격을 내가 인정할 수 없으니 법원이 판정해 달라는 청구이유는 현대 민주주의 사회에서는 성립이 불가능한 것이었다. 그래서 나는 이런 소송을 한 저들의 상태가 궁금했다. 원고, 즉 소송을 제기한 자 중에는 전직 법학교수도 있었고, 반대파 장로가 대표로 있는 법무법인이 소송을 총 지휘하고 있었으니 나의 궁금증은 더 클 수밖에 없었다. 상식과 법리와 판례를 다 뛰어넘는 소송기록을 보고도 그런 생각을 하지 않을 사람은 없을 것이다.

그러나 이 모든 것이 사람이 계획할지라도 결국 뜻을 이루시는 분은 하나님이시기에 우리 모두는 또 다시 무릎으로 하나님께 더 겸손히 나아가지 않으면 안 되게 되었다.


## 물귀신 작전

물귀신 작전이란, 함께 죽는 것이다. 동반 자살을 의미한다. 반대파
는 2015년 5월 17일의 당회를 앞두고는 물귀신 작전도 썼다. 제직회
에서 5명의 장로를 포함한 해 교회 행위자들을 치리하자고 청원하
자 반대파 집사, 권사 등이 합세해서 교회를 지키려는 장로 7명을
두 차례에 걸쳐 고소했다. 이번에는 당회에 고소한 것이다. 이를 테
면 제직회 청원사항에 대응하는 맞고소 형식이었다. 고소의 내용은
개인적인 사안이거나 무고에 해당하는 내용이어서 교회법으로는
다룰 수 없는, 문자 그대로 물귀신 작전을 흉내 내는 것에 지나지 않
았다. 나는 그 고소장을 받아 보는 순간 폭소를 터뜨렸다. 〈코미디
전망대〉와 〈유머 1번지〉를 섞어 놓은 듯 한물간 희극 대본을 보는
것 같았다. 더 어이없었던 것은 현직 법조인을 포함한 반대파 장로
들이 이 고소장을 당회에 상정하여 처리해 달라고 하면서 서면으로
발의, 동의, 재청(再請)한 문서를 추가로 보내온 것이었다. 개회도 안
되었고 안건 채택도 안 되었는데 서면으로 발의, 동의, 재청을 보내
온 문서는 '황당' 그 자체였다. 효력은 물론 가치도 없었다. 이런 문
서를 현직 법조인과 현직 대학교수 등 우리나라에서 내로라 하는
명문 중고등학교와 대학을 졸업하여 공직과 사직에 종사하는 자들
이 보낸 문서라고는 믿겨지지 않았다.
　동일한 내용으로 고소도 두 차례, 발의, 동의, 재청도 두 차례에

**반대파가 발송한 고소장의 고소자 및 동의 재청자 명단**

| 청원(고소)자 | 일시 | 발의 일시/발의 및 동의자(2명) | 재청자 | 안건제출자 |
|---|---|---|---|---|
| 김×× ㅁ×× 김×× | 4월 3일 | 4월 5일/ | 남×× 등 8명 | 좌 동 |
| 김×× ㅁ×× | 4월 30일 | 5월 1일/ ○×× ㅈ×× | 11명(ㅂ×× ㅎ×× 추가) | 13명(ㅂ×× ㅎ×× 추가) |

고소 사실은 동일한데 2회에 걸쳐 고소자가 변경되어 고소하고 고소 1~2일 후에 동의, 재청을 통해 안건 제출하는 행위가 이어짐

걸쳐 진행된 것으로 보아 고소자와 반대파 당회원이 머리를 맞대고 치밀하게 계산하여 결행한 것으로 보였다. 그러나 "밤새도록 고민하여 죽을 꾀를 낸다"는 말이 있듯이 저들의 문서라고 하는 것은 그냥 메모지에 지나지 않아 접수가 불가능한 수준이어서 당회가 과연 그것을 접수할까 하는 생각이 들었다.

## 반대파, 교회법정에 서다

2015년 1월 7일의 제직회에서 이종구 안수집사가 청원한 '해 교회 행위자에 대한 치리 건'이 당회에 넘겨졌으나 당회는 공전을 거듭했다. 이에 이종구 집사는 총 13명의 해 교회 행위자들을 당회에 고소했다. 교회법에 의거 엄정한 처리를 요청했던 것이다. 이 고소 건 등을 처리하기 위한 당회를 5월 17일에 소집하였으나 반대파가 회의 진행에 협조를 하지 않아 결국 안건 상정도 못한 채 파행으로 끝났

다. 이종구 집사는 자신이 고소한 건에 대한 조속한 처리를 촉구하는 서한을 당회에 보냈고 "당회는 이 건을 더 이상 처리하기 어렵다"는 답신을 당회 서기로부터 받았다. 이를 근거로 이종구 집사는 2015년 7월 20일경, 노회에 본 고소장을 접수하는 절차를 밟게 되었다.* 이제 사랑의교회 반대파에 대한 치리는 당회의 범위를 벗어나 동서울노회의 안건으로 상정되었던 것이다. 2015년 8월 7일, 동서울노회 임시노회에서 이 안건은 재판국을 구성하여 치리하는 것으로 의결되었다. 이로써 장장 3년을 끌었던 사랑의교회 현안이 드디어 교회법의 절차를 따라 해 교회 행위자들이 교회법정에 서게 되는 상황에 이르게 되었다.

게다가 동서울노회는 오정현 목사를 사랑의교회 위임목사로 결정한 2003년의 노회 결의에 불복하여 세상법정에 제소한 9명의 반대파 고소인을 "사랑의교회에서 재판회를 열어 재판을 하고 노회에 보고하라"고 하는 행정명령을 하달하기로 결의하였다. 이제 반대파는 이종구 안수집사가 고소한 건과 함께 자신들이 오정현 담임목사와 노회를 법정에 제소한 건으로 인하여 20명 가까이가 교회법에 따라 치리의 단상에 오르게 되는 위기를 맞이하게 되었다.

---

* 총회 헌법과 행정에 따르면 당회에서 고소 건을 처리하지 못할 경우 당회가 결의하여 상회인 노회에 판결을 위탁(위탁판결)하거나, 당회의 처리 불가 확인을 한 후에, 고소한 개인이 직접 노회에 그 판결을 구하는 고소장을 접수할 수 있도록 되어 있다. 고소장을 접수한 노회는 일단 임원회에서 심의 후 타당성이 있으면 본회의에 안건으로 공지하고 상정하게 되고 본회의에서는 이 안에 대하여 정치부에서 먼저 심의하도록 한 후 정치부의 결정을 본회에서 투표로 재판국 구성 여부를 결정하게 된다. 일단 재판국이 구성이 되면 독립적으로 재판국이 운용되며 이는 헌법 권징조례와 판례, 일반 행정의 절차에 의거한다. 재판국의 결정, 즉 판결은 그 즉시 효력이 발생하게 된다.

한편 당회는 9월 19일, 당회를 소집하여 노회의 행정명령을 이행하고자 했지만 여러 가지 사정상 고소인 9명의 치리를 노회에서 재판해 주기를 바라는 위탁판결 청원안을 의결하여 노회에 보고함으로써 해 교회 행위자들의 처벌은 이제 사랑의교회를 떠나 모두 노회의 재판국으로 넘겨지게 된 셈이다.

## 애처로운 잔당(殘黨), 서로 싸우다

반대파는 이제 더 이상의 선동거리도 비빌 언덕도 없었다. 반대파의 균열과 사분오열은 계속 진행되었고, 축출된 이마고데이를 옹호하며 해 교회 행위를 선점하려 무모한 애를 썼다. 서로 공격하며 물어뜯었다. 자중지란이 일어난 셈이다. 반대파 내에서도 재정을 두고 잡음이 끊이질 않았다. 재정을 청구한 자와 이를 승인한 자, 그리고 이를 수금한 자가 동일인인 문서도 공개됐다. 교회에 대해서는 재정비리가 심각하다고 하면서 자신들의 행태에는 관용과 이해가 흘러넘쳤다. 그러나 반대파 내에서도 이를 용납하지 않겠다는 목소리가 거세어 당사자 부부가 축출되고 그 과정에서 분열이 발생했다.

이 와중에 갱신위원장이라는 장로가 발송한 이른바 '괴편지'가 반대파 내의 분열을 가속화했다. 그 괴편지 사건은 1년을 더 지나 2015년 8월 반대파 카페를 달구었고 괴편지 사건의 피해자라고 주장하는 '반대파의 반대파'가 9월 6일, 강남예배당에 모여 항의 집회를 갖기도 했다. 한마디로 자중지란이었다. 이 정도가 되면 반대파는 이제 돌파구를 찾아야 했다. 제직회도 막혔고 공동의회도 막혔다. 이제 분탕질을 할 공간이 없었다. 그런 자들이 하는 짓이 바로 과거를 뒤지는 것이다.

소위 '개혁장로회'라고 하는 조직과 평신도 조직 간에도 긴장과 알력이 계속되면서 의견이 일치하지 않아 갈지자를 걸으며 겨우겨우 지탱해 오고 있다. 그러자 반대파 카페에서는 "강남예배당에서 언제까지 두려움 가운데 머물러야 하는가?"라는 논조로 지도부를 비판하는 글을 올리자 지도부 중 한 사람이 이에 대해 반박글을 올리면서 점입가경의 경지로 나아가고 있는 중이다.

게다가 찬양대 운영을 둘러싸고 찬양대원 절반이 불참하는 사태를 초래한 장로에 대한 성토도 이어졌다. 그 장로는 4년 동안 교회 출석을 하지 않다가 교회가 어려워지자 돈키호테처럼 나타나 이런저런 일에 관여하던 자였는데 이번에는 찬양대를 파행적으로 운영하다가 반발에 부딪혀 곤혹스런 상황에 직면했던 것이다. 그 장로는 교회의 모든 지도와 당회 결의도 무시하였지만, 자신을 향해 도전하는 평신도들에게는 "교회의 질서를 존중해 달라"고 읍소하였다. 그가 무시한 교회의 질서를 누구보고 존중해 달라고 하는 것인지 영자승자박(自繩自縛) 같아서 말이 나오지 않았다. 이외에도 반대파 내에는 여기에 다 담을 수 없는 심각한 문제들이 불거져 나오기 시작했다. 한 주간지가 여러 차례 보도한 재정비리뿐만 아니라 다락방이나 소그룹 모임에서 정해진 교재를 사용하지 않고 사적인 주관으로 진행하는 부분이라든지 밤늦게 남녀가 함께 모임을 갖는다든지 하는 문제가 그 단적인 예였다. 사랑의교회에서는 상상도 할 수 없는 일들이었지만 여기저기서 그와 같은 소리들이 들려 오는 것은 우려스러운 일이 아닐 수 없었다.

# 내우(內憂)를 외환(外患)으로 돌리다

반대파는 2015년 7월을 지나면서 앞에 언급된 소위 괴편지 사건으로 내홍을 겪게 되었다. 내용의 핵심은 "이마고데이에게 과연 연 1억 원이나 되는 비용을 지불하면서 활용해야 하는가?"부터 시작해서 내부의 의사결정 과정의 불투명성과 재정비리 등이었다. 내연되고 있던 문제들이 서서히 바깥으로 연기를 피우기 시작한 것이다.

　이와 같은 내홍을 잠재우기 위한 방법 중의 하나가 외환(外患)을 만들어서 그쪽으로 에너지를 발산하게 하는 것이다. 반대파에는 자칭 공작의 전문가가 포진하고 있었고 그의 머리에서 이런 정도의 공작은 쉽게 나올 수 있었다. 그들은 뜬금없이 주일에 서초예배당 앞까지 행진을 하고 광장에 진입하여 시위를 하겠다고 선동하고 나섰다. 예정일은 9월 6일 오후 2시를 전후한 시간이었고 경찰에 신고한 집회 인원은 500명으로 되어 있었다. 교회 방호방재팀은 예령을 걸고 상황을 예의 주시했다. 성찬식이 있었던 당일, 300여 명 정도의 반대파는 강남예배당에서 행진을 한 후 반포대로를 건너 서초예배당 광장으로 진입하려 하였다. 그러나 교인들 수백 명이 광장에 나와 기도하는 마음으로 저들의 진입 시도를 허용하지 않았다. "주일에 이게 무슨 해괴망측한 일인가? 무슨 낯짝이 있다고 대낮에 어디다 대고 시위인가?" 등등의 의견들이 분분한 가운데 반대파는 결국 광장 진입에 실패하고 길거리에서 농성만 하다가 철수했다.

　반대파의 이런 집단 행진과 시위는 그 이후에도 몇 번 더 있었다. 가장 최근의 경우로는 지난 2016년 6월 5일, 교회 창립 38주년을 기념하여 선교 컨퍼런스가 열리던 광장 앞에 집결하여 소음과 온갖 거짓 구호를 외친 것이었다. 선교를 막고 훼방하는 것이 그토록 급하고 중요한 일이었는지는 몰라도 모든 교인들은 그들의 일그러진 얼굴을 보고 마음 아파했다. 이날의 시위를 본 소감을 담은 글이 SNS를 통해 확산되었고 포털의 토론방에서도 수천 회의 조회를 기록하는 등 반향을 일으켰다. 그 글을 소개한다.

지난 주일,

그러니까 사랑의교회 창립 38주년을 맞이하여 3만 5,000여 명의 교우들이 제자훈련 선교교회로의 도약을 다짐하며 선교컨퍼런스를 열었던 날, 예수님의 지상명령(至上命令)이자 위대한 사명인 선교를 방해하러 득달같이 달려온 여러분들의 면면을 보면서 수치감과 안타까운 생각이 동시에 들었습니다.

도대체 뭐가 그렇게 급하여 주일 오후 땡볕에 서서 그토록 고래고래 소리를 지르며 선교컨퍼런스가 열리는 글로벌광장을 범하려 했는지 이해가 가지 않습니다. 선교를 방해하는 일이 그토록 우선적이었으며 다급한 일이었나요?

그런데 얼굴은 왜 가리고 오셨나요?

온갖 도구로 거의 몸의 절반을 가리고 온 여러분들은 적어도 그 자리가 부끄럽고 수치스러운 자리라는 정도는 인식을 했다는 건데요. 그런데도 불구하고 뿌리치지 못하고 그 자리에 섰다는 사실에 대해서는 여러분 스스로가 책임을 져야 할 것임을 분명히 말해 둡니다.

그날도 어김없이 교회를 향하여 "회개하라"고 외치던 모습을 잊을 수가 없습니다.

선교대회가 열리는 교회를 향하여, 그 일에 열심히 봉사하고 있는 성도

반대파는 불법으로 점유하고 있던 강남예배당에서 서초 새 예배당까지 거리 행진을 여러 차례했다. 들고 있는 피켓과 외치는 구호는 대부분이 거짓이거나 왜곡된 것이었다. 2016년 6월 5일에는 선교 컨퍼런스 현장을 방해하기 위해 100여 명이 몰려오기도 했다.

들을 향하여, 그 일에 앞장서서 섬기시는 담임목사님과 장로님들을 향하여 "회개하라"고 외치는 여러분들의 소리를 듣고, "회개할 수 없다"고 생각했습니다.

선교를 시행하며 선교를 선포하는 자들을 향하여 회개하라고 하면 "이제 선교를 그만두고 교회를 향하여 대적하라"는 요구인데 그 짓만큼은 할 수 없었기 때문입니다.

여러분들이 "회개하라"고 하는 말을 듣고 많은 생각을 했습니다.

과연 누가 여러분의 정죄의 대상에서 제외될 수 있을까도 생각해 보았습니다.

자기 의로 펄펄 끓는 여러분 앞에 누가 서 있다 한들 돌팔매를 면할 수 있을까 하고 말입니다. 여러분이 새삼 무섭게 느껴졌습니다.

교역자님들을 향하여 폭언과 조롱을 일삼는 여러분 앞에서 조롱과 폭언을 피해갈 방법은 없어 보였습니다.

누가 여러분 앞에 선들 여러분이 던지는 그 돌을 피할 수 있을까요?

아마도 모세가 여러분 앞에 섰더라도 "고아 주제에, 살인을 하고 가정을 지키지 못한 모세는 물러가라"고 했을 것이고,

여호수아를 향해서는 "자기와 자기 가족만 챙긴 자는 물러가라"고 했을 것이며,

기생 출신 라합과 이방여인 룻, 그리고 다문화 가정의 출신 보아스에게도 약점이라는 약점, 결점이라는 결점을 다 들이대며 공격했을 것이며,

사무엘을 향해서는 "왕을 잘못 세운 당신, 두 아들과 함께 물러가라고 촉구했을 것이며,

다윗을 향해서는 "회개의 진정성이 보이지 않으니 자폭하라"고 했을 것이며,

바울을 향해서는 과거의 행적을 물으며 "가짜 사도증을 내려놓고 사임하라"고 피켓을 들었을 것이고,

베드로에게는 "신학교도 제대로 졸업하지 못한 주제에… 한번 배신은 영원한 배신이니 어서 로마를 떠나 어부로 돌아가라"며 현수막을 들었을 것이며,

도마에게는 "왜 예수님이 구체적으로 명시하지도 않은 인도까지 갔느냐"며 비난했을 것이며

사도 요한에게는 "왜 당신만 순교하지 않고 살아남았느냐"며 "어서 죽어라"라고 다그쳤을 것입니다.

그들뿐만 아닙니다. 여러분 앞에 칼빈이 당해냈겠으며 후스나 위클리프가 당해냈겠습니까? 수녀출신인 여성과 결혼한 루터도 여러분의 돌을 맞았을 것이고, 메리 여왕의 박해를 피해 제네바로 피했던 존 낙스도 배신자라며 달려드는 여러분에 의해 온몸이 찢겨졌을 것입니다.

상상하기도 싫지만, 만약 여러분 앞에 예수님이 서셨다면 여러분이 던지는 돌을 피할 수 있었을까요? 여러분은 그가 누구라도 돌을 던지며 가혹한 구호를 외쳤을 것입니다.

이제는 뒤바뀐 관점에서 여러분을 훑어보겠습니다.

그렇게 회개를 외치던 여러분의 면면을 보니 여러분 중에는 차마 입에 담을 수도 없는 악행의 의혹을 받는 사람, 술과 담배로 금전을 허비하는 사람, 클라이언트의 금원을 수임료라는 명목으로 챙기는 자들, 부도덕한 사역의 주역들이 즐비하더군요. 여러분이 적발해낸 수천만 원 횡령의 주인공도 회개하라고 외치며 서 있는 모습에 우리는 모두 까무러치는 줄 알았습니다.

회개는 우리 모두가 해야 합니다.

우리 스스로가 스스로에게 던지는 표현으로서의 회개가 아닌 구호는 모두가 정죄에 해당이 됩니다.

이는 "어찌하여 형제의 눈 속에 있는 티는 보고 네 눈 속에 있는 들보는 깨닫지 못하느냐"(마 7:3)며 예수님이 엄히 금하신 계명이기도 합니다.

시편 49편의 이 말씀으로 오늘의 경고를 마무리합니다.

"존귀하나 깨닫지 못하는 사람은 멸망하는 짐승 같도다"(시 49:20)

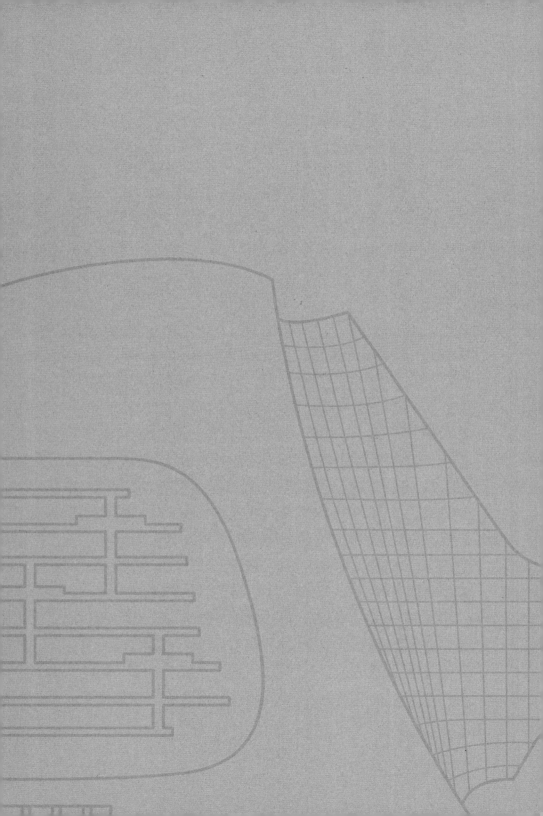

4부

열매

# 12
# 새로운 시작을 위하여

## 착한 목자, 착한 양으로 도약을 꿈꾸다

2015년의 목양 표어를 "성령의 인도하심을 받는 착한 목자 착한 양이 됩시다"로 정하고 지난 2년간의 사역의 손실을 회복하고 새로운 차원으로 도약할 것을 온 교우들은 다짐하고 또 다짐했다. 물론, 반대파는 여전히 매주 금요일 밤마다 온 동네에 피해를 주는 소음을 일으키며 농성을 이어 갔고 주일에도 교회 길 건너편에서 온갖 추잡스러운 내용의 피켓과 현수막을 동원하여 예배를 방해했다. 새해 들어서 이슈도 없고 사람들의 호응도 없어서 동원되는 인원도 적고 열기도 싸늘해졌지만 이미 불환기점(不換起點)을 지난 비행기처럼 다시 돌아오기를 포기하고 주저앉으면 죽는다는 심정으로 불안한 행진을 계속하고 있었다. 그러나 교회는 연초부터 새로운 차원의 사역으로 도약할 것을 다짐한 성도들과 당회원, 평신도 지도자, 교역자들이 한마음 되어서 사역에 정진했다.

그 도약의 확인은 역시 특새였다. 2015년 특새가 "은혜의 대로를 예비하라"라는 주제로 3월 30일부터 4월 4일까지 진행되었다. 첫날부터 은혜가 임했다. 횃불트리니티신학대학원의 부총장인 송용필 목사의 잔잔한 간증 설교가 현대사의 굴곡을 더듬어, 결국 하나님의 은혜로 살아 왔던 한 목회자를 통해 우리 모두를 위로하시는 하나님의 음성으로 다가왔다. 계속된 특새 기간 중 손인식 목사, 김형준 목사, 장동천 목사 등의 메시지는 그날그날의 만나일 뿐만 아니라 수개월, 수년 아니 평생을 담아두고 맛보아도 될 만한 귀한 말씀이었다. 역시 말씀의 권위가 회복되자 교회가 살아 움직였다.

## 100차 칼세미나를 기념하며

국제적으로도 어떤 특정 주제의 세미나가 100차 이상을 지속한 예는 많지 않다. 사랑의교회의 제자훈련지도자 세미나(CAL; Called to Awaken The Laity)가 2015년 4월 20일로 100차를 맞은 것이었다. 교회는 4월 18일, 토요비전새벽기도회 시간에 기념예배를 드리고, 다음날 주일예배는 감사예배로 드렸다. 실로 놀랍고도 감사한 순간이었다. 특히 올해는 온전론*을 통해 제자훈련 2.0, 즉 제자훈련교회에서 제자훈련선교교회(Disciple Making Mission Church)로 발전시키는 원년이 되는 해이기도 했다. 제자훈련과 목회는 본질은 변하지 않지만 시대의 옷, 문화의 옷을 입어야 그 시대와 그 문화권의 사람들에게 다가갈 수가 있음은 주지의 사실이다. 국내외에서 400명 가까운 목회자들이 모여 세미나를 가짐과 동시에 각종 특강과 포럼도 연이어 열렸다.

1986년에 시작된 이 세미나의 4기 수료자이자 100차, 29년간 지속되기까지 절반 가까이를 미국과 한국에서 강사로 섬긴 오정현 목사의 감회도 컸다. 99기까지의 주요 통계를 보면 총 2만 2,123명의 목회자가 수료를 했고 이중 5,176명이 해외 70개국에서 참석한 목회자들이었다. 99차 중 한국에서 65회(1만 8,482명 수료), 미국에서 21회(2,225명 수료), 일본에서 8회(521명 수료), 브라질에서 4회(777명 수료), 대만에서는 1회(118명 수료)가 진행되었다. 아마도 한국에서, 그리고 한국교회가 세계에 영향을 미친 목회 관련 프로그램 중 가장 장수하면서도 가장 인상적이고 역동적인 프로그램이라고 평가받고 있는데, 이는 외국에서 사역 중인 사역자들이 더 절감하고 있었다.

칼세미나는 의욕과 좋은 강사, 프로그램만 있다고 되는 그런 이론적인 세미나가 아니다. 현장, 즉 제자훈련과 소그룹을 진행하는 현장과 현장의 평신도 사역자가 함께 상호작용을 경험하는 세미나이다. 칼세미나를 할 때마다 안성수양관에서의 진행에 못지않게 몇 달 전부터 목양의 각 팀마다 공개할 현장, 즉 소그룹 양육공동체인 다락방의 순장(리더)들이 기도로 준비한다. 모든 순원들도 현장 참

---

\*    온전론(穩全論)은 옥한흠 목사의 광인론(狂人論)을 발전시킨 것으로 제자훈련을 통해 생각과 의지와 행동의 온전함을 추구한다는 철학에서 출발한 것이고, 2015년부터 사랑의교회 제자훈련을 통해 임상 실습을 시작했다.

관과 실습에 오실 목회자들을 놓고 기도하며 한 사역자와 한 교회를 섬기고 세운다는 심정으로 정성을 다해 준비한다. 칼세미나 기간에는 모든 교인들이 영적으로 긴장하고 하나되어 총의를 모아 섬기는 시기라고 해도 과언이 아니다. 이런 세미나를 100차까지 진행해 왔다는 것은 하나님의 은혜이며 성령의 간섭의 결과였다.

C.S. 루이스의 《스크루테이프의 편지》에 나오는 악마는 그의 원수인 그리스도와 그리스도인 공동체인 지상교회를 허무는 일을 위해 지상 대리인이자 조카인 웜우드에게 각종 지시를 내린다. 서두에 마귀는 웜우드에게 시대가 바뀌었으니 시대에 맞게 환자(그리스도인)와 교회를 공격하라는 조로 훈령을 내린다. 훈령의 내용은 이제 환자들에게 "논증보다는 실제의 삶, 사물의 일상성, 잡지나 현실적인 주제에 사로잡히도록 하라"는 것이다.* 만약 C.S. 루이스가 지금 생존하여 이 책을 썼다면 시대에 맞는 공격 대상을 칼세미나와 한국의 제자훈련 시스템, 그리고 사랑의교회로 변경할 것을 지시하도록 묘사했을 것이라는 생각을 해 보았다. C.S. 루이스의 화법을 빌리면 이런 식일 수 있겠다.

"이놈아, 딴 데 신경 쓰지 말고 한국교회를 주목하란 말이다. 다 죽어 환자가 사라진 유럽의 교회를 더 이상 기웃거리지 말라고 한 말 지금까지 허투루 들은 것은 아니겠지? 아직도 유럽교회에 미련을 떨치지 못하는 것을 보니 한심하구나. 유럽교회는 이미 우리 손 안으로 떨어져 버렸다고 하지 않았느냐. 브라질교회와 중국교회와 한국교회에 집중하기 위한

---

\*     C.S. 루이스, 《스크루테이프의 편지》, 김선형 역, (서울: 홍성사, 2006), 15~19.

TF를 만들어 대처하라고 몇 번이나 말했더냐. 그중에서도 한국교회에 최강 팀을 구성해서 파견하라는 지시를 벌써 잊었냐? 한국교회 중에서도 사랑의교회에 집중하란 말이다. 제발 다 죽어 환자가 사라지고 있는 교회들은 이제 잊어라. 그 교회들은 시간문제다. 사랑의교회의 리더십을 공격해라. 사랑의교회 리더십 한 명이 쓰러지면 우리가 손쉽게 수천 수만의 교회를 쓸어담을 수가 있다고 한 내 말을 명심하거라. 부탁이다. 이놈아!"

있을 수 있을 법한 가정이다. 지금 사랑의교회가 직면한 시대적 사명의 대척점에 서서 교회를 공격하는 세력의 실체가 누구인지는 이미 C.S. 루이스가 그의 작품들 속에서 예시했다고 생각한다.


## 강남예배당을 정화(淨化)하라

당회는 2013년 12월에 열린 회의에서 강남예배당을 리모델링하여 한국교회를 위한 공공재로 활용하자는 안을 다루고 이의 시행을 결의했고, 이후에도 여러 차례의 당회에서 이를 확인했다. 그리고 리모델링을 위한 예산이 제직회와 공동의회에서 통과되었으므로 교인들의 총의도 모아진 것이 확실하다. 30년 이상된 노후 건물로서 전기설비문제로 인해 누전이 우려되고 방수 방재에 취약한 상태이므로 안전 및 기능에 문제가 심각하다. 그와 같은 이유가 있었으므로 새 예배당을 신축하기로 한 것이고 현재 서초 새 예배당에 입당하게 된 것 아닌가? 현재도 강남예배당에는 벽체의 균열이 곳곳에서 발견되고 있는 것이 현실이다.

그런데 반대파는 강남예배당을 3년 6개월째 불법으로 점거하고 농성을 이어 가고 있다. 불법으로 초소까지 설치하고 경비를 고용한 후 반대파에 등록된 인원만 확인하여 출입시키는 고립을 자초하고 있다. 주일예배도 등록된 반대파만 출입할 수 있도록 하여 무슨 지하조직처럼 행동하고 있다. 저들의 논리는 교회재산은 교인의 총유이므로 자신들도 강남예배당을 자신들 마음대로 사용할 수 있다는 것인데 딱 잘라 말하면 궤변이다.

교인의 총유개념에 대한 대법원 판례(대법원 전원합의체, 대법원 2006. 4. 20 선고, 2004다 37775호)는, 혹 "교회가 분열될지라도 재산은 분할할 수 없고 교인의 2/3 이상이 속한 교회의 소유로 귀속되게 되어 있다"는 것이다. 이 판례를 전교인의 1%도 안 되는 반대이탈파가 강남예배당의 소유권을 주장하거나 임의로 점유하여 배타적이고 독점적으로 사용하는 근거로 활용하는 것은 어불성설이며 법정신과 정의 관념에도 어긋난다는 것이 상식이다. 말하자면 교인총유개념은 자신들이 활용할 근거가 아니라 자신들이 배척될 근거, 법률용어로 말하자면 탄핵의 근거이다. 게다가 장로회 헌법 제9장 6조에 의하면 "당회는 예배모범에 의지하여 예배의식을 전관하되 모든 회집 시간과 처소를 작정할 것이요, 교회에 속한 토지 가옥에 관한 일도 장리(掌理)한다"고 되어 있다. 이는 소수반대파가 특정 시설이나 재산을 점유하고 그것을 활용하는 것은 불법이고, 당회가 결정하여 진행하는 리모델링을 방해하는 것도 불법임을 명증해 주고 있다.

운영장로회에서는 반대파에게 2014년에 이미 강남예배당에서 퇴거할 것을 명령하였는데 저들은 이를 무시하고 불법을 지속하고 있는 것이다. 이에 운영장로회는 2016년 6월 초부터 강남예배당을 무단 점거한 자들에게 속히 교회로 돌아오라는 권면과 경고의 서한을 지속적으로 보내 예배당의 기능과 역할을 회복하기 위해 애쓰고 있다.

2015년 5월 17일에 소집된 당회의 안건 중 하나도 강남예배당 리모델링 처리 건이었는데 강남예배당이 어떤 형태로든지 새롭게 되어 한국교회를 위해 쓰여지는 것에 반대파 장로들은 매우 신경질적으로 반응하며 자신들의 사용권을 고집하려 했던 것으로 알려졌다. 교회는 강남예배당 지하에 몰려 있는 반대파를 정리하고 교회당을 영적으로 물리적으로 정화하려는 계획을 가지고 있다. 하지만 이 과정에서 반대파에게 어떤 빌미를 주거나 폭력이나 화재, 방화, 훼손 등이 발생하여 한국교회에 다시 한 번 교회의 영광을 가리는 일이 발생하지 않아야 한다는 생각으로 기도하며 해결책을 모색하고 있다. 반면 반대파는 강남예배당 안전 및 보수공사를 무력으로 막고 공사하는 작업자들을 몰아내고 펜스를 설치하는 등의 방해를 계속하는 등 스스로를 게토(Ghetto)화 하며 고립무원(孤立無援)의 상태로 가고 있다. 심지어는 강남예배당을 리모델링하면 서초예배당으로 진입하여 난동을 부리겠다는 내용까지도 흘러나오고 있는 것으로 보아 반대파의 궁극적인 목적은 결국 재산에 관한 것이 아닌가 하는 얘기도 여기저기서 회자되고 있는 것이 사실이다.

## "내 피는 줄 수 있어도"

어릴 적 나는 어느 가게에 쓰여 있던 인상적인 글귀를 아직도 잊지 못한다. "내 피는 줄 수 있어도 외상은 줄 수 없다"였다. 그 이유가 바로 옆에 또 붙어 있었다. "조금 후에 준다는 돈 1년 가고 10년 간다."

2013년 초, 반대파가 소요를 일으킬 때부터 내외부에서는 반대파가 돈을 바라고 있을 거라는 소문이 돌기 시작했다. 그리고 어느 유력한 인사로부터 "강남예배당을 반대파에게 줘 버려라"라는 조언도 들었다. 그런 조언은 입당 이후 지금까지도 사랑의교회 해결의 한 방책으로 제시하는 자들이 있다. 그러나 단 한 번도 교회 내에서는 공식, 비공식의 자리에서 어떤 책임 있는 자로부터도 그런 말은 나와 본 적이 없다. 오히려 "절대 줄 수 없다"가 결론이다.

나는 강남예배당을 반대파에게 주자는 말을 외부 인사가 할 때면 이렇게 말해 주었다. "그건 한국교회 앞에 씻을 수 없는 죄를 범하는 것입니다." 강남예배당을 준다는 것은 이 문제의 해결방안이 될 수가 없다.

첫째, 반대파는 무얼 요구하거나 취할 자격 자체가 상실된 자들이다. 반대파는 교회법과 사회법에 의해 치리되고 처벌받아야 마땅한 자들이지 포상을 받아야 할 자들은 아니다.

둘째, 강남예배당을 만약 준다 한들, 누구에게 주는가? 누가 실체인가? 만약 현재 강남예배당 지하에 있는 자들에게 강남예배당을 주면 사랑의교회 현안은 종결되는 건가? 또 F장로와 G권사 같은 사람들이 담임목사실로 들어와 몰래 녹음하고 찌라시 뿌리고 언론 플레이 한 다음에 "서초예배당 달라"고 하면 그때는 또 어떻게 해야 하는가?

셋째, 강남예배당의 처리는 정책적이고 전략적으로 검토할 단계는 이미 지났고 이제는 교인들의 총의를 물어야 하는데 교인들은 단

1명도 강남예배당을 반대파에게 주는 것을 허용하지 않을 것이다.

넷째, 강남예배당을 줌으로써 교회 현안이 종결된다면 향후 한국교회는 재산 싸움으로 몸살을 앓을 것이다. 어떤 교회든 작은 문제로 틈을 보아 그것을 거짓의 송곳으로 벌려 구멍을 낸 후에 교회를 지속적으로 어렵게 한 후 재산을 달라고 하면 주어야 하는 하나의 패턴, 전례가 만들어지게 될 것이다.

지금 500여 개 교회가 분쟁을 경험하고 있는데 그 교회들에게 사랑의교회의 재산분할 사례는 거의 교과서처럼 인식되어 적용될 것이다. 이것은 거의 한국교회의 소멸의 신호탄이나 마찬가지가 될 것이다.

오히려 반대파에게 교회법과 사회법의 치리와 처벌을 통해 엄청난 재산상 신분상의 불이익을 주어야 다시는 저와 같은 행위를 하지 않을 것이고 어려움을 겪는 많은 교회들도 문제가 조기에 해결될 수 있을 것이다. 나는 이상의 이유들로 절대로 반대파에게 강남예배당을 주어서는 안 된다고 생각한다. 차라리 내 피는 줄 수 있어도 주님의 교회만은 넘겨 줄 수 없다는 것이다. 반대파는 강남예배당을 자기들 소유라고 생각하고 있으며 그렇게 말을 내뱉은 반대파 인사도 있다고 들었다. 그러나 어불성설이다. 반대파가 사는 길은 어서 속히 강남예배당에서 나와 석고대죄하고 돌아오든지 다른 곳으로 가든지 하는 것이다. 그것이 빠르면 빠를수록 좋은 것이다. 이 타이밍을 놓치고 미룰수록 처절한 후회를 하게 될 것이다.

반대파는 강남예배당을 빼앗길 때, 즉 쫓겨날 때 우리는 어떻게 하나 하는 두려움에 사로잡혀 있다. 그리고 그 두려움을 잠재우고 분출시키기 위해 반대파는 서초예배당으로 진입하여 점거하고 농

성할 가능성도 있다고 판단한 교회는 평신도 중심으로 2년 전 강남
예배당에서 예배지킴이 형태의 방호방재를 위한 네트워크를 형성
하여 화재나 도난, 환자 발생 시, 외부인사 침입 시 교회를 스스로
지키기로 결의하고 만반의 준비를 갖추고 있다.

## 13
# 두 재판, 종전(終戰)으로 이끌다

**위임 무효 소송**

반대파가 2015년 6월 10일에 서울중앙지법 민사부에 제소한 "위임 결의 무효 확인 등 청구의 소"의 핵심은 "동서울노회가 2003년 10월에 오정현 목사를 사랑의교회 담임목사로 위임한 결정을 무효화시킴으로써 오정현 목사의 사랑의교회 당회장 혹은 담임목사의 직무를 정지시키겠다"는 것이었다. 그리고 그 판결을 근거로 강남예배당의 재산권 다툼에 활용할 속내도 여기저기에 내비쳤다.

### 허황된 픽션, 모든 역사를 부인하다
반대파의 공격 논리는 허황된 픽션과도 같았다. 대부분의 주장 자체가 거짓이어서 그들의 주장을 뒤집는 데 어려움이 없었다.

강도사 인허증을 제시하고 강도사 인허를 받는 과정에서 있었던 노회의 회의기록을 공증하여 제출해도 믿지 않았다. 심지어는 목사로 인정도 하지 않았다. 부정으로 취득했으므로 목사가 아니라고 주장했다가 판사가 법정에서 그럼 목사라는 것도 인정하지 않느냐고 물으니 그렇다고 답을 했다. 그러자 우리 쪽 변호인이 PCA교단이 발급한 목사 안수증명서를 내보이자 순간 당황하면서 "이런 것 처음 본다"며 얼굴을 붉히기도 했다. 현장에 있던 F장로도 손이 떨리고 행동이 다급해졌지만 역사적인 사실을 어떤 수로 뒤집을 수 있을까?

교회 쪽 변호사가 어렵게 입수한 각종 증명이나 의견서를 제출하면 해괴한 논리로 그것을 부정하고 부인하며 황당한 역논리를 폈다. 우리는 단순하게 대응했다. "오정현 목사는 1985년 1월 22일, CRC교단에서 강도사 인허를 받고 1986년 10월 14일에는 PCA교단 서남노회 제7회 정기노회에서 목사 안수를 받았으며 당시 양 교단은 NAPARC(North American Presbyterian and Reformed Council, 북미주 장로교회 및 개혁교회 협의회)에 가입되어 있었기에 PCA교단은 CRC에서의 강도사 자격을 인정하여 목사 안수를 주었다. PCA헌법에 의하면 목사 안수 후 60일 이내에 이의제기가 없으면 안수는 확정이고, 또 노회의 3/4의 찬성에 의해 징계를 받지 않으면 안수를 취소할 수 없다. 그리고 한국의 총회신학대학원에서 편목과정을 마쳤고, 이에 대해서는 당시의 교무위원회와 교수회의의 결의가 있었고 재단이사회와 운영이사회의 결의로 졸업이 결정되었다. 졸업 후에는 2003년에 대한예수교장로회 총회가 실시하는 강도사 고시에 응시하여 합격하였고 이를 근거로 동서울노회에서는 사랑의교회의 청빙을 받아 들여 2003년 10월에 위임목사로 결정했다. 이것은 역사적인 사실이고 진실이며 모든 증빙을 제출했다."

더 덧붙일 필요도 없었고 더 덧붙일 것도 없었다.

### "역사적인 재판", "역사적인 판결"

서울중앙지법 민사 31부의 판결은 2016년 2월 4일 9시 50분에 제561호 법정에서 있었다. 당일 아침에 예배방해의 원조였던 고××는 자신의 페이스북에 "오늘의 재판은 역사적인 재판"이라며 분위기를 띄우려 했다. 나는 10분 전쯤 도착하였는데 반대파 10여 명이 와서 자리를 잡고 있었다. 9시 50분쯤에 판사가 판결요지와 주문을 읽기 시작했다. 요약하면 다음과 같다.

"피고 오정현의 미국에서의 안수과정과 이후 한국에서의 편목과정을 정당한 것으로 인정한 동서울노회의 결정에 문제가 없다. 사법심사의 대상이 된다 할지라도 종교단체의 결정은 고도의 자율성이 보장되어야 하므로 이 사건의 신청은 기각한다. 소송비용은 원고가 부담한다."

3분 내외로 읽어 내려간 간단한 주문을 받기까지 7개월의 시간이 걸렸고 양쪽에서 수백 페이지의 준비서면과 참고서면, 그리고 수십 종류의 증거자료를 제출한 끝에 얻어진 결론이었다. 저들의 말대로 "역사적인 재판"이었고 "역사적인 판결"이었다.

법정에 나온 반대파 10여 명은 얼굴이 굳어졌다. 전화로 "기각"결정을 여기저기 전하는 것으로 보아서 최고의 관심 사안이었던 것은 분명했다. 그리고 간간히 "끝까지 갈 거야!!"라면서 항소의 의지를 내비치기도 했다. 반대파가 항소하고 대법원까지 갈 것은 예상한 바였다. 전략상 이 카드를 내려놓으면 소위 민심을 잡아둘 또 다른 카드는 없어 보였다.

## 이른바 '학적부' 소동

반대파는 자신들이 제소한 소송에서 패소하자 중앙일간지에 광고를 내어 "대법원장님, 이것이 대한민국 사법부의 현 주소입니까?"라며 힐난했다. 소송을 제기할 때는 "정의의 최후의 보루인 사법부에서 심판해 주기를 바랍니다"라고 했다가 패소하자 태도가 돌변한 것이다. 그 광고에는 오정현 목사의 총신신학대학원 편목과정에 있다고 하는 학적부도 공개적으로 게시되어 있었다. 그 학적부는 총신대학교 총장인 김영우가 반대파에게 재판부에 제출하는 형식으로 건네준 것이었다. 한 개인의 학적부를 본인 동의도 없이 신문광고에 게재하는 모습이 반대파의 수준이었다. 그 학적부에는 성명, 전화번호, 주민번호, 병적관계, 교단 및 노회, 학력사항 등이 기재되어 있었다. 그런데 기재사항 중 80% 이상이 사실과 달랐다. 소속교단, 소속교회, 소속노회 등이 모두 사실과 달랐고 병적도 완전히 달랐다. '부산고등학교'의 졸업식 일자도, 실제로 그해의 졸업식 일자와도 틀렸다. 오정현 목사의 전화번호도 틀렸다. 정상적인 경우라면, 이 학적부는 이름만 '오정현'으로 되어 있는 다른 사람의 학적부라고 해야 맞았다. 일치율이 20% 미만인 학적부에서 딱 하나, "부산고등학교 졸업"이라고 기재되어 있는 부분만 가지고 반대파는 이 학적부가 오정현 목사가 직접 기록한 것이고 그러므로 오정현 목사가 학력을 위조하였다고 주장했다. 그러나 오정현 목사는 그런 학적부가 있다는 사실조차도 몰랐다. 나중에 학교에 확인해 보니 학적부는 본인조차도 열람이 안 되는 문건이라고 했다. 내가 교학처 담당자에게 "내 학적부를 보고 싶다"고 했더니 "보여 줄 수 없다"고 하면서 한 말이다. 그런데 그런 학적부를 공개한 학교도 문제가 있지만, 본인도 모르는 내용이 기재된 학적부를 본인 동의도 없이 공개한 것은 더더욱 문제가 있었다.

반대파는 소송 말미에 이 학적부를 들이대며 학력을 위조했으니 편목과정은 취소해야 하고, 그러므로 당연히 동서울노회의 위임은 효력이 없다고 주장했다. 그러나 서울중앙지법 재판부는 이에 대해 다음과 같이 판시했다.

> "총신대학교 신학대학원 학적부상 피고 오정현이 부산고등학교를 졸업한 것으로 기재되어 있기는 하나, 원고들이 제출한 증거만으로 피고 오정현이 편입학 지원 당시 출신 고등학교를 사실과 달리 기재한 지원서를 제출하였다고 보기에 부족하고 달리 이를 인정할 증거가 없으며, 설령 그러한 사실이 있다 하더라도 편입학 허가가 당연 무효가 된다고 볼 수 없는 점 등의 사정에 비추어 보면…"

한편 오정현 목사의 학적부를 공개한 총신대학교의 김영우 총장은 그가 이사장 시절이었던 2015년 5월에 반대파 대표들과 만나 "공개를 요청하면 내 주겠다"고 약속한 것으로 드러났다. 이 같은 사실은 반대파가 법정에 제시한 그날의 대화를 녹음한 녹취록에 낱낱이 기록되어 있었다. 그런 협업에도 불구하고 재판부는 학적부를 신뢰하지 않았고 그들의 협력도 무산되었다.

한편 이 소송에 신청인으로 이름을 올린 반대파 9명은 총회 결의와 헌법에 따라 동서울노회 재판국에서 2016년 3월 7일자로 전원 면직처분되었다.

## PCA서남노회, 미국으로까지 번진 소동에 종지부를 찍다

반대파는 재판에 패소하자 즉시 서울고등법원에 항소하였다.

그리고 3월 10일경, 미주 중앙일보에도 광고를 내고 오정현 목사의 안수문제를 다시 문제 삼았다. "사랑의교회 담임목사 오정현의 실체를 폭로합니다"라는 제목으로 게재한 광고 내용은 이전에 주장했던 것을 다시 모아 놓은 것에 지나지 않았다. 다만, "미주에 계신 성도들께 호소합니다. 더 이상 거짓과 편법을 행하는 목사가 활보하지 못하도록 힘써 달라"고 하는 당부를 덧붙였다.

그러나 이 광고의 목적은 다른 데 있었다. 며칠 뒤인 3월 15일 열리게 될 PCA서남노회에서 오정현 목사의 안수 문제를 다시 거론하여 이를 뒤집을 요량으로 모든 준비를 마친 반대파가 여론을 통해 노회원을 압박하기 위한 수단으로 활용하기 위한 광고였다. 그러나 어떤 광고 한편으로 분명히 존재하고 있는 역사적인 사실을 뒤집을 수 있다면 광고야말로 요술방망이이고 만병통치약이 되었을 것이다.

3월 15일에 열린 PCA서남노회는 '오정현 목사의 안수에 대한 노회 확인'이라는 제목의 결의를 하게 되었는데 그 내용은 다음과 같다.

"1986년 10월 14일~15일에 거행된 PCA 한인 서남노회 제7회 노회(장

소: 휴스턴 한인장로교회)는 절차에 따라 오정현 씨를 목사 고시 후 안수하였음을 확인한다(근거: PCA 한인 서남노회 제7회 회의록)."

반대파의 인원 동원과 광고에도 불구하고 서남노회는 오히려 오정현 목사의 안수 건에 대하여 재확인하는 결의를 하게 되어 이 문제는 완전히 종결되었다. 오정현 목사의 논문 건이 지구상에서 유일하게 포체프스트룸대학만이 판결의 권한을 가진 것처럼, 오정현 목사의 안수 건은 한인 서남노회가 유일한 권한을 가지고 있기 때문이다.

한편 반대파는 서남노회를 앞두고, 서울중앙지법에서의 재판과정에서 서남노회 서기였던 김상선 목사가 제출한 각종 서류가 위조라고 주장하며 3월초에 김상선 목사를 서울중앙지검에 고소했다. 그러나 검찰은 조사 끝에 4월 4일자로 "혐의가 없고 범죄가 성립되지 않는다"며 무혐의 결정을 내렸다.

또한 5월 초 PCA총회 법사위는 오정현 목사의 안수를 시행한 서남노회의 모든 절차는 정당했음을 재차 확인했다.


## 동서울노회 재판, 면직·제명·출교로 엄벌하다

서울중앙지법에서 열린 위임무효소송 결정일 다음날인 2월 5일에는 동서울노회의 재판이 이어서 열렸다. 동서울노회 재판은 2015년 7월 20일경에 고소된 반대파 해 교회 행위자 13명에 대한 결심공판이었다. 13명의 피고는 그동안 고소장의 송달도 기피했었다. 우편으로 보내면 반송하기 일쑤였고 인편으로 보내도 문을 열어 주지 않았다. 그러기를 여러 차례 거듭하다 결국에는 이메일로도 보내고 직장으로 고소장을 보내기도 했다. 대학이나 병원에 근무하는 자들에게는 직접 찾아가 전달하기도 했다. 그들 중 장로를 제외한 6명은 공동으로 재판국을 비난하는 의견서를 보내 왔다. 2명의 장로는 변호인을 선임하여 보냈고, 1명의 장로는 재판국원들 앞에서 자신이 피소당한 것을 비난했으니 최소한 그들 대부분이 피소사실을 인지하고 있었음은 분명하다. 그뿐 아니라 반대파의 예배주보에도 노회 재판사실이 공지되었고, 반대파 예배시간의 기도제목에도 올라왔으니 피소사실을 몰랐다고 주장한다면 그야말로 스스로를 속이는 행위가 되는 것이었다.

피고들은 재판국을 우롱했다. 소환장을 보내고 기다려도 오지 않았다. 헌법 권징조례 제22조*에 의하면 한 번 불출석하면, 10일을 기다려 또다시 소환하고 그래도 불출석하면 그때는 곧바로 궐석한 대로 판결할 수 있도록 되어 있다. 그런데 재판부는 인내를 가지고 세 번 이상의 출석 기회를 제공했고 기한도 여유를 주었다. 그럼에도 ㅊ××장로 외에는 아무도 오지 않았다. 이메일을 보내었는데 F장로, Z장로, 오××장로 등은 이를 열어 보고도 소환에 응하지 않았다. 4개월 가까이 기다려도 출석하지 않자 재판국은 헌법에 따라 궐

---

* "피고가 소환장을 받고도 출석하지 아니하면 치리회는 재차 소환장을 발송하되 그 소환장에 대하여 천연적 고장이 없이 출석하지 아니하면 본 권징조례(34, 39, 47조)에 의하여 시벌하겠다고 밝힐 것이다. 피고가 두 번 소환을 받고 출석하지 아니하면 궐석한 대로 판결할 것이니 이런 경우에는 치리회가 피고를 위하여 변호할 자를 선정한다. 처음 소환할 때에는 재판 기일을 10일 이상으로 정할 것이나 재차 소환할 때에는 치리회가 형편에 의하여 기일을 정할 수 있고 증인 소환도 예에 준할 것이다."(권징조례 제22조)

석재판을 개인별로 통보하고 이를 시행하였던 것이다.

궐석재판에는 피고들을 위해 변호인을 선임하도록 되어 있었다. 그래서 동서울노회가 지정한 변호인이 참석하여 피고들을 위해 변론을 제기했다. 변론이 끝난 후 재판국은 판결을 선언했다. 오후 2시쯤이 되어서였다. 재판국장이 주문을 읽어내려 갔다.

"피고 ○○○씨를 면직하고, 수찬정지하며, 제명에 처한다. 피고 ○○○씨는 2016년 3월 5일까지 본 교회를 떠나고 이를 불응 시에 출교를 확정한다."

피고 13명이 대동소이했다. 제명과 출교를 확정한 주문에 이어 판결이유와 적용 법조문이 상세하게 기록되어 있었다.

이로써 하루 전인 4일에 있었던 서울중앙지법의 "기각" 결정과 함께 교회법에서도 반대파는 결정적인 타격을 입었다. 교회법과 국가법이 모두 엄정하게 처결한 결과를 받아든 반대파의 카페와 SNS는 조용했다. 다만, 뉴스×××에서는 마치 오정현 목사가 반대파를 치리한 것처럼 보도하며 비신사적으로 재판국장을 인신공격하는 기사를 올렸다. 이미 뉴스×××는 2015년 12월 15일자에 올린 "사랑의교회 교인 치리하는 동서울노회, '공정재판' 가능할까?"라는 타이틀의 기사에서 사실과 다른 보도를 함으로써 언론중재위로부터 2016년 1월 25일부터 48시간 동안 정정 및 반론 보도문이 게시되도록 조치를 받았다. 그리고 이를 이행하지 않을 경우 1일 50만 원의 금원을 동서울노회에 지급하라는 판정을 받았었다. 그럼에도 불구하고 사실관계가 틀린 기사에 대해 시정을 요구하는 내용을 전달했지만 기사는 바뀌지 않았다. 다른 언론들이 간략히 사실관계만 보도한 것과는 대조적이었다. 교회는 언론에 보도자료도 보내지 않고 이

부분에 대해서는 아픈 마음으로 겸손히 노회의 결정을 받아들이며 차분히 다음 단계의 사역을 준비하는 쪽으로 정리가 되었다.

이제 노회재판국의 결정에 따라서 면직과 제명이 확정된 13명은 2월 5일부로 사랑의교회의 교인이 아니었다.* 그리고 3월 5일에는 동서울노회 재판국이 13명 전원에 대하여 출교를 확정하였다.

한편 2016년 4월 10일과 11일 양일간 열린 제89차 동서울노회 정기회가 열리는 교회 밖 골목길에는 오정현 목사의 노회 참석을 저지하기 위해 몰려든 반대파 50여 명 정도가 진을 치고 있었다. 그들은 거짓 선동문구로 가득 찬 피켓과 현수막, 그리고 확성기를 동원하여 노회원들의 마음을 흔들려고 했다. 그러나 노회는 순탄히 진행되었으며 노회 석상에서 위 두 재판에 대하여 재판국 보고가 이루어졌고 전 노회원은 만장일치로 이 보고를 받음으로 모든 재판과정이 확정되고 종결되었다.

## 양대 재판 후에 열린 역사적인 당회

### 3년 만의 당회정상화

노회의 재판결과에 따라, 3년여간 발목이 잡혀 있었던 임직을 위한

---

* 헌법 권징조례 제121조에 따르면 "재판국에서 재판한 안건은 공포 때로부터 본 노회의 판결로 인정한다"라고 되어 있어 당일 판결은 즉시 효력이 발생하였다. 그리고 권징조례 100조에 의해 총회 재판국에 항소해도 그 효력은 계속 유지되었다. 그러나 반대파와 피고들은 총회에 항소하지 않았고 89회 정기노회에서는 재판국 보고를 만장일치로 받아들였다.

당회 소집을 통보할 때에도 제명당한 현직 당회원 6명은 제외하였다. 당회 공지는 2016년 2월 13일 오전 8시로, 안건은 예산결산안을 포함한 장로, 권사, 안수집사 임직 건 등이었다. 13일에 있을 당회에 반대파 당회원이 어떻게 나올지가 관심사였다.

노회 재판국에서 고소사실과 소환을 통보할 때 했던 이메일을 이용해서 당회를 소집했는데, 노회 재판에는 응하지 않던 반대파 당회원이 이번에는 모두 몰려왔다. 당회는 치리당한 6명은 사랑의교회 교인이 아니므로 입장을 불허했다. 그러자 나머지 10명의 장로들도 회의 참석을 거부하고 모두 돌아갔다. 이른바 행동통일을 한 것이었다.

이날 당회는 그동안 처리하지 못했던 예결산안 및 장로, 안수집사, 권사에 대한 임직 추천을 결의했다. 그러나 반대파는 2월 18일자로 서울중앙지법에 교인총회안건상정금지 가처분 신청을 제기했다. 1년 전과 동일한 행보였다. 요지는 "신임 장로 선출을 위한 임직 투표 안건 상정 금지"를 요청하는 것이었다. 이것이 인용이 되어 2월 28일에 열리는 공동의회에 상정하기로 했던 임직 투표 대상에서 장로는 제외된 채 투표가 진행되었다. 이날 공동의회는 예결산 및 감사보고서, 그리고 소망관 매각 건 등 상정된 안건이 모두 만장일치로 통과되었고 임직 투표도 평균 95% 이상의 찬성률로 통과되었다. 이로써 사랑의교회는 3년 만에 안수집사 159명, 시무권사 399명 등 총 458명의 임직후보자를 결정했다. 이들 후보자들에 대해서는 '임직자교육' 실시 후 2016년 11월에 임직할 예정이다.

# 14
# 역경의 열매

## '리딩 처치'에서 섬기는 교회로

사랑의교회는 2년여 어려움의 터널을 지나면서 압축 교훈을 얻었다. 지난 37년간 제자훈련과 일상의 목회 현장, 그리고 이론을 통해서는 얻어질 수 없는 것들이었다.

가장 먼저 '사랑의교회다움'에 대한 재정립이 모색되고 있다. 그동안 사랑의교회는 '사랑의교회다움'이라고 하는 가치로 선하고 유용한 영향력을 끼쳐 온 것이 사실이다. 강남의 고품격 기독교 문화가 대표적인 예이다. 평신도들의 자발적 헌신이 존중되는 제자훈련 문화로 인해 일부에서는 '제자훈련 하는 교회'와 '전통적인 교회'로 이분화하고 도식화하여 '전통적인 교회로서의 사랑의교회'를 평가절하 하는 분위기도 없지 않았지만, 그럼에도 불구하고 사랑의교회는 한국교회의 리딩 처치, 즉 선도적 교회로 스스로 자리매김했다. 아무도 그런 지위를 부여한 적이 없는데도 그렇게 부르는 것을 주저하지 않았었다. 그러나 그렇게도 우리 스스로 자부심을 가졌던 사랑의교회, 바로 그 내부에 엄청난 균열과 뿌리 깊은 불신, 그리고 사람을 우상화하는 거짓의 영들이 웅크리고 있었던 것을 발견하게 된 것이다.

이제, 사랑의교회는 선도적 교회라는 표현보다는 섬기는 교회, 겸손한 교회, 머슴이 되는 교회라는 표현을 좋아하게 되었다. 그리고 그렇게 해서 한 걸음 더 성경적인 교회로 다가서게 되었다고 생각한다.

## 오정현 목사의 재발견

오정현 목사는 남가주 사랑의교회와 서울 사랑의교회 담임목사직을 수행하면서 사적인 삶의 공간이 거의 없었다고 할 만큼 앞만 보고 달려 왔다. 그의 사역을 가까이서 지켜보면 보통의 사역자가 감당하기 어려운 무게와 소화하기 쉽지 않은 분량의 짐이 있다. 그리고 국내외적으로 많은 네트워크가 형성되어 있었다. 사랑의교회와 오정현 목사라면 응당 맺어야 할 관계들이라지만 이것 또한 네트워크의 홍수라고 표현해도 좋을 만큼 복잡하고 많았다. 맡고 있는 직함도 그랬다. 자천(自薦)보다는 타천(他薦)으로 맡은 직함이 더 많았다. 그만큼 오정현 목사를 필요로 하는 곳이 많았고, 그의 역할을 필요로 했다. 교회 내부 사역만 해도 버거울 정도였는데, 외부 사역의 짐들도 만만치 않았다. 모든 것이 포화상태였다. 가장 힘든 것 중의 하나가 설교의 짐이었으리라 짐작된다.

지난 3년여의 아픔을 겪은 오정현 목사는 이 모든 영역에서 원하던 원하지 않던 많은 변화를 경험했다. 그동안 가까이 지내는 것처럼 보여 평생 동지로 알았던 자들이 실상은 이해관계로 인해 그렇게 보였을 뿐인 신기루 같은 존재로 드러난 경우도 있었다. 반면 평소에는 소원한 것처럼 보였던 인사들 중에도 오히려 오정현 목사를 위해 기도하고 협력하며 마음을 써 주는 경우도 있었다. 손×× 교수 같은 경우는 평소에는 오정현 목사와의 친분을 유지하는 것처럼 하면서 재정적인 지원도 많이 받았지만 오정현 목사가 어려움에 처하게 되자 비난의 선봉에 서는 모습을 보이기도 했다. 그야말로 인간이란 무엇인가? 인생이란 무엇인가? 인생만사 새옹지마(塞翁之馬)라는 생각이 들게 했다.

무엇보다 오정현 목사의 재발견은 그 혹독한 검증과 비난의 과정에서도 특별히 그가 낙마해야 할 문제점이 발견되지 않았다는 것이다. 단순한 비난을 넘어 검찰과 법원에 고발한 수십억 횡령, 1,000억 배임 등의 주장이 허위, 무고였음이 검찰은 물론 대법원에 이르기까지, 우리나라 최고위 사법기관을 통해 밝혀짐으로써 오히려 리더십의 회복이 이루어진 셈이었다고 해도 과언이 아니다. 보통 사람이라면 견디기 어려웠을 필터링을 견뎌내면서 오정현 목사의 영적인 내공이 형성되어 갔다고 본다. 적어도 오정현 목사를 비난했던 많은 사람들, 신문과 방송에서 그리고 SNS상에서 오정현 목사를 비난하는 대열에 줄을 섰던 사람들이 오정현 목사와 동일한 필터링의 과정을 거친다면 견디고 살아남을 자가 과연 몇이나 있을까 의문이다. 실제로 오정현 목사를 비난하며 공개적으로 공격했던 자들 중에는 벌써 이런저런 문제로 현직에서 사퇴한 자들도 여럿 있다. 그들 중에는 감옥신세를 지는 자도 있는 것이 사실이다.

## "설교가 더 깊어졌어요"

많은 성도들이 오정현 목사가 고난의 시기를 보낸 후 설교가 달라졌다고 입을 모은다. 설교가 좋아졌다는 말이 아니고 달라졌고 깊어졌다는 것이다. 설교가 좋고 안 좋고는 우리가 판단하거나 입에 올릴 표현은 아니지만, 적어도 어려움을 겪은 후의 설교가 이전의 설교와 달라진 것에 대해서는 말할 수 있다고 본다. 어쩌면 당연한 것 아닌가? 단장지애(斷腸至哀)의 아픔을 겪은 분이 그렇지 않은 분과 설교가 똑같을 수는 없지 않는가? 연단과 역경에는 반드시 그에 상응하는 열매가 있는 법. 고통만으로 끝나는 것은 없고 진주와 보석을 통해 그 고통의 결과는 드러나게 되어 있는 것이다. 많은 성도들은 오정현 목사의 설교 속에서 그가 제천기도동산은 물론 장소를 불문하고 인간적인 수모와 좌절, 아픔 속에서 고뇌하며 하나님과 독대한 흔적을 느끼기 시작했다.

모든 성도들도 아픔의 시기를 보내면서 귀로 들었던 설교를 가슴으로 듣기에 이르렀다. 그래서 성도들 사이에서는 "오정현 목사님이 잘 견디고 참아 주셔서 고맙습니다"라는 말이 나오기 시작했다. "얼마나 힘들었을까?"라는 표현으로 그 고난을 공감하는 분들도 많이 생겨나기 시작했다.

사실 오정현 목사는 3년여간 인격살인, 명예살인을 당한 것이나 마찬가지였다. "그러면 어떡하라는 말이냐?"고 물으면 반대파가 할 수 있는 말은 아마도 "죽어라"라는 말 외에는 없을 것이다. 왜냐하면 오정현 목사는 아닌 밤중에 홍두깨라는 속담처럼 하루아침에 굴레를 뒤집어쓰고 큰 소리 한번 내지도 못 한 채 제천으로 가야 했고, 2013년 2월부터 수도 없이 "잘못했습니다. 용서해 주십시오"라고 해야 했다. "엎드려 사죄합니다, 제 부덕의 소치입니다. 모든 것을 당회에 일임하겠습니다"라고 했다. 이런 오정현 목사에게 "회개하지 않는다", "회개의 열매가 없다"라고 공격을 멈추지 않고 있다면 이제는 "그냥 죽어라"라고 말하는 것과 다를 바 없는 것이 아니겠는가? 회개하라고 해서 회개했고, 제천으로 가라고 권해서 그것을 묵묵히 받아들였고 학위도 다 내려놓고 했으면 이제 그만해야 하는 것 아닌가?

그런데 이제는 진정한 회개가 없다고 또 난리이다. 진정한 회개는 자기들에게 하는 것인가? 회개의 주체는 인간이지만 회개의 대상은 하나님 한 분 아니신가? 저들은 자기들이 하나님이 되어서 온갖 심판의 난도질을 했다. 무슨 신통한 신기(神奇)를 받아서인지 진정한 회개가 안 보인다고 주장한다. 그게 볼 수 있는 건가?

사탄은 교회에서 "용서하지 못하는 영"으로 역사하여 관계를 파괴한다.*
(워렌 위어스비)

---

* 　워렌 위어스비, 《영적 전투》, (서울: 프리셉트, 2014), 145.

기독교의 본질은 용서이다. 용서를 빼면 기독교는 없는 것이다. 우리가 용서받은 것이 자녀됨의 전제이지 않은가? 허물로 죽었던 우리를 살리셔서 자녀 삼으신 것이고 불순종의 아들들 가운데 역사하는 영에 사로잡혔던 자들이었으며 본질상 진노의 자녀였고 허물로 죽었던 우리 아니었던가?(엡 2:1~5). 죄에서 자유를 주셨고 용서받았으므로 용서하라고 하는 것이 복음의 핵심이다. 반면에 사탄은 용서를 가장 혐오하도록 가르친다. 인간이 해야 할 것 중 가장 늦게 해야 할 것이 용서라고 주입한다. 용서란 "당신에게 그릇된 행위를 한 누군가에게 당신에 대한 의무감이나 부담감으로부터 자유롭게 해 주는 행위"*라고 찰스 스탠리는 정의하고 있다. 그는 계속해서 용서를 거부하는 자는 상대방을 인질로 잡고 있는 것이라고 말했다.**

오정현 목사는 마치 자신을 인질로 잡고 있는 것과 같은 자들로부터 수많은 공격을 당했다. 그러면서도 매 주마다 강단을 지켜야 하는 기가 막힌 상황이 계속되었다. 하나님과 독대하며 성령님의 인도를 받지 않았다면 불가능했다. 그런 고통의 우물에서 길어 올려진 설교가 다르게 느껴지는 것은 당연한 것이었다.

오정현 목사가 어려움의 터널을 지나면서 마음으로 큰 울림이 되었던 말씀으로 꼽는 것이 이사야 43장 19~21 말씀이다.

보라 내가 새 일을 행하리니 이제 나타낼 것이라 너희가 그것을 알지 못하겠느냐 반드시 내가 광야에 길을 사막에 강을 내리니 장차 들짐승

*      찰스 스탠리, 《용서》, 민혜경 역, (서울: 두란노, 1992), 10.
**     Ibid., 11.

곧 승냥이와 타조도 나를 존경할 것은 내가 광야에 물을, 사막에 강들을
내어 내 백성, 내가 택한 자에게 마시게 할 것임이라 이 백성은 내가 나
를 위하여 지었나니 나를 찬송하게 하려 함이니라

(이사야 43:19-21)

오정현 목사의 달라진 설교는 교회를 안정시키고 성도들로 하
여금 성숙하고 온전한 신앙인으로 설 수 있도록 하는 원동력이 되
었다.

## 하나 된 성도, 하나 된 영 가족

반대파의 억지 주장과 거짓에 짓눌려 있으면서도 주님의 손길을 기
다리며 기도하던 자들이 너무나도 명료한 증거들을 경험하면서 은
혜의 비구름을 기대하며 모이기 시작했다. 미스바기도회로 시작하
여 예배지킴이로 조직화되었다가 이제는 교회지킴이로 확고히 결
집했다. 이분들은 오정현 목사에 대한 신뢰를 바탕으로 모인 조직이
기는 하지만 오정현 목사가 완벽하다고 믿어서도 아니고 목회 철학
에 100% 동의하여 나선 사람들만도 아니다. 그럴 수 있는 목회자는
세상에 없다. 있다고 하는 순간 거짓말이다. 교인들이 나선 것은, 혹
여나 오정현 목사가 흠이 있고 그 목회의 방향에 다 동의하지는 않
는다 할지라도 오정현 목사는 하나님이 세우신 사랑의교회의 담임
목사라는 것이 첫 번째 이유이다. 아직 오정현 목사가 사랑의교회
담임목사라고 하는 하나님의 결정이 번복된 바가 없다는 것이다. 오

히려 거짓말하는 인간들의 목소리가 오정현 목사를 공격하는 것으로 봐서 더욱더 그렇다고 느꼈던 것이다.

　두 번째 이유는 저들이 어떤 한계를 넘어선 것이었다. 반대파가 적당히 했으면 교인들도 그냥 넘어갔을 것이다. 소위 임계점(臨界點; the critical point)을 넘기지 않고 적절히 목소리를 내면서 자기 통제 기능을 유지했으면, 그리고 거짓의 장전을 기반으로 고소 고발을 통해 한 목회자와 그 가정, 그리고 몸된 교회를 파괴하려 하지만 않았어도 참고 지냈을 것이다. 그러나 그들은 임계점을 돌파하여 교회를 흔들고 성도들을 괴롭혔고 교회 사역을 방해했다. 그가 누구이든 이 정도로 억지 공격을 당하면 누구나 돕고자 하는 마음을 품게 되어 있다. 그것이 동정이든 정의 관념이든 아니면 역지사지(易地思之)이든 무언가는 작동하여 반응을 보이게 되어 있는 것이다. 교인들은 이 모든 것을 다 합한 것에 영적인 통찰력을 더하여 상황을 판단하고 행동에 나섰던 것이다.

　사랑의교회를 30년 이상 다닌 분들 중에 이런 일을 계기로 교회 지킴이로 나섰다가 제자훈련을 받기로 하고 그 바쁜 와중에도 행복한 교회생활을 하는 분들도 많이 생겨났다. 잠자던 전사들을 깨워 준 것이다. 지금의 반대파가 고립된 것은 일차적으로 그들이 자초한 것이 크지만, 깨어 있는 교인들이 저들의 행동을 용납하지 않은 결과이다. 저들은 세상 어디에서도 용납될 수 없는 행동을 해 왔다.

# 15

# 반대파에게 주는 조언

## 진실하라

반대파의 일관된 이미지는 '거짓'이다. 저들이 만약에 진실만을 말해 왔다면 저들도 아름다운 마무리를 할 수 있었을 것이다. 지금은 마무리 자체가 어려워졌다. 스스로는 지금까지 뿌려 놓은 거짓의 씨앗을 거둘 수가 없기 때문에 그렇다. 교회를 개혁하고 갱신하려면 먼저 본인들부터 합당한 자리에 서 있어야 한다. 아니, 최소한 노력이라도 하여야 한다. 거짓의 장전을 펼쳐 놓고 진리의 말씀 위에 있는 교회를 무너뜨릴 수는 없는 것이다. 레닌은 수도사와 혁명가는 경건해야 한다고 말했다고 한다. 경건의 기반은 진실이다. 진리이다. 거짓은 경건의 적이다. 반대파는 목전의 유익을 위해 너무 많은 거짓의 웅덩이를 파 놓았다. 지금은 그 웅덩이에 스스로 묻혀 나오지 못하고 있다. 교회를 개혁하려면 먼저 정직하고 진실해야 한다. 꼭 기억하기를 당부하고 싶다.


## 교회 내에서 개혁하라

반대파는 교인의 지위를 스스로 차 버렸다. 담임목사와 부목사들, 그리고 장로와 직원들을 닥치는 대로 고소하고 고발했다. 100% 무혐의로 종결되었다. 여기서부터 실패가 시작되었다. 교회의 일을 국가법정과 장마당으로 끌고 가는 것은 안 되는 것이다. 교인들의 신뢰를 잃을 뿐만 아니라 하나님께서 기뻐하시지 않는다. 하나님께 여쭙고 교회의 권위를 높여야지 천문학적인 돈을 써 가면서 국가법정으로 감으로써 스스로 교회와 성경의 가르침을 부정하는 짓을 하면서 이룰 개혁이란 없다는 것을 알아야 한다.

또한 반대파는 교회 내이건, 교회 밖이건 닥치는 대로 찾아다니며 오정현 목사를 공격했다. 총회가 열리는 광주로, 노회가 열리는 그곳으로, 미국 대사관으로, 남아공 대사관으로, 오정현 목사의 사택 앞으로, 세미나가 열리는 곳으로, 심지어는 2016년 성남지역 부활절 연합예배가 열리는 곳까지 찾아가 피켓과 고함으로 예배를 방해하고 오정현 목사의 설교 사역을 훼방하려 했다.

게다가 지금도 주일과 매주 금요일이면 어김없이 교회 앞 인도와 건너편 도로변에서 고성능 스피커로 거짓을 주장하며 평온하게 예배하기 위해 교회를 찾는 성도들의 마음을 갈기갈기 찢어 놓으려

하고 있다. 대체 그런 행위를 누가 좋아할까 의문이다. 반대파는 교회 밖으로 뛰쳐나가 이제는 길가와 사거리와 공회당 앞에서 교회와 복음을 해치는 일을 지속하고 있다.

## 어떤 경우에도 교회의 영광을 훼손하지 말라

교회 내의 교역자가 문제가 있거나 어려움이 있다면 교회 안에서 그것을 해결하려고 해야 하지 길거리로 나가서 피켓과 현수막을 들면 안 된다.* 무슨 정의를 세우는 이슈라 할지라도 교회의 영광스러운 권위는 훼손되고 전도의 문이 막히면 정당성이 없게 된다. 반대파는 그 면에서는 가히 폭풍 성장을 했다. 그것이 그들의 목표였다고 믿고 싶지는 않지만 결과적으로는 그렇게 되었다. 중간에서 누군가가 제동을 걸고 절제를 시켰어야 했다. 그러나 제대로 된 치리나 절제의 시스템이 작동되지 않아서 여기까지 오게 되었다. 한국교회는 교회 내에서 교회 스스로의 영광을 훼손하는 문화가 형성되어 있는데 이것은 한낱 거짓의에 불과하다고 본다. 다음의 말을 인용해 본다.

"어쨌든 한국교회가 처한 작금의 상황이 심각하다고 생각되는 이유는

---

* F장로는 자신이 법원에 제출한 녹취록을 통해, 총신대 책임자들과 두 차례에 걸쳐 가진 대화에서 주일 피켓 시위가 교인들의 감소와 헌금을 줄이기 위한 전략에서 나온 것이라고 언급했고 또 자신을 총신대의 이사로 뽑아 달라고 하는 청탁까지 한 것으로 드러났다.

두 가지로 요약된다. 첫째, 앞에서 든 예처럼, 자신들이 자해행위를 하면서도 그것이 한국교회를 붕괴시키고 있다는 공동체적이며 거시적인 인식을 전혀 하지 못했다는 것이다. 둘째로, 이제는 그 자해행위가 한국교회의 성장 노력을 상쇄하는 분기점에 왔다는 것이다."*

지금 분쟁을 겪고 있는 500여 교회의 반대파는 대체로 교회의 일을 장마당에 내던지고 SNS의 먹잇감으로 던져 넣기를 주저하지 않는다. 아니 아예 그것이 프로그램화되어 있다. 여기에 부화뇌동하는 몇몇 언론들은 개혁이라는 이름으로 이를 확대 재생산함으로써 교회가 다름 아닌 교인들 때문에 그 영광이 훼손되고 있는 것이 현실이다. 여기에 대해서 C.S. 루이스는 이렇게 말했다.

"(교회분열에 대한)이러한 논쟁거리들을 놓고 토론하는 일은 불신자를 그리스도인의 울타리 안으로 이끌어 오는데 전혀 도움이 안 된다는 점을 인정해야 한다고 봅니다. 우리가 이런 문제들에 대해 말하고 쓰는한, 불신자가 그리스도인 공동체 안으로 들어오기는커녕 그 어떤 공동체에도 발 디딜 엄두조차 못 내게 되기가 쉽습니다. 교파 분열에 대한 토론은, 오직 한 분 하나님이 계시다는 것을 믿으며 예수그리스도가 그분의 독생자이심을 이미 믿고 있는 사람들 앞에서만 해야 합니다."**

무슨 말을 하던지, 교회의 영광을 해치는 말을 해서는 안 된다.

\*    이문장, 앤드류 월즈 외, 《기독교의 미래》, 이문장 역, (서울: 청림출판, 2006), 93.
\*\*   C.S. 루이스, 《순전한 기독교》, 장경철, 이종태 역, (서울:홍성사, 2006), 9-10.

한국교회 안에는 스캐너(scanner: 판단자) 역할을 하는 분들은 많은데 힐러(healer: 치유자) 역할을 하는 분들은 많지 않다. 이것저것 스캔해서 지적을 하는 목소리는 날이 갈수록 커지는데 이 문제들을 치유하는 소리는 점점 작아지고 있다. 그리고 큰 소리로 지적하면 용기로 보고 칭찬하지만 몸을 던져 치유하고 도우면 연약하게 보는 이상한 증상을 보이고 있는 것이다. "먹든지 마시든지 무엇을 하든지 다 하나님의 영광을 위하여 하라"(고전 10:31)는 말씀은 교회의 영광이 가장 우선적인 가치가 있음을 표현한 말씀이라고 생각한다.

너는 그들로 이 일을 기억하게 하여 말다툼을 하지 말라고 하나님 앞에서 엄히 명하라 이는 유익이 하나도 없고 도리어 듣는 자들을 망하게 함이라 (딤후 2:14)

자기 의를 드러내려 교회의 영광을 훼손하는 것만큼 안타깝고 소모적인 일도 없을 것이다. 목욕물을 버리면서 아이까지 버리는 것과 같기 때문이다.


## 권위를 존중하라

권위에는 직접권위가 있고 간접권위, 즉 위임권위가 있다. 성경의 가르침을 종합하면 거역은 가장 심각한 죄이며 가장 광범위한 영향을 가져오는 죄이다. 일반 범죄가 구체적인 죄라면 거역은 원리적인 죄이다. 아담과 하와도 거역의 결과로 죄를 지었고 함도 거역의 결과로 성경에서 종이 된 최초의 인물이 되었다(창 9:20-27). 나답과 아비후가 불타 죽은 이유도 권위를 무시했기 때문이다(레 10:1-2). 이들은 하나님의 직접권위를 존중한다고 하면서 하나님이 세우신 위임권위는 존중하지 않았다. 그러나 하나님의 진노의 효력은 동일했다. "그들도 할 수 있느니 나도 할 수 있다"고 생각했던 자들에게 임한 진노였다. 사울이 사무엘을 기다리지 않고 사무엘의 권위를 무시하고 제사를 드린 혐의로 그는 왕직에서 쫓겨나야 했다. 위임권위를 무시하는 것은 하나님의 뜻도 거부하는 것이 된다. 따라서 한편으로는 하나님의 위임권위를 무시하면서 또 다른 한편으로는 하나님의 직접권위를 받아들인다는 것은 성립될 수 없다. 하나님의 직접권위는 위임권위를 통해 작용하게 되기 때문이다.

언제나와 마찬가지로 교회를 대적하고 교회의 영광을 훼손하는 자들의 공통점은 권위에 순종하지 않는다는 것이다. 그들은 이미 하나님의 자리, 즉 최고 권위의 자리에 올라서 있다. 교회의 권위를 인정하지 않으면 자신의 권위는 더욱 인정받지 못한다는 사실을 알아야 한다. 당회장의 권위를 인정하지 않으려 하면서 그 당회장이 주도한 임직의 결과로 장로가 된 자신의 권위는 보장받으려 한다면 이는 모순이다. 다윗은 사울의 권위를 훼손하지 않으려 결정적인 기회를 두 번이나 포기했고 사울의 권위를 존중한 다윗의 왕권은 하나님이 지켜 주셨다.

교회 지도자의 권위를 인정하지 않으면서 그 지도자의 권위를 인정하며 존중하는 교인들의 마음을 사려는 시도는 어리석기까지 하다. 반대파는 분란을 일으킨 지 몇 개월이 지나서는 이런 현상을 감지했던 것인지, 어느 순간 부교역자들에게 존댓말을 쓰면서 존중하는 듯하기도 했었다. 그러나 자기들의 순장직을 해임하고 준엄히 꾸짖자 이러다가는 안 되겠다 싶어서였는지 태도를 다시 바꾸어 교역자를 매도하고 욕설을 퍼붓고 동물 취급하기에 이르렀다. 교회 내의 질서와 권위를 인정하면 존립할 수 없는 조직과 운동이라면 애초부터 하지 말아야 한다. 하나님께서는 직접적 수단뿐 아니라 간접적으로도 교회를 통치하시고 세계를 운영하신다. 세우신 위임권위자들을 무시하고 좌지우지한다면 하나님의 통치가 제한을 받게 된다는 것이 성경의 일관된 지적이다. 이것을 뒤집을 이론은 없다. 지금이라도 권위를 존중하든지 아니면 모든 해 교회 행위를 내려놓든지 결단해야 하는 이유로도 충분하다.

## 친 어미의 심정으로 하라

어느 날 아침 솔로몬에게 두 여인이 한 아기를 안고 찾아 왔다. 이 여인들의 직업은 모두 창녀였고, 3일 간격으로 아들을 낳아 한 집에서 키우게 되었던 상황이었다. 밤새 자는 동안 한 아기가 죽었는데 살아 있는 아기가 자기 아이라고 각각 주장하는 것이었다. 왕이 판결해 달라고 간청했다. 솔로몬은 정의를 선언했다. 아들을 반으로 잘라 각각 나누어 가지라는 것이었다. 한 여인은 그거 좋은 생각이고 정의로운 결정이라며 반겼다. 그러면서 "내 것도 되게 말고 네 것도 되게 말고 나누게 하라"고 주장했다. 그러나 다른 여인은 그 아들을 위하여 마음이 불붙는 것 같았다. 그리고 왕에게 이렇게 부탁한다. "왕이여 산 아이를 저 여인에게 주시고 아무쪼록 죽이지 마옵소서."

솔로몬은 역시 지혜로웠다. 산 아이를 "죽이지 말라"고 한 여인에게 주었다. 죽이지 말라고 간청한 여인이 바로 그 아이의 어미였던 것이다. 왜냐하면 진짜 어미는 절대로 아들을 죽이라고 하지 않는다. "내 것이 되어도 좋고 네 것이 되어도 좋으니 살려만 달라"고 애걸한다(왕상 3:16~28). 그러나 가짜 어미는 온갖 요란한 미사여구로 정의를 말하고 분배를 말하고 공평을 말하면서, 결국에는 죽여서 "내 것도 말고 네 것도 말게 하라"고 말한다. 가짜 어미는 죽이는 여인이고 진짜 어미는 살리는 여인이다. 진짜 교인은 궁극적으로 교회를 살린다. 가짜 교인은 교회를 살리는 것이 궁극적이지 않다. 선택의 문제일 뿐이다. 반대파는 죽이는 어미의 자리에서 내려와야 한다.

목자는 양을 위해 죽는다. 목자의 심정으로 교회를 위해 죽는 심정으로 교회 문제를 바라보면 주님이 반대파도 귀히 사용하실 것이라고 확신한다. 그러나 거짓말하는 여인의 심정과 말을 가지면 죽이는 일을 하게 되고 쓰임 받지도 못할 것이다. 지금 사랑의교회 반대파는 살리는 여인이 아니다. 교회가 죽고 예배가 방해받고 한 사람이 괴로워 죽기까지 고통을 당해도 죽이는 행위를 쉬지 않는 것처럼 보인다. 목자의 심정을 가지지 않으면 거짓 의와 복수와 나누는 것만이 남는다. 교회의 개혁에 성공하려면 교회를 붙들고 울면서 교회를 위해서라면 내가 죽겠노라고 자기주장을 포기하는 모습을 보여 주기를 바란다.

교회와 교역자들 중에는 교회 현안으로 인하여 재판을 받게 되었을 때 반대파에 속한 피고들에 대한 처벌을 원치 않는다는 의사를 분명히 하고 공소권을 스스로 포기함으로써 반대파가 처벌받지 않도록 선처를 구한 바도 있다. 폭행 혐의로 반대파 행동대원과 나는 재판을 받게 된 적이 있었다. 첫 심리에서 나는 판사에게 상대방의 처벌을 원하지 않겠다고 하자 판사는 "이 건은 여기까지 올 정도가 못 된다. 두 사람이 서로 처벌을 원하지 않으면 여기서 모든 게 종결된다"며 반대파 행동대원에게도 처벌을 원하는지를 물었다. 그 행동대원이 끝까지 처벌을 원한다고 하자 판사는 "시간을 더 줄 테니 잘 생각해 보라"고 했지만 의사를 굽히지 않았다. 따라서 내가 처벌을 원하지 않았기에 그는 곧바로 공소권이 없어져 법정 밖으로 나갔고 나는 끝까지 재판을 받았다. 나는 그에게 다리와 머리를 맞아 안경이 부러지고 얼굴에서 피가 나는 찰과상을 입었지만 그 청년을 처벌하는 것이 무슨 의미가 있을까 해서 그를 풀어 주도록 했었던 것이다.

한국교회 내에는 아직도 죽이는 여인들이 득세하고 있다. 정의의 칼을 뽑고 윤리의 창을 들어 "어서 아이를 동강내라"고 부추긴다. 고발과 비난이 난무한다. 마음이 불 붙는 듯하여 차마 내 몸보다 더 귀한 교회 공동체와 내 몸 그 자체인 교인들을 살려 보고자 하는 목자의 심장이 아쉽다. 목자의 심장을 가지지 않으면 선한 목자이신 하나님의 마음을 움직이는 것은 불가능하다.

# 16
# 분쟁의 위기에 놓인 교회에 주는 조언

## 구분하라

교회가 어려움에 빠졌을 때, 평소와 달리 말수를 줄이고 조용히 기도하며 주님의 도우심을 구하는 사람이 있는가 하면, 평소에는 존재감도 없다가 갑자기 뛰쳐나와 로빈 후드나 백기사처럼 행세하는 사람들이 있게 마련이다. 교회 분쟁의 조짐이 보이거나 분쟁이 시작되면 이들을 구분해내어야 한다. 정의감이나 진정으로 교회를 사랑하는 마음에서 표면적으로는 반대파와 같은 목소리를 내는 사람들도 있다. 이들은 순수한 의도로 그렇게 말하는 자들이다. 그것을 막거나 백안시할 필요는 없다. 그들은 임계점을 절대로 넘지 않는다. 그들의 언행이 교회의 영광을 가리고 전도와 복음의 진보를 막는 단계로는 결코 나아가지 않는다. 반대파가 어느 정도 형성이 되어 반대파의 언행이 거칠어지고 막가파식으로 변질되면 그들은 스스로 돌이켜 성도의 자리로 돌아오게 되어 있다. 그들은 그 교회의 건강한 영적 자원이고 교회를 새롭게 하는 영적 가족이다. 그들과 반대파를 구분하는 것이 우선 필요하다. 쉽지는 않겠지만 구분을 넘어 분리의 단계로까지 정교하게 나아가야 한다.

## 초기에 엄히 대응하라

반대파가 형성되기 전이라 하더라도 도저히 성도로서 할 수 없는 언행으로 교회의 분란을 초래하는 자들이나 분쟁을 부채질하는 자들에 대해서는 초기에 엄히 대응해야 한다. 사랑의교회의 경우는 초기에 반대파를 너무 풀어 놓아 다니게 했다. '적어도 제자훈련 받은 사람들이 못된 짓을 할까?' 하며 반신반의하는 심정으로 그들을 믿고 풀어 놓은 것은 지혜롭지 못한 대응이었다. 반대파는 교회의 시설과 인적 물적 자원을 모두 활용하면서 교회를 공격하는 일을 자행했다. 심지어는 교회 마당을 자기들 안방처럼 사용하면서 거짓의 숙주역할을 하여도 참고 기다렸다. 그러나 그것은 불필요한 인내였고 반대파에게도 도움이 안 되었다. 초기에 마당을 정리하고 반대파를 정리했더라면 지금 거짓의 영에 사로잡혀 수치스러운 길을 가는 자들이 훨씬 줄었을 것이다. 초기 강력대응에는 당회나 노회를 통한 치리도 포함된다. 반대파의 치리를 주저하면 반대파의 확산을 열어 주는 것과 같다. 반대파의 대부분은 자신의 신분이나 지위, 그리고 경제적인 손실을 두려워한다. 그 정도의 확신이나 사명감으로 그 일을 하는 자는 거의 없다는 것은 여러 사례를 통해 확인되었다.

교회는 평신도 대응팀을 조직하던지, 당회가 초기에 강력히 입장을 표명하고 행동의 반경을 좁혀 주던지 해서 반대파의 확산을 막아야 한다. 세(勢)가 형성되면 쉽게 제압할 수 없게 되고 불필요한 비용의 지불과 에너지의 낭비가 발생하게 된다. 반대파는 세가 모아지고 대형을 갖추게 되면 물불을 가리지 않고 공격을 하게 된다. 대상을 정해 놓고 가는 것이 아니고 자기들의 앞길을 막으면 누구든지 공격의 대상으로 삼는다. 반대파는 심지어 자기들 집회 강단에서 설교한 설교자도 "이제 그만 좀 하라"고 하면 교회까지 쫓아가서 항의하거나 설교 중도에 퇴장하는 모습도 서슴지 않게 보였다.

초기의 강력 대응에는 언론도 포함된다. 언론이나 외부 세력을 불문하고 해 교회 행위를 통해 교회의 분란을 가중시키는 자들에 대해서는 강력히 대응해야 한다. 언론도 법적으로 대응하면 바로 태도를 바꾸는 이중성을 가지고 있다. 상업 언론의 특성상 그렇다. 그리고 항간에 보도된 대로 사이비 언론의 경우는 정론을 펼치기보다는 기사 한두 개로 재물의 이득을 취하려는 경우도 있으므로 여기에 말리면 안 되고 원칙을 가지고 대응해야 한다.

많은 교회들이 법적 소송을 주저한다. 그것이 나쁜 태도는 아니다. 고린도전서 6장에는 교인 간의 소송을 금하고 있다. 반대파는 소송을 포함한 온갖 비성경적인 짓을 다 하다가도 소송을 당하면 "왜 성경에 소송을 하지 말라고 했는데 소송하는가?"라면서 성경을 들이댄다. 교회로서는 아무리 반대파라 할지라도 성경을 제시하면서 공격을 해 오면 한번쯤 더 생각해 보게 된다. 그러나 마태복음 18

장에는 교회의 말을 듣지 않으면 이방인과 세리처럼 취급하라고 하셨다.

> 네 형제가 죄를 범하거든 가서 너와 그 사람과만 상대하여 권고하라 만일 들으면 네가 네 형제를 얻은 것이요 만일 듣지 않거든 한두 사람을 데리고 가서 두세 증인의 입으로 말마다 확증하게 하라 만일 그들의 말도 듣지 않거든 교회에 말하고 교회의 말도 듣지 않거든 이방인과 세리와 같이 여기라 (마 16:15-17)

대부분의 반대파는 폭로전에 능하고 거짓언어 전술에 능하다. 그리고 장로나 교역자의 조언과 충고를 수용하지 않는다. 그리고 교회의 결정에도 따르지 않는다. 성경에 따르면 그들은 더 이상 교인이 아니다. 세리와 이방인처럼 취급하라는 말씀은 그런 의미이다. 물론 회개하고 뉘우치고 돌아오면 품어야 한다. 교회의 일을 가지고 국가 법정으로 가져가는 것은 온당치 않다. 그러나 어떤 경우에도 금하는 것은 아니다. 더구나 교회의 발목을 묶는 수단으로 이런 주장을 하는 자들의 경우에는 국가법의 소송을 적극 검토해야 한다. 왜냐하면 반대파는 주로 소송과 선동에 능하기 때문이다.

사랑의교회의 경우도 반대파가 담임목사와 교역자, 당회원, 직원 그리고 동료 장로들을 무차별적으로 고소했다. 그러나 죄가 확정된 것이 하나도 없었다. 대부분이 무혐의로 종결되었다. 소송을 밥 먹듯이 하면서도 교회가 불가피하게 제기한 소송을 비아냥대면서 마치 자기들이 피해자이며 약자인 양 포장하는 것에 속수무책 당하고만 있어야 했다. 더구나 저들은 타 종교나 이단들과도 같은 목소리를 내거나 심정적으로 연대하는 어처구니없는 모습까지도 보였다. 그러므로 "한두 번 훈계한 후에 멀리 해야 할(딛 3:10)" 대상자들에게 교인의 지위를 보장할 필요는 없다는 것이다. 문제는 교인들이다. 교인들은 반대파의 주장과 해 교회 행위, 온라인상에 퍼뜨리는 괴담과 거짓주장들로 인하여 의심과 괴로움에 빠져 있다. 교역자와 당회원과 직원들은 그것들을 이길 힘도 있고 지식도 있지만 일반 성도들은 그렇지가 않다. 그 성도들을 보호하기 위해 성경적인 절차를 준수하면서 최소한의 소송을 진행하는 것은 적절하다고 본다.

## 전략을 수립하고 이를 실행하라

전략(戰略, Strategy)은 방향이다. 이 싸움을 어떤 방향으로 끌고 갈 것인가에 대한 밑그림을 그려야 한다. 그리고 결정된 방향, 즉 전략을 성취하기 위해 어떻게 갈 것인가를 다루는 것이 전술(戰術, Tactics)이다. 전략과 전술은 항상 성경적이어야 한다. 성경의 검증을 받지 않게 되면 아무리 좋은 전략과 전술도 행동으로 옮겨서는 안 된다. 반드시 실패하고 후유증이 발생하게 된다. 그러므로 성경적으로 검증된, 혹은 성경적인 전략을 수립하고 그 전략에 맞는 행동 방침인 전술을 적용해야 한다. 대증요법(對症療法)으로 가거나 외부인이 건네주는 순간적으로 그럴듯해 보이는 방법론에 빠지게 되면 결국 큰 싸움에서 지게 된다. "전투에서 이기고 전쟁에서 패한다"는 말이 바로 이 경우를 두고 하는 말이다. 잠깐 지는 것처럼 보여도 큰 전쟁에서 이기려면 영적 준비와 성경의 지지를 받지 않으면 안

된다고 확신한다. 사랑의교회는 현안 해결을 위해 쓸 카드가 별로 없었다. 폭력을 유발하거나 불법적이거나 성경 말씀을 벗어나는 전술은 사용할 수가 없었기 때문이다. 당회나 관계자들이 해결책을 논의할 때마다 동일한 결론에 이르게 되는 이유도 그것 때문이었다. 그러고 보니 손에 들려지는 카드는 항상 몇 장 되지 않았고 그것마저도 반대파의 정서와 교인들의 정서, 그리고 여론을 고려하면 거의 남아 있는 카드가 없을 때도 많았다. 답답하고 무기력하게 보이고 매번 당하는 것처럼 보이지만 그래도 그게 나았다고 생각한다.

그렇다고 해서 무전략으로 나가면 당황하게 되고 악수를 두는 경우도 발생하게 된다. 그러므로 가장 성경적이면서도 가장 효과적인 전략을 수립한 후에 그것을 전술적으로 지혜롭게 적용하는 것이 필요하다. 전략과 전술을 가지고 대응하면 평신도들이 안심하고 교회의 대처에 신뢰감을 갖게 된다. 우왕좌왕하는 모습을 보이는 것은 금물이다. 그리고 반대파도 함부로 못 달려들게 된다. 사랑의교회는 대응 단계별로 전략을 수립하려고 노력했다. 사랑의교회가 세웠던 전략과 전술은 사랑의교회에 맞는 것일 뿐만 아니라 그것 자체를 이곳에 노출하지 않는 것이 전략이다.

## 기도로 긴 싸움을 준비하라

교회 분쟁은 다른 분쟁과 달리 장기간에 걸쳐 진행된다. 영적 전쟁의 일부이기에 인간의 이해와 경험의 범위를 벗어난다. 도저히 이해되지 않는 주장과 주의를 늘어놓으면 당연히 그것을 배척해야 함에도 불구하고 그렇게 하지 않고 오히려 추종하는 어이없는 경우가 발생한다. 많이 배우고 배우지 못하고의 문제가 아니며 부와 가난의 문제도 아니고 어리고 연로하고의 문제도 아니다. 교회 분쟁은 어디까지나 영적 전쟁이고 영적인 문제이기에 합리적인 설명과 대처로는 해결이 안 되는 경우가 허다하다.

그러므로 기도로 주님께 여쭙고 주님께서 개입하시기를 바라고 주님이 풀어 주시기를 간절히 소원해야 한다. 기도로 준비한다는 것은 주님께 맡긴다는 것이고 주님께 맡긴다는 것은 일단 내가 원하는 시간과 방법으로 해결이 안 되더라도 영적 군사의 심정으로 전장을 이탈하지 않겠다는 각오를 다지는 것이다. 보통 2년에서 3년 혹은 10년을 끌고 가는 분쟁도 있으므로 단기간에 결정이 안 나더라도 믿음으로 견디며 나가야 한다. 인내하지 않고 조기에 결론을 얻으려 하면 인간적인 방법을 쓰게 되고, 결국 인본주의자의 길을 함께 걸어가게 되는데 이것은 이 전쟁에서 패한다는 것을 의미한다. 주님께서 결론을 내주실 때까지 우리는 묵묵히 믿음으로 간다라는 이해가 있어야 한다. 기도하지 않으면 이 영적 전쟁에서 이길 수 없다.

## 배후를 파악하라

교회 분쟁에는 반드시 배후가 있다.

처음에는 없는 듯이 시작하지만 진행이 되면 드러나게 되거나 안팎의 세력들이 달라붙어서 진행에 개입하고, 심지어는 주도하거나 완전히 주도권을 빼앗아 가는 경우도 있다. 배후세력으로는 타

종교, 이단, 사이비 언론, 교회 내 불만 세력과 연대한 외부 단체, 기독교 단체들, 정치세력, 이념과 진영의 논리를 앞세운 특정 세력까지 다양하다. 여러 배후가 동시에 개입하는 경우도 있고 순차적으로 치고 빠지는 식으로 개입하는 경우도 있고 합종연횡하는 경우도 있다. 대체로 배후의 파악은 분쟁의 전개 과정에서 내세우는 이슈나 구호, 선전 선동의 방법, 사용하는 언어들을 보면 가능하다. 그리고 온라인상에서 달려드는 자들, 즉 악플러나 인터넷 논객들을 추적하면 그들이 속한 단체를 파악할 수도 있고 그들의 글을 분석하면 이념이나 진영을 파악할 수도 있다. 페이스북 등을 추적하면 빠르게 알 수 있다. 블로그나 카페, 밴드, 카카오톡 등 SNS를 확인하는 것도 좋은 방법이다. 사랑의교회의 경우는 해 교회 전위 역할을 자임한 몇 개의 인터넷 언론들과 윤리를 앞세운 기독교 단체들, 그리고 목회현장이 없는 일부 목회자들은 물론 신천지 관련자로 추정되는 아이디 수백 개가 지속적으로 교회 현안에 개입하여 악플과 선동적인 글들로 도발했던 흔적을 적발하기도 했었다.

배후가 파악되면 즉각적으로 준엄한 경고를 해야 한다. 그리고 정도가 심하면 사법적인 대응도 고려해야 한다. 외부 배후 세력은 교회 분란에 있어서 프로들이다. 섣불리 대응하다 오히려 그들의 개입을 정당시해 주는 실수를 범할 수도 있으므로 교회를 지키는 전문가 그룹의 조언을 받아서 대응해야 한다. 교회가 어려움을 겪으면 평소에 가깝던 목회자나 교회들도 거리를 두려는 것이 생리이다. 좋지 못한 모습이기는 하지만, 결국 교회나 개인이나 어려움을 겪고 나면 많은 것들을 깨닫게 되는 중에 가장 중요한 진리를 하나 체득하게 되는데 그것이 "세상에 믿을 이는 아주 없도다, 오직 주님만이

나의 의지처이시다"라는 것이다.

> 우리 하나님이여 그들을 징벌하지 아니하시나이까 우리를 치러 오는
> 이 큰 무리를 우리가 대적할 능력이 없고 어떻게 할 줄도 알지 못하옵
> 고 오직 주만 바라보나이다 하고 (대하 20:12)

## 반대파의 특성을 인지하라

반대파의 특성을 알아야 한다. 미리 대비할 수 있고 정리의 속도도
높일 수 있다.

### 예고증상이 있다

반대파에 속하여 교회 분란에 앞장서는 사람들은 분란이 시작되기
1년 혹은 몇 개월 전부터 헌신을 하지 않는다. 일단 헌금이나 교회
출석에서 두드러지게 나타난다. 분란의 영이 그 속에 있으니 주님의
몸된 교회를 위하여 헌신을 하는 것은 어쩌면 모순일지도 모른다.
사랑의교회 반대파 지도자의 교회 생활을 깊이 점검해 보면 헌금을
거의 하지 않았다. 장로라고 해도 놀랄 정도로 헌신이 미흡한 경우
가 있었다. 그리고 봉사와 사역의 현장에서 한 발 뺀 상태로 엉거주
춤하게 있다가 교회 분란에는 돌진해 달려든 경우가 대부분이다. 평
소에도 부정적이고 선동적인 언어로 사역 현장에서 열심히 헌신하
는 자들의 김을 빼는 경우도 많았다.

## 반드시 분열한다

반대파는 반드시 분열한다. 속성이 그렇다. 이제까지 교회를 대적하고 지도자를 공격한 무리들 중에서 재분열이 이루어지지 않은 경우가 거의 없다. 어느 교회는 교회가 양분되어 반대파가 수천 명이 집결하였지만 지금은 거의 남아 있지 않는 경우도 있다. 그 안에서 수많은 이유로 또 갈라졌던 것이다. 갈라지는 이유는 천 가지도 넘을 정도로 분열에 분열, 반대에 반대의 결과이다.

## 선명성 경쟁을 한다

선명성 경쟁은 반대파의 운명이다. 그래서 반대파의 지도부, 즉 마이크를 잡는 이의 얼굴이 계속 변한다. 더 강하고 더 과격하고 더 원리적인 자가 마이크를 잡게 되어 있다. 그 사이에 세력은 쪼그라들고 구호는 더 과격해지고 행동은 거칠어진다. 선명하지만 고립을 자초한 선명이다. 이 선명성 경쟁을 지켜보다가 이탈하여 다시 교회로 돌아오는 경우도 적지 않다.

## 이런 자들을 조심하고 미리 대비하라

모두 다 여기에 해당되는 것은 아니지만 대체로 적용될 수 있는 부분이다.

교회 분란에 몸을 던지는 사람들은 대게 어떤 일로 인하여 교회생활에서 상처가 있는 자들이 많이 있다. 혹은 리더십이 바뀌고 나이가 들면서 사역 현장에서 배제되어 섭섭한 마음을 갖고 있는 자들도 있다. 이를 우리는 '섭섭병'이라고 한다. 대형교회의 경우 개척원로 목사가 물러나고 2대 목사가 목회를 하는 동안에 거의 예외 없이 이런 자들이 발생한다. 2대 목사가 선대 목사와 함께 열심히 사역을 도운 자신의 업적을 몰라 줄 때 '섭섭병'에 들 수 있다. 사역과 헌신은 주님께 하는 것이지만 누구나 인간에게, 특히 지도자에게 보상을 받고 싶은 심리가 있다. 대부분의 교인들은 주님께 칭찬받는 것으로 족하지만, 몇몇 그렇지 못한 자들이 섭섭한 감정을 감추고 있다가 교회 분란이 시작되면 동조 세력으로 나서서 그 에너지를 해 교회 행위에 쏟아 붓는 경우가 많이 있다.

교회와 평소에 어떤 이권 혹은 이해관계에서 서운한 마음을 가지고 있는 자들이 원한처럼 품고 있다가 교회 분란을 일으키거나 공격하는 일에 앞장서는 일도 많이 있다. 교회 건축을 전후하여 물품 납품, 혹은 특정 부분의 공사 등에 자신이 경영하는 회사나 추천한 업체가 참여하지 못하게 되었을 때 교회 분란을 통하여 그 원한을 해소하려는 경우도 심심찮게 발생한다. 지금은 거의 없지만 지방색과 학연으로 교회 분란의 그룹을 형성하는 경우도 있다. 거의 없지만 있기는 있으므로 이 부분도 살펴보아야 한다.


## 승리를 확신하라

교회 분쟁이 시작되면 반대파의 주장은 그럴듯해 보이게 마련이다. 자신들도 지키기 어려운 이상적인 주장들을 늘어놓으면 좋아 보이는 것은 당연한 것 아닌가? 특히 윤리나 도덕성, 그리고 겸손, 헌신 등의 가치를 기준으로 사람을 걸면 안 걸릴 사람이 없다. 반대파는 이런 필터링 도구를 가지고 목회자나 지도자들을 공격한다. 그러나 자기들 내부에는 더 큰 문제들이 도사리고 있는데도 그것은 보지 못한다. 흔히 이런 일에 말을 보태는 자들 중에는 자기 삶에 변변한 열매가 없는 경우가 대부분이다. 독일 속담에 "욕을 먹지 않으려면 일을 하지 않으면 된다"는 말이 있다. 뭔가 하게 되면 욕도 먹게 되어 있고 비난도 받게 되어 있다. 성경에도 "소가 없으면 구유는 깨끗하려니와 소의 힘으로 얻는 것이 많으니라"(잠 14:4)라고 말씀하고 있다. 욕만 하고 비난만 하는 사람은 왜 욕을 먹는 단계까지 왔는지, 왜 비난을 받는 상황에까지 왔는지를 알 길이 없다. 해 본 게 없으면 욕도 안 먹었을 것이라는 것이다.

> 어찌하여 형제의 눈 속에 있는 티는 보고 네 눈 속에 있는 들보는 깨닫지 못하느냐 보라 네 눈 속에 들보가 있는데 어찌하여 형제에게 말하기를 나로 네 눈 속에 있는 티를 빼게 하라 하겠느냐 외식하는 자여 먼저 네 눈 속에서 들보를 빼어라 그 후에는 밝히 보고 형제의 눈 속에서 티를 빼리라 (마 7:3~5)

거의 모든 교회를 대적하는 반대파는 재정비리를 겪는다. 자기들 내에서 온갖 재정비리뿐만 아니라 교회 돈을 축재하는 사례도 발생하는 경우를 본다. 교회가 비록 부족하고 흠이 있을지라도 반대파의 공격과 그 악의적인 왜곡 선동은 가당치 않다. 그러므로 교회를 지키려는 사람들은 반대파의 공격에 맞서 승리할 수 있다는 확신을 가져야 한다. 교회는 주님의 몸이고 세상에서 가장 위대한 공동체이다. 교회는 사람이 허물 수 없는 영적 공동체이다. 하나님의 허락이 있어야만 가능하다. 2000년 교회사에 하나님이 교회의 몰락을 허락하신 경우는 없다. 그러므로 영적 싸움을 하면서 승리를 의심하는 것은 실패를 작정하는 것과 같다. 베드로가 물에 빠진 이유도 믿음을 상실해서 의심을 키웠기 때문이다. 교회는 반드시 승리한다. 이런 확신으로 맞서야 한다.

# 17

# 한국교회에 드리는 제언

## 애매한 중립은 비겁한 중용이다

교회가 분쟁에 휘말리거나 어려움에 처하면 대체로 한국교회의 분위기는 중립이다. 좋게 해석하면 지 교회의 독립성을 인정하고 교회 구성원끼리 잘 해결하기를 바라는 마음이라고 여겨진다. 오히려 외부에서 개입하여 국면이 더 어려워지는 경우도 있을 수 있다고 본다. 그러나 소위 '엮이기 싫어서' 거리를 두고자 하는 명분으로 중립을 내세우는 경우도 있다고 본다. 이런 식의 중립은 문제해결의 태도가 아닐 뿐 아니라 심하게 말하면 비겁한 줄타기이다. 영어에 "담장 위에 서 있다"라는 말이 있다. 이쪽도 저쪽도 아닌 정 중립의 위치에 있다는 것인데, 이 말은 언제든 이쪽이나 저쪽으로 옮겨 갈 수 있는 기회주의를 말하는 것으로도 해석이 된다.

한국교회는 지 교회가 어려움에 처해 있을 때 애매한 중립이 아니라 상황을 정확히 파악한 이후에는 공의로운 개입을 해 주어야 한다. 약자 편에 치우쳐서도 안 되고 강자 편으로 가서도 안 된다. 내 교회의 문제가 아니라고 해서 방관하면 내 교회에 문제가 생겨도 방관당할 수밖에 없다. 그렇게 신음하다 분쟁으로 어려움을 겪는 교회가 1년에도 수백 개이다. 소리 없이 사라지는 교회도 있다.

성경말씀에 좌로나 우로나 치우치지 말라고 했으니 어느 편에도 있지 말고 중립을 지키라는 말도 많이 들어 왔다. 그러나 여호수아 1장 7절의 말씀은 율법, 즉 하나님의 뜻으로부터 벗어나지 말라는 말씀이지 중립을 지키라는 것이 아니다. 예수님은 "너희는 먼저 그의 나라와 그의 의(義)를 구하라"고 하심으로(마 6:33) 우리가 선택해야 할 분명한 방향을 주셨다.

교회의 공교회성을 살리는 차원에서라도 일단 지 교회에 문제가 생기면 한국교회 전체가 안타까워하고 조속히 문제가 해결되도록 몸과 마음을 합하여 최선을 다해야 할 것이다.

## 교회의 입장에서 지원해야

교회는 예수그리스도의 몸이다. 그런데 교회를 비방하고 지도자의 영적 권위를 허물려는 시도에 대하여 동조하는 목소리는 크고 선명한데 교회를 세우고 보호하는 측면에서는 힘이 잘 모아지지 않는 것이 현실이다. 교회에 부정이 있고 이단 사설이 선포되고 조직적인 범죄를 함으로써 도저히 공교회의 지체로 볼 수 없는 교회라면 몰라도 단지 윤리적인 문제나 교회와 교인이 선의를 모으면 더 좋아지는 방향으로 전개될 수준의 문제들까지도 마당에 펼쳐 놓고 공멸의 길로 가고자 하는 의도가 명백할 때에는 일단 교회를 보호하는 방향으로 잡아야 한다. 역사상 문제가 없거나 윤리 도덕의 관점에서 볼 때 흠결이 없었던 지도자나 공동체는 존재하지 않았다. 지금도 존재하지 않는다. 존재한다고 말하는 순간 거짓말이 되고 그런 공동체라고 주장하는 순간 더 문제가 많음을 숨기는 것밖에는 없다.

> 만일 우리가 범죄하지 아니 하였다 하면 하나님을 거짓말하는 이로 만드는 것이니 또한 그의 말씀이 우리 속에 있지 아니하니라 (요1 1:10)

혹자는 이렇게 말한다. "그래도 교회는 달라야 한다"고. 정확하고도 옳은 말이다. 교회는 달라야 한다. 부족함에 대해 정죄하고 배척하기보다는 용서하고 함께 가야 한다. 또 이렇게 말한다. "그래도 교회는 깨끗하고 정직해야 하지 않는가"라고. 이상적으로는 맞지만, 아직 그런 교회는 성경에도 없었고 2000년 교회사에도 없었다. 왜냐하면 교회를 이루고 있는 인간들이 죄인이고 허물이 있기 때문이다. 교회를 구성하는 세포들이 흠이 있는데 어떻게 교회라는 조직에 흠이 있을 수 없겠는가? 죄인이 예수님을 만나 점점 예수님을 따르는 제자로 성화되어 가다가 생을 마감하여 주님의 나라에 이르는 것 아닌가?

오히려 "교회는 달라야 하고 더 정직하고 깨끗해야 한다"라고 하는 명제는 교회가 온전치 못함에 대한 안타까움과 교회가 더 좋아지기를 바람으로 하는 말이 아니고 교회를 공격하고 폄하하기 위한 논리를 구축하기 위한 것에 지나지 않는다. 그것은 마치 솔로몬의 명 판결에서 "네 것도 되게 말고 내 것도 되게 말고 아이를 죽임으로 이 문제를 해결하자"라고 주장한 거짓 엄마와 다르지 않다.

## 전체 교회를 생각해야

교회에 분쟁이나 갈등이 있을 때에는 전체 교회를 고려해 접근하여야 한다. 이것은 어떤 교회가 문제시되어 여론을 탈 때 한국교회 전체가 피해자가 되는 것을 보면 그 당위성을 인정할 수 있을 것이다. 한 교회를 살리고 그 교회가 선한 영향력을 미치는 교회로 드러나면 한국교회 전체에 영향이 있는 것처럼, 지역교회 하나라도 공격을 받고 어려움에 봉착하게 되면 결국 피해는 전 교회에 돌아가게 되는 것이다.

소문의 전달과 관련해서 "부정적인 소문은 8배나 빠르게 전파된다"라는 통계를 본 적이 있다. 아름답고 선한 소식은 전해지기가 힘겨운데, 부정적이고 악한 소문들은 8배나 빠르게 확산된다. 그러므로 부정적인 영향력을 적극적으로 줄이는 것에 8배의 힘을 모아야 할 것이다. 심지어 일부 기독교 언론들은 부정적인 소식들은 앞 다투어 보도함으로써 교회의 영향력을 소멸하는 결과를 가져오고 있다는 사실도 알아야 할 것이다.

교회에 분쟁이 생기면 반대파를 부추겨서 싸움의 판을 크게 하고 기간을 늘려 어떤 정치적, 경제적 이해관계를 구축하려고 하는 세력들이 반드시 있게 마련이다. 사랑의교회의 경우도 이런 자들의 불공정한 개입으로 인하여 교회 문제가 필요 이상으로 부풀려지거나 반대파로 하여금 또다시 신기루를 좇게 만드는 역할을 하였다. 결국에는 누구에게도 도움이 되지 않았고 그들 자신도 그 일로 인하여 불명예를 안아야 했다.

## 조기에 수습되도록 도와야

분쟁이 발생하거나 문제가 있을 시에는 조기에 수습되도록 도와주어야 한다. 잃을 것 다 잃고 무너진 재를 수습하듯이 하면 안 될 것이다. 시간을 끌면 더 어려워진다. 지켜보고 있다가 '관찰-개입-수습'의 시기를 놓치지 말고 도와주어야 한다. 실기하게 되면 처음의 문제는 다 사라지고, 과정에서 발생한 감정과 부가적인 쟁점들이 부각되어 전혀 다른 양상의 이슈가 춤을 추게 된다. 국지전으로 종결 지을 전투가 전면전의 전쟁으로 확산되기 전에 조기에 개입하여 수습이 되도록 하여야 한다.

## 화해 및 조정을 위한 시스템 구축해야

한국교회 내에 화해 및 조정을 위한 시스템이 구축되어야 하고 이에 대한 공감대가 형성되어야 한다. 교회 내에 어려움이 발생하면 대결로 치달아 승자가 없는 제로섬 게임을 하는 것이 현재의 행태이다. 그래서 국가 법정에서도 교회 분쟁에 대해서는 부정적인 시각으로 보는 경향이 높아지고 있는 것도 사실이다. 성경을 통해서나 경험을 통해서 보아도 교회 분쟁을 교회 내에서 해결하는 문화와 풍토가 조성되는 것이 시급하다. 기독교 화해 중재원을 통해서든 새로운 시스템을 구축해서든 교회 내의 문제는 교회 내에서 조속히 해결할 수 있도록 함으로써 교회의 영광을 보존하고 모두가 승자가 되는 체계를 갖추어야 한다.

# #1.

## 1. 역사적 성찰

교회사를 살펴보면 부흥의 역사가 어느 한 지역에서 100년을 지속한 예가 거의 없다는 사실을 알게 된다. 초대교회 이후 기독교는 로마제국으로부터 200여 년간 극심한 박해를 받았지만 313년에 공인받게 되었고, 390년에는 로마의 국교가 되었다. 국교가 된 이후 핍박이 사라지자 기독교는 시민종교화되면서 관료화되었고, 이윽고 590년에 교황제도가 시작되면서 교황은 지상의 대권자(大權者)가 되어 갔다. 교황을 중심으로 지금의 독일 지역을 포함한 유럽의 많은 지역이 신성(神聖)로마제국(Holy Roman Empire)으로 편입되어 종교개혁이 있었던 16세기까지 단일한 종교로 1000년을 지속하게 된다. 그러나 많은 사학자들이 지적하는 바와 같이 종교개혁 이전까지 유럽의 그리스도인들을 과연 그리스도인이라 칭할 수 있을까 하는 의문이 든다. 물론 전부는 아니지만 중세시대 대부분의 그리스도인들이 실제로 성경을 접하지 못했고 신부들이나 교회가 가공하여 전해 주는 강론이나 교리 이외에는 하나님의 말씀을 알 수 있는 길이 차단되어 있었기 때문이다. 당시 신부들의 상당수가 문맹이었거나 무학자였다는 사실도 이와 같은 주장을 뒷받침해 주고 있다.

유럽의 교회들과 미국의 교회들이 무너지는 결정적인 기준을 성경관에 두고 있는 학자들이 많이 있다. 성경의 무오성을 버리고 각종 비평주의를 받아들이면서 성경에 칼과 가위를 들이대고 합리주의와 과학주의적 관점에서 성경을 보기 시작한 교회와 교단들은 한 세대 만에 문을 닫고 그 기력을 탕진했다.

나는 유럽 곳곳을 답사하면서 대부분의 나라들의 국기에 십자가가 새겨져 있다는 것과 어느 마을에 가도 그 중심에는 교회가 서 있다는 사실에 놀라기도 했지만, 더 놀라운 사실은 그 교회들이 지금은 박제화되어 있고 관광 코스로 전락해 버렸다는 것이었다. 그리고 더욱 절망을 느낀 것은 아무도 그런 현실에 안타까워하지 않고 있다는 것이었다. 로마 가톨릭의 교회들은 예외로 치더라도 개혁주의 교회들이 창성했던 스위스의 제네바, 체코의 프라하, 독일의 비텐베르크, 아이제나흐, 에르프르트, 하이델베르크, 드레스덴, 그리고 프랑스와 독일의 국경도시이며 프랑스 개신교도였던 위그노들의 집결도시 스트라스부르그 등이 지금은 이른바 기독교 청정지역, 즉 기

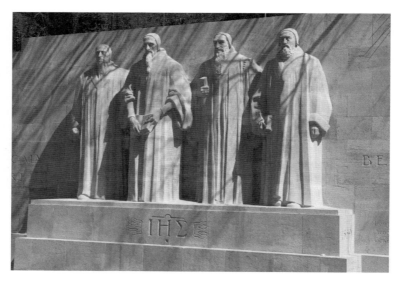

칼빈이 세웠던 제네바아카데미가 모태가 된 제네바대학교 캠퍼스에는 종교개혁의 인물들을 조각과 부조로 설치하여 역사적 의미를 기리고 있다. 하지만 정작 제네바대학교는 물론 제네바, 더 나아가 스위스 전체가 과연 얼마나 그 정신과 신앙의 핵심을 유지하고 있는지는 여전히 의문이다.

독교가 소멸된 지역이 되어 버렸다는 사실에 두려움이 느껴졌다.

나는 유럽에서 몇 번의 주일을 맞은 적이 있었다. 체코의 프라하에서는 기독교 교회를 찾지 못해 결국 혼자 예배를 드린 적도 있었다. 독일에서는 예배드리는 교회를 찾기가 쉽지 않았지만 작은 한인교회에서 예배드리며 영혼의 향수를 맡는 것 같아 함께했던 예배자들과 같이 감격하며 울었던 기억이 있다. 프랑스에서 가장 큰 기독교회는 루터파 교회였는데 본당의 1/3 정도만, 그것도 대부분 노인들이 채우고 있었다. 파리 시내에서 주일에 교회 가는 사람은 단번에 알아볼 수 있을 정도로 눈에 띄었다. 거의 없다는 것이다. 로마 시내에는 공식적으로 기독교회는 한 곳도 없었다. 한인교회만 몇 곳

마틴 루터가 성경을 번역했던 방(위)과 바르트부르크성(아래).

이 있을 뿐이었다. 여러 학자와 목회자들이 지적하는 대로 유럽은 성경을 버리는 배도(背道)의 길을 걸었고, 그 결과 기독교가 중환자 실에서 각종 연명 장비를 연결한 채 겨우 숨만 쉬는 단계에 이르게 되었다. 누군가 외부에서 영양과 의료적인 조치를 해 주지 않으면 유럽교회는 그 남아 있는 숨통마저 막히게 될 것은 자명하다. 장구하고 찬란했던 기독교의 역사가 이제 역사책에서나 볼 수 있는 옛날 이야기로 멀어져 버릴 날이 다가온 것이다.

종교개혁을 이루었고 경건주의의 본산지인 독일의 교회가 이토록 신음하는 이유는 무엇일까? 독일은 1832년에 한국을 방문한 구츨라프(Gutzlaff)라는 선교사를 조선에 보내었던 나라였다. 당시 구츨라프는 한 조선인에게 성경을 전해 주면서 "이 가난한 나라, 염치없이도 자연을 가꾸지 못하는 나라가 복음과 진리의 말씀에 의해서 부해지기를 기도했다"*고 한다. 장산곶 일대와 충청도 홍주만 앞 고대도 인근에서 성경과 복음을 전한 구츨라프의 조선 방문의 목적은 복음을 전하는 것이었고, 이로 인해 그는 조선에 복음을 전한 최초의 서구 선교사가 되었다.** 구츨라프를 보내 주고 그런 기도를 하게 했던 독일은 지금 유럽에서도 가장 부한 나라이며 세계적으로도 강대국 중의 강대국이 되었지만 영적으로 신음하는 중환자와 같은 모습을 보이고 있다. 성경을 버리고 집어 든 자유주의 신학과 철학과 과학이 독일사회에 내려준 결과였다.

미국교회는 침례교와 감리교, 그리고 장로교가 동성애와 이슬람 문제에 대하여 일치된 의견을 보이지 못한 채 대체로 동성애와 동성결혼을 인정하는 것으로 의견을 모아 가고 있는 것으로 보아 복음의 핵심 가치를 얼마나 유지할지가 의심스러울 정도이다. 호주나 캐나다도 미국과 크게 다르지 않고 인도와 중국교회는 기대해 볼 만하다는 것이 선교관련 학자들의 결론이다. 그리고 남미의 브라질

---

*   민경배, 《한국기독교회사》, (서울: 대한기독교출판사, 1990), 136-7.
**  박용규, 《한국기독교회사 1》, (서울: 생명의말씀사, 2007), 233-7.

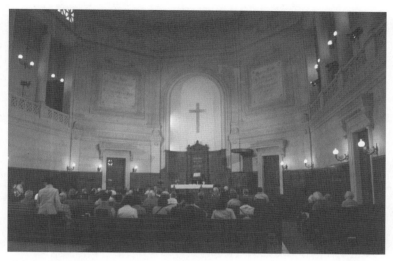

파리의 교회. 예배에 참석한 대부분은 노인들이었으며 전체 참석자의 10% 이상은 방문객이었다.

체코 프라하 구 광장에 있는 얀 후스의 동상. 얀 후스는 당시 보헤미아 지역의 종교개혁을 이끌며 루터의 등장을 준비했다.

교회가 급성장하면서 중국교회와 함께 주목을 받고 있는 것이 사실이다.

전 세계의 기독교인의 숫자는 5억 정도로 잡고 있다. 이들 중에서 성경을 하나님의 말씀으로 믿고 예수님을 유일한 구주로 영접한 진정한 기독교인의 숫자는 그보다 적을 것으로 보는 것이 자연스러울 것이다. 하나님께서는 진정한 기독교인을 중심으로 부흥의 불길을 관리하도록 하신다고 믿는다.


## 100년의 약속, 100년의 위기

기독교 부흥 100년을 넘긴 지역이 거의 없다는 교회사적 교훈을 놓고 볼 때, 우리는 그 원인이 무엇인가 고민해 볼 필요가 있다. 부흥의 수명이 100년으로 정해진 것은 아니기 때문이다. 역사를 보면 가장 핵심적인 요인은 성경관에 있다. 성경을 하나님의 말씀으로 보지 않는 사조(思潮)가 교회에 침투하면 교회는 맥을 못 추고, 부흥과 경건을 생명처럼 불태웠던 교회들도 힘을 상실하게 되어 버렸다. 독일, 프랑스, 스페인, 체코, 영국, 네덜란드, 아일랜드 등 거의 모든 지역과 나라들의 예에서 분명한 증거들을 볼 수 있다. 영국의 윌리엄 틴데일, 요한 위클리프, 체코(보헤미아)의 얀 후스, 프랑스의 존 칼빈, 스코틀랜드의 존 낙스, 독일의 마틴 루터, 이들은 하나같이 말씀을 사랑하고 말씀을 전파하고 번역하고 보존하는 일을 생명처럼 여겼었다. 영국인들의 말씀 사랑과 교회 사랑은 "하나님은 영국인이시다 (God is Englishman)"*라는 말까지 지어내게 했었다.

그러나 지금은 다르다. 성경을 믿지 않고 예수님의 동정녀 탄생과 심판과 재림을 믿지 않는다. 1960년대 이후 영국교회는 낙태를 허용했고 동성애를 인정하였을 뿐 아니라 동성결혼까지 수용하며 진리를 상대주의에 팔아 넘겼다. 그리고 무신론자 클럽이 생겼고 버스에도 "아마도 신은 없을 것이다. 두려워 말고 인생을 즐겨라( There is probably no God. Now stop worry Enjoy your life)"라고 새기며 선동하고 있는 것이 오늘의 런던거리 모습이다. 리처드 도킨스는 그의 책《만들어진 신》표지에서 "한 사람이 망상에 시달리면 정신이 상이라고 하고, 다수가 망상에 시달리면 종교라고 한다"라고 기록했다. 그의 책《만들어진 신》의 영어 제목은《God Delusion》이다. 직역하면《망상의 신》이다. 즉 신에 시달리는 증상을 종교라고 비아냥거리는 도킨스도 영국의 옥스퍼드대 석좌교수이다. 1640년에는 혁명을 통해 청교도가 확산되었던 복음의 나라 영국의 현재의 일그러진 얼굴이다. 복음을 버린 영국과 유럽은 지금 가정의 붕괴, 윤리의 붕괴, 상대주의의 만연, 그리고 동성애와 이슬람, 에이즈, 각종 중독과 마약으로 인해 몸살을 앓고 있다.

나는 2007년 3월에 캐나다 오타와에서 열렸던 국제군종감대회 (The International Chief of Chaplain's Conference)에 참가한 적이 있었다. 대부분의 군종감들이 유럽에서 왔는데 덴마크, 핀란드 등 북유럽에서 참석한 군종장교들은 하나같이 이슬람의 북진에 대해 깊이 우려하고 있었다. 그들은 이미 남유럽과 서유럽은 이슬람에 의해 장악되다시피 했는데 이슬람세력이 최근에 서서히 북으로 확산

---

*    박지향,《영국사, 보수와 개혁의 드라마》, (서울: 까치, 2000), 24.

되어 올라온다는 것이다. 유럽 모든 나라의 걱정거리가 이슬람의 확산이다.

영국 군종학교를 방문했을 때에도 영국 군종감과 군종장교들이 이슬람의 확산으로 인해 이슬람 성직자인 이맘(Imam)을 군종장교로 받아들이려는 계획이 있다고 설명하는 것을 들은 적이 있었다. 캐나다와 미국은 이미 군종장교들 중에 이슬람 이맘을 임관시켜 군 내외의 이슬람 포교를 공식화하고 있는 것이 현실이다. 이 같은 현상은 IS(Islamic State, 이슬람 국가)의 박해를 피해 유럽으로 밀려들고 있는 시리아와 이라크 등의 난민들의 유입을 통해 가속화될 것으로 보이는데 이미 파리와 브뤼셀의 테러로 그 우려가 현실이 되어 가고 있다.

유럽과 미국과 캐나다의 교회들이 성경의 권위를 훼손하고 합리주의와 과학주의를 표방하며 복음을 희석시킨 결과였다. 복음을 저버리면 거기서 끝나지 않는다. 가정의 파괴, 인성의 파괴, 그리고 가치관의 붕괴가 이어서 온다. 우리의 자녀들을 천국에서 볼 수 없다는 끔찍한 현실은 물론이거니와 사탄의 노예가 되어 인간 스스로가 하나님처럼 되어 버리는 일들이 연이어 일어나는 것이다. 이 모든 일의 시작은 성경의 훼손으로부터였다.


## 위협받고 있는 "오직 성경!"

마틴 루터가 성경을 번역하기 직전, 같은 독일인인 구텐베르크에 의해 인쇄술이 발달되었다. 루터는 1521년, 보름스(Worms)에서 열린

신성로마제국의회에서 사형선고
와 같은 형을 받고 교황의 파문장
을 받았다. 그는 아이제나흐 지역
의 바르트부르크성(城)에서 기사
(奇士)로 변장을 하고 1년 가까이
머물면서 신약성경을 번역하였다.
당시 일반인들은 성경을 접할 수
가 없었고 신부들만 라틴어로 된
성경을 읽고 해석하는 독점권을
가지고 있었기에 성경을 자국어로
읽을 수 없었던 독일인들은 독일

독일의 보름스에 있는 루터의 동상, 손으
로 성경을 가리키고 있다.

어로 인쇄된 성경을 읽으면서 복
음에 눈을 뜨기 시작했고 개혁신앙은 유럽 전역으로 번지기 시작했
던 것이다. 지금도 독일 전역에 서 있는 루터의 동상은 루터가 성경
을 펼쳐 들고 손가락으로 그것을 가리키는 것이 대부분이다. 종교개
혁의 구호도 "오직 믿음(Sola Fiede)! 오직 성경(Sola Scriptura)! 오
직 하나님의 은혜로(Sola Gratia)!"였던 것만 보아도 알 수 있다. 종
교개혁자들은 물론 뒤이은 경건주의자들도 오직 성경만을 유일한
삶의 기준이며 하나님의 말씀으로 믿고 이를 확산시켜 왔다.

그러나 18세기를 전후하여 계몽주의와 낭만주의, 합리주의의 물
결이 유럽을 휩쓸면서 성경의 권위가 공격받고 뒤이어 다윈의 진화
론과 애덤 스미스의 경제학, 포이에르 바하의 유물론, 헤겔의 변증
법 등이 조합된 칼 마르크스의 유물변증법이 등장함으로써 성경으
로 채워졌었던 공백을 대신 메우게 되었다. 이때부터 인류의 비극은

새로운 차원으로 전개되었다. 곳곳에서 인간에 대한 저주와 공격이 난무했고 복음의 핵심인 용서와 사랑은 뒷전으로 밀려났다.

1917년, 러시아혁명을 통해 공산주의가 동유럽의 제국(諸國)으로, 중국으로, 그리고 동남아로 확산되었을 뿐 아니라 3.1운동 이후에는 조선에도 영향을 미치게 되었다.* 공산주의가 그렇게도 인간에게는 몹쓸 신기루와 같은 것이었다는 것을 깨닫기까지는 70년의 세월이 더 흘러야 했다. 어쩌면 영적인 바벨론 포로기로 볼 수도 있는 역사의 한 대목이다. 당시의 상황을 오롯이 목격한 솔제니친은 '사람들이 하나님을 잊은 결과'라고 통렬히 반성하며 외치며 서방세계에 경고했었다.

조선에 복음을 전해 준 서구의 선교사들은 다행히도 복음주의와 개혁주의에 영향을 받은 분들이었다. 언더우드 선교사는 외증조부가 복음주의 연합운동에 앞장섰던 분이었고, 언더우드 본인도 장로교 선교사로서 조나단 에드워드와 같은 복음의 열정과 더불어 교파를 초월한 복음주의 운동에 앞장섰던 분이었다. 뿐만 아니라 초대교회의 기초를 놓는 데 막대한 역할을 했던 사무엘 마펫, 헌트, 로스 등의 미국 북 장로교 선교사들과 레이놀즈, 크레인 등의 남장로교 선교사들, 그리고 로버트, 어드만, 로즈 해밀턴 등 프린스턴 출신의 북장로교 선교사 등 모두가 구학파 칼빈주의 전통에 확고하게 선 개혁파 복음주의자들이었다. 이들은 신학, 교육, 성경번역, 문서선교, 미션스쿨, 그리고 순회전도 등을 통해 한국장로교 형성에 지대

*    박용규, 《한국기독교회사 1》, (서울: 생명의말씀사, 2007), 191.

한 공헌을 하였다.* 이들의 공통점은 성경을 정확무오한 하나님의 말씀으로 믿고 구원과 삶에 있어서 최고의 권위를 가진 것으로 인정하였다는 것이다. 유럽과 캐나다, 호주와 미국의 교회들이 자유주의 신학으로 몸살을 앓기 시작할 무렵, 조선에 파송된 선교사들은 대부분 복음주의적인 신학으로 무장한 상태였다.

그러나 1920년대 말부터 1930년대에 접어들면서 교회와 개혁신학에 대한 비판의 글과 강연들이 서서히 출현하기 시작하면서부터 한국교회 내에도 서구의 합리주의와 과학주의에 근거한 신학사상의 변이(變異)가 고개를 들기 시작했다. 채필근 목사 등은 '비교종교학'과 '종교연구' 등의 주제를 통해 기독교의 상대화를 주장했고 송창근 목사 등은 '기독교의 윤리문제'를 지적했다.** 놀랍게도 지금 한국교회를 비판하는 자들의 논거와 크게 다르지 않았다. 김재준 목사는 모세5경의 저자 문제로 신학적 논란의 중심에 섰다. 더 자세한 신학적인 논쟁 내용은 이 책의 목적과 부합하지 않아 언급하지 않기로 하겠다. 그러나 확실한 것은 유럽과 미국, 캐나다에서 일고 있었던 신학의 자유화와 성경의 권위에 대한 도전이 1920년부터는 한국교회 내에서도 일어나고 있었다는 것이다. 그리고 1930년대와 40년대를 지나면서 그 신학사조가 영향력을 확대해 감으로써 한국교회라는 큰 공동체는 성경관을 중심으로 분열의 조짐이 보이기 시작했던 것이다.

---

*    박용규, 《한국기독교회사 1》, (서울: 생명의말씀사, 2007), 463-9.
**   Ibid., 523.

## 교회가 공격받는 진짜 이유

사랑의교회는 교회 창립 이래로 제자훈련 교재 및 칼세미나 등을 통해 반복적으로 선포하고 가르치는 것이 '성경에 대한 권위'이다. 성경은 정확무오한 하나님의 말씀이며 구원과 삶에 있어서 최고의 권위임을 한 번도 타협한 적이 없다. 전 세계 5억의 기독교 인구 중에 이러한 복음의 근본을 유지하는 성도는 많지 않다. 한마디로 기독교라고 해서 다 기독교가 아니며 그리스도인이라고 해서 다 동일한 것은 아니라는 것이다.

나는 민주화운동을 할 당시 동일한 신앙고백을 할 수 있는 영적 동지들이 생각보다 많지 않다는 사실에 놀랐었다. 지금 한국사회에서 기독교라고 이름을 내걸며 윤리나 도덕을 앞세우는 NGO나 연합단체들 핵심 인사들의 면면을 놓고 논란이 끊이지 않는 것도 이러한 신앙의 정체성 때문이다. 단적으로 동성애와 동성결혼에 대해서 성경의 가르침을 그대로 주장하지 못하거나 하지 않는 기독교 단체들은 그 정체성을 재점검해야 한다고 본다. 게다가 지나치게 정치지향적인 기독교 단체들도 있는데 이들은 정치권의 진영과 이념의 틀을 그대로 추종하는 모습을 보이고 있기도 하다. 한마디로 한국교회 내에는 성경의 가르침을 하나의 참고사항 정도로만 여기는 그룹들이 여기저기에 기독교라는 포장지를 뒤집어쓰고 포진하고 있고, 이들이 기존의 교회들을 향하여 쓴소리를 내뱉으며 영향력을 확대하려 하고 있다. 몇몇 언론도 여기에 편승하여 전위대 역할을 하고 있는 것이 사실이다.

한국교회 내의 이러한 모습들은 서구 교회가 보여 준 100년 전의 모습, 200년 전의 모습과 유사하다. 결국 이렇게 하다 교회의 영향력은 축소되고 복음의 가치는 변질될 것이며, '부흥이 지나가 버린 세속국가' 중 하나로 추가될 것이 자명하다. 그러므로 의식 있는 교회들과 기독교 지도자들은 역사의 정점만을 보지 않고 역사의 흐름을 보면서 오늘의 한국교회의 사명을 헤아리며 향후 진로를 설계해야 한다고 본다. 한국교회는 더욱 더 복음의 본질을 붙잡아야 한다. 유럽교회가 온갖 사회적인 이슈로 몸살을 앓는 이유는 복음의 본질을 저버렸기 때문이라고 생각한다. 유럽대륙을 반면교사로 삼아 복음의 본질에 기반을 둔 도약과 부흥을 설계해야 한다.

그런데 교회가 붙잡고 있는 복음의 본질, 즉 성경과 성례와 같은 교회의 표식을 약화시키기 위해 성경과 성례 자체를 공격할 정도로 사탄은 아둔하지 않다. 이미 그것을 공격했다가 실패한 전력이 있다. 그것이 박해였다. 박해로 인해 기독교는 오히려 부흥하고 성장했다. 그래서 바뀐 사탄의 전략이 분열이었다. 초대교회로부터 분열은 먹혀들었다. 바울파와 아볼로파로 나뉘었고 심지어는 예수파도 있었다. 분열에 성공하면 분열된 공동체는 복음의 본질을 내려놓게되어 있다. 복음의 본질에 생긴 균열을 틈타 세속사조가 침투하여이미 힘이 분산되어 버린 교회는 속수무책으로 당하면서 한 세대가지나가면 물갈이가 되어 버리는 것이다.

아이러니한 것은, 요즈음 공격받고 있는 교회들은 대부분이 복음주의적인 교회들이라는 것이다. 성경의 권위를 인정하지 않고, 구원은 타 종교에도 있으며 다원주의와 포스트모더니즘에 근거하여 구원의 유일성, 예수그리스도의 독특성 등을 강하게 주장하지 않는 교회들은 공격받지 않는다. 정작 공격받고 비판받아야 할 자들은 그들이다. 그들은 엄히 말하면 기독교가 아닌 기독교 아류인 것이다. 심지어 만들어진 신을 지은 리처드 도킨스도 "이신론(理神論)은 물을 타서 약하게 만든 유신론"이며, "범신론은 매력적으로 다듬은 무신론"*이라며 비판했는데 오히려 기독교 안에서 현대판 이신론과 범신론을 옹호하는 목소리가 힘을 얻어 가고 있는, 기가 막힌 상황을 목도하고 있는 것이다. 도킨스는 불교나 유교를 가리켜 "종교가 아니라 윤리체계나 인생철학으로 다루어도 될 법하다"**고 했지만 오히려 기독교 내에서 종교 간 대화, 다원주의 등의 그럴듯한 이름으로 창조주 하나님과 유일한 구세주 예수그리스도를 뜰 밖으로 쫓아내고, 이스라엘 백성들이 범했던 혼합주의로 나가고자 하는 자들이 득세하고 있는 것이 사실 아닌가?

> 다른 이로써는 구원을 받을 수 없나니 천하 사람 중에 구원을 받을 만한 다른 이름을 우리에게 주신 일이 없음이라 하였더라 (행 4:12)

성경을 대적하고 하나님을 정면으로 대적하는 기독교 내의 목소리들에 대해 양심적으로 꾸짖고 면박을 주는 일은 기피하면서 본질과 다른 윤리적인 문제들에는 득달같이 달려드는 풍토가 가져올 결과는 예상보다 심각하다. 교회를 비판하고 교회의 사소한 문제들을 들추어내어 바로잡으려 하는 자들이 다 교회의 몰락을 의도한다고 생각하지는 않는다. 그러나 그들이 조금만 더 역사의 맥락을 살펴보

---

\*     리처드 도킨스, 《만들어진 신》, 이한음 역, (서울: 2007, 김영사), 33.
\*\*     Ibid., 61.

고 영적 전쟁이라는 측면을 감안한다면 지금까지와는 다른 방법으로 해야 할 것이다. 교회가 가진 현실적인 부족함을 자꾸 부각시켜 비난하게 되면 교회가 선포하는 복음의 본질이 힘을 잃게 되는 결과가 오게 된다. 사실, 교회를 비난하는 일의 결과는 그것 밖에는 더 없다. 그래서 교회를 향한 공격에는 더 많은 숙려와 성찰이 필요하다는 것이다.

사랑의교회가 복음의 본질을 저버리고 한국교회가 지고 가야 할 복음의 짐을 나누어지려는 시도를 하지 않았더라면 사랑의교회와 오정현 목사는 지금처럼 공격받지 않았을 것이라고 나는 확신한다. 사랑의교회 찬양대에 원불교 교무와 불교의 비구니 그리고 이슬람의 이맘을 함께 배치하여 종교 간 대화를 허용하고, 다원주의를 수용하고 '독선적인 복음'을 포기하면서 사회통합과 상생, 차별금지법 제정 등 사회적 이슈들을 내세우고 그 확산에 앞장섰더라면 지금 사랑의교회를 비판하는 자들로부터 칭찬과 명성을 부여받았을 것이다. 그러나 사랑의교회는 그렇게 하는 것이 불가능하다. 사랑의교회가 비난받고 심지어는 어떤 세력에 의해 문을 닫을지라도 그 짓은 할 수 없는 것이다. 뒤집어서 말하면 사랑의교회만 없으면 얼마든지 할 수 있는 일을 사랑의교회 때문에 머뭇거려야 하는 상황이 사랑의교회가 오늘 어려움을 당하는 요인이 되었는지도 모른다.


## 복음의 서진(西進)을 설계해야

사랑의교회는 복음의 확산을 위해 영국의 웨일즈에 웨스트신학교를 인수하고 이 학교를 통해 다시 영국과 유럽의 재복음화를 꿈꾸고 있다. 나는 영국과 유럽을 여행하면서 누군가 유럽대륙의 교회들을 다시 살려야 하는데 그 일을 할 수 있는 교회는 한국교회 밖에 없지 않는가 하는 생각을 깊이 했었다. 그런데 그 일을 사랑의교회가 하려 한다는 소식을 듣고 무척이나 다행이라고 생각하였다. 웨일즈 지역에 현재 10개 교회를 개척하려는 계획을 세운 뒤 벌써 4번째 교회를 개척하였다. 그리고 한국교회가 유럽교회와 손잡고 유럽 전역에 1,000개의 교회를 새로 개척하는 일을 유니온(Union) 사역이라 명명하고 이의 시행을 계획하고 기도하고 있다. 사랑의교회가 개척하려는 교회는 모두가 개혁신학에 기반을 둔 성경을 하나님의 말씀으로 받아들이고 가르치는 그런 교회이다. 복음에 물탄 교회가 아니다.

사랑의교회는 성경 번역과 보급에 많은 힘을 기울이고 있다. 동남아와 발칸반도 지역의 나라들과 부족들의 언어로 성경을 번역, 보급하는 일을 했을 뿐 아니라 2015년 6월에는 아이보리코스트, 라오스, 과테말라 등의 나라에 1만 6,000권의 성경을 대한성서공회를 통해 번역 보급하기도 했다. 성경을 참고서 정도로만 여기고 이신론과 범신론을 수용하고 다원주의와 포스트모더니즘을 받아들이는 교회는 이미 있는 것만으로도 충분할 뿐만 아니라 엄격히 말하면 교회도 기독교도 아닌 것이다.

웨일즈신학교를 중심으로 복음의 서진을 추진하고 있는 한편으로는 피 흘림이 없는 복음적 평화통일을 위해 한국교회의 역량을 결집하여 준비하고 있다. 이른바 쥬빌리기도회 사역이다. 통일이 되면 기독교를 표방한 기독교가 아닌, 교회의 얼굴을 한 교회 아닌 것들이 북한 지역을 오염시키려 할 것이 뻔하다. 사랑의교회와 한국교회가 통일 이후를 준비하며 무너진 북한의 3,000개 가까운 교회들을 재건하는 일을 지금부터 준비하고 있는 것이다.

사랑의교회를 공격하고 세우심 받은 지도자를 공격하면, 사랑의교회와 그 지도자만 공격받는 것이 아니고 복음의 서진, 복음적 평화 통일과 통일 이후의 북한교회 재건을 통한 남북한의 진정한 영적 통일이 공격받게 된다. 이 두 가지는 단적으로 예를 든 것에 지나지 않는다. 수많은 영적 과업들이 공격받게 되고 한국교회는 함께 어려움에 처하게 된다. 그러므로 사랑의교회를 향한 공격, 사랑의교회의 힘을 약화시키려 하는 모든 시도들을 차단하고 물리쳐 이겨야 할 뿐만 아니라 사랑의교회의 영향력이 다시 회복되고 더 크고 강한 섬김의 터전으로 도약해야 한다고 생각한다. 그것은 사랑의교회만을 위한 것이 아니고 유럽교회와 북한교회와 지금과 통일 이후를 위한 것이며 지금 세대와 다음 세대를 위한 것이기도 하다.


## 관점은 달라도 우리가 같은 길을 가야

사랑의교회 현안을 보는 시각은 천 가지일 수도, 만 가지일 수도 있다고 본다. 나는 군에서 근무할 때 가끔 헬기를 타고 이동을 한 적이 있었다. 도시와 도시를 이동할 때는 주로 고속도로나 국도를 따라 이동한다. 그러다 내가 평소에 잘 아는 도시를 지날 때도 있었는데 차를 타고 다닐 때와 헬기를 타고 상공에서 볼 때와는 그 느낌이 완전히 다르다. 관점이 다르면 해석도 다르고 행동도 다르다. 사랑의교회를 보는 관점의 수준이나 위치 혹은 원근(遠近)에 따라서도 다른 해석과 처방이 나올 수 있을 것이다. 나는 역사적 관점, 우리 사회와 세계 선교의 시대적 관점 등을 뒤섞어가면서 사랑의교회의 문제를 살피려고 노력했다. 할 수만 있다면 모든 관점을 내 뇌 속에 집어넣어 그 관점들을 통섭적으로 활용하고자 했다. 내가 내린 결론은 이랬다.

1. 부흥이 100년이 지나면 교회가 쇠락한다는 것은 역사의 현상이지 원칙이 아니다. 한국교회는 다시 도약할 수 있고 꼭 그렇게 되어야 한다.
2. 한국교회가 사는 길은 복음의 본질을 놓지 않는 것이다. 사랑의교회가 살아나야 복음주의 개혁주의가 중심을 잃지 않고 복음적 가치를 유럽으로, 중국으로, 아프리카로, 남미로 전할 수 있다. 사랑의교회는 섬김의 기수, 십자가를 먼저 메고 가는 머슴이 되어야 할 것이다.
3. 한국교회의 역량을 내부 파괴에 소진하지 말고 이제는 미래를 보고 사명에 붙들린 바 되어 모든 힘을 생산적이고 살리고 구하는 일에 활용해야 할 것이다.

사랑의교회는 하나님의 은혜로 여기까지 왔다. 옥한흠 목사도, 오정현 목사도 하나님이 세우셔서 쓰시는 종에 지나지 않는다. 그러나 분명한 것은 옥한흠 목사도 하나님이 그 시대의 그릇으로 쓰셨고, 오정현 목사도 지금 시대에 맞는 그릇으로 사용하고 계신다. 이것은 우연도 아니고 인간의 노력의 산물도 아니다. 하나님의 계획 속에서 되어진 일들이다. 사랑의교회를 두고 인본주의적 발상에 근거하여 훈수를 두고 "이렇게 가야 한다, 저렇게 가야 한다"고 말하기보다 주님의 인도하심을 잠잠히 바라야 할 것이다.

오직 여호와는 그 성전에 계시니 온 땅은 그 앞에서 잠잠할지니라 하시
니라 (합 2:20)

## #2.

임진강 주변 부대에서 근무할 때 발뒤꿈치에 동상을 입은 적이 있
는데 지금도 그 후유증으로 그 부위가 가렵다. 365일 24시간, 한 시
도 가렵지 않은 적이 없다. 나라를 지키기 위해서도 동상을 마다 않
는데, 하나님의 나라의 가치와 주님의 몸된 교회를 지키는 데에는
더 큰 대가도 결코 큰 것이 아니라고 생각한다.

　사랑의교회가 어려움에 처하게 되었을 때, 이 교회를 지키는 것
은 결국 '나의 투쟁'이며 '나의 전쟁'이고 '나의 사명'이라고 생각했
다. 누가 시킨 것도 아니고 누가 대가를 약속한 바도 없다. 목사는
복음을 지키고 성도를 보호하고 교회를 지키는 것이 사명, 즉 목숨
과 바꿀 수 있는 것이라는 게 현실로 다가왔던 것 그 이상도 이하도
아니었다. 목사(牧師)는 양을 치는 목자(牧者), 즉 목동(牧童)에서 유
래된 말인데, 양을 치는 목자는 양에게는 목자이지만 늑대나 여우
살쾡이와 곰 등에게는 무서운 사자와 같아야 한다고 생각한다. 성도
와 교회를 지키기 위해서는 강하고 담대해야 하며 그러다가 당하는
어려움은 그것이 무엇이던 영광인 것이다. 나뿐 아니라 지금 사역
중인 사랑의교회 교역자는 다 그런 생각을 가지고 있다고 믿는다.

얼마 전 시베리아 횡단열차를 타고 자작나무 빼곡한 벌판을 지나 바이칼호를 향해 달렸던 적이 있었다. 백야와 함께 눈앞에 펼쳐진 생전 처음 보는 그 땅에도 식물이 있고 사람 사는 동네가 있고 큰 도시들이 있었다. 며칠 밤낮으로 열차가 달리는 동안 바깥 경치에 심취하면서도 간간이 러시아의 역사를 읽었다. 참으로 많은 일들이 그 땅에서 펼쳐졌었다. 수많은 사람들이 저 벌판에서 나고 살다 죽었다. 러시아정교 교회가 열차가 가는 곳곳마다 서 있었다. 러시아인들은 오히려 로마 가톨릭을 우상숭배하는 것으로 여겨 가까이 하지 않으려 했고, 러시아정교회의 정통성을 지키려 했다는 역사의 기술을 보며, 그런 러시아교회가 어떻게 공산화를 막지 못했을까 생각해 보았다. 교회는 있지만 교회가 제 역할을 못하고 종교로 전락할 때 교회는 물론 교회가 속한 세속사회도 어려움에 처하게 되는 실례를 러시아 역사는 보여 주고 있다고 생각했다. 교회가 그만큼 중요한 공동체이며 한 사회의 흥망을 결정짓는 분수령의 역할을 한다는 사실을 다시 한 번 생각해 보는 기회였다.

독수리는 새 중에서도 가장 장수하는 새이다. 보통 60~70년을 산다고 한다. 알려진 바에 의하면 독수리가 저절로 그렇게 장수하는 것이 아니다. 서른 살이 지나면 부리는 가슴을 향해 파고들기 시작하고 발톱은 힘이 없어져 가며, 날개도 무거운 깃털로 인해 처지게 된다고 한다. 그대로 두면 목숨을 잃게 된다. 그러나 이때 독수리는 높은 곳으로 날아올라가 홀로 거하며 부리를 바위에 찧어 빼내고 새롭게 나기 시작하는 부리로 발톱을 뽑아내며 털갈이를 통해 날개의 무게를 줄여 거듭나게 된다고 한다. 150여 일을 이렇게 자기를 혁신(革新)하는 기간으로 보낸 후에는 30년 이상을 더 살면서 조류 중 가장 오래 사는 독수리가 된다는 것이다. 실제로 그런지는 아닌지는 논란이 있지만, 독수리가 거듭나기 위해서는 부리도 발톱도 깃털도 뽑히고 힘도 다 빠질 뿐 아니라 피와 눈물로 범벅이 되어 세상에서 가장 초라한 모습으로 전락하는 시기를 이겨내야 한다는 것이다. 이 이야기 속에는 분명 우리가 새겨듣고 본받아야 할 교훈이 있다.

사랑의교회도 개척 후 30년이 지나자 어려움을 겪게 되었다. 온갖 비난과 공격과 모함과 고소 고발로 인하여 찢기고 상처받고 피와 눈물로 범벅이 되어 도저히 회복도 도약도 불가능할 것처럼 보였다. 그러나 영적으로 돌이켜 보니 그러한 혁신의 시기가 꼭 필요했다고 본다. 뼈를 깎고 부리를 뽑아내고 깃털을 제거하는 시기를 경험한 교회만이 감당해야 할 사역이 기다리고 있기 때문이라고 생각한다. 사랑의교회는 크게 비난받아 본 적도 없었고 사역에 있어서 정체(停滯)나 실패를 거의 몰랐던 소위 '잘나가던' 교회였다. 사역자와 평신도, 지도자들 모두 그런 성공과 승리에 취해 있었던 것은 아닌지 돌아보는 계기가 필요했던 것은 아닐까? 모두에게 정신이 번쩍 들게 한 지난 3년의 기간은 우리가 어떻게 받아들이느냐에 따라서 매우 유익한 학습의 기회, 혁신의 기회가 될 수도 있을 것이라고 확신한다.

나는 사랑의교회도 잘 몰랐고, 오정현 목사도 잘 몰랐다. 그러나 반대파가 제기하는 점들을 분석하고 사실 확인을 해 나가면서 이 싸움은 단순한 사실관계에 관한 진실게임의 차원은 아니라고 생각했다. 저들에게 진실을 이야기하고 증거를 보여 주어도 저들은 받아들이지 않았다. 진실이 진실로, 증거가 증거로 작동되지 못하고 있었다. 반대파가 제기하는 표면적인 문제 이면의 더 근본적인 이유가 사랑의교회 현안의 기저에 깔려 있는 것은 아닌가 하고 생각하지 않을 수 없었다.

보리스 파스테르나크의 원작 영화 〈닥터 지바고〉를 고교 시절부터 여러 번 보았다. 그때마다 늘 새롭게 보이는 것이 있었다. 어릴 때는 미적 외형적 부분들, 그리고 자연, 사랑이 보였지만 최근에는 이념과 역사가 보였다. 정말 작가가 그 작품을 통해 보여 주고자 했던 것이 무엇인지는 알 수 없지만 독자가 보는 부분은 독자의 환경과 눈높이와 상관이 있다는 것을 알게 되었다. 사랑의교회 현안에 대해서도 현재까지는 이 정도의 관점으로만 보게 되었다는 것이 나의 한계이자 솔직한 고백이다. 세월이 흐른 후에는 어떻게 보일지 나도 알 수 없다.

그러나 분명한 것은 거짓으로는 개혁을 이룰 수 없다는 것이다. 개혁과 파괴는 분명한 차이가 있다. 개혁은 복구의지가 있지만 파괴는 복구의지도 능력도 없다. 개혁은 자격 있는 자들이 하는 것이지만 파괴는 무자격자도 가능하다. 개혁은 애정을 가진 자들이 하는 것이라면 파괴는 애정을 가지면 할 수 없다. 나는 반대파가 하는 모든 일들은 개혁일 수 없다고 생각했다. 그래서 나는 지금까지 여기에 이렇게 서 있는 것이다.

# 진실

**1판 1쇄 발행** 2016년 6월 26일
**1판 3쇄 발행** 2016년 7월 7일

**지은이** 주연종

**발행인** 양원석
**본부장** 김순미
**디자인** RHK 디자인연구소
**해외저작권** 황지현
**제작** 문태일
**영업마케팅** 이영인, 양근모, 박민범, 이주형, 김민수, 장현기

**펴낸 곳** ㈜알에이치코리아
**주소** 서울시 금천구 가산디지털2로 53, 20층 (가산동, 한라시그마밸리)
**편집문의** 02-6443-8842   **구입문의** 02-6443-8838
**홈페이지** http://rhk.co.kr
**등록** 2004년 1월 15일 제2-3726호

ISBN 978-89-255-5958-2 (03230)